영국소설과 서술기법

고영란·김일영·김진오·박종성·성은애·손영희·원유경
이시연·전승혜·정명희·조애리·홍덕선 공저

신아사

A Woman Reading by Claude Monet

영국소설과 서술기법 · **차례**

『영국소설과 서술기법』을 발간하며 ········ 5

머리말 ········ 7

Introduction
서술기법과 소설읽기 ········ 9

HENRY FIELDING · *The History of Tom Jones, a Founding*
『톰 존스』, 벌레스크 패러디, 필딩식 화자 ········ 32

LAURENCE STERNE · *Tristram Shandy*
스턴의 서술기법과 그의 세계 ········ 59

JANE AUSTEN · *Pride and Prejudice*
서술자의 거리두기와 거리지우기 ········ 86

CHARLOTTE BRONTË · *Jane Eyre*
서술자의 양면성 ········ 114

EMILY BRONTE · *Wuthering Heights*
액자소설 구조와 열린 텍스트 ········ 142

CHARLES DICKENS · *Bleak House*
두 화자 이야기 ········ 167

WILKIE COLLINS · *The Moonstone*
반복적 서술 구조와 제국 ········ 196

THOMAS HARDY · *Tess of the d'Urbervilles: A Pure Woman*
불안정한 '순결'의 근원으로서 서술자 ········ 216

JOSEPH CONRAD · *Heart of Darkness*
언어와 리얼리티의 간극과 극복 ········ 243

D.H. LAWRENCE · *Women in Love*
인물의 '임'(being)의 형상화와 서술기법 ········ 267

JAMES JOYCE · *Ulysses*
『율리시스』 서술기법의 실험성 ········ 294

VIRGINIA WOOLF · *Between the Acts*
집적된 의식의 내러티브 ········ 325

『영국소설과 서술기법』을 발간하며

한국근대영미소설학회는 대학에서 영미소설을 가르치고 연구하는 교수들의 연구공동체로써, 그동안 『18세기 영국소설 강의』, 『19세기 영국소설 강의』, 『19세기 미국소설 강의』를 통해 18, 19세기 영미의 주요 소설에 대한 개괄서를 출판하였고, 『영국소설사』, 『미국소설사』를 번역하여 영미소설의 역사에 대한 주요 평가를 제시한 바 있습니다. 또한 『영국소설 명장면 모음집』과 『미국소설 명장면 모음집』을 출판하여 영미소설의 명장면을 소개하여 영미소설을 쉽게 접근할 수 있는 길을 제시하기도 하였습니다. 이번에 출판하는 『영국소설과 서술기법』은 한국근대영미소설학회가 그동안 주력해온 출판사업의 전통을 계승하여 영미소설에 대한 주제별 해설서를 기획한 데 따라 새롭게 출판되는 책입니다.

소설이라는 장르가 영국에서 18세기에 발생한 이래 다양한 서술기법이 구사되고 발전해 왔으며, 어떤 소설의 의의는 그 소설의 서술기법과 불가분의 관계에 놓여있다고 할 수 있습니다. 그런 면에서 영미소설에 대한 주제별 해설서 중 첫 책으로 18세기에서 20세기에 걸쳐 출판된 12편의 영국소설에서 서술기법이 하고 있는 역할과 의의를 분석한 『영국소설과 서술기법』이 출판되게 된 것은 매우 중요한 의미를 가진다고 생각합니다.

기획과 출판에 참여해주신 교수님들께 심심한 감사를 드리며, 출판을 맡아주신 신아사에게도 특별한 감사를 드립니다.

2010년 1월

한국근대영미소설학회장

오정화

머리말

이 책은 18세기부터 20세기 전반에 걸쳐서 출판되어 지금까지 고전으로 사랑받아온 12편의 영국소설에서 서술기법이 각 소설의 주제를 살려내는데 어떤 역할을 하는지 또는 당대의 사회적, 문화적, 인식론적 맥락에서 어떤 의미를 갖는지를 논한 글의 모음집이다.

'내적 독백'이나 '의식의 흐름' 등의 독특한 서술기법으로 인해 많은 관심을 받아온 작품 이외에도 지금까지 서술기법 면에서는 큰 주목을 끌지 못했던 18세기와 19세기 소설들을 분석 대상으로 선정했다. 모든 소설에는 작가가 의도한 주제를 드러내기 위한 그 소설 나름의 서술기법이 있고 이를 천천히 음미하면서 살펴보는 것이 작품에 대한 깊은 이해와 감상에 유익하다고 여겼기 때문이다. 또한 각 세기별로 영국소설의 서술기법이 어떻게 변화되어 왔는지를 한 눈에 가늠해 볼 수 있는 공간을 마련해보는 것도 의미 있는 작업이 되리라는 생각에서이다.

서론인 「서술기법과 소설 읽기」에서는 서술이론의 발전사와 서술비평 용어를 개관하고 각 필자들의 글을 서술기법과 용어 별로 묶어서 요약적으로 정리하고 있다. 각 소설을 분석한 글들은 대체로 작가 소개와 해당 작품에서 구사된 특징적인 서술기법의 간략한 소개, 해당 작품을 통한 서술기법의 구체적인 분석과 이를 토대로 한 의미 해석, 그리고 그 서술기법이 작품 내에서 갖는 의의를 자리매김하는 결론으로 구성되었다.

영문학을 전공하는 대학생이나 대학원생은 물론이고 영국소설에 관심이 있는 일반인들은 누구나 이 책을 통해서 영국소설에 나타난 서술기법의 용어를 이해하고 이를 실제 작품 속에서 구체적으로 확인해 볼 수 있을 것이다. 아울러 소설의 주제 및 의미가 서술기법을 통해서 서서히 드러나는 양상을 살펴볼 수도 있을 것이다.

이 책은 독자가 활용하기에 따라 심화된 소설 분석의 길잡이가 될 수도 있고 가벼운 마음으로 서술기법을 중심으로 작품을 감상해보는 기회를 제공해 줄 수도 있다. 아무쪼록 이 책이 수준 높은 학술지침서의 역할 뿐 아니라 서술자가 말하는 방식과 그 기능 및 효과에 대한 일반 독자들의 관심과 흥미를 고취시키는데 작으나마 유익한 디딤돌이 될 수 있기를 바란다.

*2010*년 *1*월

고영란

Introduction

서술기법과 소설읽기

전 승 혜 공군사관학교

소설은 다른 어떤 문학형식보다도 일반 독자들이 쉽게 다가갈 수 있는 문학형식이다. 특별한 전문지식이 없어도 문학전통을 몰라도 일반적으로 문자 해득력이 있으면 소설을 읽고 이해하고 즐길 수 있다. 그러나 소설은 일반 독자와 함께 비평가라는 전문독자를 가지고 있다. 영국의 근대 소설이 등장하면서부터 현대에 이르기까지 소설이 출판되면 으레 비평가의 서평이 따른다. 근대 소설의 초창기에는 일반 독자의 소설읽기와 전문독자의 소설읽기 사이에 커다란 간격이 없었나. 소설에서 현실의 일상적 삶의 이야기를 찾는 독자들과 일상적 삶의 이야기를 그리되 도덕성이 들어가야 한다고 주장하는 비평가들 모두 중산계층의 가치와 취향을 공유했고, 소설 판단의 척도를 공유했다. 그러나 현재 일반독자가 소설 읽는 방식과 전문독자가 소설 읽는 방식 사이에는 커다란 거리가 생겨났다. 서술과 관련한 수많은 학문적 이론을 배경으로 전문용어를 사용하여 소설을 읽는 전문독자의 소설읽기는 이 이론적 배경에 대한 지식이 없이는 이해하기 어려워졌다. 같은 소설을 읽는 전문독자 사이에도 취하는 관점에 따라 다양한 차이가 생겨나고 소설의 의미는 확대되었다. 전문적 소설읽기는 소설의 오락적 기능을 축소하는 결과를 가져오기도 했지만 소설의 지평을 확장하고 인간에 대한 이해, 인간의 문화에 대한 이해를 깊게 하는 역할을 수행하고 있다.

소설비평의 질적 변화는 서술이론의 발전과 함께 한다. 서술에 관한 논의는 플라톤과 아리스토틀까지 거슬러 올라간다. 시인이 자기의 목소리로 말하는 단순 서술(diegesis)과 인물의 목소리를 통해 말하는 모방(mimesis)을 구분하는 플라톤에서 서술목소리 연구의 시초를 발견할 수 있기 때문이다. 그러나 서구의 문학전통은 오랫동안 모방이론이 주류를 형성했다, 19세기에 소설이 문학의 중심장르로 등장하면서 이론가들은 다시 서술에 관심을 갖기 시작했다. 서술은 1970년대 구조주의 학자들에 의해 본격적인 학문의 대상이 된다. 구조주의 학자들은 서술물 혹은 내러티브(narrative)[1]를 총체적으로 연구한다. 모든 내러티브의 심층에 보편적 구조가 존재한다고 가정하고 그 심층구조의 체계화를 시도한다. 언어학자가 문법체계를 세우듯 모든 내러티브를 관통하는 서술문법을 세우려 시도한 것이다. 이들의 서술연구를 흔히 서술학(narratology)이라고 부른다.

구조주의자의 서술연구를 뒤이어 등장한 1980년대의 후기구조주의자는 구조주의자의 추상적인 서술구조와 문법을 해체한다. 후기구조주의자는 내러티브의 심층구조보다 서술의 표면적 담론에 집중한다. 구조주의에서 내러티브를 추상적이고 보편적인 언어의 구조물로 다루었다면, 후기구조주의에서는 담론이라는 용어가 시사하듯 내러티브를 구체적이고 역사적인 현실에서 이루어지는 의사소통 행위로 다룬다. 저자가 쓴 내러티브는 현실에서 출판과정을 통해 책이라는 상품으로 만들어져 독자에게 전달된다. 언어가 의사소통을 위한 기호체계인 것과 마찬가지로 언어로 이루어진 구성물인 내러티브도 저자의 손을 떠나 그 자체가 해독되어야 할 기호인 내러티브 텍스트가 된다. 내러티브 텍스트는 객관적으로 존재하는 대상이 아니라 독자의 독서행위에 의해 주관적으로 해석할 때 그 의미와 구조가 생겨나기 때문에 후기구조주의 서술이론에서는 독자의 역할이 강조된다. 이제 비평가는 소설 텍스트의 저자, 화자, 독자 사이에 일어나는 상호작용에 관심을 갖게 된다. 독자의 역할이 중요해지면서 텍스트 연구에 텍스트외적 조건과 상황이 중요하게 된다. 텍스트는 구체적인 현실의 산물이라는 점에서 텍스트는 역사적 문화적 상황에서 생산된 이데올로기적 생산품으로 다루어지기 시작하고, 서술이론은 학제적 성격을 갖게 된다. 역사학, 사회학, 정치학, 법학, 인류학, 심리학, 인지과학, 해석철학 등 다양한 학문의 측면에서 서술이 논의된다. 서술논의는 더 이상 서술학이 아니라 서술이론으로 불리는 것이 더 적절해진다.

구조주의와 후기구조주의자의 서술논의와 별개로 형식주의자들의 서술연구가 있다. 러시아 형식주의의 리얼리즘 비판, 영국 문체론자들의 말과 사상 분석, 미국 신비평의 서술시점 연구 등이 이에 속한다. 특히 서술의 시점분석은 20세기 초반 50년간 서술연구를 지배하다시피 했다. 시점이라는 용어가 내포하는 제약 때문에 많은 논란이 있지만 시점분석은 이후 서술을 분석하는 유용한 용어를 제공했다. 구조주의자와 형식주의자들이 발전시킨 서술용어와 모델은 이후에 다양한 비평가들이 사용할 수 있는 비평의 도구가 된다.

형식주의, 구조주의, 후기구조주의 서술이론의 발달은 1980년대 이후 문학연구의 영역을 확대시키고, 소설 텍스트의 의미를 확장시킨다. 내러티브는 문학뿐 아니라 예술형식을 포함해 인간의 의사소통에서 언제나 일어나고 인간의 모든 활동에서 발견되는 인간의 보편적 현상이라는 점에서 주목 받기 시작한다. 인간이 단어를 조합하여 의미를 전달하는 순간 인간의 내러티브 활동이 시작된다고 말할 수 있고, 인간의 거의 모든 담론에 내러티브가 들어 있다고 말할 수 있기 때문이다. 언어능력과 마찬가지로 내러티브 능력은 인간을 인간으로 만드는 요소가 되고, 인간은 서술의 동물(narrative animal)이라는 주장도 나오게 된다(Currie 2). 내러티브는 사람과 사람의 사이의 관계에 영향을 미쳐 권력의 도구가 되기도 하고, 갈등을 해결하는 방식이 되기도 하고, 인간의 욕망에 관계하기도 한다. 내러티브는 생각의 도구가 되어 세상을 인식하고 자기 자신을 인식할 수 있게 해주는 매개 형식이기도 하다. 이렇게 해서 서술은 개인적 집단적 정체성 문제, 역사적 정치적 사회적 성적 이데올로기 문제, 철학적 인식론적 문제 등 인간의 의미 활동 전반과 연결된다. 문학비평 측면에서 서술이론은 문학적 현상을 총체적으로 설명하는 도구가 되기도 하고 개별 텍스트를 분석하는 도구가 되기도 한다.

이 책의 필자들은 각 소설의 서술형식의 특성을 분석하고 그 분석을 토대로 소설 텍스트의 의미를 읽어내고자 시도한다. 이 책에서 말하는 서술기법은 넓은 의미에서 서술의 형식적 특성을 지칭하는 서술하기(narration)를 지칭하는 용어로 이해하는 것이 적절할 것 같다. 서술기법은 전통적 의미에서는 소설을 관통하는 일관된 주제가 있다고 생각하고, 그 주제를 효과적으로 전달하기 위한 기교를 말한다. 그러나 후기구조주의 서술이론 이후의 소설읽기에서 서술의 형식과 내용은 분리되지 않는다. 서술의 형식은 소설 텍스트의 의미와 불가분의 관계를 갖는다. 서술의 형식적 특성이 텍스트 해석에서 중심적 문제이기는 하지만, 텍스트 해석에는 그 외에도 서술구조, 수사(rhetoric), 모티프 같은 다양한 내러티브 요소가 관계된다. 또한 내러티브를 근본적으로 어떤 관점에서 바라보느냐에 따라 해석의 입장이 달라지기도 한다. 내러티브를 일관성 있는 완결된 형식으로 본다면, 내러티브 안에서 모든 것은 어떤 식으로든 내러티브의 의미에 기여한다고 생각하고 내러티브 전체를 관통하는 하나의 의미를 주장할 수 있다. 반면 내러티브는 근본적으로 틈(gap)이 있을 수밖에 없고, 그 틈은 독자가 다양하게 채우는 것이라고 생각하고, 독자의 입장에 따라 각기 다른 방식으로 그

틈을 채워가는 해석을 시도할 수도 있다. 이것은 내러티브 텍스트를 일관성 있고 통일된 전체로 보는 것이 아니라 파편화된 텍스트로 보는 것이다. 이 책의 필자들이 소설 텍스트를 해석하는 관점도 다양하다. 그러나 이들이 공통적으로 시도하는 것은 소설 텍스트의 서술기법을 분석하고, 서술의 형식적 특성이 어떻게 텍스트의 의미와 연결될 수 있는지를 보여주는 것이다.

수많은 서술이론의 등장은 서술과 관련한 비평용어를 쏟아내었다. 다양한 비평용어는 비평가의 해석활동에 유용한 도구가 된다. 비평 용어를 생산한 비평적 관점과 다른 관점의 비평가에게도 이들 용어는 비평의 도구가 된다. 사회적 현실모방과 도덕적 주제를 중요하게 생각했던 19세기 리얼리즘 소설이론에서 자주 등장하는 기본적 분석용어는 플롯, 인물, 배경, 주제, 도덕적 목적, 핍진성이다. 19세기에서 모더니즘으로 이동하는 중간에 있으면서 사회적 현실보다 개인의 내면의 삶을 중요시했던 헨리 제임스(Henry James)는 "의식의 중심"을 통한 서술, "감수성의 용기," "반사경"이라는 용어를 만들어 내었고, 제한적 3인칭 서술의 효과를 강조한다. 서술적 요소를 최소화하고 극적요소를 극대화해야 한다는 제임스의 소설이론은 서술의 시점연구에 영향을 미친다. 제임스의 소설을 모델로 서술이론을 세운 퍼시 러복(Percy Lubbock)은 극적효과와 서술기법의 관계를 분석한다. "말하기"(telling)와 "보여주기"(showing)를 대립적 서술방식으로 제시하고, 소설가는 이야기가 스스로 전개되는 것으로 보이게 해야 하고, 소설가라는 존재를 독자에게 상기시키지 않는 서술기법을 사용할 것을 촉구한다. 이들이 사용했던 비평용어는 현대의 내러티브 텍스트 비평에서도 여전히 사용되고 있다.

20세기 모더니즘 비평에서는 플롯과 인물 대신 언어와 이미저리가 강조된다. 모방적 관심이 아직 남아 있지만 내면의 삶을 다루기 시작하면서 내면의 삶을 표현하는 서술용어가 사용된다. "자유간접문체"[2] "내적독백" "카메라의 눈" "의식의 흐름"이 중심적 비평용어가 되고, 서술기법은 소설비평의 전면에 등장한다. 1920년대의 러시아 형식주의자들은 내러티브 연구에 중요한 또 다른 용어를 제공한다. 형식을 무시한 역사주의적 문학연구에 반대하여, 문학형식에 대한 체계적이고 기능적인 연구를 시도한 러시아 형식주의는 언어학자의 개념을 가져와 패불라(fabula)와 쑤제(sjuzhet)의 개념을 소개한다. 이야기의 소재가 되는 패불라와 내러티브에서 사건이 배열되는 방식을 의미하는 쑤제를 구분한다. 이후 내러티브를 논할 때 비평가는 이야기(story)와 플롯(plot)과 텍스트(text)의 층위를 구분한다. 원재료로서의 이야기와, 구성된 이야기로서의 플롯, 언어로 표현된 독자의 독서대상으로서의 텍스트를 구분하고, 특정 층위를 중심으로 내러티브를 논의하기도 한다. 문학형식에 대한 러시아 형식주의자의 체계적 연구이후 내러티브는 언어학, 미학, 철학, 인류학, 종교, 신화와 비교연구가 이루어지고, 각 분야의 용어가 확산된다.

서술연구가 다른 학문과 연계되어 논의되고 다양한 비평적 관심과 합해지면서 서술이론의 용어는 폭발적으로 다양해진다. 특히 추상적 명사들이 쏟아진다. 텍스트성(textuality), 담론성(discursivity), 서술성(narrativity), 역사성(historicity), 지시성(referentiality), 상호텍스트성(intertextuality), 반복성(iterability), 동시성(synchronicity), 주체성(subjectivity), 등 수없이 많은 추상적 용어들이 등장한다. 이 책의 필자들도 몇몇 용어를 사용하고 있지만, 이 용어에 대한 논의는 이와 관련된 별도의 서술이론 논의를 필요로 한다. 서술기법 분석과 의미해석을 시도하는 이 책에서 다루어질 수 있는 것은 아니다. 서술기법 분석에 필요한 용어는 주로 이야기와 이야기서술에 관한 서술이론에서 나온다. 이야기의 시간구조 분석, 시점연구, 인물의 담론 분석, 서술목소리 분석 등을 들 수 있다. 웨인 부스(Wayne Booth)가 말하는 서술자의 신뢰성 문제, 서술자와 서술대상 혹은 인물과의 도덕적, 지적 거리의 문제, 주네뜨(Genette)가 사용하는 초점화, 서술의 차원, 호모디에제틱(homodiegetic) 서술자와 헤테로디에제틱(heterodiegetic) 서술자, 서술청자(naratee), 바흐찐(Bakhtin)의 대화주의, 다성학, 헤테로글로씨아(heteroglossia) 등의 용어들이 서술기법 분석에 자주 사용되고 있다.

내러티브 해석에 있어 가장 중심적인 문제는 아마도 서술자 혹은 화자(narrator)[3)]의 문제일 것이다. 소설 내러티브를 내러티브로 만들어 주는 것이 바로 화자이기 때문이다. 화자는 시점연구와 마찬가지로 지난 50년간 집중적 연구가 이루어진 주제이다. 화자를 구별하는 요소로는 우선 목소리, 시점(초점화라고도 한다), 거리를 들 수 있다. 이야기를 서술하는 화자가 누구인가의 문제는 아주 단순한 구별로 시작하지만 자세히 들여다보면 아주 다양하고 풍부하다. 가장 단순한 방법은 문법적인 일인칭과 삼인칭의 구별일 것이다. 이인칭 서술실험이 없는 것은 아니지만 그리 보편적인 서술방식은 아니다.

일인칭 서술은 화자가 자신을 언급할 때 "나"를 사용하고 이야기에서 일정한 역할을 하기 때문에 일인칭 서술이라고 부른다. 그러나 일인칭 서술에는 거의 언제나 삼인칭 서술이 들어 있다. 모든 말에 "나"가 들어 있지는 않기 때문이다. 또 같은 일인칭 화자라고 해도 화자가 자신을 가리키는 정도도 다양해서 삼인칭 서술에 가까울 수도 있다. 제인 에어(Jane Eyre)와 트리스트람 섄디(Tristram Shandy)는 이야기의 주인공이면서 화자이어서 서술의 대부분이 자신들에 관한 이야기다. 그러나 『폭풍의 언덕』(*Wuthering Heights*)의 두 일인칭 화자인 록우드(Lockwood)와 넬리(Nelly)는 주로 다른 사람들의 이야기를 하고 자신들에 관한 서술은 아주 적다. 『암흑의 핵심』(*Heart of Darkness*)의 일인칭 화자 "나"는 이름도 없으며, 자칫하면 "나"라는 화자가 있다는 사실도 놓치기 쉽다. 또 다른 일인칭 화자 말로우(Marlow)의 서술에서도 서술의 중심은 커츠(Kurtz)에 있다. 『블리크 하우스』(*Bleak House*)의 두 화자 중 일인칭 화자인 에스터(Esther)는 분명 자기의 이야기를 한다고 천명하지만 이야기의 상당부분은 다른 사람들에 관한 이야기다. 같은 일인칭 화자라고 하지만 자신의 이야기를 하고 있는 화자와 주로 다른 사람들의 이야기를 하고 있는 화자를 하나의 범주로 논하는 것이 적절한가의 문제가 생겨날 수 있다. 그러나 이 적절성의 문제나 일인칭 화자라는 사실보다 이 화자의 특성을 이해하는 것이 화자가 서술하는 이야기를 해석할 때 더 중요하다.

삼인칭 서술은 화자가 이야기 세계의 밖의 위치에서 서술하는 경우가 가장 흔하다. 이런 외부적 화자는 "나"라는 언급이 없고 독자가 화자를 인물로 보지 않는 경우가 많다. 그러나 삼인칭 화자이면서도 가끔 스스로를 "나"로 지칭하기도 하고, 설사 "나"를 사용하지 않아도 사용하는 말에서 개인적 성격을 드러내어 인물로 보이는 화자도 있다. 『톰 존스』(*Tom Jones*)를 서술하는 필딩(Fielding)의 화자는 흔히 전형적인 삼인칭 전지적 화자의 예로 일컬어지지만, 비개성적 화자라고 말하기 어렵다. 그래서 이시연은 『톰 존스』의 화자가 "필딩식 화자"라는 점을 강조한다. 『테스』(*Tess*)의 화자도 전통적 의미의 전지적 삼인칭 화자라고 흔히 부르지만, 이 글의 필자 손영희는 이 삼인칭 화자가 남성화자라는 점을 밝혀낸다. 오스틴(Austen)의 삼인칭 화자는 특별히 개인성을 드러낸다거나 젠더를 드러내지 않는 객관적 화자이지만 소설의 끝에 가서는 "나"로 등장한다. 이들에 비하면 『블리크 하우스』(*Bleak House*)의 삼인칭 화자는 대체로 이야기 세계의 밖에서 전지적 시점을 유지하며 비개인적이라는 점에서 전통적 의미의 전지적 삼인칭 화자라고 부를 수 있을 것 같다. 삼인칭 화자 역시 그 특징과 역할이 다양할 수 있다는 점에서 화자의 이야기를 해석할 때 삼인칭 화자라는 사실보다 그 화자의 특성을 분석하는 것이 더 중요하다.

전지적 서술이라는 표현을 관용적으로 사용하지만 삼인칭 서술과 전지적 서술을 상호 교환적으로 사용할 수는 없다. 삼인칭 서술이면서 전지적이지 않은 서술이 많기 때문이다. 헨리 제임스가 주장하는 제한적 삼인칭 서술은 문법적으로는 삼인칭 서술이지만 한 개인의 의식의 관점에서 서술한다는 점에서 전지적 서술과는 아주 다르다. 그리고 전지적인 신처럼 허구세계를 관장하는 것으로 보인다고 하여도 전지적 화자의 서술을 실제 전지적이라고 말할 수는 없다. 그렇기는 하지만 19세기 소설가들은 전지적 삼인칭 화자를 일종의 소설관습으로 의식하며 소설을 써서 스스로를 그렇게 지칭하기도 한다. 삼인칭 전지적 화자라는 표현은 19세기 소설에만 한정해야한다는 주장도 있기는 하다.

삼인칭 전지적 화자를 이야기할 때 화자, 저자, 함축저자 혹은 내포저자(implied author)의 관계를 살펴보는 것이 필요할 것 같다. 물론 삼인칭 전지적 화자라는 용어를 사용하면서 화자와 함축저자와 실제저자를 구별하지 않고 사용하기도 한다. 그러나 이 셋은 구별이 가능하다. 소설 텍스트에는 이야기하는 화자 이외에 내러티브 전체 구성에 관여하는 또 다른 존재가 있다. 존재라는 말이 개인을 연상시키기 때문에 부적절할 수는 있다. 그래서 "내적 구성 원리" 혹은 "텍스트의 의도"라는 명칭을 주장하기도 한다(Abbot 78). 『폭풍의 언덕』(*Wuthering Heights*)에는 두 화자를 등장시키고 이사벨라(Isabella)의 편지같이 화자와 관계없는 내러티브 요소를 구성하고 엮어가는 존재가 있다. 『문스톤』(*Moonstone*)에는 11명의 화자를 등장시키고 프랭클린(Franklin)이라는 일인칭 화자/편집자를 등장시키는 어떤 존재가 있고, 『암흑의 핵심』(*Heart of Darkness*)에는 겹겹의 일인칭 화자를 등장시켜 이야기의 틀을 만드는 존재가 있다. 그리고 무엇보다도 등장인물의 직접담론은 화자가 아닌 다른 존재가 있음을 상기시킨다. 화자가 인용부호를 사용하여 인용하는 인물의 직접담론을 만든 존재가 따로 있다고 할 수 있기 때문이다. 화자를 포함해 소설 내러티브의 모든 요소를 통제하는 인물 혹은 존재가 있다고 말할 수 있는 것이다. 이 존재를 함축저자라고 부르기도 한다. 함축저자의 개념을 받아들이면 텍스트를 함축저자가 통제하는 일관성 있는 전체로 생각하게 된다. 그러나 이 함축저자와 삼인칭 화자의 목소리가 언제나 일치하는 것은 아니다. 둘 사이에는 원칙적으로 간격이 존재하고 이 간격은 아이러니를 발생시키기도 한다.

함축저자는 화자 뿐 아니라 실제저자와도 구별된다. 실제저자가 내러티브를 구축하기 때문에 실제저자의 많은 부분이 함축저자에 들어가기는 한다. 그래서 이 둘을 구별하지 않고 사용하기도 하지만, 둘의 구별이 내러티브 분석에 도움이 될 수 있다. 실제저자는 내러티브 텍스트가 드러내는 함축저자보다 훨씬 더 복잡하고 다면적 성격을 가질 수 있고 끊임없이 변화할 수 있다. 작품을 쓸 때 마다 실제저자의 생각과 감수성과 경험은 변할 수 있다. 또 하나의 내러티브 텍스트의 실제저자가 여럿일 수도 있다. 계속 변화하면서 다양한 내러티브 텍스트를 생산하는 실제저자와 하나의 내러티브 텍스트의 함축저자는 분명 구별이 된다. 그렇다고 해서 우리가 소설텍스트를 해석하면서 작가 이름을 거론할 때 마다 함축저자라고 지칭하지는 않는다. 작가를 거론하더라도 실제작가를 의미한다기보다 텍스트에 구조화 되어 있는 함축저자를 지칭하는 것으로 이해하는 것이 타당하다고 할 수 있다.

그러나 함축저자라는 용어는 여전히 논란의 여지가 많은 용어이기도 하다. 함축저자의 존재는 내러티브 자료 전체를 통제한다는 의미를 내포한다. 그래서 이 용어에는 내러티브가 하나의 온전한 구성물이라는 생각, 통일된 일정한 패턴이 있고 질서가 있는 구성체라는 전제가 들어간다. 그래서 이것은 텍스트를 통제하는 방식이라는 비판이 나오기도 한다. 내러티브 텍스트 전체를 관통하는 의미를 찾아내고자 시도

할 때 함축저자는 유용한 개념이다. 그러나 기호체계인 언어를 사용하고 내러티브 구성에 선별의 요소, 억압의 요소가 들어간다는 점에서 내러티브는 필연적으로 불완전하고 파편화되어 있고 자기모순적이라고 말할 수도 있다. 이런 관점에서 본다면 함축저자라는 개념은 존재하지 않는다. 『율리시스』(*Ulysses*)의 서술분석에서 홍덕선은 삼인칭 화자의 목소리를 풍자하는 또 다른 목소리를 언급하면서 숨은 연출자 혹은 조정자가 있다는 느낌을 준다고 말한다. 숨은 연출자 혹은 조정자라는 용어를 사용하고 함축저자라고 말하지 않는다. 이 조정자는 삼인칭 화자의 목소리를 해체하는 메타 목소리라고 홍덕선은 부른다.

문법적 인칭에 따른 화자의 구별보다도 소설 내러티브의 의미를 해석할 때 더 중요한 것은 화자의 목소리(voice)라고 할 수 있다. 화자가 객관적이고 비개인적 태도를 취한다고 하여도 그것은 서술 전략일 뿐, 이야기를 서술한다는 행위 자체 때문에 화자에는 개인성의 요소가 포함된다. 목소리는 시점과 함께 쓰이기도 하지만 시점과 구별된다. 시점은 "보는" 사람, 인지하는 사람이 누구인지를 말해준다. 반면 목소리는 "말하는" 사람이 누구인지에 대해 알려주고, 서술의 시간적 공간적 배경이 무엇인지에 대해 말해준다. 프린스(Prince)는 화자를 "화자의 특성을 나타내는 기호의 집합체"(102)라고 말하면서, 서술행위와 서술되는 이야기 사이의 관계, 서술행위와 내러티브 텍스트 사이의 관계를 지배한다고 설명한다(102). 화자가 어떤 방식으로 자기의 욕구, 욕망, 한계를 서술에 투입하는지, 화자가 주는 정보를 믿어야 하는지 말아야 할지를 알려주는 것이 바로 이 화자의 목소리다. 이 목소리가 아주 강력하거나 흥미로울 경우 이야기자체보다 화자 자신이 서술의 중심이 되기도 한다.

이 책의 필자들이 집중적으로 분석하고 있는 것도 텍스트에 나타난 화자들의 서술목소리다. 이 분석을 살펴보면 필딩, 스턴(Stern), 오스틴, 샬럿 브론테(Charlotte Brontë), 하디(Hardy), 로렌스(Lawrence)의 소설 텍스트에는 단일화자가 등장하고 에밀리 브론테(Emily Brontë), 디킨즈(Dickens), 콜린즈(Collins), 콘라드(Conrad)의 텍스트에는 2명에서 11명에 이르기까지 다중의 화자가 등장하지만, 화자의 수와 관계없이 하나의 텍스트에서도 서술의 목소리는 다양하게 나타나는 것을 볼 수 있다. 조이스(Joyce)와 울프(Woolf)의 소설은 서술목소리의 실험이라고 할 만큼 서술목소리 자체가 서술의 중심에 있다는 점을 필자들은 강조한다.

필딩의 필자는 필딩의 "인물화된 화자"는 벌레스크 패러디를 매개로 "다성성"을 만들어내고 다양한 가면을 이용하여 다양한 목소리를 내고, 다양한 역할을 수행하여 이 화자가 서술하는 내러티브를 "열린" 내러티브로 만든다고 주장한다. 스턴의 필자는 스턴의 일인칭 화자가 서술행위에 대하여 서술하면서 독자와 대화를 시도하여 단일한 목소리와 관점의 한계를 깨트린다고 말한다. 오스틴의 필자는 오스틴의 삼인칭 화자가 필요에 따라 단일한 목소리로 서술하기도 하고 인물의 목소리와 혼합된 이중의 목소리를 나타내기도 한다는 점을 강조한다. 샬럿 브론테의 일인칭 화자 논의에서도 샬럿 브론테의 필자는 나이 어린 제인과 나이든 제인의 관점, 사건이 일어난 당시의 제인과 사건을 이야기하는 제인의 관점이라는 이중적 관점 때문에 나타나는 화자 제인의 이중적 서술목소리를 집중 분석한다. 하디의 필자 역시 하디의 화자가 삼인칭 화자이면서도 목소리가 단일하지 않다는 점을 지적한다. 이 필자는 하디의 화자의 서술목소리를 분석하여 두 층의 언어를 찾아내고, 계급사회, 인습, 자연, 성, 여성에 대한 모순된 관점들의 충돌을 읽어내고 있다. 로렌스의 필자 역시 화자의 서술에서 화자 자신의 목소리와 화자와 인물의 혼합된 목소리를 구별해낸다.

에밀리 브론테의 필자는 『폭풍의 언덕』의 두 화자, 외부자이며 남성화자인 록우드와 내부자이며 여성인 넬리라는 두 일인칭 화자가 다중의 목소리를 만들어내면서도, 어느 화자도 내러티브의 권위를 주장하지 않는 것이 이 소설의 특성이라고 이야기하면서, 텍스트의 다중적 서술목소리가 독자의 상상력을 활성화시킨다고 주장한다. 『폭풍의 언덕』의 두 화자의 이야기가 이야기 속의 이야기 형태로 들어 있는 반면, 『블리크 하우스』의 두 화자의 이야기는 병렬의 형태로 배치되어 있다. 디킨즈의 필자는 디킨즈의 삼인칭 화자와 에스터라는 일인칭 화자가 서술하는 이야기, 서술하는 위치, 서술하는 문체, 서술하는 관점이 모두 대조되어 두 화자의 상이한 서술목소리가 소설 텍스트의 이중적 서술담론을 만들어낸다고 말한다. 탐정소설 형식인 콜린즈의 『문스톤』에는 11명의 화자가 등장한다. 콜린즈의 필자는 다수 화자가 다양한 관점을 제시하는 듯하지만, 서술은 결국 프랭클린의 목소리가 지배한다고 이야기한다. 콘라드의 『암흑의 핵심』에 대한 콘라드 필자의 분석을 보면 이 텍스트에는 두 명의 화자가 있다. 익명의 화자 "나"와 말로우다. 익명의 화자의 목소리는 극히 미미하지만, 텍스트는 "나"가 독자에게 이야기하는 틀 안에 들어 있다. 일인칭 화자 말로우는 다섯 명의 청자에게 커츠에 관한 이야기를 하는데, 말로우의 서술에는 또 다른 인물들의 목소리가 끼어들어 『암흑의 핵심』의 텍스트는 다양하고 복합적인 시점의 다성적 서술목소리를 나타낸다는 것이 콘라드 필자의 주장이다.

서술목소리의 다양성과 그 의미는 조이스와 울프의 서술기법을 분석한 글들에서 잘 나타난다. 이들의 분석은 조이스와 울프가 서술목소리에 대해 다양한 실험을 하여 전통적 의미의 화자와 화자의 서술 목소리를 해체하고 있음을 보여준다. 조이스의 필자 홍덕선에 따르면 조이스는 『율리시스』에서 18개의 장마다 각기 다른 서술기법을 실험한다. 소설의 전반부에서는 삼인칭 화자의 서술, "자유직접화법"으로 서술되는 일인칭 화자의 내적 독백, 주인공의 일인칭 내적독백을 삼인칭 화법으로 서술하는 "자유간접화법"의 혼합된 서술목소리가 나타난다고 홍덕선은 말한다. 나아가 홍덕선은 하나의 언술 안에서 일어나는 목소리의 혼성성을 보여주는 실례를 보여주기도 한다. 계속해서 조이스의 필자는 전반부와 다른 서술목소리를 후반부에서 찾아낸다. 삼인칭 화자의 목소리를 풍자하고 논평하며 삼인칭 화자를 해체하는 또 하나의 새로운 "메타 목소리"라고 할 만한 목소리가 등장하는데, 이 새로운 목소리는 장마다 다른 형태로 나타나 화자가 누구인가를 규명할 수 없는 서술목소리라고 이 필자는 주장하고, 이 다양한 목소리를 개인이 아닌 대중의 목소리라고 부른다. 울프의 필자는 『막간』(*Between the Acts*)의 서술목소리를 분석하면서 울프도 전통적 삼인칭 화자와 유사한 화자를 사용하지만 화자의 개인성을 지운다고 말한다. 비개인적 삼인칭 화자는 전통적으로는 화자의 존재를 최대로 감추는 화자를 말하지만, 울프의 화자는 텍스트를 지배하는 강력한 화자로 소설의 새롭고 유일한 주인공이라고 말한다. 이 화자의 강력함은 단일한 목소리에서 나오는 것이 아니라 개인의 의식을 넘어서는 인류 공동의 의식에서 나오며, 언어 자체에 들어 있는 수많은 익명의 존재들의 의식이 집적되어 만들어진 "하나의 마음"이 갖는 힘이라고 울프의 필자는 해석한다. 이 필자는 울프의 서술에서 고정된 주체로서의 화자의 목소리는 사라지고 서술 자체가 서술되는 듯한 새로운 서술을 울프가 시도하고 있다고 설명한다.

조이스와 울프의 텍스트에는 흔히 "의식의 흐름"의 서술기법이라고 말하는 서술방식이 많이 나타난다. "의식"의 개념이 모호해서 전문적인 문학 용어로는 "내적독백"을 사용하기도 하고, "의식의 흐름"이라는 용어를 사용하기도 하는데, 삼인칭 서술에서 나타나는 내적독백을 "자유간접화법"으로, 일인칭 서술에서 나타나는 내적독백을 "자유직접화법"이라고 한다. 두 화법이 언제나 명백히 구별된다고 말하기 어려운 경계선에 있는 서술도 있을 수 있다. 어디까지가 자유직접화법이고 어디에서부터 자유간접화법이라고 경계선을 긋는 일은 쉽지 않은 문제이다. 그러나 『율리시스』의 마지막 에피소드 분석에서 조이스의 필자는 자유직접화법을 통한 내적독백이 무엇인지를 확실히 보여준다. 이 에피소드는 철저하게 일인칭 화자의 자유직접화법으로 서술되어, 여자 주인공 몰리(Molly)의 의식의 흐름이 8개의 마침표만 사용하면서 30쪽 넘게 이어지는데, 의식의 흐름 속에 한 인간의 모든 면을 드러내는 이 서술기법은 모더니즘 소설의 특성을 드러내는 새로운 서술기법을 보여준다고 조이스의 필자는 주장한다.

자유직접화법과 달리 삼인칭 화자의 목소리에 인물의 감성이나 생각이 묻어나는 인물의 목소리가 혼합된 자유간접화법은 문법적 특성으로도 알 수 있지만 문맥에 의존하는 경우도 많다. 이것은 삼인칭 서술에서 많이 나타나지만 일인칭 혹은 이인칭 서술에서도 나타날 수 있고, 과거 시제뿐만 아니라 시제의 경계를 넘어갈 수도 있고 인물내면의 시점과 함께 나타나는 경우가 많지만, 그 인물의 관점으로 제시되는 모든 부분에 나타나는 것은 아니다. 자유간접화법은 조이스나 울프 이전에 18세기에 오스틴이 개인의 내면을 전달하기 위해 사용했던 서술기법이기도 하다. 이 책에서는 오스틴과 로렌스의 서술기법에서 자유간접화법이 자세히 분석되어 있다. 오스틴의 필자는 오스틴의 삼인칭 화자가 나타내는 서술목소리의 변화를 분석한다. 이 필자는 엘리자베스(Elizabeth)의 내면에서 일어나는 변화를 서술할 때 오스틴이 자유간접화법을 사용하여 엘리자베스의 주관적 생각과 감정을 전달하는데, 이중적 서술목소리는 엘리자베스를 외부에서 바라볼 때의 화자의 객관적 서술목소리와 확실하게 구별된다고 말한다. 『연애하는 여인들』(*Women in Love*)의 서술기법 분석에서도 로렌스의 삼인칭 화자 역시 인물의 심리상태를 서술할 때 자유간접화법을 사용하고 있음이 드러난다. 인물이 자신의 내면의 심리상태를 의식하고 있는 정도에 따라 삼인칭 화자의 서술목소리가 달라지고, 인물의 특성에 따른 서술목소리의 변화가 로렌스의 주제와 밀접하게 연결되어 있다고 로렌스의 필자는 말한다.

하나의 텍스트 안에서 나타나는 서술 목소리의 변화와 다양성은 자유직접화법이나 자유간접화법 같은 담론 스타일로도 나타나지만 아이러니 같은 어조의 변화, 혹은 시점과 관점의 이동 같은 다양한 서술기법을 통해서도 전달된다. 화자가 서술하고 있는 세계, 사건, 인물에 대해 어떤 태도를 취하는가는 텍스트 해석에 영향을 미친다. 오스틴의 서술에서 아이러닉하고 회의적인 화자의 목소리는 화자와 함축저자 사이의 틈새를 보여주어 텍스트는 화자가 서술하는 이야기에 대해 오스틴이 거리를 두고 있음을 드러내기도 한다. 사실 아이러니는 어조의 문제만은 아니다. 화자와 서술대상과 독자 사이의 관계에서도 생겨날 수 있다. 화자가 인물이나 사건에 대해 객관적 태도를 취하는 것이 오히려 서술대상을 아이러닉하게 다루는 결과가 가져올 수도 있다. 화자의 서술을 해석할 때 시점의 문제도 상당히 복잡하게 작용할 수 있다. 일인칭 화자의 서술목소리에 다중의 시점이 겹칠 수도 있다. 샬럿 브론테의 필자도 지적했듯이 『제인 에어』의 텍스트는 일인칭 화자의 서술이지만 과거의 제인과 서술시점의 제인의 목소리가 겹쳐있다. 어린 시절의 제인을 회상하는 성숙한 제인에 대해 서술시점의 제인이 서술하는 장면도 있다. 변화하는 인간의 이야기라는 점에서 시간적 시점의 차이와 생각과 판단이라는 관점의 차이가 함께 작용할 수 있고, 이 차이의 해석에 따라 소설 내러티브의 해석이 달라질 수 있다.

서술목소리와 밀접하게 관련되어 있는 또 하나의 요소는 화자와 이야기 사이의 거리이다. 서술적 거리는 화자가 전달하는 정보를 평가할 때 영향을 준다. 관련정도는 아주 다양할 수 있다. 『제인 에어』의 분석에서 보듯이 화자 제인과 이야기가 아주 밀접하기 때문에 서술적 거리가 문제가 된다. 화자의 이야기를 얼마나 신뢰할 수 있는가의 문제가 생기기 때문이다. 반면 넬리 딘은 다른 사람들의 이야기를 하지만 넬리의 이야기를 얼마나 믿을 수 있는가도 문제이다. 넬리라는 화자의 개인적 특성은 텍스트 해석에 영향을 미칠 수밖에 없다. 반면 디킨즈의 삼인칭 화자는 서술세계의 외부에 있다. 카메라를 통해 보여주듯 관찰자의 위치에서 서술하여 이야기에 대해 객관적 거리를 유지한다. 훨씬 더 신뢰할 수 있는 화자라 말할 수 있다. 그러나 전적으로 신뢰할 수 있는 화자가 있는가는 문제가 된다. 화자가 아무리 객관적으로 서술한다고 해도, 화자라는 존재 자체가 주관성을 내포하기 때문이다.

서술기법에 관한 논의는 결국 텍스트 해석의 문제로 나아간다. 화자는 소설 내러티브의 핵심 요소로 텍스트의 해석에 필수적인 존재이지만, 화자가 모든 것을 말해줄 수 없기 때문이다. 작가의 의도와 관계없이 화자의 서술은 텍스트 해석의 문제를 불러일으키고 해석은 독자의 몫으로 남겨진다. 이저(Iser)가 말했듯이 소설 내러티브는 화자의 신뢰성 여부를 떠나 본질적으로 틈새(gap) 투성이다. 언어와 마찬가지로 내러티브도 선별과 배제의 요소가 있기 때문이다. 이 서술의 틈새 때문에 하나의 텍스트에 대한 다양한 읽기가 가능하다. 어떤 읽기도 잠재된 것을 완전하게 소진시킬 수 있는 독서는 없기 때문이다. 『제인 에어』를 읽는 필자는 화자 제인 에어의 서술에서 제인의 침묵이라는 틈새를 찾아내고, 화자가 직접 고백하는 서술과 화자가 고의적으로 속이는 서술 사이의 공백이라는 틈새를 찾아내어 그 의미를 읽어낸다. 『폭풍의 언덕』과 『암흑의 핵심』을 읽는 필자들은 액자 이야기라는 서술구조 자체가 만들어 내는 틈, 즉 이야기의 겹과 층 사이에서 서술의 틈새를 발견한다. 『테스』를 읽는 필자는 화자의 침묵, 간접 서술, 서술의 공백 등에서 틈을 발견한다. 스턴의 필자가 말했듯이 『트리스트람 샌디』의 서술은 서술의 틈새라는 서술의 본질을 상기시키며 독자에게 해석을 요구하는 서술이다. 서술의 직선성을 해체하여 파편화하는 조이스와 울프의 텍스트는 이 서술적 틈새를 전경화한다. 틈새를 해석하는 방식과 해석의 내용은 독자에 따라 달라진다.

이 책의 필자들 역시 각 소설 내러티브의 서술기법을 분석하고 그 분석을 토대로 텍스트의 해석을 시도한다. 필딩의 필자는 『톰 존스』에서 패러디가 만들어 내는 다성성, 인물화된 화자의 종잡을 수 없이 다양한 목소리와 역할을 분석하고 필딩은 소설장르가 만들어지고 있던 시기에 형식적 기법적 실험을 통해 소설 장르의 "열린" 특성을 드러낸다고 말한다. 스턴의 필자는 스턴의 파격적인 문체와 독특한 서술기법의 특성을 제시하고 서술기법 실험 자체가 스턴의 감성주의, 회의주의를 나타낸다고 주장한다. 오스틴의 필자는 "보편적 진리"인 사회집단의 관례 및 규범과 개인적 "감정" 사이의 변증법적 합이라는 『오만과 편견』의 주제를 제시하고, 이성과 감성 사이의 균형을 추구하는 서술기법이 이 주제를 적절하게 부각시킨다는 점을 강조한다.

『제인 에어』의 필자는 서술과 정체성의 관점에서 소설텍스트를 해석한다. 서술할 수 있는 능력은 곧 자기가 처한 상황을 이해할 수 있는 능력이고, 서술의 주체가 된다는 것은 곧 주체성 확보를 의미한다는 관점에서 일인칭 화자 제인의 자서전적 이야기를 해석한다. 소설 텍스트에서 자아를 표현하면서 동시에 회피하는 화자 제인의 상반된 서술 전략을 찾아내고, 이것은 곧 제인 에어를 통해 샬럿 브론테가 빅토리아 시대의 성이데올로기를 뛰어넘어 새로운 주체성과 정체성의 가능성을 보여주는 것이라고 이 글의 필자는 주장한다. 『폭풍의 언덕』의 필자는 저자가 서술담론의 표면에서 사라지고 일인칭 남성 화자와 여성 화자를 등장시키고 액자소설 형식을 사용한 브론테의 서술기법에 주목한다. 그는 이것이 주체의 절대성, 이야기의 이분법적 구조, 고정되고 절대적인 진리라는 생각을 해체하고 전복하여 『폭풍의 언덕』을 열린 텍스트로 만들어 독자에게 해석의 자유와 자아발견의 기회를 제공한다고 주장한다.

디킨즈의 필자는 삼인칭 객관적 화자와 일인칭 화자의 각각의 특성과 두 화자의 관계를 자세히 분석한다. 분석 결과 이 글의 필자는 대조적인 특성에도 불구하고 두 화자는 서로 상대화자의 특성을 가지고 있다는 점에 주목하고, 이들이 이중적 비전을 구현하지만 저자/함축저자가 이 둘을 통제하여 두 화자는 생산적인 대화적 관계를 만들어낸다고 주장한다. 콜린즈의 필자는 탐정소설 『문스톤』의 서술구조와 서술기법을 분석한다. 이 글의 필자는 기본적으로 완결된 구조를 갖는 탐정소설 『문스톤』의 구조에 나타난 변화를 찾아내고 11명의 화자와 편집자의 교차, 서문과 에필로그의 액자구조라는 서술기법을 분석한 후 서술과 집단적 정체성이라는 관점에서 『문스톤』을 해석한다. 이 필자는 형식적 완결성에도 불구하고 서술 담론의 심층에는 억압과 배제가 잠재되어 있고 이것이 지시하는 불안은 무의식의 분리, 자기 안의 타자성과 주체성이 분리된 제국의 주체가 안고 있는 정체성문제를 나타내는 것이라고 해석한다.

하디의 필자는 전통적인 객관적 삼인칭 화자의 목소리를 분석하여, 단일하지 않고 갈등하는 화자의 목소리에서 작가 하디의 갈등을 읽어낸다. 여주인공 테스를 서술하고 자연을 다룰 때의 화자의 언어의 특성을 분석하여, 서술의 부재, 침묵, 암시, 간접 서술 등에서 서술의 틈새를 발견하고 화자의 시각이 남성의 시각이라는 것을 밝혀낸다. 그리고 이 화자의 목소리는 여성과 자연에 대해 빅토리아 시대의 관념을 철저히 부정하지도 못하고 20세기적 새로운 관점을 수용하지도 못했던 하디의 갈등하는 관점의 산물이라고 해석한다. 콘라드의 필자는 『암흑의 핵심』의 서술기법의 실험을 분석하고 이 소설은 언어의 한계, 언어와 진리에 대한 콘라드의 탐구라고 해석한다. 이 필자는 액자소설이라는 중첩된 서술구조, 다양하고 복합적인 서술시점 활용, 화자 사용, 시간이동, 추상적 부정적인 단어의 중첩 사용, 모호성, 다양한 문체실험, 개인의 인상의 단속적인 편린의 기록, 상이한 관점의 병치 같이 다양한 콘라드의 서술기법 실험을 분석하고, 이 서술기법은 저자, 화자, 독자의 역동적 의미 창조를 지향하는 것으로, 언어의 한계를 극복하고자 노력하는 작가 콘라드의 모습을 반영한다고 주장한다. 로렌스의 필자는『연애하는 여인들』에서 인간의 내면에 들어 있는 불변의 요소인 인물의 "임"(being)을 나타내려는 로렌스의 서술기법을 자세히 분석한다. 인물내면 심리의 상호작용을 극화하기 위해 로렌스의 화자는 전지적 시점을 이용해 요약 및 평을 하기도 하고, 관찰자적 시점에서 외면을 묘사하기도 하고 자유간접화법을 이용하기도 하는데, 인물의 내면적 특성과 내면의 변화에 따라 각기 다른 서술기법을 사용하는 것이 이 소설의 인물형상화의 특징이며 예술적 성취라고 말한다.

조이스의 필자는 조이스의 수많은 실험가운데 형식상의 실험에 초점을 맞추어, 신화를 이용한 서술구조 실험, 언어실험, 의식의 흐름 기법 같은 서술실험을 분석하는데, 특히 내적독백과 메타 서술자 실험을 집중 분석한다. 이 글의 필자는 일인칭 자유직접화법으로 이루어진 몰리의 내적 독백이 갖는 서술적 흡인력이 모더니즘의 새 지평을 열만큼 강력한 원동력이라고 말한다. 삼인칭 객관적 화자의 서술, 자유간접화법, 자유직접화법의 세 가지 서술 형태를 보이는 전반부와 달리 삼인칭 목소리를 패러디하고 풍자하는 메타서술자가 등장하는 후반부의 서술실험을 자세히 분석하고 궁극적으로 의미를 독점하려는 지배적 해석의 시도를 무력화하는 해체적 서술방식이라고 해석한다. 그리고 이 모든 서술실험은 독자로 하여금 서술의 유희를 즐기며 현실세계를 새롭게 경험하도록 하려는 조이스의 시도였다고 설명한다. 울프의 필자는 『막간』에서 울프가 서술기법을 실험한 것은 글이나 말이 하나의 의미에 고정되지 않고 추상적이고 다양한 의미를 향해 열려있는 음악이나 그림과 같은 상태의 "순수한 소설"을 완성하려 한 것이었다고 주장한다. 이 글의 필자는 의식의 흐름 기법과 울프의 화자의 특성, 직선적 연속성을 거부하고 여러 차원에서 분리되고 나누어진 서술의 구성방식을 분석하고 나서, 막간, 침묵, 내재된 음이 이 분리된 내러티브 구성을 연결하는 새로운 연결의 패러다임이라고 설명한다. 그리고 강력한 화자에도 불구하고 화자의 비개인성 때문에 『막간』의 서술은 절대적인 중심이 없는 구성방식을 보여주고, 음악이나 그림처럼 작가가 없는 텍스트, 주체가 부재한 텍스트가 된다고 주장한다.

이 책은 18세기에서 20세기 전반기에 이르는 12권의 소설을 다루고 있다. 이 시기에 출판된 수많은 소설에 비하면 지극히 일부 중의 일부에 불과하다고 말할 수 있다. 또한 서술기법에 대한 본격적인 이론적 논의도 아니고 12권의 소설에 나타난 서술기법을 모두 분석한 글도 아니다. 수많은 소설 텍스트 가운데 극히 일부만을 대상으로 했고, 이들 텍스트의 서술기법에 대해서도 이 책의 필자들과는 또 다른 논의는 얼마든지 나올 수 있다. 그럼에도 불구하고 이 책은 시대별로 작가별로 다양한 서술기법과 다양하고 새로운 해석의 가능성을 보여주고 있다는 점에서 소설의 역사를 관통하는 서술기법의 변화를 볼 수 있기도 하고, 반대로 서술기법을 분석함으로써 과거의 소설을 어떻게 재해석할 수 있는가하는 가능성을 함께 보여준다는 점에 의의가 있다. 서술기법의 분석과 의미해석은 같은 작품에 대해서도, 또 다른 작품에 대해서도 앞으로도 계속 논의의 여지가 많다는 점에서 이 책이 또 다른 연구를 위한 하나의 시발점이 되기를 기대해본다.

1) 제럴드 프린스(Gerald Prince)의 정의에 의하면 내러티브(narrative)는 가공의 사건이나 실제 사건을 화자가 청자에게 이야기하는 것을 의미하는데, 서술과정과 서술된 이야기를 모두 지칭한다(58). 우리말에서는 서술과정을 서술로, 서술된 이야기를 서술물 혹은 서사물로 표기하기도 하고, 내러티브라는 용어를 사용하기도 한다. 이 글에서는 서술된 이야기를 지칭할 때 내러티브라는 용어를 주로 사용하였다

2) "자유간접문체"라는 용어 이외에도 "자유간접화법" "자유간접서술" "자유간접담론"이라는 용어를 사용하기도 한다. 스타일 혹은 담론의 특성을 지칭한다면 "자유간접문체" 혹은 "자유간접담론"을, 문법적 특성에 초점을 맞춘다면 "자유간접화법"을, 제임스 조이스(James Joyce)의 경우처럼 서술의 특성으로 본다면 "자유간접서술"을 사용하고 있어, 이 용어는 필자들의 선택을 존중하기로 한다.

3) 영어의 narrator에 대한 우리말 용어로 서술자와 화자가 사용되고 있는데, 이것도 사용하는 사람의 관점이 드러날 수 있다는 점에서 이 책에서는 용어를 통일하기보다 필자들의 선택을 존중하기로 하였다. 비개인적 서술자가 독자를 상대로 소설을 쓰고 있음을 강력히 시사하는 소설텍스트에서는 서술자와 독자가 적절할 수도 있지만, 내러티브 텍스트 안에서 등장인물이 다른 등장인물을 상대로 이야기를 하는 경우 화자와 청자가 더 적절하다고 말할 수 있기 때문이다.

인용문헌

본문에서 직접 인용한 문헌과 함께 본문에서 언급한 자료목록이다.

Abbot, H. Porter. *The Cambridge Introduction to Narrative*. New York: Cambridge UP, 2002.

Bakhtin, Mikhail. *The Dialogic Imagination*. Trans. Caryl Emerson and Michael Holquist. Austin: U of Texas P, 1981.

Booth, Wayne. *The Rhetoric of Fiction*, Chicago: U of Chicago P, 1961.

Currie, Mark. *Postmodern Narrative Theory*. New York: St. Martin's P. Inc., 1998.

Erlich, Victor. *Russian Formalism*. New Haven & London: Yale UP, 1965.

Genette, Gérard. *Narrative Discourse*. Trans. J. Lewin. London: Cornell UP, 1980.

Iser, Wolfgang. *The Implied Reader: Patterns of Communication in Prose Fiction from Bunyan to Beckett*. Baltimore & London: Johns Hopkins UP, 1974.

James, Henry. *The Art of Fiction, 1890. The Future of the Novel: Essays on the Art of Fiction*. Ed. Leon Edel, NY: Vintage, 1956.

Leech, Geoffrey N. & Michael H. *Short. Style in Fiction: A Linguistic Introduction to English Fictional Prose*. New York: Longman Group Limited, 1981.

Lubbock, Percy. *The Craft of Fiction*. London: Cape, 1921.

Onega, Susana & José Angel García Landa. Ed. *Narratology: An Introduction*. London: Longman, 1996.

Prince, Gerald. *Dictionary of Narratology*. Lincoln: U of Nebraska P, 1987.

『톰 존스』, 벌레스크 패러디, 필딩식 화자

이 시 연 광주과학기술원

I

1. 작가 소개

'아이러니'는 『업둥이 톰 존스 이야기』(*The History of Tom Jones, a Foundling*)의 독자가 인상적으로 기억하는 헨리 필딩(Henry Fielding)－혹은 그가 전면에 내세운 독특한 화자－의 세련된 문체에만 넘치는 것이 아니라, 자연인으로 특히 작가로서 필딩의 생애 전체를 특징짓는 키워드라 할만하다. 그만큼 필딩의 삶은 온갖 모순과 아이러니로 가득하다.

필딩은 1707년 영국 남서부 써머셋(Somerset)－주: 후에 『톰 존스』의 배경이 된다－글래스튼베리(Gladstonbury)에서, 아버지 에드먼드 필딩(Edmund Fielding) 대령－후에 장군에까지 오른다－과 어머니 싸라 굴드(Sarah Gould) 사이의 장남으로 태어났다. 귀족 가문인 친가와 저명한 법조인 가문인 외가 사이에서 태어난 자제답게 유서 깊은 공립학교 이튼 스쿨(Eton School)에서 교육을 받고 후에 네덜란드의 라이든(Leyden) 대학에서 잠시 고전문학을 수학하는 등, 그의 귀족적 배경에 걸맞은 고전적 학식과 소양을 쌓았다. 그러나 아버지 필딩 장군이 방탕한 생활로 가

산을 탕진해버린 탓에, 필딩은 현실적으로는 귀족적 배경이나 고전적 취향에 걸맞지 않게 평생 전업/상업 작가로서 생계를 유지해야만 했다. 필딩의 시대는, 귀족적 교양의 일환으로 혹은 귀족 패트론의 후원 하에 글을 쓰는 소위 신사 문인(the gentleman writer)의 시대에서, 새로 등장한 문학 '시장'에서 대중 독자를 상대로 글을 쓰는 전업 작가의 시대로 넘어가는 과도기로서, 작가의 자격 및 사회적 위상으로부터 문학의 의미 자체에 이르기까지 모든 전제가 흔들리고 변화하는 시대였다. 바로 이 변화의 한가운데서, 18세기의 다른 어떤 작가보다 귀족적 배경에서 태어나고 문학에 대한 고전적 이상을 지녔음에도 불구하고 현실에서는 철저히 상업 작가로 살 수밖에 없었던 필딩의 아이러니컬한 삶과 그로 인한 갈등과 자의식은 그의 작품의 내용과 스타일 모두에 결정적인 영향을 미쳤다.

필딩은 약관 20세 때 『가면무도회』(*The Masquerade*)라는 풍자시와 『여러 가면의 사랑』(*Love in Several Masques*)이라는 희극을 발표하면서 문단에 데뷔했다. 그 후 그는 1730년부터 1737년까지 총 20여 편 이상의 연극을 발표하며 런던 극장계의 대표적인 희극작가로 활동했고, 특히 월폴(Robert Walpole) 수상의 실정에 대한 신랄한 정치풍자극에 전념한 마지막 2년 동안은 런던 최고의 흥행 작가이기도 했다. 그가 1737년 갑자기 극작을 그만둘 수밖에 없었던 것도, 월폴 수상이 극장 공연물에 대한 검열법(the Licensing Act)을 통과시키면서 사실상 그의 장기인 정치풍자극을 쓸 수 없게 되었기 때문인데, 실은 월폴이 이 법을 시행한 주된 이유가 바로 필딩의 풍자극 때문이었다는 것이 정설로 되어 있다. 여하튼 극장을 떠날 수밖에 없게 된 필딩은 법조인 가문인 외가의 도움을 얻어 런던의 미들 템플(the Middle Temple) 법학원에 특별 입학하여 변호사 수업을 받은 후 변호사 활동을 시작한다. 그와 동시에, 이 시기 이미 한 가정의 가장이 되어있던 필딩은, 극작 이외에 글을 써서 돈을 벌 수 있는 또 다른 주요 수단이었던 저널리즘에 발을 들여놓는다. 1739년 말 창간한 반 월폴, 친야 성향의 『참피언』(*The Champion*)지의 주주 겸 편집자로 활동을 시작하면서 저널리즘과 인연을 맺은 필딩은 그 후로도 총 3개의 저널을 창간하여 저널리스트로서 활동을 계속한다.

그러던 필딩이 '소설'을 쓰게 되고 된 사연이야말로 그의 아이러니컬한 삶을 대변한다. 1740년 11월 리처드슨(Samuel Richardson)의 『파멜라』(*Pamela*)가 출판되어 엄청난 인기와 파장을 몰고 오는 사건이 일어난다. 리처드슨이 그의 여주인공을 통해 보여주는 식의 '미덕'과 그것을 재현하는 방식에 도덕적, 미학적으로 반감을 느꼈던 필딩은 『파멜라』에 대한 벌레스크 패러디(burlesque parody) 『샤멜라』(*Shamela*)를 익명으로 발표한다. (『샤멜라』가 필딩의 작품이라는 것은 생전에 한 번도 확인된 바 없지만, 이는 정설로 여겨진다.) 『샤멜라』로는 성에 차지 않았는지 (아니면 『파멜라』의 인기가 보여준 가능성에 영감을 얻었는지), 2년 후 필딩은 다시 설정상으로는 파멜라의 오빠인 '조셉 앤드루스'를 주인공으로 한 『조셉 앤드루스의 모험』(*The Adventures of Joseph Andrews*)을 쓰게 되고, 현대의 비평가들에게는 이것이 그의 첫 본격 소설이 된다. 이 『조셉 앤드루스』의 서문에서 그는 자신이 쓰려고 하는 새로운 종류의 글을[1] 나름대로 정의하고 그것의 문학적 계보를 세우려는 시도를 보이기도 한다. 아이러니컬한 사실은 바로 이처럼 우연히 또는 치기어린 패러디로 시작한 『조셉 앤드루스』가 필딩에게 뜻밖의 금전적 성공을 가져다주고 차기작으로 이어졌으며, 결과적으로 그가 문학사에 '소설가'로 이름을 남기게 되는 계기가 되었다는 것이다. (작가로서 뿐만 아니라 개인적으로도, 하녀 파멜라와 결혼하는 귀족 도련님을 비웃는 패러디를 썼던 필딩 자신이 부인과 사별하고 3년 후 하녀와 재혼했다는 사실 역시 아이러니컬하다.)

『조셉 앤드루스』의 성공에도 불구하고 필딩의 차기 소설은 7년이 지난 1749에야 발표되었고, 그것이 바로 그의 대표작이자 18세기 영국 소설을 대표하는 작품 중 하나인『업둥이 톰 존스 이야기』이다. 이 기간 동안 필딩은 그의 휘그 정치후원자들을 돕기 위해『진짜 애국자』(*The True Patriot*, 1745-46년)와『자코바이트의 저널』(*The Jacobite's Journal*, 1748-49년)의 편집자로 (정치)저널리스트로서의 활동을 계속했다. 그리고 그 공을 인정받아 1748년 웨스트민스터, 1749년 미들섹스 치안판사직에 오르게 된다. 치안판사이자 범죄전문가로서 그의 저술 및 활동은 그 자체로서도 영국 법조사에 이름을 올릴 정도로 의미 있는 것이었다. 치안판사로서 필딩은, 무능과 부정부패에 찌든 당대 대부분의 치안판사들과 달리 양심적이고 정력적으로 런던의 범죄를 다스리고 예방하고자 그의 만년을 바쳤으며, 일례로 "보우 스트리트 순찰대"(Bow Street Runners)라는 조직을 만들어 범죄 예방과 법 집행에 활용하기도 했는데 바로 이것이 현대 런던 경찰의 전신으로 알려져 있다. 치안판사 활동과 그의 마지막 저널『코벤트 가든 저널』(*The Covent Garden Journal*)의 편집을 병행하면서, 그는 범죄와 같은 사회적 문제를 정면으로 고민하고 개혁하고자 하는 의지와 그것의 좌절을 담은 마지막 소설『아멜리아』(*Amelia*)를 썼다. 그리고 건강이 악화되어 1754년 공직을 사퇴하고 요양차 리스본으로 떠난 그는, 결국 돌아오지 못하고 객지에서 죽는 순간까지『리스본 여행 일기』(*The Journal of a Voyage to Lisbon*)를 쓰고 있었다.

2. 『톰 존스』의 서술 기법 및 특징

필딩의 내러티브에서 어떤 하나의 뚜렷한 기법이나 특징을 찾아내는 것은 불가능할 뿐만 아니라 그런 시도 자체가 그의 소설 내러티브를 왜곡하는 것이라 할 수 있다. 드포나 리처드슨하고만 비교하더라도,

두 사람이 각각 (회개한 죄인의) 자서전적 1인칭 서술과 1인칭 서간체 서술이라는 특징적 서술 양식을 사용한 것과는 달리, 필딩은 특별히 이름 붙일 만한 서술 양식을 사용하지 않았다. 굳이 말하자면, 필딩은 다른 두 작가와는 달리 1인칭이 아닌 3인칭 서술을 고집했으며, 소설 속 이야기 전개의 안과 밖에 애매하게 존재하는 매우 독특한 화자를 그 3인칭 서술의 전면에 내세웠다는 것이다. 필딩의 내러티브는 고전과 당대의 다양한 문학 장르와 하위 장르에 대한 변화무쌍한 벌레스크 패러디(burlesque parody)의 연속이며, 그런 의미에서 바흐찐(Mikhail Bakhtin)이 적시한 "소설적 장르"의 특징을 가장 잘 보여주는 예라 할만하다. 따라서 본론에서는 필딩의 다양한 벌레스크 패러디와 소위 '필딩식 화자'(the Fieldingesque narrator)[2]를 중심으로 『톰 존스』의 내러티브를 분석하고자 한다.

앞서 필딩의 생애에서 간단히 언급했듯이, 그의 시대는 문학의 물질적 토대 자체가 급변하면서 문학에 대한 기존의 모든 전제와 기준까지 흔들리고 있던 시대였고, 필딩 자신은 그 누구보다 바로 이런 변화와 혼란의 중심에서 글을 쓰고 고민했던 작가였다. 이러한 조짐은 사실 필딩보다 앞선 드라이든(John Dryden)의 신고전주의 시대부터 나타나기 시작했고, 그것의 문학적 표현은 '의사서사시'(mock-epic) 혹은 '의사영웅시'(mock-heroic)가 당대의 지배적인 시 장르로 자리 잡았다는 사실에서 찾을 수 있다. 의사서사시는 고전의 영웅적 이상을 구현하는 영웅서사시의 형식과 장르 관습을 모방하되 그 안에 현대의 비루한 현실을 담음으로써 그 간극을 적나라하게 폭로하는 대표적인 벌레스크 양식이다. 이는 드라이든의 뒤를 이은 포우프(Alexander Pope)의 『머리타래의 강탈』(*The Rape of the Lock*)이나 『던씨어드』(*The Dunciad*)와 같은 작품에서 정점에 이르렀다. (포우프가 『던씨어드』에서 묘사했듯이) 새로 등장하는 문학 시장 안에서 그럽 스트리트(Grub

Street) 3류 문사들이 쏟아내는 하위 장르들의 출현은 서사시뿐 아니라 고전 문학 전반에 대한 위협을 의미했고, 그에 대한 문학적 응답으로 당대의 대표적 작가인 포우프와 그의 스크리블레루스 클럽(the Scriblerus Club) 문우인 스위프트(Jonathan Swift)와 게이(John Gay) 등은 '(서사)시'의 틀을 넘어 극과 산문에서도 극단적인 벌레스크 패러디를 보여주었다. 스위프트의 『걸리버 여행기』(*Gulliver's Travels*)나 게이의 『거지 오페라』(*The Beggar's Opera*) 등 그들의 대표작도 기본적으로 모두 벌레스크 패러디인 것이다. 바로 이 스크리블레루스 클럽 풍자가들을 역할모델로 생각했던 필딩의 모든 작품의 기조 역시 당연히 벌레스크 패러디이다. 예를 들어, 후대의 비평가들이 입을 모아 필딩의 소설 정의라고 본 『조셉 앤드루스』 서문의 유명한 구절만 해도 그렇다. 이 서문에서 필딩은 자신이 쓰고자 하는 "새로운" 종류의 글이 "희극적 로맨스"(comic Romance) 혹은 "산문으로 된 희극적 서사시"(a comic Epic Poem in Prose)라고 선언한다. 비평가들은 이 구절을 가리켜, 천박한 하위 장르로 여겨지던 '소설'을 쓰게 된 필딩이 (희)극, 서사시, 로맨스 등 고전 장르를 끌어들여 자신의 글쓰기에 계보를 부여하고 그로 인해 문학적 권위를 확보하려는 시도라고 해석하곤 했다. 물론 필딩에게 그러한 의도가 전혀 없었다고는 할 수 없으나, 사실 이 구절은 기본적으로 스크리블레루스 클럽 풍자가들이 즐겨한 말장난과 같은 맥락에 서있다. 가장 좋은 예로, 게이는 1715년 작 벌레스크 희극 『제목이야 뭐든』(*The What D'Ye Call It*)의 부제를 "희비극적목가익살극"(tragic-comi-pastoral farce)이라고 붙였다! 필딩이 『조셉 앤드루스』 서문에서 바로 이런 스크리블레루스 풍 말장난을 하고 있다는 것은 자명하며, 그의 모든 소설 내러티브의 기본 역시 당대를 대표하는 풍자가들의 문제의식과 스타일을 공유한 벌레스크 패러디이다.

서사시, 로맨스, (희)극과 같은 고전 장르는 물론, 익살광대극, 감상

'소설', 신문 에세이, 여행기, 범죄자 일대기, 피카레스크 소설 등 상업적 혹은 대중적 하위 장르에 이르기까지 그가 직간접적으로 접한 과거와 현재의 모든 문학 장르들을 벌레스크 패러디하는 필딩의 내러티브는 사실 주인공을 둘러싼 플롯과 굳이 상관없이 때로 지나치게 혼란스럽기도 하다. 그런 내러티브에 최소한의 통일감을 부여하는 장치/존재가 바로 유명한 "필딩식 화자"이며, 이 명칭 자체가 시사하듯 "필딩식 화자"는 필딩 내러티브의 트레이드 마크이자 어쩌면 소설의 주인공인 조셉 앤드루스나 톰 존스보다 더 독자에게 깊은 인상을 남기는 존재이다. 그는 전지적 화자라는 특권적 위치와 그저 등장인물들의 이웃 중 한 명인 것 같은 제한된 위치 사이를 임의로 오가며 변화무쌍한 서술을 펼친다. 그렇다면 필딩식 화자는 어떻게 생겨났을까? 이에 대한 대답 역시 당대의 문학적 배경과 필딩의 문학 경력에서 찾을 수 있다. 필딩식 화자는 기본적으로 전통적 풍자문학에서 사용하는 풍자가의 '퍼쏘나'(persona)에 뿌리를 두고 있으며, 특히 스크리블레루스 클럽의 벌레스크 풍자의 퍼쏘나로부터 직접적 영향을 받았다. 그 영향의 증거는 소설에 앞서 필딩의 1730년대 정치풍자극에 먼저 나타났다. 예외 없이 극중극(play-within-a-play) 형식을 띠고 있는 그의 정치풍자극에는 반드시 극중극의 '작가'(author)인 동시에 액자극(frame play), 즉 전체극의 주인공인 인물이 무대 위에서 극중극의 리허설을 감독한다. 주목할 점은, 스크리블레루스 풍 '퍼쏘나'와 필딩의 극중 '작가' 모두 풍자가의 생각을 직접적으로 대변하는 인물도, 일관된 성격을 가진 인물도 아니라는 점이다. 이는 필딩식 화자를 이해하는 데 있어서 가장 중요한 부분이다. 그는 필요에 따라 필딩의 마우스피스 노릇도 하다가 금방 수다스럽게 소문이나 퍼뜨리는 달갑지 않은 이웃으로 돌변하기도 하는, 참으로 종잡을 수 없는 인물이다. 그런 그의 성격을 제대로 고려한다면, 필딩 내러티브는 한결 더 흥미로운 국면들을 보여줄 수 있을 것이다.

II

1. 『톰 존스』의 벌레스크 패러디와 헤테로글로씨아

미하일 바흐찐이 그의 소설론에서 (시대나 일반적 장르 구분의 경계를 넘어선) 소위 '소설적' 장르의 계보에 "영국 희극소설"을 포함시키고 그 선두주자 격으로 필딩을 내세운 것은 잘 알려진 사실이다. 굳이 『톰 존스』 같은 '소설'이 아니더라도 필딩의 모든 작품은 바흐찐이 소설적 장르의 특징으로 지적한 '헤테로글로씨아'(heteroglossia), 즉 '다성성'으로 가득하며, 이는 서론에서 언급한 대로 그 당시 문학의 지배적 양식이었던 벌레스크 패러디를 매개로 한다. 소설가 필딩이 리처드슨의 『파멜라』를 패러디하다가 '우발적'으로 탄생되었음은 이미 지적한 바 있으나, 사실 오늘날 대충 소설이라고 부르는 5편의 산문작품들—『샤멜라』, 『조나단 와일드』, 『조셉 앤드루스』, 『톰 존스』, 『아멜리아』—은 그 당시까지 통용되던 거의 모든 문학 장르와 하위 장르들을 직간접적으로 패러디하고 뒤섞고 전복하는, 그래서 장르 구분 자체를 무의미하게 만드는 '안티장르'(anti-genre)에 더 가깝다. 『조셉 앤드루스』 서문에서 언급하는 서사시, 로맨스, (희)극 등 전통적, 고전적 문학 장르는 물론이요, 신문 에세이, 여행기, 벌레스크 익살극, 의사서사시, 감상소설, 범죄자일대기, 피카레스크 소설 등 주로 근대 이후에 생겨난 통속적 하위 장르들의 갖가지 요소와 스타일이 필딩의 내러티브 안에 모두 들어있다.

필딩의 내러티브 자체가 가진 벌레스크 패러디의 특징을 잘 보여주는 몇 가지 예를 들어보겠다. 과거에는 『조셉 앤드루스』나 『톰 존스』의 에피소드식 구성을 들어 필딩의 소설이 피카레스크 전통에서 발전했다고 보는 일부 견해가 있었고, 사실 아직까지 그렇게 생각하는 사람들도 전혀 없지 않다. 그런 관점은 주로, 미덕의 화신 같은 주인공을 치밀한 심리적 사실주의로 묘사하는 리처드슨의 소설에 비해, 반영웅(anti-hero)적인 주인공의 에피소드 따위로 느슨하게 구성된 필딩의 소설을 폄하하는 맥락에 속한 것이었다. 그러나 그것은 필딩의 벌레스크 패러디가 빚어내는 헤테로글로씨아를 전혀 이해하지 못한 구세대의 낡은 오판에 불과하다. 예를 들어, 『조셉 앤드루스』의 원제는 『「돈키호테」의 작가 쎄르반테스 풍을 모방하여 쓴, 조셉 앤드루스와 그의 친구 아브라함 아담스 씨의 모험 이야기』(*The History of the Adventures of Joseph Andrews, And his Friend Mr. Abraham Adams, Written in Imitation of the Manner of Cervantes, Author of Don Quixote*)인데, 이는 이 작품에 피카레스크 내러티브의 요소가 나타난다면 분명 쎄르반테스라는 '필터'를 거쳤음을 말해준다. 그런데 『돈키호테』가 어떤 작품인가? 『돈키호테』야말로 세계문학사상 가장 해체적인 텍스트 중 하나로, 기사도 로맨스와 피카레스크 소설이라는 기존의 장르를 패러디하고 철저히 해체/전복하는 텍스트이다. 『조셉 앤드루스』의 부제가 말해주는 것은, 기사도 로맨스든 피카레스크 내러티브든 『돈키호테』라는 필터를 거치고 다시 필딩 자신의 패러디를 거친다는 것이다. 또한, 피카레스크 내러티브의 구성적 특징 중 하나가 악한 주인공이 길 위에서 만나게 되는 다양한 인물들이 들려주는 '이야기 속 이야기'의 잦은 등장이라고 한다면, 『조셉 앤드루스』나 『톰 존스』에도 그러한 이야기는 심심찮게 등장하는 게 사실이다. 『톰 존스』의 경우 가장 길고 중요한 이야기 속 이야기는 8권에 등장하는 언덕 위의 남자(the Man of the Hill) 이야기인데, 이 이야기는 필딩의 다른 이야기 속 이야기들과 마찬가지로 이야깃거리 자체로서가 아니라 이야기를 하는 화자와 듣는 청자—작가와 독자에 대한 유비 관계를 이룬다—의 관계를 탐색하기 위한 장치로서 더 중요하다. 이 이야기를 비롯해 소설 내내 간헐적으로 등장하는 길고 짧은 이야기

속 이야기들 — 11권 피츠파트릭 부인 이야기, 13권 밀러 부인 이야기 등 — 모두 그 이야기를 듣는 톰과 파트리지(Partridge)가 보여주는 독자로서의 상이한 태도와 반응에 더욱 초점을 맞춘다. 이는 12권 5장에 잠시 등장하는 꼭두각시꾼(puppet master)과의 일화에서도 마찬가지이며, 게다가 이 일화는 『돈키호테』에서 직접 빌려 온 것이기도 하다. 즉, 『톰 존스』는 단순히 피카레스크 내러티브의 이야기 속 이야기를 모방하는 게 아니라, "「돈키호테」의 작가 쎄르반테스 풍을 모방"하여 이야기/텍스트를 임의적으로 수용하는 다양한 독자반응에 대한 자의식적 탐구를 하고 있는 것이다.

필딩의 벌레스크 패러디의 백미는 뭐니 뭐니 해도 그가 선배 풍자가들로부터 물려받아 자신의 스타일로 발전시킨 의사서사시적 내러티브이다. 그 예는 『톰 존스』 곳곳에서 나타나지만, 여기서는 대표적으로 9권의 업튼 여관 장면을 살펴보도록 하겠다. 업튼 여관의 식당에서 워터스(Waters) 부인—갓난아기 톰이 발견된 후 마을에서 종적을 감춰 톰을 낳은 어머니로 추정되었던 제니 존스(Jenny Jones)로 후에 밝혀진다 — 이 톰을 유혹하는 모습을 묘사하는 이 유명한 장면에서도 '화자'의 시작은 늘 그렇듯 요란스럽다. 그는 "지금까지 그 어떤 산문이나 운문에서도 시도된 바 없는 묘사를 시도하기에 앞서, 그 어떤 천상의 존재들의 도움을 구하는 것이 합당하다"면서 미의 여신들(the Graces)에게 도움을 청하는 기도(invocation)를 올린다. 시신에게 올리는 '기도'는 원래 서사시의 서두에 항상 등장하는 필수요소로, 이는 이어질 장면이 전쟁의 이미지와 어휘를 동원한 (의사)서사시의 스타일을 따른다는 것을 선언하는 셈이다. 실로 워터스 부인이 온갖 추파를 던지며 청년 톰을 유혹하는 모습이 의사서사시로 장황하게 묘사되고, 워터스의 미소에 넘어가는 톰의 모습은 다음과 같이 이어진다.

"이 미소 우리의 주인공 두 눈에 정통으로 맞더니, 즉시 그 위력에 휘청거렸다. 그리고 그는 적의 작전이 무엇인지 알아채기 시작했고, 아닌 게 아니라 그것의 성공을 감지하기 시작했다. 양자 간에 협상이 개시되었고, 교섭 중에도 능숙한 미녀는 너무나 교묘하고 감쪽같이 공격을 계속하여 우리 주인공의 심장을 거의 정복했는가 싶더니, 다시 적대행위를 개시했다. 진실을 고백하자면, **내 생각엔** 존스 군이 사랑하는 소피아에 대한 신의를 제대로 돌이켜보지 않고, 일종의 네덜란드식 방어책을 취해서 배신자처럼 요새를 내준 것이 아닌가 싶다. 요컨대, 사랑의 협상이 끝나고 여인이 목에 둘렀던 스카프를 무심코 풀려나가게 내버려둠으로써 왕실 포병대의 본모습을 드러내기가 무섭게, 존스 군의 심장은 완전히 포로가 되어 미녀 정복자는 그녀의 승리의 당연한 결실을 한껏 즐겼다."

여기서 미의 여신들께서는 묘사를 접는 것이 마땅하다 판단하시니, 따라서 여기서 우리도 이 장을 끝맺는 것이 마땅하리라 생각한다. (9권 5장 390면; 강조필자)[3)]

이 장면은 남녀 간의 애정행각이라는 내용과 서사시라는 형식 사이의 명백한 불일치로 벌레스크의 공식을 모범적으로 잘 따르고 있다. 그런데 여기서 눈길을 끄는 것은, 의사서사시 한가운데 뜬금없이 "진실을 고백하자면, 내 생각엔"이라며 끼어드는 화자의 개입이다. 언뜻 보면, 이 화자 역시 전쟁 용어를 사용하면서 의사서사시의 틀을 유지하는 것 같지만, 자세히 들여다보면 그가 끌어오는 비유는 더 이상 고전 영웅들의 전투가 아니라 실제로 불과 몇 년 전 프랑스와의 전투에서 동맹국인 영국군을 배신하고 도망친 네덜란드군의 지극히 비영웅적인 "네덜란드식 방어책"이다. 즉, 이 장면의 의사서사시는 내용과 형식의 터무니없는 불일치에서 오는 기본적인 벌레스크 패러디 외에도, "기도"를 비롯해 서사시의 흉내는 다 내면서도 진정 서사적인 전투와 수치스런 "네덜란드식 방어책" 간의 간극을 알지 못하는 엉성한 모방자인 화자의 개입 덕에 이중의 패러디 효과를 거둔다.

바흐찐은 소설의 헤테로글로씨아를 만들어내는 3가지 요소로 문학적 패러디, 인물화된 화자의 서술, 등장인물의 직접적 발화를 들었고, 필딩의 내러티브는 모든 장르에 대한 패러디 외에 나머지 두 가지 요소에 관해서도 모범적인 예를 보여준다. 위의 업튼 여관 장면이 바로 "필딩식 화자"를 '통한' 영웅서사시에 대한 패러디의 좋은 예이다. "필딩식 화자"는 필딩의 내러티브에서 가장 중요한 요소라고 할 수 있으므로 다음 장에서 자세히 다시 논하기로 하고, 여기서는 등장인물의 직접적 발화가 문학적 패러디와 결합하면서 특별한 효과를 만들어내는 또 다른 장면을 예로 들어보겠다. 예나 지금이나 숙명처럼 리처드슨의 치밀한 1인칭 서술과 비교되곤 하는 필딩 내러티브의 상대적 약점 중 하나로 지적되는 것은 그의 내러티브가 '극적'이지 않다는 것이다. 필딩의 내러티브가 '극적'이지 않다고 할 때는, "순간순간 기록한다"(writing to the moment)는 『파멜라』의 박진감 넘치는 대화와 심리묘사가 결여되어 있다는 뜻일 테고, 그 기준에서는 그렇게 볼 수도 있다. 그러나 다른 관점에서 보자면 필딩의 내러티브는 의외로 매우 '극적'이다. 한때 런던의 최고 인기 '극작가'였고, 또한 모든 장르 관습에 대한 패러디의 대가인 필딩의 내러티브가 '극적'이지 않다면 그것이 더 이상한 일이다. 단적인 예로, 『대인 조나단 와일드 씨의 생애』(*The Life of Mr. Jonathan Wild the Great*)에 사형집행 전날 와일드의 감방에서 와일드와 아내가 나누는 대화 장면이 있는데, 필딩은 한 장 전체를 느닷없이 내러티브가 아닌 희곡 형식으로 쓴 적도 있다. 그렇게까지는 아니어도 사실 필딩의 모든 내러티브에는 (수다스럽기로 유명한 필딩식) 화자의 개입을 극도로 배제한 체, 마치 풍속희극의 남녀주인공들이 주고받는 빠르고 재치 넘치는 레파티(repartee)처럼 두 인물간의 생생한 대화만 보여주는 장면들이 빈번히 등장한다. 그러나 『조나단 와일드』의 경우가 그렇듯이, 내러티브 속에 갑자기 등장하는 연극조의 레파티는 단순한 의미에서 '극적'인 효과를 주기보다 역시 그에 대한 패러디로 작용한다.

『톰 존스』의 경우 그런 장면의 주인공은 주로 소피아(Sophia)의 아버지와 고모인 웨스턴(Western) 남매이다. 소피아가 좋아하는 남자가 있다는 걸 혼자만 눈치 챘다고 생각—그러나 그가 블리필(Blifil)이라고 오해—하는 고모 웨스턴 여사가 오빠에게 귀띔을 해주려고 하는 다음 장면의 대화가 좋은 예다.

> "내 생각엔 그 애가 택한 바로 그 사람이 오빠가 택할 바로 그 사람이에요. 만약 아니라면, 내가 세상사 좀 안다고 자부할 수 없겠죠. 오빠, 오빠도 내가 좀 안다는 건 인정할 거예요." "자 잘 들어라, 동생아," 웨스턴이 말했다, "나도 네가 다른 여자만큼은 안다고 생각한다, 그리고 분명 그런 건 여자들 문제지. 너도 알다시피 난 네가 정치 얘기하는 건 듣고 싶지 않다. 정치는 우리 남자들 몫이지, 치마 두른 것들이 간섭할 일이 아니다. 그건 그렇고, 그 놈이 누구냐?" "어련하겠어요!" 그녀가 말했다, "누군지 직접 알아내면 되겠네요. 오빠가 그렇게 대단한 정치인이라니, 어려울 것도 없겠네요. 군주의 통치비밀을 꿰뚫어보고, 온 유럽의 정치체제를 조종하는 키를 움직이는 비밀 태엽을 찾아낼 수 있는 판단력이라면, 계집애의 어리석고 무지한 머릿속에 무슨 생각이 오가는지 쯤은 문제없이 알아내겠죠." "동생아," 웨스턴이 소리친다, "내 앞에서 조정파들의 변말 늘어놓지 말라고 여러 번 경고했지. 난 그런 헛소리는 모른다. 그래도 내가 신문이나 『런던 이브닝 포스트』는 읽을 수 있다. 뭐 사실 가끔은 무슨 말인지 잘 모르는 구절도 있지만, 그건 글자들을 절반이나 지워버려서 그런 게고. 그래도 그게 왜 그러는 건지도 알고, 뇌물과 부정부패 때문에 나라 사정이 제대

로 안 돌아간다는 것도 안다." "오빠의 **시골티** 나는 무식함이 정말 뼈저리게 안타깝네요," 웨스턴 여사가 외친다. "그러냐?" 웨스턴이 답했다, "난 너의 **서울티** 나는 유식함이 안타깝구나. 난 죽으면 죽었지 누구처럼 조정파나, 장로교도나, 하노버파는 안 할란다." "날 두고 하는 말이라면," 그녀가 답했다, "오빠, 오빠도 알다시피 난 여잔데, 내가 뭐든 무슨 상관이겠어요. 또......" "네가 여자인 거 아다마다," 웨스턴이 외친다, "그게 너한테 다행이지, 남자였으면 내가 한 방 날렸어도 한참 전에 날렸을 게다." "거봐요," 그녀가 말했다, "그 한 방에 오빠가 자랑하는 남자들의 우월성이 다 담겼다고요. 당신들 머리가 아니라 몸뚱이가 우리 여자들보다 강하다는 거요. 우리를 때려눕힐 수 있어서 다행인줄이나 아세요, 안 그러면 우리 여자들의 지력이 너무나 우월해서 당신들 모두 우리의 노예로 만들어버리고 말 거예요, 용감하고 현명하고 재치 있고 세련된 남자들은 이미 다 우리 노예인 것처럼요." "네 생각을 알게 돼서 꽤나 기쁘구나," 웨스턴이 말했다, "하지만 이 문제는 나중에 얘기하자. 당장은 네가 말하는 내 딸의 남자가 누구인지나 말해라." "잠간요," 그녀가 말했다, "내가 오빠네 남자들한테 느끼는 이 고결한 경멸을 삭일 동안 좀 기다려요, 안 그랬다간 오빠한테 또 화낼 거예요. 후우 ...... 이제 좀 누그러지네요. 자, 훌륭하신 나리, 블리필 군에 대해 어떻게 생각하나요?" (6권 2장, 209-10면; 강조필자)

위 장면에서 본론, 즉 소피아의 남자친구에 대한 귀띔은 사실 웨스턴 여사의 첫 문장과 마지막 문장뿐이며, 그 사이에는 '그가 말했다' '그녀가 말했다' 등의 구절이 짧게 기계적으로 반복되는 것을 제외하면 흡사 연극의 한 장면과 다를 바 없는 남매/남녀의 말싸움이 길게 이어지고 있다. 그야말로 등장인물들의 '목소리'가 화자의 매개 없이 그대로 텍스트화될 뿐 아니라, 필딩이 이런 묘사를 하는 장면들은 주로 두 인물 간의 갈등과 말싸움을 보여준다는 점에서도 시끄러울 정도의 '다성성'을 만들어낸다. 더구나, 위 대화에서 보듯 웨스턴 남매는 정치적으로 상반된 두 입장을 지지하여 특정 정치집단의 말투를 모방하고 있다. 웨스턴은 누이동생에게 (하노버 왕가와 휘그당을 지지하는) "조정파들의 변말"(the Court Gibberish)을 집어치우라고 소리치는 반면, 그 자신은 (스튜어트 왕가와 토리당을 지지하는) 소위 '향토파'(the Country party)[4]의 신문인『런던 이브닝 포스트』의 애독자임을 자부하며 필시 그 신문에서 읽은 내용을 그대로 반복한다. 또한 두 남매는 서로에게 "시골티"와 "서울티"를 낸다고 빈정거리는데, 이것은 단순히 두 사람이 사는 곳을 가리키는 말이 아니라 각기 향토파와 조정파의 지지기반을 지칭하는 또 다른 용어이다. 요컨대, 소피아의 남자친구에 관한 이야기와 별 상관없이 이어지는 이 말싸움은, 남과 여, 여와 야, 시골과 서울 등 복합적으로 상반된 가치와 담론들의 충돌을 '극화'하고 있다. 한발 더 나아가, 그 담론들의 발화자인 웨스턴 남매는 그저 그것을 모방 재생산하고 있을 뿐이라는 사실은 그 담론들의 '담론성'을 드러낸다. 또한, 얼핏 연극적으로 서술된 내러티브의 사이사이 "그가 말했다," "그녀가 말했다" 같은 구절의 기계적인 반복은 오히려 텍스트의 자기반영성(self-reflectivity)을 높여 이 내러티브의 서사성(敍事性)을 역으로 상기시키며, 이는 다시 웨스턴 남매가 답습하는 담론들의 담론성을 더 잘 드러내는 데 기여한다.

2. '필딩식 화자'

필딩 소설에서 가장 많은 비평적 관심을 받는 인물은 조셉 앤드루스나 톰 존스 같은 주인공보다 오히려 그가 창조해낸 독특한 화자, 소위 '필딩식 화자'이다. 이 화자는 일반적 소설 화자의 구분에 따르자면 3인칭 전지적 시점의 화자(the omniscient narrator)로 분류돼야 할 것이나, 사실 필딩식 화자는 일반적인 전지적 화자와는 거리가 멀고 다른 어떤 작가의 소설에서도 찾아볼 수 없는 필딩 고유의 화자이기에 그렇게 불린다. 우선, 일반적인 3인칭 화자는 대체로 몰개성적이어서, 때로 필요한 해설과 논평을 가할지라도 그것이 어떤 개성을 가진 인물의 그것으로는 느껴지지 않는 반면, 필딩의 화자는 한 작품을 죽 따라 읽다보면 마치 구체적인 성격을 지닌 하나의 (등장)인물로 느껴질 정도이다. 짐짓 점잖은 체하고, 수다스럽고, 쉽사리 감정적이 되기도 하고, 아는 척하기 좋아하고, 직설적으로 말하기보다 에둘러 말하기 좋아하는 이 인사는, 바흐찐이 말하는 '인물화 된 화자' 중에서도 가장 독특하고 흥미로운 경우라 할 것이다.

필딩식 화자를 논하는 데 있어서 현대 비평가들이 구축한 '소설론'의 일부로서 3인칭 전지적 화자의 틀을 단순 적용하는 것은 불충분하거나 부적절하기가 쉽다. 필딩이 그런 화자를 만들어낸 배경과 그 화자의 특징을 이해하기 위해서는 현대의 소설 이론보다는 그가 받은 문학적 훈련과 당대의 문학풍토에 대한 이해가 더 핵심적인 열쇠를 주기 때문이다. 첫째, 그의 화자는 풍자문학의 '퍼쏘나'에서 유래한다. 풍자가는 특별한 퍼쏘나 없이 암묵적으로 그 자신의 목소리로서 풍자를 하기도 하지만, 때로는 마치 연극의 한 등장인물처럼 특정한 성격을 가진 인물을 설정하고 그 인물의 입을 빌어 간접적으로 풍자를 하기도 하는데, 이 때 이 가공의 인물을 가리켜 퍼쏘나—원래의 뜻은 '가면'—라고 한다. 영문학에서 가장 완벽하고도 흥미로운 퍼쏘나는 주로 조나단 스위프트의 풍자에서 발견된다. 예를 들어, 표면상 『통 이야기』(*A Tale of a Tub*)의 화자는 정신 나간 3류 문사(the Hack)이고 『걸리버 여행기』의 화자는 걸리버이며, 두 작품은 이 매우 문제적인 두 인물의 '캐릭터'와 '관점'을 통해서 서술되는 것이다. 중요한 것은, 풍자문학의 화자 혹은 퍼쏘나란 우리가 소설에서 생각하는 등장인물과는 달라서, 성격의 일관성을 늘 유지하는 것도 아니고 화자 뒤에 감춰진 작가—스위프트—와의 거리나 관계도 시시각각 변하기 때문에, 소설에서와 같은 인물 분석을 적용해서는 안 된다는 것이다. 스위프트와 같은 풍자문학을 쓰기를 원했고 또 썼던 필딩 역시 바로 그러한 퍼쏘나를 구사하여 풍자문학을 썼고,[5] 이것은 당연히 나중에 소설을 쓰게 될 때 그의 화자에도 결정적 영향을 미쳤다. (『파멜라』의 패러디이다 보니 1인칭 내러티브를 사용한 『샤멜라』에 뒤이은) 필딩의 첫 번째 3인칭 산문 내러티브인 『조나단 와일드』의 화자는 스위프트의 『통 이야기』 화자에서 직접적 영향을 받았고, 『조셉 앤드루스』나 『톰 존스』의 경우는 그와는 약간 다르지만 여전히 풍자문학의 퍼쏘나와 유사한 면모를 보여준다. 그러한 해석이 더욱 설득력을 가지는 이유는, 앞서도 말했다시피 필딩은 한 번도 자신이 '소설'을 쓴다고 생각하지 않았고, 시, 희극, 신문에세이, 산문 내러티브 그 어느 것을 쓸 때도 일관되게 자신을 '풍자가'라고 생각했기 때문이다.

필딩식 화자의 특징에 또 다른 영향을 끼친 것은 그의 극작의 경험이다. 원래 '가면'이라는 뜻의 퍼쏘나라는 말 자체가 연극에서는 '등장인물'이라는 뜻으로 쓰이기도 하는 만큼 풍자가의 퍼쏘나 혹은 역할놀이(role-playing)는 연극과 밀접한 관계가 있지만, 필딩의 경우 그 관계는 훨씬 더 직접적이고 결정적이다. 그의 생애에서 간략히 언급한 대로, 극작가로서 그의 최고인기작이자 문제작은 모두 정치풍자극이며 또한 모두 '리허설 극'(rehearsal plays)이다. 리허설 극이란 일종의 극중극 형식으로, 전체 극 혹은 액자극은 어떤 연극—극중극—의 '작가'가 무대에서 리허설을 하는 내용을 담고 있다. 필딩의 극중 '작가'는, 제멋대로인 배우들과 극장지배인에 치이고, 마음대로 되지 않은 특수효과와 무대장치까지 건사하고, 심지어 극장까지 쫓아온 빚쟁이들까지 따돌려가며, 이런저런 지시와 해설과 변명을 덧붙이며 가까스로 리허설을 진행한다. 여기서 가장 중요한 것은, 이 극중극의 '작가'가 액자극 속에서는 한 명의 '등장인물'이기도 하다는 점에서, 극과 현실의 경계선 안팎을 넘나들며 존재하는 독특한 인물이라는 사실이다. 또한, 이 극중 '작가'는 때에 따라 필딩의 생각을 대변하기도 하고 반대로 필딩의 조롱거리가 되기도 하는 이중적인 역할을 수행한다. 풍자문학의 퍼쏘나가 그렇듯, 극중 '인물'이면서 또한 어느 정도는 필딩이라는 실제 작가의 목소리를 간헐적으로 대변하기도 하는 독특한 성격의 극중 '작가', 즉 '인물화 된 작가'는 필딩의 정치풍자극의 필요에 따라 그때마다 다른 목소리를 내고 다른 역할을 수행할 뿐, 일관된 성격을 가진 인물이 아니다. 즉, 필딩의 정치풍자극의 퍼쏘나인 셈이다. 정치풍자극의 '인물화된 작가'가 첫 번째 3인칭 내러티브인 『조나단 와일드』에서의 실험―『조나단 와일드』의 화자는 와일드의 전기를 쓰고 있는 '작가'로 필딩의 극중 '작가'와 모든 면에서 너무나 흡사하다―을 거쳐 『조셉 앤드루스』와 『톰 존스』의 '인물화된 화자'로 진화하는 것이다. 필딩식 화자를 단순히 소설론의 화자 분류법으로 이해하려는 시도는 이런 중요한 사실을 간과하기 때문에 좀처럼 올바른 해석에 이르지 못할 뿐더러 때로는 상당한 오해를 초래하기도 한다.

앞서 이미 의사서사시에 끼어든 화자의 목소리에 대해 간단히 언급한 바 있지만, 여기서는 딱히 벌레스크 패러디가 아닌 일반적인 서술에 있어서 『톰 존스』의 필딩식 화자가 어떤 목소리'들'을 내는가를 예를 들어 살펴보겠다. 다음 장면은 올워디가 업둥이로 발견된 갓난아기 톰의 부모를 찾아내 심판하는 과정 중 일부로, 톰이 남편과 하녀 제니 존스의 사생아일 거라고 고변한 파트리지 부인의 증언을 받아들인 올워디의 판결에 대한 화자의 논평이다.

> 여기서, 독자여, 내 당신에게 잠시 인내심을 구하고, 아내로 하여금 남편에 관한 유리하거나 불리하거나 어떠한 증언도 수용하지 않는 우

> 리 법 제도의 위대한 지혜와 명민함에 온당한 찬사를 보내고자 한다. **이는, 내가 알기로 법률서 이외에는 다른 어떤 곳에서도 인용된 적 없는 어느 박식한 저자의 말대로,** 부부 간에 끝없는 불화를 자아내는 빌미가 될 터이기 때문이다. 진정코, 그것은 많은 위증의 빌미가 될 것이요, 많은 태형, 벌금형, 감금형, 유형, 교수형의 빌미가 될 것이다. (2권 6장, 75-76면; 강조필자)

독자에게 "인내심"까지 구하면서 화자가 끼어드는 이유는, 올워디의 법 집행의 오류를 지적하기 위해서다. 만약 화자가 이렇게 깨우쳐주지 않는다면, 영국 사법제도에서는 배우자간의 증언을 채택하지 않는다는 사실을 알거나 상기해내는 독자가 과연 몇 명이나 되겠는가? 더구나 이 규정이 "법률서 이외에는 다른 어떤 곳에서도 인용된 적 없는" 것이라면, 그것은 곧 우리의 화자가 그 "박식한 저자"의 "법률서"를 읽었다는 것이고, 반대로 올워디는 읽지 않았(거나 잊었)다는 것이다. 화자는 이런 지적의 신빙성을 높이려는 듯 전문가처럼 온갖 형벌의 이름을 죽 나열하기도 한다. 화자의 이런 개입은 독자에게 객관적 법률 지식을 전달하는 기능적 역할에서 그치지 않는다. 그것은 치안판사이자 『톰 존스』의 도덕적 지주 역할을 하는 올워디의 중대한 과오—톰, 파트리지, 제니 존스 모두의 운명을 뒤바꿔놓을 결정이기에—를 들춰낸다는 점에서 올워디의 도덕적 권위에 어쩔 수 없는 손상을 가하는 행위이다. 반면, 그것이 이 인물화된 화자의 은근한 '자기과시'를 통해 이루어지다보니, 그것은 또 이 화자가 이끌어가야 할 내러티브에 대한 독자의 호의와 신뢰에 영향을 끼치는 행위이기도 하다. 결과적으로는 올워디의 도덕적 권위와 화자의 내러티브의 권위 모두 손상을 받는 것이다.

한편, 올워디의 판결/오판에 대한 마을 사람들의 평가가 얼마나 쉽게 이리저리 바뀌는가를 보여주는 장면에서도 화자의 서술은 중요한 역할을 하지만, 이는 위 장면하고는 많이 다르다.

> 올워디 씨가 파트리지에게 행한 판결은 처음에는 온 마을 사람들의 **찬사**를 받았다. 그러나 파트리지가 그 파장을 겪게 되자마자 그의 이웃들은 수그러들기 시작했고 그의 입장을 딱하게 여기기 시작했다. 그리고 곧 얼마 전까지만 해도 정의라고 **부르던** 것을 냉엄하고 가혹한 처사라고 **부르기** 시작했다. 그들은 이제 냉정하게 처벌하는 것에 **항의**하며, 입을 모아 자비와 용서의 미덕을 **노래했다**. 이러한 **목소리들**은, 파트리지 부인이 죽으면서 그 도가 상당히 더해졌고, 많은 사람들은 그 죽음이 가난과 불행의 결과와는 관계없는 위에 말한 병[천연두] 때문이었음에도 불구하고, 올워디 씨의 가혹함, 혹은 그들이 부르기를 잔인함의 탓으로 돌리는 데 부끄러움이 없었다. 이제 부인, 학교, 그리고 목사연봉, 그리고 앞서 말한 자선의 손길을 끊어버린 이름 모를 후원자마저 잃은 파트리지는 새 출발을 결심했고, 모든 이웃들의 동정을 흠씬 받으며 굶어죽을 처지에 놓여있던 시골을 떠났다. (78면; 강조 필자)

순전히 화자의 서술로 이루어진 이 대목은, 우선 강조어들이 보여주듯 마을 사람들의 다양한 "목소리들," 즉 '여론'을 묘사하고 있다. 마을 사람들은 처음에는 올워디의 판단에 "찬사"를 보내며 파트리지와 제니 존스의 불륜에 돌을 던지다가, 곧 파트리지가 불쌍하다는 핑계로 올워디를 가혹하다고 "부르기" 시작하고 "항의"한다. 주목할 점은 화자가 거기에 대해 이렇다 할 비난을 가하지 않는다는 점이다. 앞서 화자가 올워디의 과오를 지적하기 위해서 노골적으로 개입했던 것과는 전혀 다르다. 이 장면의 화자는 순전히 마을 사람들의 변덕스런 "목소리들"을 통해 그들의 일관성 없고 얄팍한 도덕관을 우회적으로 서술할 뿐이다. 그가 마을 사람들의 변덕에 대해 "부끄러움이 없었다"고 말할 때에도 그것은 서술일 뿐 비난조가 아니다. 심지어 마지막 문장에서 파트리지에게 '입으로만' 동정을 보낼 뿐 먹을 것 하나 나눠주지 않음으로써 그가 굶어죽을 지경에 이르도록 방관하고 있는 마을 사람들에 대해 언급할 때조차도, 화자의 어조는 도덕적 지탄의 기색이 없다. 그냥 그렇다고 말할 뿐이다. (그런 점에서 이 대목의 서술은 우리가 익히 아는 일반적인 몰개성적 3인칭 서술과 그나마 가장 비슷해 보인다.) 물론 그렇더라도 마을 사람들의 위선은 효과적으로 폭로되고 있다. 그러나 인물화된 화자의 성격상 이런 상황에서라면 마땅히 마을사람들의 위선적 도덕관을 개탄할 법한데도 그렇게 하지 않는다는 것은, 서술의 내적 논리에 따르면 이 화자가 거기에 문제의식을 느끼지 못한다는 반증이다. 즉, 마을사람들의 변덕스럽고 위선적인 도덕관이 내러티브 자체에 의해서 폭로된다는 사실과는 별개로, 화자의 도덕적 입지는 매우 모호한 채로 서술이 끝나는 것이다.

현재의 사건이 앞으로 어떤 결과를 가져올지 모르는 상태에서 이어지는 주인공의 숨 가쁜 서술로 흥미와 긴장감을 유발하는 리처드슨의 내러티브와 달리, 필딩의 내러티브에서는 (수다스럽고 잘난 척할 때도 많지만) 대체로 코믹하고 느긋해 보이는 화자가 앞으로 일어날 일을 모두 알고 있으며 또 그것이 희극적인 결말일 것이라는 느낌을 준다하여, 어떤 평자들은 필딩의 화자 또는 그에 의한 서술을 '섭리의 서술'(the narration of Providence)이라고 부르기도 한다. 그들은 또한 그런 서술이 필딩의 보수적인 종교관과 세계관의 반영이라고 본다. 특히『톰 존스』의 경우는 신의 완벽한 계획과 섭리를 완벽한 구성으로 담아내고 있다는 평을 받아왔으며, 17세기부터 영국에서 유행했던 건축 양식이자 작중에서는 지주 올워디의 저택 "파라다이스 홀"(Paradise Hall)의 건축양식이기도 한 팔라디오 양식의 이름을 따서 '팔라디오 양식 소설'(the Palladian novel)이라고 불리기도 한다.[6] 총 18권에 달하는『톰 존스』의 내용은 아닌 게 아니라 매우 정교하게 짜여있다. 18권은 각 6권씩 세 부분으로 나뉘는데, 1-6권은 써머셋의 올워디 영지를 배경으로 한 톰의 성장과정을, 7-12권은 올워디 영지에서 쫓겨난 톰이 런던에 도착하기까지의 여정을, 마지막 13-18권은 런던에서의 이야기와 결론을 담고 있어, 세 부분이 균형적으로 구성되어 있다. 그리고 소설의 이야기 전개에서도 그렇고 톰과 소피아의 관계에 있어서도 결정적 전환점 역할을 하는 업튼 여관 에피소드는 작품 전체의 한가운데인 9권 5장에 위치해 있다. (필딩의 치밀한 균형 감각에 대한 또 다른 증거로 어떤 비평가는 업튼이 지리적으로도 써머셋에서 런던으로 가는 중간 위치에 있다는 점까지 지적한 바 있다.) 그러나 구성상의 치밀함이 과연 필딩식 화자의 서술을 "섭리의 서술"이라고 부를 수 있는 증거가 되는가는 의문이다. 그런 식의 해석은 언제나 작가 필딩과 인물화된 화자인 필딩식 화자를 쉽사리 동일시하는 데서 기인한다. 그러나 필딩식 화자는 풍자가의 퍼쏘나에서 발전한, 따라서 일관성 있는 성격의 인물도 작가의 대변자도 아니라는 점은 이미 위에서 지적한 대로이다. 앞의 몇몇 인용문에 나타난 화자의 모습만 보더라도, 요란스러우면서도 엉성하게 서사시를 모방할 때, 법률적 지식을 과시하며 올워디의 과오를 들춰낼 때, 정작 (필딩에게 가장 중요한 도덕적 가치인) 선행(charity)을 외면하는 마을사람들은 되레 아무 도덕적 해설 없이 묘사할 때, 거기에 무슨 의미 있는 일관성이 있으며 딱히 어느 장면에서 이 화자가 필딩의 대변자인가?

필딩식 화자는 이쪽인지 저쪽인지 "판단하지 않겠다"(I'll not determine) 또는 "독자의 판단에 맡기겠다"(I shall leave the Reader to determine)는 말을 즐겨 사용한다. 물론 이 말도 경우에 따라 다른 효과를 낸다. 예를 들어, 소피아가 톰을 처음 보고 막연히 그에게 호감을 느끼고 얼굴을 붉히는 이유가 "자연이 그녀의 귀에 무슨 말을 속삭여서였는지 아니면 무슨 이유에서 그랬는지 나는 판단하지 않겠다"고 할 때는, 정말 아무도 판단할 수 없기 때문이고 또 그 둘 중 어느 경우여도 상관이 없기도 하다. 반면, 올워디의 가정부인 윌킨즈 부인이 기를 쓰고 톰의 아버지를 알아내려고 애쓰는 이유에 대한 판단을 유보하는 장면은 이와는 조금 다르다.

> 이 여성의 채울 수 없는 호기심이 그녀로 하여금 그 문제를 파고들게 했는지, 아니면 그 업둥이에게 겉으로는 잘해주면서도 남이 없을 때는 종종 괴롭히고 또 아이를 좋아하는 오빠를 비난하기도 하는 블리필 부인의 마음에 확실히 들 요량으로 그랬는지는 나는 판단하지 않겠다. 다만 그녀는 이제, 자기 딴에는, 업둥이의 아버지를 확실히 알아냈다. (2권 2장 61면)

윌킨즈 부인의 평소 성격으로 볼 때 그 이유는 두 가지 모두일 것이다. 그런데 중요한 것은 그 이유를 판단하는 것이 아니며, 화자의 말처럼 그녀가 톰의 아버지를 알아냈다(고 생각하)는 사실이다. 다음 장에서 밝혀지듯 윌킨즈가 알아낸 톰의 아버지는 파트리지이며, 바로 이 오해로부터 파트리지의 운명이 어긋날 뿐 아니라 소설이 거의 끝날 때까지 독자를 포함한 모든 사람이 그를 톰의 아버지로 오해하게 만드는 시초가 된다. 여기서 우스운 질문을 던지자면, 화자는 톰의 부모에 대해 진실을 알고 있는 사람인가 아닌가? 알고 있다면 왜 독자에게라도 귀띔을 해주지 않으며, 모르고 있다면 그 역시 모두가 그렇듯 잘못된 소문을 받아들이는 것일까? 일반적인 3인칭 화자에게라면 이런 질문은 성립 자체가 안 되는 것이겠지만, 『톰 존스』의 화자처럼 인물화된 화자, 독자와 이야기를 나누는 화자라면, 이 질문과 그에 대한 답은 화자와 독자의 신뢰 관계에 영향을 미치는 것이다. 본인 자신이 정말 불확실한 상태에서 이야기를 이어가고 있거나 아니면 이야기가 다 끝나가도록 독자를 불확실성 속에 남겨두는 이 화자를 독자는 얼마나 신뢰할 수 있는가? 즉, 독자는 그의 내러티브를 신뢰할 수 있는가?

필딩식 화자는 일관된 성격을 가지고 작가 필딩의 생각을 대변하지도 않고, 일반적인 전지적 화자처럼 독자의 절대적인 신뢰를 얻기에도 어딘가 석연찮은 모호한 인물이다. 그러나 그런 화자로 인해 내러티브 자체의 신뢰도 혹은 권위가 약화되는 것처럼 보인다면, 그것은 결함이 아니라 오히려 필딩 내러티브의 효과를 가능하게 하는 것이다. 필딩식 화자는 필요에 따라 『톰 존스』 속 다양한 "목소리들"과 그것이 대변하는 가치들을 단순 서술함으로써, 논평이 있어야 할 대목에서 논평을 배제함으로써, 스스로의 '엉뚱한' 논평을 덧붙임으로써, 혹은 "판단하지 않겠다"는 말로 독자를 어리둥절하게 만듦으로써, 다양한 방법으로 독자로 하여금 "판단"을 하도록 유도하며, 이것이 바로 필딩 내러티브의 효과이다.

III

필딩은 한번도 '소설'을 쓴다고 생각한 적이 없었지만, 결과적으로 보면 『톰 존스』안에서는 오늘날 우리가 아는 소설 장르의 특징이 만들어지고 있었고 형식적, 기법적 실험이 이루어지고 있었다. 필딩 내러티브의 양대 트레이드마크인 다양한 장르에 대한 벌레스크 패러디와 정체를 규정하기 힘든 필딩식 화자는 당대의 문학적 배경과 또 필딩 자신의 문학적 경력이 빚어낸 결과물이었다. 다른 한편, 그것은 소설이라는 장르의 본질을 일찌감치 예시한 것이라고도 볼 수 있다. 소설은 지금도 다양한 장르와 관점을 수용하면서 무한한 변신을 거듭하고 있다.

마치 부모와 출신 배경 같은 전근대적 신분 '규정'의 틀에서 벗어난 '업둥이' 톰 존스의 모호한 정체와 발전 가능성처럼, 소설 역시 여전히 '열린' 장르이고, 필딩의 내러티브는 그것을 일찌감치 표현해냈다.

1) 이 당시 '소설'(the novel)이란 주로 여성작가들이 쓰고 여성독자들이 읽는, 비교적 짧고 사실적인 경향의 연애 이야기를 폄하하여 지칭하는 말이었다. 이언 와트(Ian Watt)의 『소설의 발생』(*The Rise of the Novel*)의 영향으로, 우리가 흔히 발생기 영국 소설의 3대작가라고 생각하는 드포(Daniel Defoe), 리처드슨, 필딩 중 그 누구도 자신이 '소설'을 쓰고 있다고 생각하지 않았고 따라서 자신의 작품을 가리켜 '소설'이라고 지칭한 적도 없었다. 이 글에서는 문맥상 크게 문제가 되지 않는 한 편의상 '소설'이라는 말을 사용하고 필요한 경우에는 '내러티브'(narrative)라는 용어를 사용하겠지만, 우선 '소설'에 대한 문학사적으로 정확한 인식은 필딩의 '서술기법'을 논의하기에 앞서 반드시 필요하다.

2) 영어의 'narrator'는 우리말로 '화자' 혹은 '서술자' 등으로 옮길 수 있고, 이 책에서는 공통적으로 '서술자'로 통일하였다. 다만, 필딩의 경우는 '서술자'라는 단어의 몰개성적인 어감이 독자에게 직접 말을 걸며 이야기를 늘어놓는 재담꾼 같은 독특한 화자의 특징을 전달하기에 부족하고, 필딩적 '화자'가 널리 쓰이는 표현임을 감안하여 '화자'로 옮기기로 한다.

3) 인용문의 면수는 *Tom Jones* (Norton, 1973)에 따른다.

4) 『톰 존스』의 배경이 되는 1740년대 중반 당시 야당은 스스로를 'the Country party'로, 국왕과 조정의 이익만을 대변하는 여당은 'the Court party'라고 불렀다. 야당이 말하는 'Country'란, 주로 '시골'의 토지를 기반으로 한 토지귀족 계급 위주의 경제 체제와 정치이념을 표방하는 말로 일차적으로 '시골'이라는 뜻을 가지지만, 왕실과 소수 런던의 상업자본 계급의 이익만을 대변하는 여당에 비해 야당의 입장은 '국가' 전체의 이익을 도모한다는 뜻에서는 '국가'라는 뜻도 함축하였다. 따라서 이 글에서는 '시골'이라는 뜻과 더불어 애국적 감정을 담은 '향토파'라는 말로 번역해 보았다.

5) 필딩은 데뷔작 『가면무도회』를 레무엘 걸리버(Lemuel Gulliver)라는 필명으로 썼을 정도로 스위프트의 풍자문학을 애호하고 본받고자 했다. 필딩은 그가 가장 좋아하는 작가로 언제나 루씨안(Lucian), 라블레(Rabelais)와 더불어 스위프트를 들었는데, 그가 살아있는 스위프트를 고전과 르네상스 시대의 작가와 나란히 두었다는 사실에서 스위프트에 대한 그의 각별한 애호를 확인할 수 있다.

6) 팔라디오 양식이란, 16세기 베니스의 건축가 안드레아 팔라디오(1508-80)의 이름을 딴 건축양식으로, 고대 그리스와 로마의 신전들이 보여주는 완벽한 대칭과 균형 감각을 구현하는 건축양식을 말한다. 『톰 존스』 1권 4장에서 팔라디오 양식의 파라다이스 홀을 자세히 묘사한다.

인용문헌

헨리 필딩. 『톰 존스』. 류경희 옮김. 서울: 삼우반, 2007.

Bakhtin, Mikhail Mikhailovich. *The Dialogic Imagination: Four Essays*. Trans. Caryl Emerson and Michael Holquist. Austin: U of Texas P, 1981.

Battestin, Martin C. *A Henry Fielding Companion*. Westport: Greenwood, 2000.

Battestin, Martin C., and Ruthe R. Battestin. *Henry Fielding: A Life*. London & New York: Routledge, 1989.

Bell, Ian *A. Henry Fielding: Authorship and Authority*. London: Longman, 1994.

Bertelsen, Lance. *Henry Fielding at Work: Magistrate*, Businessman, Writer. London: Macmillan, 2000.

Booth, *Wayne C. The Rhetoric of Fiction*. Chicago and London: U of Chicago P, 1961.

Butler, Gerald J. *Fielding's Unruly Novels*. Lewiston, N.Y.: Edwin Mellen, 1996.

Fielding, Henry. *The History of the Adventures of Joseph Andrews*. Ed. Martin C. Battestin. Middletown: Wesleyan UP, 1967.

______. *The History of Tom Jones, a Foundling*. Ed. Fredson Bowers. Middletown:

Wesleyan UP, 1975.

Lewis, Peter. *Fielding's Burlesque Drama: Its Place in the Tradition*. Edinburgh: Edinburgh UP, 1988.

Paulson, Ronald. *The Life of Henry Fielding: A Critical Biography*. Oxford: Blackwells, 2000.

Paulson, Ronald, and Thomas Lockwood, eds. *Henry Fielding: The Critical Heritage*. London: Routledge, 1969.

Rawson, Claude, ed. *The Cambridge Companion to Henry Fielding*. Cambridge: Cambridge UP, 2007.

Watt, Ian. *The Rise of the Novel: Studies in Defoe, Richardson, and Fielding*. Berkeley and Los Angeles: U of California P, 1957.

LAURENCE STERNE • *Tristram Shandy*

스턴의 서술기법과 그의 세계

김일영 성균관대학교

I

1. 작가 소개

특이한 서사기법과 독특한 내용을 그 특징으로 하는『트리스트람 섄디』(*Tristram Shandy*)라는 작품을 써 기이한 작가 혹은 실험적인 작가로 평가받는 18세기 영국의 소설가 로렌스 스턴(Laurence Sterne)의 삶은 평탄치는 않았다. 그의 친가는 고위 성직자와 많은 학자를 배출한 명문가였지만, 막상 그의 부친인 로저 스턴(Roger Sterne)은 둘째 아들로 내어난 터라 별다른 재산을 물려받지 못하여, 군대의 기수로 근무할 수밖에 없었고, 군 복무 중 아일랜드인인 종군상인의 딸 아그네스(Agnes)와 결혼하여, 1713년에 스턴을 낳게 된다.

군인이었넌 관계로 전쟁터 여러 곳을 돌아다닐 수밖에 없었던 로저 스턴은 아들 로렌스 스턴에게 안정적인 가정이나 교육을 제공할 수가 없었다. 이에 로저 스톤은 로렌스 스턴이 10살 되던 해에, 자신의 형이 거주하고 있던 요크셔(Yorkshire)내의 어느 마을에 위치해 있던 히퍼홈(Hipperholme)이란 학교에 스턴을 등록시킨 후, 자신은 군대 일로 아일랜드로 떠나게 된다. 이때 이후 홀로 남게 된 로렌스 스턴은 1731년에 사망하게 되는 로저 스턴을 다시는 만나 보지 못한 채, 1733년 캠

브리지(Cambridge) 대학의 지저스 칼리지(Jesus College)에 입학할 때까지 요크셔 지방에 계속 머무르게 된다.

스턴 집안의 다른 남자들처럼 지저스 칼리지에 입학한 스턴은 이곳에서 라틴어와 고전 문학, 철학, 수사학, 윤리학 등을 배우며 학자적인 소양을 쌓아 나가게 된다. 그러다 1737년 학사학위를 받은 스턴은 헌팅던(Huntingdon)에 있는 성 이브즈(St. Eves)의 목사보 직위를 얻게 된다. 그러다 당시 영국의 수상이던 로버트 월폴(Robert Walpole)의 지지자로 상당한 정치적 입김을 행사할 수 있었던 삼촌 자끄(Jacques) 스턴의 도움으로 1738년에는 수튼(Sutton)의 성직록(living)을 얻게 되었던 것이다.

수튼과 요크를 오가면서 생활하던 스턴은 1740년에 캠브리지 대학에서 석사학위를 받고, 1741년에는 엘리자베스 럼리(Elizabeth Lumley)와 결혼하여 수튼에 정착하게 된다. 이때 당시 스턴은 자신에게 수튼의 성직록을 얻어 준 자끄 스턴의 요청에 따라 삼촌의 정적을 비방하는 글을 썼지만, 이에 곧 회의를 느끼고 정치적인 논쟁에서 손을 떼게 된다. 그리고 이때 이후로 스턴은 시골 목사로서 조용하고도 평범한 삶을 살아갔던 것이다. 하지만 1759년 시골 목사로서의 스턴의 평범한 삶은 끝이 나게 된다. 이해 12월에 스턴은 자신의 존재를 영국뿐만 아니라 유럽에까지 알리게 한 『트리스트람 섄디』의 1, 2권을 출판하였기 때문이었다.

출간되자마자 큰 호응을 얻은 이 책 덕분에 스턴은 당시 런던의 귀족들이 가장 만나고 싶어 하는 유명인사가 되었고, 당시 영국의 유명 배우였던 데이빗 개릭(David Garrick)이나 당대 영국의 최고 풍속화가 호가쓰(William Hogarth)와 같은 사람과 교분을 맺게 된다. 그리고 이런 인기에 힘입어 스턴은 자신이 그 전에 써 두었던 설교를 모아 『요릭의 설교』(*The Sermons of Mr. Yorick*)라는 설교집을 1760년에 출판하였고, 1760년 5월에는 『트리스트람 섄디』의 나머지 부분을 썼던, 소위 "섄디 홀"(Shandy Hall)이라고 후에 명명되었던 콕스올드(Coxwold)에서의 성직록을 얻게 된다.

1761년 12월 『트리스트람 섄디』의 5권과 6권을 출판한 이후, 대학 때 걸린 결핵이 도져 스턴의 건강은 몹시 악화된다. 이 때문에 스턴은 요양 차 프랑스로 떠나게 되지만, 아내와의 원만치 못한 가정생활로 인해, 1764년에 프랑스에 아내를 위시한 가족을 남겨둔 채 홀로 영국으로 돌아온다. 그 후에도 스턴은 요양차 이태리로도 여행하였으나 영국으로 돌아왔을 때는 항상 혼자였다. 그러다 스턴은 1767년 1월에 『트리스트람 섄디』의 마지막 9권을 출간하고, 프랑스와 이태리에서의 자신의 경험을 소재로 새로운 작품을 구상하게 된다.

『감성여행』(*A Sentimental Journey*)이란 제목하에 출판한 이 소설은 원래 4권으로 구성할 계획이었으나, 1768년 2월에 이 책의 1, 2권을 출판한 이후, 스턴의 건강이 몹시 나빠져 나머지 3, 4권은 끝내 완성하지 못한 채, 1768년 3월 18일 스턴은 임종을 맞이하게 된다. 세 명의 참석자만이 지켜보는 가운데 성 조지 성당(St. George's Church)에서 쓸쓸히 치러진 스턴의 장례시 이후, 스턴의 딸 리디아(Lydia)는 지인들에게 스턴이 보냈던 편지를 모아 『가까운 친구들에게 보낸 고(故) 스턴 목사의 편지들』(*Letters of the Late Rev. Mr. Sterne, to his Most Intimate Friends*)이란 이름으로 1775년 10월에 출판하여, 스턴이 쓴 마지막 글은 그의 사후에서야 빛을 보게 되었던 것이다.

2. 서술 기법과 시대 배경

스턴의 대표작 『트리스트람 섄디』는 그 특이하고도 파격적인 문체와 내용 때문에 18세기 당대의 소설과는 판이하게 다른 소설, 혹은 당시대를 앞서간 소설로 평가되고 있었다. 18세기 당시에 쓰인 대부분의 영국 소설들이 자신의 생을 회고하는 일인칭 서술자를 등장시켜 서사를 진행했기 때문에, 의례히 이 당시의 작품제목에는 "모험", "여행" 혹은 "행과 불행"이라는 단어가 사용되었으나, 이 작품의 원제목에는 "모험"이나 "여행"대신 "견해"(opinion)라는 용어가 사용되어, 서술자이자 이 작품의 주인공인 트리스트람이 이 작품을 통해 말하고자 하는 것은 그의 모험이 아니라, 그의 견해라는 사실을 보여주고 있다. 즉, 이 작품의 서술자이자 주인공 트리스트람 섄디는 회고록 형식을 빌려 서사를 진행하고는 있지만, 세상사에 대한 자신의 견해를 밝히는 것을 이 글의 주안점으로 삼고 있어, 이 소설은 기존 소설과 분명한 차이를 보이고 있는 것이다.

이밖에도 이 소설에서는 트리스트람의 견해의 대부분을 구성하는, 그리고 어떤 의미에서는 이 글의 본론으로도 간주될 수 있는 여담이 트리스트람에게 일어난 사건의 내용보다 그 양(量)면에서 훨씬 압도하고 있고—트리스트람은 여담이 오히려 본 이야기보다 더 중요하다면서 여담을 태양에, 그리고 여담이 없는 이야기는 추운 겨울에 비유하고 있다—또한 여러 장르의 글, 가령 편지나 설교문, 신학자들의 논쟁, 그 밖의 이야기 속의 이야기 등이 혼재되어 나타나고 있으며, 심지어 작품이 끝나는 시점이 작품이 시작되는 시점보다 5년 전으로 설정 되고 있어, 이 작품의 파격적인 여러 면모를 발견하는 것은 그리 어려운 일은 아니다.

하지만 이 작품의 이런 파격적인 면은 당시대의 문학적, 사상적 전통과 유리된 것은 아니었다. 이런 면모는 18세기 당시 영국은 물론이요, 르네상스 시대의 문학적 전통과도 그 맥을 같이하고 있었기 때문이었다. 이러한 사실은 『트리스트람 섄디』가 출판되었을 당시 『런던 매거진』(*The London Magazine*)이 스턴을 르네상스 시대의 대표적인 프랑스 작가 라블레(Rabelais)나, 스페인의 세르반테스(Cervantes)에 비유한데서, 그리고 스턴 자신이 라블레와 몽테뉴(Montaigne), 버튼(Robert Burton), 세르반테스, 에라스무스(Erasmus)의 저서를 『트리스트람 샌디』에서 많이 인용하였다는 사실을 통해서도 짐작될 수 있을 것이다.

이를 근거로 20세기 중반 이후에 스턴 비평의 전기를 이룬 제퍼슨(Jefferson)은 이 작품이 자유로운 토론을 중심으로 서사를 전개하는 르네상스 시대의 "학식 있는 재사"(learned wit)들의 전통에 선 작품, 그 밖의 많은 비평가들은 이 작품을 수많은 여담과 여러 장르가 혼재하는 소위 "메니피언 풍자"(mennipean satire)와 그 맥을 같이 하는 작품이라고 주장하였던 것이다. 스턴 비평의 신기원을 이루고 스턴에 관한 수많은 논문과 저서를 쓴 뉴(Melvyn New)가 『트리스트람 샌디』를 스턴이 살았던 18세기 당시 영국과 그 이전인 르네상스 시대의 라블레, 버튼, 에라스무스(Erasmus) 등의 작품과 연관해 분석하는 이유도 여기에 있는 것이다.

II

1. 서술 기법과 작품의 모티브

트리스트람이라는 일인칭 서술자에 의해 전개되는 이 작품의 서사 진행 방식의 본질은 "생각의 연상"(association of ideas)이라는 17세기 영국의 철학자 존 로크(John Locke)의 용어에서 그 실마리를 찾을 수 있다. 『인간 오성에 관한 에세이』(*Essay Concerning Human Understanding*)를 이 작품에서 직접 언급하였던 트리스트람은 이 책의 내용이 "인간의 마음에서 벌어지는 일"(98)이라고 주장하면서, 자신이 하고자 하는 것도 바로 이것, 즉, 자신의 마음속에서 벌어지는 일을 기록하는 것임을 시사하고 있기 때문이다. 이 작품이 트리스트람이 하게 되는 “생각의 연상”에 의해 진행된다는 사실은 트리스트람의 부친 월터(Walter)가 로크의 “생각의 연상”에 대해 토비에게 설명하는 부분에서 뿐만 아니라, 이 작품의 시작부분에서도 이미 제시되고 있었다.

트리스트람에게 평생 극복하지 못할 후유증을 남기게 한 사건, 다시 말하면 월터의 애니멀 스피리트(animal spirit)가 트리스트람이 극미인(homunculus, 주: 오늘날의 정자에 해당한다)이었을 당시 그를 호위하여 트리스트람의 모친의 자궁까지 안내하지 못하게 한 불행한 사건의 원인이, 바로 월터의 아내의 “자연세계에서는 아무런 연관관계가 없는 생각의 불행한 연상”(7)이었기 때문이다. 한 달에 한번 정해진 요일에 집에 있는 커다란 시계 태엽을 감은 후, 자기 아내와 잠자리를 같이 하는 월터의 습관에 익숙한 월터부인은, 이날 문뜩 남편이 제대로 시계 태엽을 감았는지 궁금해졌던 것이고, 이에 따라서 월터의 애니멀 스피리트를 달아나게 하여, 트리스트람에게 커다란 정신적 상처를 안겨다 준 그 엉뚱한 질문, 즉, 시계태엽을 감았느냐는 질문을 하였기 때문인 것이다.

작품의 시작부터 월터부인의 삶, 더 나아가 트리스트람의 삶을 지배하는 “생각의 연상”이란 현상은 이 작품의 서사 자체를 이끌고 있는 근본 원리다. 다시 말하면 자신의 견해를 밝히기 위해 이 글을 쓰고 있는 트리스트람의 서사 자체가 바로 이 “생각의 연상”의 지배를 받고 있고, 이러한 사실은 이 작품의 상당부분을 구성하는 여담을 통해서도 드러난다. 트리스트람은 자신에 관한 이야기를 하는 도중, 이와 직접 연관되지도 않거나, 아무런 관련이 없는 것처럼 보이는 이야기를 수없이 말한다. 하지만 가만히 그 내막을 살펴보면 그가 이때 하는 여담은 그가 말하고자 하였던 본론과 아무런 상관이 없는 것이 아니라, 트리스트람 당시 하고 있던 이야기가 그에게 불러일으킨 생각들(그것이 과거의 경험이던 아니면 현재 트리스트람의 뇌리에 자리 잡고 있는 생각이던 간에)인 것이다. 따라서 하나의 사건은 이와 관련된 또 다른 트리스트람의 과거경험을 끊임없이 불러일으키기 때문에, 트리스트람의 여담은 끝이 날 수가 없는 것이다. 트리스트람이 죽을 때까지 이 이야기를 쓰겠다고 공언한 것은 바로 이런 연유에서다. 자신의 삶에 관한 사실뿐만이 아니라, 자신이 생각하고 느끼는 것, 더 나아가 자신의 견해를 밝히는 것이 그의 글의 주목적이라면, "생각의 연상"의 지배를 받는 트리스트람의 이야기는 결코 끝이 날 수 없는 것이기 때문이다.

이 작품의 서사의 근본적인 진행 원리가 "생각의 연상", 보다 정확히 말해 트리스트람의 생각의 연상이라고 해서, 트리스트람이 이 작품을 자기만의 것으로 생각하지는 않는 것 같다. 18세기의 많은 영국소설가, 특히 필딩(Henry Fielding)의 경우가 그렇듯이, 독자는 단순히 작가의 책을 사주는 후원자로서의 역할만 하는 것이 아니라, 작가와 같이 호흡하고 작가와 때로는 생각을 공유할 수 있는 존재다. 따라서 작가들은 책을 쓰면서도 자신의 책을 읽을 독자의 존재를 항상 의식하며 그들이 어떤 생각을 할지에 대해 지대한 관심을 가지게 되는 것이다. 하지만 스턴은 여기서 더 나아가 자신이 쓰는 글을, 독자와 공감하는 하나의 무대뿐 만으로서가 아니라, 독자와 자신이 함께 만들어 나가는 창작물이라고 생각하는데, 이는 트리스트람의 다른 진술을 들어보면 짐작할 수 있다

> 글쓰기는 적절히 이루어졌을 때… 대화의 또 다른 이름에 지나지 않소. 좋은 사람과 함께 있을 때, 사람들은 혼자서 말을 다하려고 하지 않듯이, 예절과 예의의 정확한 한계를 아는 작가도 혼자서 모든 것을 다 생각하려 들지 않을 것이오. 당신이 독자의 이해력에 표할 수 있는 진정한 존경심은 이 문제를 사이좋게 반으로 나누어, 당신과 마찬가지

로, 독자들도 자기 차례가 되었을 때, 상상할 수 있는 여지를 남겨 주는 것이오. (2권 11장, 125쪽)

진정한 대화는 일방적일 수 없다. 대화에서는 한 사람이 말하면 거기에 대한 반응이 있어야 하고, 이때 나온 반응에 대한 또 다른 반응이 있어야 하기 때문이다. 위 인용문에서 트리스트람이 말하는 핵심은 자신은 모든 것을 다 말하지 않고, 독자에게 상상의 여지를 남겨 주겠다는 것, 즉, 독자의 상상력을 자신의 서사의 또 다른 축으로 삼겠다는 것이다. 독자의 참여를 적극적으로 권장하며 트리스트람이 "누구든지 내 펜을 잡고 나 대신 이 이야기를 진행해도 좋소"(779)라고까지 말한 것은, 독자의 참여가 이 책의 본질을 구성하고 있음을 역설하고자 하기 위한 것이다. 이런 점에서 스턴은 그와 흔히 비교되는 18세기 당대의 영국소설가 필딩과도 차이가 있다. 둘 다 자신이 쓰는 글쓰기 방식을 최초의 것이라고 주장하고 있다는 점 — 트리스트람은 자신은 누구의 규칙도 따르지 않는 글쓰기를 하고 있음을 이 작품에서 누누이 밝히고 있으며, 필딩도 스스로를 "새로운 영역의 글쓰기"(new province of writing)의 개척자로 선언하고 있다 — 에서 둘 사이에는 공통점이 있지만, 필딩은 자신의 독자를 자신의 "백성"(subject)으로 규정하며, 따라서 자신이 정한 규칙을 자신의 독자들은 무조건 따라야 한다고 주장한 반면에, 트리스트람은 독자에게 자기 펜을 넘겨주겠다고 말함으로써 작가로서의 권위, 심지어 글쓰기에서 자신이 수행하여야 할 역할도 독자에게 넘겨주고 이를 포기할 수도 있음을 시사하고 있기 때문이다.

독자의 참여를 유도하기 위해서, 즉, 독자에게 상상할 여지를 주기 위해서 트리스트람은 여러 가지 문학적 장치를 도입하는데, 그 중 시각적으로 독자들에게 상상의 여지를 제공해 줄 수 있는 장치는 바로 여백이다. 트리스트람은 이 작품에서 독자들이 상상력을 통해 메워야

할 빈 여백을 실제로 제공한다. 다음은 트리스트람의 삼촌 토비(Toby)가 사랑에 빠진 미망인 워드맨(Wadman)에 관한 이야기를 하던 도중, 워드맨이 얼마나 아름다운지 자신의 입으로 직접 설명하지 않고, 그녀의 아름다운 모습을 독자에게 직접 그려 넣으라고 권하며 빈 여백을 제공하면서 트리스트람이 하는 말이다.

> 그대는 미망인 워드맨보다 더 욕망의 대상이 될 만한 어떤 인물도 보지 못했을 뿐만 아니라, 그녀보다 더 탐할 어떤 사람도 발견하지 못하였을 것이오.
>
> 이런 사실을 제대로 이해하기 위해서, 펜과 잉크를 달라고 하시오. 여기에 종이가 있으니, 앉아서 당신의 상상 속에 그녀를 그려 보시오. (565-66)

워드맨이 세상에서 가장 매력적인 인물이라고만 말할 뿐, 그녀의 구체적 모습을 트리스트람은 전혀 제시하지 않고, 여백의 종이만 제공하기 때문에, 독자들은 이 순간 자신이 생각하는 가장 아름다운 여성의 모습, 자신의 욕망의 대상이 되기에 가장 석합한 여성의 모습을 상상하여야만 한다. 트리스트람이 이런 제안을 하는 이유는 아름다운 여성의 모습, 가장 욕망의 대상이 될 만한 여성의 모습은 독자마다 다르기 때문이기도 하며(독자가 동의하지 않는 모습을 트리스트람이 제안하였을 경우, 워드맨에 매혹당한 토비의 심정을 독자가 전적으로 이해할 수가 없기 때문일 것이다), 보다 실감나게 토비의 감정을 이해하기 위해서는 독자의 적극적인 상상이 필요하기 때문이기도 한 것이다. 이런 점에서 독자의 상상은 이 작품을 제대로 이해하는데, 더 나아가 등장인물의 심정을 제대로 이해하는데 필수적인 것이다.

트리스트람이 이런 여백을 통해 시각적으로 독자의 참여를 제안하였지만, 독자의 상상을 자극하기 위해 그가 가장 많이 사용한 방법은 별표의 도입이다. 이 작품 도처에서 발견되는 별표는 하나의 알파벳 철자를 나타낼 경우도 있고, 그 개수에 상관없이 불특정한 길이의 문장이나 단어를 나타낼 경우도 있는데, 독자들은 앞뒤 문맥에 따라 이 별표가 무엇을 의미하는지 때로는 구체적으로, 때로는 별표가 나타내고자 하는 전반적 분위기를 알아내야만 한다. 예를 들어 트리스트람이 다섯 살 되던 해에 침대 밑에 ******* *** 가 없어서, 창문을 열고 창밖으로 소변을 보다가 내려앉는 새시 창틀에 성기를 다치는 상황을 목격하게 되었을 때, 이 별표가 "요강"(chamber pot) — 이 경우 별표하나는 알파벳 철자하나에 해당된다 — 을 지칭하는지 알아야 제대로 이 상황을 이해할 수 있는 것이며, 이 책의 9권 20장의 시작부분에 제시된 수많은 별표가, 어떤 분위기를 혹은 어떤 식의 내용을 담고 있는지 대략적으로 짐작할 수 있어야만, 이 별표 뒤에 나오는 "바로 그곳을 보게 될 것이요"라는 토비의 말을 이해할 수 있기 때문이다.

독자의 상상을 유도하는 이런 별표를 트리스트람이 사용하는 이유는 독자의 호기심을 자극하여 독자의 작품에의 적극적인 참여를 유도하기 위한 것이기도 하지만, 입으로 직접 말하기에는 곤란한, 혹은 점잖지 못한(?) 내용을 대놓고 말하기 민망해서인 경우도 상당수 있다. 따라서 별표가 지칭하는 내용은 상당부분 성적인 것과 연관이 있는 경우가 많기 때문에, 독자들은 별표를 접할 때마다 성적인 상상을 하게 되는 것이다. 윌리엄즈(Holts Williams)의 지적처럼 스턴이 이 작품에서 사용하는 별표는 "음란한 상상을 유도하는 실마리가 되며 … 독자로 하여금 불확정적인 진술을 정숙하지 않은 의미로 해석하도록 유도하는 것이다"(250-51).

별표를 통해서 이런 성적 상상을 유발하는 예는 이 작품 도처에 많이 있지만, 그 한 가지 중요한 예로, 자기 여주인의 지시에 따라, 토비가 입은 상처 부위와 그 상처의 심각성을 트림으로부터 알아내기 위해—보다 구체적으로 말하자면 그 상처가 부부생활을 하는데 지장이 있는지 없는지를 알아내기 위해—트림과의 손을 통한 신체적 접촉을 시도하였던 워드맨의 하녀 브리짓(Bridget)가 이 시도를 한 후에 어떻게 되었는지 기술하는 장면을 들 수 있다. "브리짓이 손으로 공격을 시도한 것은 불운한 일이었소. 왜냐하면 상사[트림]는 즉시 **********" (797). 트리스트람은 브리짓에게 어떤 일이 벌어졌는지 구체적으로 말하지 않고, 별표로 자신의 진술을 마감하기 때문에, 이 별표에 어떤 단어, 어떤 문장이 들어갈지 독자가 구체적으로 아는 것은 불가능하다. 하지만 트리스트람은 독자들이 상상할 수 있는 실마리를 여기서 제시한다. 즉, 트림이 브리짓에게 한 행동이 브리짓에게는 불운한 것이었다고 말함으로써 이 별표가 의미하는 내용이 브리짓에 대한 성적인 행동일 거라는 암시를 주고 있기 때문이다. 따라서 트림이 브리짓의 손을 잡기만 한 것인지, 아니며 이보다 더 긴밀한 육체적 관계를 맺었는지, 혹은 이런 외설적인(?) 추측과는 달리, 이들 사이에는 아무런 일도 일어나지 않았는지도 확실히 알 수는 없지만, 적어도 독자의 상상력을 유도하는 방향으로 스턴이 별표를 사용한 것만은 분명한 사실인 것이다.

트리스트람이 구체적인 단어대신 종종 사용하는 별표는 직접 언급하기에는 곤란한 용어나 문구를 대신하기 위해서이기도 하지만, 여러 해석의 가능성을 열어주기 위한 것이기도 하다. 즉, 구체적 단어나 문구가 확정적인 의미를 부여한다면, 특정한 지시 대상이 없는 별표는 독자에게 여러 상상력을 불러일으킴으로써 다양한 해석을 가능하게 해주기 때문이다. 별표가 이런 역할을 수행할 수 있다는 사실은, 자기 부인이 남자 산파를 좋아하지 않는다고 불평하는 월터에게 "아마도 형수는 남자가 자신의 ***** 에 가까이 오는 것을 원치 않는 것 같다"(116)라고 말한 토비의 진술이 어떻게 다 방면으로 해석될 수 있을

지 트리스트람이 직접 그 해석의 예를 제시하는데서 드러난다. 트리스트람은 이때의 별표가 토비가 아무 말도 하지 않은 것을 나타내기 위한 것이라면, 토비가 말한 이 문장은 돈절법(주: 말을 하다 중단하는 수사법)이 될 것이고, 이때 이 별표가 "엉덩이"라는 용어를 대신하여 사용되었다면, 토비의 진술은 외설이, 그리고 여성의 성기를 의미할 수 있는 "닫힌 통로"(cover'd way)란 단어를 대신하여 별표가 사용되었다면 토비의 말은 상징이 될 거라고 설명하고 있기 때문이다. 즉, 트리스트람 자신은 별표를 사용함으로써 자신이 직접 다양한 해석의 장을 마련하였음을, 그리고 독자들은 그 다양한 해석의 가능성을 스스로 생각해 보아야 함을 이런 예로 통해 제시하고 있는 것이다. 이는 이 작품에서 독자의 상상이 얼마나 필요한지 보여줌과 동시에, 트리스트람이 하고자 하는 것은 특정한, 고정된 의미를 전달하고자 하는 것이 아님을 보여주기 위한 것이기도 하다.

트리스트람도 직접 그 예를 제시하고 있지만, 이 작품에 나오는 "대시와 수많은 스타카토로 구성된 문장"(West 118)은 다양한 해석의 가능성을 시각적으로 보여주고 있는데, 그 중 독자의 상상력과 관심을 끌 수 있는 것으로(이 작품에서 트리스트람이 성적으로 과연 정상적인가 아닌가가 초유의 관심사라는 점을 고려해 볼 때), 트리스트람이 다섯 살 되던 해 그에게 벌어진 사건에 관한 묘사가 있다. 내려 앉는 새시 창틀에 트리스트람의 성기가 상처를 입었다는 것은 사실이지만, 그것이 어느 정도였는지, 그리고 정확히 어느 부분에 상처를 입었는지에 관해서는 트리스트람 자신과 세간 사이에 큰 차이가 있기 때문이다. 이에 관련된 세간의 생각이 어떠한지는 별표와 대시를 사용한 다음의 글에서 짐작할 수 있다.

그 유아방 창문이 **************** 뿐만 아니라***** 또한

****************** 도. (521)

몇 가지 단어와 대부분의 별표로 구성된 이 문장의 의미가 무엇인지, 즉, 이 별표가 대신하는 단어가 무엇인지, 혹은 어떤 내용의 것이 될 지 독자들은 나름대로의 상상으로 메워야 한다. 하지만 다행히도 독자들에게는 이 별표가 지칭하는 내용이 어떠한 것인지에 관한 실마리가 제공된다. 트리스트람은 세상 사람들의 생각이 자신에게는 너무나도 불리한 것이지만, 사실 자신은 별 탈을 입지 않았다고 주장하였기 때문에, 이 세간의 생각이 무엇인지 우리는 대략 짐작할 수 있기 때문이다. 하지만 스턴은 이런 짐작의 가능성만 제시할 뿐, 앞에서 제시된 예에서와 마찬가지로 이 별표가 어떤 용어로 구체적으로 대치될 수 있는지 절대 말하지 않는다. 즉, 스턴은 독자에게 확실한 답을 가르쳐 주는 것이 아니라 독자의 상상만 자극할 뿐 확정적 의미를 제시하길 거부하고 있는 것이다.

확정적 의미를 부여하지 않으려는 스턴의 의도는 어떤 특정한 문장에만 국한되는 것은 아니다. 단어 자체도 사용자에 따라 그 의미가 고정되고 확정된 것이 아니기 때문이다. 이러한 생각은 "생각의 연상"이라는 개념을 도입한 로크의 『인간 오성에 관한 에세이』의 「단어의 불완전성」("Imperfection of Words")이라는 장의 중심 내용이기도 한데, 스턴은 언어의 이런 속성을 이 작품에서 직접 거론하면서—트리스트람은 로크를 서론하며, 그가 언어의 이런 속성에 대해 글을 썼으면 좋겠다고 말하기까지 한다—트리스트람의 형 바비(Bobby)의 사망 소식을 전해 듣고 사람들이 각기 무엇을 떠올리는지를 보여 줌으로써[1] 언어가 각자의 입장에 따라 다르게 해석되고 있음을 보여 주고 있는 것이다.

자신이 세운 계획이 모두 무산되자 좌절감에 빠진 월터가 자신처럼 운명의 가혹한 "채찍질"(lash)을 당한 사람이 또 어디 있겠는가하고 말하자, 이를 실제의 채찍질로 알아들은 토비가 어느 척탄병이 수많은 채찍질을 당하였다고 말함으로써 월터의 상징적인 말을 전혀 이해하고 있지 못하고 있음을 보여준다. 이는 모의 전쟁놀이에 몰두하고 있는 토비가 모든 것을 전쟁과 연관지여서만 이해하고, 생각하려고 하기 때문인 것으로 각자의 생각과 세계관에 따라 언어가 다른 의미를 갖는다는 사실을 스턴은 이런 예를 통해서 보여주고 있는 것이다. 이런 예는 토비의 하인 트림(Trim)이 "mortar"(주: 절구통과 박격포의 의미를 가지고 있다)를 만들었다고 하는 장면에서도 드러난다. 월터는 이 단어를 듣고 절구통을 떠올렸지만, 항상 전쟁놀이에 몰두하고 있던 토비는 이 단어를 박격포로 이해하였기 때문이다. "Bridge"(주: 다리란 의미와 콧마루의 의미를 가지고 있다)란 단어도 마찬가지다. 이제 갓 태어난 트리스트람의 코가 망가져 인조 콧마루를 남자산파 슬롭(Slop)이 부엌에서 만들고 있을 때, 이를 전해들은 토비는 슬롭이 자기 대신 전쟁용 모형 다리를 떠올리기 때문이다.

하지만 같은 단어를 각기 입장에서 달리 이해하는 데서 비롯되는 코믹한 상황은 이 작품에서 "가장 맛있는 부분"(choicest morsel)이라고 트리스트람이 소개하는 미망인 워드맨과 토비의 대화에서 벌어진다. 토비로부터 그가 입은 상처부위와 상처의 정도에 대해 명확한 답변을 듣지 못한 워드맨은 결국에 가서 상처 입은 부위가 어디냐고 토비에게 단도직입적으로 물어본다. 이때 워드맨은 상처를 입은 부위를 지칭하는 말로 "place"란 단어를 사용하였지만, 토비는 이 "place"란 단어를 자신이 상처를 입게 된 전쟁터의 장소로 오해함으로써 엉뚱한 답변을 하게 돼, 워드맨은 결국 좌절을 맛보게 되는 것이다. 하나의 단어가 그 사용자의 관심사에 따라 각기 달리 해석됨으로써 생기는 희극적 상황이 이렇게 희극적으로 제시되고 있는 것이다.

스턴은 의도적으로 언어의 이런 속성을 수차례에 걸쳐 보여주고 있는데, 이런 유형의 언어로 가장 두드러지게 나타나는 것은 "불완전한 담화의 형태"(259)라고 차니(Charney)가 규정하기도 한 이중적 언어의 대표적인 예인 "두블 앙땅드르"(double entendre)다. 두 가지 이상의 의미로 해석될 수 있는 "두블 앙땅드르"는 정통적인 의미이외에 다른 의미를 가질 수도, 혹은 암시할 수도 있는데, 이 작품에서 그 의미가 무엇일지 독자의 호기심을 가장 많이 끄는 용어 중의 하나인 "코"(nose)라는 단어가 여기에 속하는 대표적인 것일 것이다. 트리스트람이 자신의 인생을 결정지을 정도로 중요한 역할을 한다고 주장하는 "코"가 얼굴 가운데 있는 후각기관인지, 혹은 "남성의 성기"를 뜻하는 것인지, 트리스트람은 작품 내내—심지어 코의 의미가 무엇인지 궁금해 하는 독자에게 트리스트람은 자신이 사용하는 코란 용어가 무엇을 지칭하는지 알려주겠다고 하면서도, 결국 "코는 코 이상도 그 이하도 아니다"라고 말함으로써 자신이 사용하는 코란 단어의 궁극적인 의미를 밝히지 않고 있다—애매하게 이 용어를 사용함으로써, 언어를 이중적으로 사용하고자 하는 자신의 목적을 최대한으로 달성하고 있기 때문이다.

코가 속어로 남성의 성기를 의미하기도 하기 때문에 트리스트람이 이 용어를 이중적으로 사용하는 데에는 충분한 근거가 있다. 하지만 스턴은 여기서 더 나아가 그 어떠한 다른 의미도 갖고 있지 않았던 단어도 이처럼 이중적인 의미, 혹은 성적인 의미를 내포할 수 있다는 사실을 "구레나룻"(whisker)라는 용어를 통해서 제시한다. 트리스트람이 소개하는 나바라 왕국 사람들에 관한 이야기에서 이 나라 사람들은, 특히 여성들은 남자들의 구레나룻에 특별한 관심을 갖는다. 원래 이 단어는 구레나룻이라는 의미이외에 별 다른 의미가 없었지만, 이 단어를 어느 한 여인이 의미심장하게 사용하기 시작함으로써 남들도 이 단어의 의미가 무엇인지, 즉, 이 단어가 단순히 남성의 구레나룻을 지칭하는지 아니면, 코라는 용어처럼 남성 신체의 다른 부위를 지칭하는지 혼란스러워하게 된다. 즉, 트리스트람은 이 용어도 "코"라는 용어처럼 다른 의미를 가질 수 있음을 시사하면서도, "코"의 경우에서처럼 명확한 답변을 해 주지 않는다. 여기서 더 나아가 트리스트람은 하나의 용어가 일반적으로 부여된 의미 이외에 또 다른 의미, 전혀 언급되지도 않았던 의미를 가질 수도 있음을 다음과 같이 말한다.

> 구레나룻이라는 단어가 지금 나바라 왕국에서 겪었던 것처럼, 코라는 단어도 대부분의 유럽국가에서 몇 세기 전에 같은 운명을 겪었다는 사실을 온 세상 사람들이 다 알고 있지 않았소? 당시에는 이러한 재앙이 더 퍼지지는 않았소. 하지만 침대나 덧베개, 나이트 캡, 그리고 요강도 그때 이후부터 위험에 처하지 않았소? 바지와 스커트 포켓구멍, 그리고 펌프 손잡이와 물 꼭지, 수도꼭지도 이와 같은 연상에 의해 여전히 위험에 처해 있지 않았소? 모든 인간의 감정 중에서도 본래 가장 부드러운 정숙함도 일단 고개를 쳐들게 해주면, 미쳐 날뛰고 포효하는 사자같이 되는 법이요. (414)

트리스트람은 "코"라는 단어 말고도 우리가 흔히 접할 수 있는 모든 단어들이 기존에 일반적으로 쓰이던 의미이외에 또 다른 무엇인가를 의미하거나 지칭할 수 있다는 가능성에 대해 이처럼 역설하면서, 이는 언어가 갖고 있는 속성이자 언어가 반드시 겪게 될 수밖에 없는 숙명이라고 주장하고 있는 것이다.

이는 이 작품의 등장인물의 성격과 세계관을 잘 드러내는 "하비호스"(hobbyhorse)란 용어에서도 잘 드러난다. 트리스트람은 인간의 영혼이 두껍고 불투명한 살로 뒤덮여 그 모습을 보기가 어렵기 때문에, 이를 가장 잘 알 수 있는 방법은 그 사람이 갖고 있는 하비호스(주: 여기서는 "취미"란 의미로 해석될 수 있다)를 앎으로써 가능하다고 주장하며, 이 작품의 주요 등장인물인 월터, 토비, 그리고 서술자 트리스트람의 하비호스에 대해 많은 지면을 할애하고 있다. 하지만 각 등장인물의 취미와 성격을 보여주는 이 하비호스라는 단어에는 이안 와트(Ian Watt)가 지적하였듯이 "매춘부"의 의미도 있다는 사실에서, 스턴이 말하고자 하는 것은 등장인물들의 단순한 취미가 아닐 수 있다는 사실을 짐작할 수 있는 것이다.

스턴은 이처럼 하나의 용어가 여러 가지로 해석될 수 있도록 사용할 뿐만 아니라, 자신이 하는 진술 자체도, 때로는 여러 가지로 해석될 수 있도록, 심지어는 독자들이 분명한 해석을 내리지 못하도록 만든다. 트리스트람이 다섯 살 되던 해에 창밖으로 소변을 보다가 내려앉는 새시 창틀에 성기부분을 다쳤을 때, 트리스트람 본인이 주장하듯이 트리스트람의 성기를 둘러싼 외피만 조금 잘린 것인지, 아니면 성기자체가 심각한 상처를 입었는지 우리는 분명하게 알 수 없는데, 이는 떨어진 새시 창틀에 다친 트리스트람의 성기를 보고 수잔나(Susannah)가 외친 말을 들었을 때도 마찬가지다. "'아무것도(nothing) 남은 것이 없네', 수잔나는 소리쳤다. '아무것도(nothing) 남은 게 없어, 내가 시골로 도망치는 것 이외에는'"(449-50). 여기서 스턴은 "아무것도"(nothing)란 단어를 이 문장상 아주 애매한 위치에 두어, 이 용어가 무엇을 지칭하는지 혼란스럽게 만든다. 즉, 트리스트람의 몸 중심 부위가 완전히 사라져 아무것도 남은 것이 없게 되었는지, 혹은 이런 사고를 일으키게 한 장본인인 수잔나에게는 도망치는 방법밖에 남은 것이 없다고 말한 것인지, 독자로서는 어느 확실한 결론을 내릴 수 없기 때문이다.

확실한 해석, 혹은 분명한 해석을 내린다는 것은 사실상 가능하지 않다는 사실을 시각적으로 보여주기 위해 스턴은 작품 중간에 두 쪽에 걸친 마블링 무늬를 제시한다. 트리스트람은 컬러풀한 그리고 얼룩덜룩한 마블링 무늬를 작품에 삽입하며 그 의미에 대해서 한번 설명해 보라고 독자들에게 다음과 같이 말한다.

> 그 현명한 세상 사람들이 이 검은 베일아래 여전히 신비롭게 감추어져 있는 수많은 견해와 거래, 그리고 진리를 파헤치지 못한 것처럼, 아주 많은 독서, 많은 지식이 없이는, 당신들도 내 작품의 얼룩덜룩한 상징인, 다음의 마블링 무늬가 있는 쪽의 의미를 꿰뚫어 보지 못할 것이오. (3권 36장, 268쪽)

타디(Tadie)는 이 마블링 무늬가 모두 손으로 직접 작업한 것으로, 이 책에 하나하나 따로 만들어져 붙여진 것(148)이이기 때문에, 이 작품에 붙여진 마블링 무늬는 모두 똑같을 수 없다는 사실을 지적한다. 그러면 스턴이 이처럼 특정 대상 없이, 순전히 우연적으로 형성된(그려진) 마블링 무늬를 이 글의 상징이며, 이 글의 의미라고 주장한 이유는 무엇인가? 어떤 대상을 있는 그대로, 혹은 아주 사실적으로 정교하게 그려내는 그림이 아니라, 우연에 의해 만들어지는 마블링 무늬를 자신의 작품의 상징으로 스턴이 삼은 데에는 두 가지 이유가 있다. 우선 스턴이 이 작품을 통해서 말하고자 하는 것은 자신이 묘사하려는 특정 대상이 있는 것도 아니요, 설령 있다고 해도, 자신은 이를 사실적으로 있는 그대로 재현하고자 하는 것은 아니라는 점을 밝히고자 한 것이다. 둘째, 스턴은 자신이 이 작품에서 말하고자 하는 진실이 고정되지도 확정적이지도 않다는 사실임을 역설한 것이다. 다시 말하면, 광대의 옷처럼 얼룩덜룩한 마블링 무늬가 독자에 따라 다르게 보일 수 있듯이, 고정된 의미가 부재하는 이 세계를 마블링 무늬로 가장 잘 대변할 수 있기 때문인 것이다.

2. 서술 기법과 작가의 세계관

"생각의 연상"에 따라 전개되는 이 소설이 어떻게 진행될지는 예측 불가능하다. "나[트리스트람]는 첫 문장을 써 놓고 시작한다. 두 번째 문장은 전지전능한 신에게 맡기면서"(656)라는 트리스트람의 진술에서도 드러나듯이, 트리스트람은 자신이 세운 계획에 맞추어서 글을 진행하는 것이 아니라, 순간순간 자신에게 떠오르는 생각에 따라 글을 전개하기 때문이다. 따라서 트리스트람은 자신의 이야기가 어떻게 끝날지, 또 앞으로 자신이 어떤 이야기를 쓰게 될지 미리 알 수 없는 것이다. 그가 자신이 살아있는 동안 계속해서 이 글을 쓰겠다고 말한 이유도 바로 여기에 있다. 그의 이야기는 뚜렷한 목적이나 뚜렷하게 전달하여야 할 그 대상이 없기 때문에, 그의 이야기가 끝이 날 수 없는, 보다 정확히 말하자면 그의 목숨이 붙어있는 한 계속 될 수도 있기 때문인 것이다. 트리스트람의 이런 생각은 인간이 사는 세상이 예측 불가능한 것이라는 자신의 세계관과 통하는 것일 뿐만 아니라, 뚜렷한 목적이 없는 그의 이야기 진행 방식은 모든 것을 예측가능하지 않다는 스턴의 생각을 피력하기 위해서인 것이다. 스턴은 다음과 같이 자신의 글쓰기 방식에 대해 설명한다.

> 어떤 이야기를 쓰기 시작할 때, 그것이 잭 히커쓰리프트의 이야기건, 톰 썸의 이야기건 간에 이야기가 끝나기 전에 작가는 자신이 어떤 방해물과 장애물을 도중에서 만나게 될지, 어떤 춤을 추게 될지 전혀 알 수가 없는 법이오.(41)

트리스트람이 자기 글을 예측가능하지 않은 "광시곡 같은 작품"(39)라고 칭하면서, "자신의 펜이 자신을 지배하지, 자신이 자신의 펜을 지배하는 것은 아니다"(500)라고 주장한 것은 이런 맥락에서 이해될 수 있다. 그의 글은 모든 인간의 삶처럼 독자들이 예측하지 못하는 방향으로 전개될 것이기 때문이다.

트리스트람은 인간의 삶이 예측 불가능하면서 동시에 인간의 변덕스런 성향에 의해 상당한 영향을 받는 다는 것을 잘 알고 있다. 그의 글쓰기도 이런 인간의 삶과 닮았기 때문에, 트리스트람은 자신의 글도 자신의 변덕에 따라 좌지우지 되는 경우가 있음을, 시간에 따라 그 모습을 달리하기 때문에 변덕의 상징으로 종종 상정되는 달에게 자신의 글을 헌사함으로써 고백하는 것이다. 하지만 트리스트람은 여기서 더 나아가 자신의 글이 자신의 변덕에 따라 진행되고 있음을 다음의 인용문을 통해 직접 제시하고 있다.

> 갑작스런 변덕이 생긴다. 섄디, 커튼을 내려. 난 커튼을 내렸다. 여기 이 종이위에 선을 하나 그어, 트리스트람. 난 선을 그었다. 야! 새 장이다. (336)

트리스트람과 그의 변덕 간에 이루어진 이 대화에서, 의인화된 변덕은 트리스트람에게 현재 그가 기술하고 있는 장면을 중단하고 새로이 장을 시작하라고, 아무런 이유도 밝히지 않은 채 지시만 한다. 하지만 재미있는 사실은 이런 황당한 지시에 트리스트람은 한마디 이의를 제기하지도 않고, 새로이 다음 장을 시작한다는 것이다. 자기 자신과의 짤막한 대화를 통해 트리스트람은 자신의 변덕이 자기 글쓰기를 지배한다는 사실을 보여주고 있는데, 그 이유는 인간의 삶 그 자체가 우리가 세운 계획에 의해 진행되는 것이 아니라, 예측할 수 없는 우연과 변덕에 의해 지배받는다는 사실을 보여주기 위한 것이다. 이는 "모든 것에 있어서 아주 규칙적인"(6) 월터가 자신이 바라는 일을 성취하기 위해서 모든 것을 계획하고 이에 따라 준비하지만, 결국 예측할 수 없는 우연이라는 상황의 개입으로 인하여. 그의 모든 계획이 수포로 돌아가는 데에서도 확연하게 드러난다.

그 대표적인 예가 바로 이 소설의 서술자이자 주인공인 트리스트람에 관한 것이다. 트리스트람의 부친 월터는 큰 코가 사람에게 행운을 가져다준다고 믿어 트리스트람이 크고 잘생긴 코를 갖기 바랐지만, 트리스트람의 코는 해산시 남자 산파 슬롭의 겸자에 의해 뭉그러지는 불운을 겪게 된다. 그리고 또한 월터는 이름이 사람의 운명을 결정한다고 믿어 자식에게 자신이 생각하는 가장 좋은 이름인 "트리스메지스터스"란 이름을 지어주려고 하였으나, 결국에 가서는 자신이 가장 나쁘다고 생각하는 "트리스트람"이란 이름을 하녀 수잔나의 실수로 아들에게 붙여주는 불운을 겪게 되기 때문이다. 즉, 모든 일을 미리 계획하고 설계해도, 결국 우연에 의해 우리의 목적은 좌절되고 만다는 사실을 스턴은 월터라는 인물을 통해 보여주고 있는 것이다.

우리의 삶이 예측 불가능한 것이고, 우리가 통제할 수 없는 우연에 의해 지배받는다는 스턴의 생각은 스턴이 작품 활동을 하기 시작하였던 18세기 중반까지 팽배하였던 이성중심 주의에 대한 거부와 그 맥을 같이 한다. 모든 것을 이성적 사고와 논리적인 체계를 통해서 규명하고, 설명하고자하는 이성 중심주의는 18세기 중반 이후부터, 서서히 도전을 받기 시작한다. 이성만으로는 알 수 없는, 또는 설명할 수 없는 현상과 부딪치면서, 이성적 판단의 한계점이 드러나기 시작하였으며, 또한 인간이 모든 것을 이성적으로만 판단 할 수도 없다는 생각이 사람들 사이에서 서서히 고개를 들기 시작하였던 것이다. 이러한 시대의 조류의 따라, 혹은 이런 시대적 흐름의 선봉에 섰던 스턴은 — 이성 중심주의에 반대하며 스턴은 소위 인간의 감성을 중시하는 감성주의 문학의 선구자로 간주되기도 한다 — 이성주의에 반대하며, 소위 반 이성주의 혹은 반 지성주의로 돌아서면서, 논리를 통한 진실에의 접근 가능성에 강한 회의와 기존의 사고체계나 질서체계에 심각한 의문을 품게 된다. 즉, 스턴은 당시에 하나의 진실로, 혹은 사실로서 통용되었던 것들에 대해 근본적으로 회의하며 이에 의문을 제기하였던 것이다.

스턴이 기존의 사고와 체계에 대해 가졌던 의문은 당시에 통용되었던 문학적 관례 혹은 룰의 정당성에 대한 회의로서 제시된다. 즉, 스턴은 누구의 룰도 따르지 않겠다고 주장하며 글쓰기에 있어서 기존 작가들이 당연시하여 왔던 문학상의 관례나 룰을 의도적으로 뒤집고 전복함으로써, 당시에 당연시 하던 사고체계나 세계관에 대해 정면 도전하였던 것이다. 이에 따라 스턴은 자신의 이야기의 본론(?)이라고 말할 수 있는 자신의 생에 관한 이야기보다도 진술도중 자신의 뇌리에 떠오른 여러 생각들, 다시 말하면 여담을 훨씬 더 많이 도입하여 그의 작품은 일반적인 작품과는 전혀 다른 구조를 띄게 되었던 것이다.

기존 문학과는 판이하게 다르게 진행되는 그의 서사의 이런 면모는 여러 측면에서 관찰된다. 예를 들어 트리스트람은 아주 적은 내용을 담은 장(chapter), 심지어 하나의 문장으로 구성된 장, 혹은 한 문장도 채 되지 않는 장을 도입하여, 일반적인 장과는 아주 다른 장의 개념을 도입하고 있다. 여기서 더 나아가 트리스트람은 장의 순서를 바꾸기도 하고, 자기 마음에 들지 않는다고 해서 몇 장을 찢어 버리기도 한다.

하지만 스턴의 기존의 문학적 관례에 대한 전복은 여기서 그치지 않는다. 스턴은 자기 작품의 서문을 이 소설이 진행되는 도중에 삽입하였고, 검은 색을 칠한 쪽, 마블링 무늬가 있는 쪽, 백지 등을 이 작품에 도입하고 있기 때문이다. 이 작품의 시작도 또한 파격적이다. 트리스트람은 자신이 극미인이었던 시절에 겪은 경험이 지금에까지 후유증을 남겼다며 이 이야기를 자신이 극미인이었던 시절에서부터 전개하였기 때문이다. 작품의 결말에서도 이런 파격적인 면이 두드러지게 나타난다. 작품의 끝나는 장면은 작품이 시작되는 시기보다 5년 전, 그러니까 트리스트람의 극미인 시절보다도 오히려 5년 전으로 거슬러 올라갔기 때문이다. 게다가 그 결말도 애매모호하여 스턴이 소설쓰기를 포기한 것인지, 아니면 의도적으로 애매하게 끝을 낸 것인지 불분명하다.[2)]

전통적인 문학적 룰과 관례에 대한 스턴의 도전은 이성 중심주의와 독단론을 거부하는 정신, 더 나아가 스턴의 회의주의에 궁극적으로 기인한다. 스턴은 이성적 논리로서는 설명할 수 없는 현상을 접하면서 다음과 같이 이성의 한계를 절감한다.

> 우리는 수수께끼와 불가사이한 일 사이에서 살고 있소. 우리에게 일어나는 아주 명백한 일에도 아무리 통찰력을 지닌 사람도 알아낼 수 없는 어두운 면이 있소. 심지어 명쾌하고 뛰어난 사고력을 가진 사람도 자연이 하는 거의 대부분에 일을 이해하지 못하여 당혹해하고 어쩔 줄 몰라 하오. (350)

스턴이 위 인용문에서 사용한 "수수께끼", "불가사이한 일"이라는 용어는 이 세상에 대한 그의 태도를 보여준다. 아무리 "뛰어난 사고력" "통찰력"을 가진 사람에게도 이 세상은 설명될 수 없고, 이해 될 수 없는 "수수께끼"와 같은 것이라고 스턴은 생각하기 때문이다. 즉, 한계를 지니고 있는 인간이 분명하게 알고 판단할 수 있는 것은 아무 것도 없으며, 따라서 인간에게 있어서 이 세상은 불가사의하고 불확실할 수밖에 없다는 것이다.

스턴의 이런 회의주의적 사고는 18세기 중엽부터 일기 시작한 이성주의에 대한 회의로 설명될 수 있지만, 여기서 더 나아가 고대 그리스 시대부터 시작되어 르네상스 시대뿐만 아니라, 르네상스 시대 이후의 사상가, 문학가들에게 지대한 영향을 끼친 회의주의적 성향을 띈 피론주의와, 지성주의에 대한 회의에서 출발하여 절대 신에 대한 믿음을 주장하는 신앙주의에서 유래하고 있다. 즉, 인간은 선천적으로 자신에게 주어진 조건을 초월하여 이 세계를 객관적으로 바라 볼 수 없기 때문에, 이런 사실을 인정하는 것이 진정한 믿음 혹은 진정한 신앙의 출발점이 되어야 한다는 것이다. 더욱이 영국 성공회 목사이기도 한 스턴에게 있어서 이런 회의주의 혹은 회의주의에 근거한 신앙주의는 더더욱 설득력이 있었다. 언어 그 자체와 전통적 문학 형식에 대한 회의, 심지어 특정 이데올로기나 가치체계에 대한 회의를 스턴이 그의 전복적인 서술 기법을 통해서 보여주는 것은 반 지성주의와 회의주의에 입각한 그의 신앙주의에서 그 이유를 찾을 수 있기 때문이다. 이런 의미에서 스턴은 기존의 가치체계와 이데올로기에서 벗어나려는 포스트모던적인 작가[3]인 동시에 진정한 의미의 신앙인이며, 그의 소설이 기존 소설과 그 형식이나 내용면에서 정면으로 대치되는 반 소설적인 성향을—이를 어떤 비평가는 반소설, 즉 "anti-novel"이라고 칭하기도 한다—띠게 되는 것이다.

III

『트리스트람 섄디』에 나타난 스턴의 서술기법은 확실성을 거부하고 정해진 룰과 규범에 대한 그의 회의를 보여주는 분명한 메시지다. 즉, 그의 서술기법 자체가 스턴이 이 작품에서 말하고자 하는 메시지인 셈이다. 이런 스턴의 메시지는 20세기 중반이후에 몇 작가들이 즐겨 그 주제로 삼았던 메타픽션의 형태로도 제시된다. 즉, 어떻게 글을 쓸 것인가의 문제를 그 주제로 삼으며, 기존의 문학적 관례와 룰에 대한 심각한 의문을 던지는 소설, 다시 말하면 기존 소설의 패러다임을 거부하였던 메타픽션적 글쓰기는 기존 이데올로기의 정통성에 대한 스턴의 회의와 거부를 나타내는 장르인 것이다.

『트리스트람 섄디』가 이런 메타픽션적 글쓰기란 사실은 이미 여러 비평가들이 지적하고 있는 사실이다. 시거(Seager)는 이 소설의 주제가 글쓰기 과정과 "소설쓰기의 어려움"(132)을 토로하는 트리스트람의 상황이라고 주장하였고, 윌리엄즈(Jeffrey Williams)는 이 소설을 "서사에 대한 서사" 혹은 "이야기를 쓰고자 하는 사람에 관한 이야기"(1033)라고 규정하고 있기 때문이다. 이와 관련하여서도 많은 비평가들은 『트리스트람 섄디』에서 보이는 언어와 의미의 불확정성, 의미의 해체, 그리고 이야기의 불연속성(Miller 386) 및 해석과 실체 재현의 불가능성(Voogd 283)에 대해 주목하면서, 이 작품을 절대적 기준, 나아가 모든 종류의 가치체계(hierarchy)의 해체를 지향하는 포스트모던적 작품으로 이해하고 있다. 즉, 『트리스트람 섄디』에 나타나는 스턴의 기법 자체는 바로 스턴의 포스트모던적 세계관을 표방하는 것으로 보고 있는 것이다.

하지만 여기서 우리는 포스트모더니즘 문학과 포스트모던적 문학의 차이점에 대해 주목할 필요가 있다. 기존의 문학적 룰과 관례를 뒤집는 스턴의 반소설적인 글쓰기 양식은 분명히 절대적 가치와 단일한 의미를 부정하는 포스트모더니즘적인 성향을 가지고는 있지만, 절대 가치에 대한 스턴의 믿음까지 부정하는 것은 아니기 때문이다. 스턴이 부정하는 것은 인간이 만들어낸 인위적 룰과 가치체계이지, 결코 신앙인으로서 가져야 할 절대자에 대한 믿음에 대한 것은 아니기 때문이다. 오히려 기존의 글쓰기 룰에 대해 스턴이 강한 회의를 표명하며 거부한 것은 진실을 가로막는 장애를 물리치며 진실한 기독교적인 믿음에 다가가기 위한 것이다. 이런 점에서 스턴은 절대성을 부인하지 않는 18세기적인 작가이지, 포스트모더니즘 작가는 아닌 것이다. 즉, 그의 포스트모던적 글쓰기는 진정한 의미에서의 진리에 대한 탐색의 시작인 것이며, 이는 그가 사용한 독특한 서사기법 자체를 통해서 구현되고 있는 것이다.

1) 바비가 죽었다는 소식을 듣고 일자무식의 부엌데기는 자신이 살아있다는 사실에 감사해 하며, 수잔나는 안주인이 상복을 입는 바람에 입지 못하게 될 푸른색의 가운이 자기 차지가 될 거라고 생각하고는 흐뭇해 하고, 하인 오바디아(Obadiah)는 바비의 죽음으로 쓸 용도를 잃은 돈으로 월터가 황무지를 사면 자신이 황무지 개간에 투입될 거라는 우려를 하게 된다. 이처럼 어떤 사람의 죽음의 의미는 각자의 입장에서 달리 해석된다는 사실을 보여줌으로써 스턴은 언어가 모든 사람들에게 똑같은 의미를 전달할 수 없다는 사실을 극명하게 제시하고 있는 것이다.

2) 웨인 부쓰(Wayne Booth)는 이 작품의 마지막 장면에서 이 작품의 주요 등장인물이 모두 다 등장하고, 성적불능(impotence)이라는 이 작품의 주요 모티브가 다시 한 번 강조된다는 점을 지적하며, 스턴이 이 작품을 완결 지은 것이라고 주장하고 있다.

3) 팝킨(Popkin)은 그리스의 회의주의가 신학과 17세기 초반의 지적 논쟁에 상당한 영향을 미쳤다고 말하고 있다(86).

인용문헌

Miller, Hillis. "Narrative Middles." *Genre* 11 (1978): 375-87.

Popkin, Richard H. *The History of Scepticism from Erasmus to Descartes*. Van Gorcum and Comp: Assen, 1960.

Seager, Ora. "On the Difficulties of Novel-Writing: A Reading of Tristram Shandy." *Hebrew University Studies in Literature* 1(1973): 132-58.

Sterne, Laurence. *The Life and Opinions of Tristram Shandy*. Eds. Melvyn New and Joan New. 3 Vols. Gainesville: UP of Florida, 1978-1984.

Tadie, Alexis. *Sterne's Whimsical Theatre of Language*. Ashgate: Cornwall, 2003.

Voogd, Peter. "Laurence Sterne, the Marbled Page, and the Use of Accidents." *Word and Image* 1(1985): 279-87.

West, Russell. "To the Unknown Reader: Constructing Absent Readership in the Eighteenth-Century Novel: Fielding, Sterne and Richardson." *Arbeiten Aus Anglistik und Amerikanistik* 26(2001): 105-23.

Williams, Holts. "Typography, Tristram Shandy, the Aposiopesis, etc." in *The Winged Skull*. Eds. Cash and Stedmond. London: Kent State UP, 1971, 247-57.

Williams, Jeffrey. "Narrative of Narrative." *MLN* 105(1990): 1032-45.

JANE AUSTEN · *Pride and Prejudice*

서술자의 거리두기와 거리지우기

고 영 란 수원대학교

I

1. 작가 소개

제인 오스틴은 1775년 영국 남부 햄프셔(Hampshire)주에 있는 스티븐튼(Steventon)이라는 작은 마을에서 교구 목사인 아버지와 목사의 딸이었던 어머니 사이에서 8남매 중 일곱째로 태어났다. 약 3년에 걸친 기숙학교에서의 교육을 마친 1786년 이후 오스틴은 체계적인 교육을 거의 받지 못했다. 하지만 당시 작가들의 작품 뿐 아니라 세익스피어(Shakespear)나 밀턴(Milton) 등 고전 작품도 폭넓게 읽었다. 훌륭한 낭송가이자 많은 책을 소장하고 있던 아버지의 영향으로 연극을 직접 공연하기도 할 정도로 문학적 소양이 있던 집안 분위기 속에서 오스틴은 열 한살 때인 1787년경부터 풍자희극이나 로맨스 등 다양한 장르의 글을 썼다. 열아홉 살 때인 1795년에는 『엘리노어와 매리앤』(*Elinor and Marianne*), 1797년에는『첫 인상』(*First Impressions*)을 완성했고, 그해 『엘리노어와 매리앤』을 개작하여 이듬해 『이성과 감성』이라는 새로운 작품으로 완성했다.

1801년 아버지가 목사직을 장남에게 물려주면서 바스(Bath)로 이사하고 1805년 아버지의 죽음 이후에는 런던(London) 등을 떠돌아다니는 생활을 해야 했다. 그 사이 8년여 동안 오스틴은 집필 활동을 거의 하지 못했다. 1809년 오빠 에드워드(Edward)의 도움으로 정든 고향 스티븐튼에서 가까운 초튼(Chawton)에 정착하게 되어서야 오스틴은 창작에 몰두할 수 있게 된다. 오스틴은 1811년 『이성과 감성』을 출판하고 1813년에는 이전에 쓴 『첫 인상』을 『오만과 편견』으로 개작하여 출판했다. 1811년에는 『맨스필드 파크』(*Mansfield Park*)를 집필하기 시작해 1813년 완성하여 이듬해 출판하고 1815년에는 1814년에 집필을 시작한 『엠마』(*Emma*)를 완성하여 출판한다. 죽기 바로 전해인 1816년 『설득』(*Persuasion*)을 완성하고 1817년에는 『샌디턴』(*Sanditon*)을 쓰기 시작했으나 완성하지 못한 채 그 해 42세의 나이로 세상을 떠났다. 『설득』(*Persuasion*)과 『노쌩거 사원』(*Northanger Abbey*)은 사후 1818년에 출판되었다.

오스틴은 독신으로 살면서 42년간의 생애를 가족과 친구들 사이에서만 보냈다. 여성이 자유롭게 글을 쓸 수 있는 시대가 아닌 데다 대중들에게 자신을 드러내기를 원치 않았기 때문에 그녀가 쓴 소설은 익명으로 출판되었으며 그 결과 사후에 소설 두 편이 출판되면서 비로소 그녀가 작가임이 밝혀졌다.

오스틴은 날카로운 비판력의 소유자로 재치 있는 풍자를 즐길 만큼 지적이고 활력에 넘쳤다. 그녀는 소설에서 간결하고 절제되어 있으며 신랄하면서도 유머가 넘치는 문체를 구사한다. 재기발랄한 위트와 풍자 그리고 아이러니로 인해 발생되는 활력은 독자의 지성과 상상력 및 감수성을 끊임없이 자극하면서 작품 속에 몰입하게 해준다.

오스틴은 한 편지에서 그녀의 소설을 "섬세한 붓으로 작업해 놓은 2인치 평방의 작은 상아 조각"이라고 평했다. 사실 그녀의 작품 세계는 한정되어 있었다. 미국의 독립전쟁이 일어난 1775년에 태어난 그녀는 14세 때인 1789년에 발발한 프랑스 혁명에 대해서도 알았을 것이다. 그렇지만 이 두 중요한 역사적 사건이 그녀의 소설에서는 언급되어 있지 않다. 그녀는 소재를 좁은 시골 젠트리 계층의 몇몇 집안에서 벌어지는 소소한 일상사와 남녀 간의 사랑과 결혼에 한정시켰다. 이 사소한 일상사 속에 당시의 사회 배경과 그 변화 양상이 세밀하게 투영되어 있다.

오스틴이 작품 활동을 한 시대는 사회의 보편적인 가치가 중시되던 이성의 시대에서 개인의 주관이 강조되고 감정이 예찬되는 낭만주의 시대로 넘어가는 18세기 말엽이었다. 오스틴은 동시대에 유행한 낭만주의보다는 18세기의 문필가인 알렉산더 포우프(Alexander Pope)나 사무엘 존슨(Samuel Johnson)으로 대표되는 신고전주의 즉 질서와 균형 그리고 이성에 더 큰 가치를 두었다. 당시 유행하던 감상주의적 고딕소설을 못마땅해 했던 오스틴은 1790년대 후반에서 1815년까지의 영국 섭정기 시대 시골 생활의 풍습을 사실적으로 정확하고 세세하게 그려낸 풍속 소설을 썼다.

2. 오스틴과 서술기법

오스틴은 18세기 소설에서 사용되었던 서술기법의 양대 주류를 통합하는 새로운 서술방식을 구사했기 때문에 문학사적으로 중요한 위치를 차지한다. 오스틴은 인간의 내면 심리를 사실적으로 재현한 사무엘 리차드슨(Samuel Richardson)의 인물에 대한 내적 접근과 인간 삶의 외면적인 모습을 재현한 헨리 필딩(Henry Fielding)식의 외적 접근을 통합시킨 최초의 소설가였다. 리차드슨은 1인칭 서간체 소설을 썼고 필딩은 등장인물의 마음을 꿰뚫어보는 전지적 3인칭 서술자를 내세웠다. 오스틴의 소설에서는 서간체 소설에서의 1인칭 서술자가 아니라 3인칭 서술자가 등장하여, 필딩의 서술자처럼 개입하며 판단을 하기도 하지만 간섭은 자제한다. 오스틴의 3인칭 서술자는 인물에 대해 '말해주기'보다는 인물의 말과 행동을 '보여줌'으로써 그 인물을 파악하게 한다.

『오만과 편견』에서 서술자는 전지전능한 어조로 인물을 단언적으로 평가하기도 하고, 필요에 따라서는 관찰자적 시점으로 인물의 외양만을 묘사하는데 그치기도 한다. 전자의 예는 1장에서 베넷씨(Mr. Bennet)와 베넷 부인(Mrs. Bennet)의 성격을 간단하게 요약하듯 단정 짓는 부분과, 3장에서 처음으로 주목을 받게 되는 엘리자베스(Elizabeth)에 대해서 "그녀는 활발하고 장난기 있고 우스꽝스러운 것은 그 무엇이건 재미있어했다"(7)면서 그녀의 성격을 요약해주는 대목이다. 후자의 예로는 위컴(Wickham)의 등장 때 그의 잘생긴 얼굴, 훌륭한 몸매, 기분 좋은 말씨 등의 "외양"만이 소개되는 방식을 들 수 있다.

서술자는 상황 및 필요에 따라 엘리자베스나 다아시(Darcy)의 관점을 공유하며 공감을 보내기도 하고 그들로부터 거리를 두기도 한다. 엘리자베스와 다아시의 개인적인 감정과 관점이 형성되고 상호작용하는 양상이 그려지는 6장에서 그 예를 찾아볼 수 있다. 엘리자베스는 다아시로부터 받은 개인적 모욕 때문에 편견에 가득 차 다아시를 짓궂게 내하지만, 다아시는 엘리자베스의 친척들의 지위가 낮지 않았더라면 그가 상당한 위험에 처했으리라고 생각할 정도로 그녀에게 감정적으로 이끌린다. 이와 함께 이제까지 엘리자베스의 관점을 공유하던 서술자는 태도를 바꾸어, 다아시에 대한 편견으로 그의 말이나 행동을 오해하는 엘리자베스에게서 거리를 두는 한편, 다아시의 속마음을 전지적 작가 시점에서 보여준다.

이 외에 『오만과 편견』에서 중요하게 사용된 서술기법으로는 표면상의 의미 저변에 그것과 일치하지 않은 실제 의미를 함축시켜 아이러니를 유발하는 이중서술을 들 수 있다. 이 소설은 첫 장부터 당대 사회

현실, 그 가운데서도 특히 결혼을 둘러싼 문제에 대한 서술자의 희극적 풍자로 가득 차 있다. 풍자와 아이러니는 표면적인 서술 내용 안에 감추어져 있는 의미를 반추해 보게 만든다.

또 하나의 서술기법은 자유간접화법이다. 자유간접화법은 인물이 쓸 법한 언어로 인물의 생각이나 감정을 기록함으로써 인물의 내적인 성찰과 감정을 그대로 반영하여 전하는 기법으로 이 기법을 최초로 광범위하게 사용한 작가가 오스틴이다. 오스틴은 자유간접화법을 "자의식적으로" 사용함으로써 자연발생적인 감정의 흐름을 드러내는 감상소설과는 달리, 인물로부터 거리를 유지하고 아이러니를 보내는가 하면 공감할 수도 있었다(Tuite 68-9). 자유간접화법이 권위 있게 제시될 때 서술자의 목소리와 인물 사이에는 서술적 공모가 생겨나기도 하고 (Lanser 74-5), 서술자의 생각과 인물의 생각이 뒤섞여 다성적인 목소리가 만들어지는데 이들이 서로 구분이 안 되는 경우도 있다.

서술자의 객관적이고 직접적인 논평 또한 이 소설에서 유용하게 구사되고 있는 서술기법의 하나이다. 아이러니가 거리두기를, 자유간접화법이 거리두기와 거리지우기를 동시에 복합적으로 견지한다고 할 때, 이와는 달리 서술자가 소설의 내용에 거리를 두면서 자신이 서술자임을 의식하는 가운데 적극적으로 개입하여 직접적인 논평이나 비판을 가하는 것이다.

II

1. 이중서술과 아이러니

『오만과 편견』은 재기가 넘쳐흐르는 유쾌한 희극 형식을 갖고 있으면서도 그 안에 결혼을 둘러싼 진지한 문제의식을 담고 있다. 이 작품은 오스틴의 치밀한 계획에 따라 진행되고 있으며 그 결과 유기적인 연관성을 갖고 있다. 오스틴은 작품의 주제를 소설의 첫 문장에서부터 도입하여 이를 단계별로 전개시키고 있다. 이 소설의 첫 두 문장은 다음과 같이 시작된다. "재산이 많은 독신 남자에게 아내가 꼭 필요하다는 것은 **보편적으로 인정되는 진리**이다. 이런 남자가 처음 이 동네에 발을 디뎌 놓았을 때 그의 **감정이나 관점**이 전혀 알려지지 않았는데도 근처에 있는 동네 사람들의 마음 속에는 이 진리가 너무나 확고하게 자리 잡고 있기 때문에 그를 자기네 딸들 중의 하나가 차지하게 될 재산이라고 여기게 마련이다"(필자 강조).[1] 이 두 개의 문장을 유심히 살펴보면 "보편적으로 인정되는 진리"와 "감정이나 관점"이 대비되고 있음을 알 수 있다. 전자에는 관례나 규범이 포함되는 반면 후자는 개인적인 감정 및 주관을 가리킨다. 오스틴은 이 두 대립항을 병치함으로써 사랑과 결혼의 문제에서 경제력 등 외적 조건을 중시하는 전통적인 규범과, 개인의 감정 및 견해를 중시하는 새로운 개인주의적 가치관이 충돌하고 있는 양상을 압축적으로 제시한다.

오스틴은 사회 관습의 압력에 굴하지 않고 개인의 주관적 감정에 성실하게 반응하며 이 둘을 조화시켜 나갈 수 있는 방법을 모색해보는 과정에서 어느 한 쪽을 옹호하지 않고 균형감각을 견지하면서 객관적으로 고찰한다. 이때 변증법적 정반합의 과정을 따른다. 오스틴은 이 과정을 여러 단계로 나누어 살펴보면서 각 단계별로 각기 거기에 부합하는 서술기법을 구사한다.

제 1권 1장부터 15장에 해당되는 첫 번째 단계에서는 "보편적인 진리"와 개인적인 "감정" 사이의 관계와, "보편적인 진리"로 인정되는 집단적 견해 및 평판이 형성되는 과정이 탐색된 다음, 개인적 "감정"이 주목된다. 앞서 인용된 첫 두 문장에서는 "보편적 진리"가 개인의

"감정이나 관점"을 전혀 고려하지 않은 지극히 추상적이고 관념적인 것임이 암시된다. 또한 첫 장 첫 문장에 함축된 의미는 표면상의 의미와 다름이 시사된다. "재산이 많은 독신 남자에게 아내가 필요하다는 것은 보편적으로 인정되는 진리이다"의 표면적 내용은 경제력이 있는 남자에게는 아내가 필요하다는 것이다. 그렇지만 실제 내용은 돈 많고 지위가 안정된 신랑감을 쫓는 여자들의 이야기이다. 표면상의 의미와 실제 의미가 일치하지 않기 때문에 독자는 서술자의 말을 액면 그대로 받아들이지 않게 된다. 서술자는 지나치게 확신에 차서 권위 있는 목소리로 논평을 하거나 단언을 하는데 이 또한 독자들이 표층적인 의미 저변에 숨어있는 실제 의미를 간파해내도록 한다. 독자로 하여금 아무런 의심 없이 그 "진리"를 받아들일 것을 요구하는 듯한 서술자의 확신에 찬 태도는 역으로 그의 단언을 문자 그대로 받아들이기 어렵게 만든다. 과장된 단어의 사용 역시 독자로 하여금 문장에 더욱 주의를 기울여 아이러니를 간파해낼 수 있게 한다.

첫 장 첫 문장에서 언급된 "보편적으로 인정된 진리"에 대한 관심은 1, 2장을 거쳐 3장에까지 이어진다. 1장에서는 조그만 동네의 몇몇 가구에서부터 베넷 부인으로 점차 그 범위를 좁혀가며 그 "보편적인 진리"가 수용되고 있는 모습을 보여준다. 집단의 보편적인 견해를 미리 밝힌 후 그것을 수용하고 있는 개인을 보여줌으로써, 집단적 견해와 개인적 견해의 상관성 및 전자가 후자에 미치는 영향을 주목하게 한다. 2장에서는 1장에 이어 사회의 "보편적인 진리"에 따라 딸들에게 돈 많은 신랑감을 찾아주는데 혈안이 된 베넷 부인과 그 "보편적인 진리"에 입각한 사회적 관례를 조롱하는 베넷씨가 대조된다. 베넷씨의 이러한 모습은 독자로 하여금 "보편적인 진리"의 '진실성'에 의문을 품게 한다.[2] 베넷씨는 모른 척 시치미를 떼면서 공공연히 어리석은 아내를 의도적으로 혼돈스럽게 하거나 재치 있게 놀린다. 그 결과 부부 사이의 대화는 동문서답 식 문답놀이일 뿐 진정한 의사소통이 되지 못한다.

"일반적으로 수용되는 진리"에 대한 관심은 3장에서 근거 없이 내용이 바뀌면서 빠른 속도로 떠돌아다니는 소문이나 평판에 대한 언급으로 이어진다. 루카스(Lucas) 경이 전한 말을 루카스 부인이 베넷 부인과 그 딸들에게 전하는데, 이 부분은 루카스 부인의 말로도 서술자의 서술로도 볼 수 있다. 이 부분에서는 최상급이나 과장된 표현 그리고 강조어 및 짧고 간결한 문장이 사용됨으로써, 점차 고조되는 분위기 즉 청자들이 빙리에 대해 점점 더 호감을 갖고 그의 마음을 사로잡아 볼 기대에 부푸는 과정이 생생하게 전달된다. 그런데 즐거운 기대에 부푼 여자들의 희열에 찬 어조 속에는 서술자의 아이러닉하고 회의적인 목소리가 뒤섞여 있다. 이질적이고 "이종적인"(hybrid), 즉 한 사람의 말이지만 두 사람의 말인 듯이 그 안에 두 종류 말의 스타일 및 매너 즉 "두 가지의 언어"를 포함하는 문장이 구성된 것이다(Castellanos 137). 이를 통해 집단적인 평판이나 소문이 조롱된다.

집단 안에서 소문이 퍼지고 평판이 형성되는 과정이 추적되는 부분에서도 서술자는 이중적인 태도를 견지한다. 빙리를 둘러싼 소문은 구체적 사실이 아닌 단순한 추정에 따라 내용이 첨가되거나 수정되는 가운데 확대 재생산되고 이 소문에 마을 사람들은 일희일비한다. 여기에서 서술자는 마을 사람들의 마음을 좌지우지한 이 소문이 근거 없는 낭설이었음을 객관적인 입장에서 거리를 둔 채로 보여줄 뿐 거기에 대해 평가하지 않는다. 집단의 목소리가 소문이나 평판을 만들어내는 과정을 보여줄 뿐 거기에 대해 아무런 비판을 하지 않는 것이다. 심지어 서술자는 집단의 목소리의 일부분이 되기도 한다. 다아시에 대한 집단의 평판에 동조하는 것이 그 예이다. 서술자는 전지적 작가 시점에서 다아시의 성격을 말해주는 대신에 집단의 관찰자적 관점에서 첫 등장하는 그의 외양을 소개한다. 다아시가 도착하자 그의 엄청난 경제력에 대한 소문이 돌고 남자들은 그가 잘 생겼다고, 여자들은 그가 빙리보다 더 잘 생겼다고 공언한다. 그러나 이내 오만하게 타인을 무시하는 그의 혐오스러운 매너가 드러나면서 평판이 극에서 극으로 순식간에 돌변한다. 집단 구성원들의 목소리가 점차 더 많이 포함되는 가운데 다아시에 대한 혹평의 강도는 더욱 높아지고 서술자는 집단의 목소리와 하나가 된다(Castellanos 138). "그의 성격은 단정되었다. 그는 세상에서 가장 오만하고 불쾌한 사람이었다. 모든 사람들은 그가 그곳에 더 이상 나타나지 않기를 희망했다"(6)는 문장이 그 예이다. 서술자는 집단의 평판에 준하여 그 자신도 다아시를 단언적으로 평가하기에 이른다. 서술자는 표면적으로는 집단의 목소리에 자신의 목소리를 뒤섞음으로써 당대 사회의 규범이나 관례를 "보편적으로 인정되는 진리"로 수용하는 듯한 태도를 보이는 것이다. 그렇지만 실제 서술에 함축된 바는 보편적으로 확립된 진실의 비합리성이나 근거 없음 그리고 편견에 치우친 면 등에 대한 비판이다.

4장까지는 집단의 평판이 형성되는 과정에 주목했다면 5장부터는 개인적인 "감정이나 관점"이 중요하게 부각된다. 베넷가의 여자들과 루카스네 사람들의 대화에서 '오만'에 대한 새로운 시각이 도입된다. 집단적인 관점에서 '오만'을 혹평했던 이제까지와는 달리, 각 개인의 관점에서 '오만'은 새롭게 이해된다. 샬럿(Charlotte)은 집단의 목소리와는 다른 그녀 개인의 목소리를 낸다. 다아시는 모든 것을 다 갖추었기 때문에 오만해질 이유가 있고 따라서 그 오만이 자신의 기분을 상하게 하지는 않는다는 것이다. 엘리자베스는 샬럿의 말에 동의하면서 다아시가 그녀의 감정을 건드리지 않았더라면 그의 오만을 쉽게 용서해 주었을 거라고 대답한다. 이로써 집단적인 평판과는 별개로 개인적인 "감정"이 주목을 받게 된다. 개인적인 "관점"은, 집단적인 평판에 의해 혐오스러운 것으로 낙인찍힌 다아시의 오만함이 그 자신의 입장에서 해석되는 11장에서 더욱 분명히 전면에 부상한다. 오만이란 진정으로 우월한 정신력의 소유자라면 절제할 수 있는 것이므로 약점이 아니라는 것이 다아시의 견해이다.

서술자는 집단적인 평판 뿐 아니라 개인적인 "감정이나 관점" 또한 편견에 좌우될 수 있음을 엘리자베스를 통해 드러낸다. 엘리자베스는 다아시와의 대화에서 그의 말을 일부러 왜곡하면서 비꼬는 듯한 말을 골라서 한다. 자신에게는 꽁한 면이 있다는 다아시의 고백에 엘리자베스는 앙심을 마음 속 깊이 간직하고 있는 것은 성격상 큰 결함인데 너무나 심각하므로 그것을 비꼬아줄 수는 없다고 응수한다. 그런데 이는 엘리자베스 자신의 결함이기도 하다는 데 아이러니가 있다. 그녀의 이 말은 다아시로 하여금 "다른 사람들의 말을 일부러 잘못 이해하는"(40) 그녀의 결점을 정확하게 꼬집어내게 한다. 엘리자베스의 결점을 다아시로 하여금 지적하게 함으로써, 그녀가 편견에 사로잡혀 있음을 분명하게 드러내는 것이다.

2. 자유간접화법

두 번째 단계는 제 1권 16장부터 제 2권 19장에 해당하는 것으로, 사회적 평판에 개인적인 편견을 더한 엘리자베스가 다아시와 위컴을 오판하는 실수를 저지르고 결국 그 잘못을 깨닫는다는 내용을 담고 있다. 서술자는 그녀의 독선적인 태도와 대조되는 유보적인 태도를 견지하면서 그녀의 잘못을 부각시킨다. 또한 자유간접화법을 통해 엘리자베스의 내면 생각과 감정을 생생하게 전달한다.

위컴의 등장으로 그에 대한 무조건적인 호감이 커지면서 엘리자베스의 다아시에 대한 편견은 악화되는데, 편견이 심해질수록 엘리자베스는 독단적이고 독선적이 된다. 엘리자베스가 보이는 독선적인 태도는 여러 대화 장면 속에서 드러난다. 가령 위컴의 험담을 전해들은 제인(Jane)이 어떻게 생각해야 할지 모르겠다고 하자 엘리자베스는 위컴의 "얼굴에는 진실"이 있으니 "어떻게 생각해야 할지를 정확히 알겠다"면서 자신 있게 단언한다(60). 무도회에서 만나리라 기대한 위컴이 나타나지 않자 오히려 다아시에게 화가 난 엘리자베스는 다아시를 "미워하기로 작정한 사람"(63)이라고 단정적으로 지칭한다. 위컴을 향한 엘리자베스의 호감은 다아시에 대한 편견과 반비례의 상관관계에 있다.

서술자는 판단의 실수를 저지른 엘리자베스가 독선적인 태도를 보일 때를 즈음하여 이전과는 달리 자신의 직접적인 서술을 삼간다. 이전에는 과장된 표현이나 최상급을 사용하며 톡톡 튀는 재치 있는 어조로 단언하는 모습을 보여주었던 서술자가, 이제는 확신에 찬 엘리자베스의 독단적인 태도와 대조되는 차분하고 유보적인 태도를 견지한다. 가정법의 사용이 그 한 예이다. 서술자는 엘리자베스가 "그(위컴)같은 남자의 얼굴은 상냥함을 증명해줄 수 있다"(56)는 말을 덧붙일 수 있었으리라면서 그녀의 태도를 조롱하기도 하고, 네더필드(Netherfield) 무도회에서 위컴과 춤추게 될 기대에 가슴이 부풀어 그 날을 손꼽아 기다리는 엘리자베스가 다른 자매들에 비해 더 낫다고 할 수 없음을 가정법을 써서 드러내기도 한다(62).

서술자는 또한 "아마도"라는 용어를 사용하는 등 유보적인 입장을 보인다. 가령 금전적인 고려 때문에 콜린스(Collins)와 결혼하기로 한 샬럿에 대해서는 모욕감을 느끼며 이해할 수 없다는 태도를 보이던 엘리자베스가 여자의 돈을 좇아 약혼하는 위컴을 관대하게 감싸주자, 서술자는 "아마도 그의 경우에는 덜 총명해진 것 같다"(104)면서 위컴에 대한 편파적인 호감에 눈이 먼 그녀의 이중적인 태도를 완곡하게 꼬집는다.

이와 함께 서술자는 위컴의 말을 "합리적 설명"으로 받아들이는 그녀의 맹목적일만큼 절대적인 신뢰는 그의 잘생긴 외모 때문임을 넌지시 지적하면서 그녀로부터 거리를 둔다. 서술자는 일정한 거리를 유지한 채, 심한 편견에 사로잡혀 있으면서도 그 사실을 전혀 인식하지 못한 채 우쭐대는 엘리자베스의 모습을 여러 대화 장면을 통해 그대로 보여주기도 한다. 그녀는 한번 화가 나면 잘 안 풀리는 다아시에게는 처음부터 편견에 빠지지 말고 판단을 잘해야 할 특별한 의무가 있다고 비아냥댄다. 그런데 이는 그녀 자신의 결점이다. 자신의 결점을 전혀 알아채지 못하면서 오히려 아이러니하게도 이를 다아시의 결점으로 지적하는 것이다. 이 때문에 독자는 엘리자베스로부터 더욱 더 거리를 두고 그녀를 객관적으로 평가하게 된다.

서술자는 직접 나서서 엘리자베스의 잘못을 지적하기보다는 이전의 서술과 조응하게 함으로써 그녀가 집단의 "모든 사람들"처럼 편견이나 잘못된 판단에 이를 수 있음을 함축적으로 보여준다. 가령 엘리자베스가 다아시와 위컴에 대한 인물평을 내리는 과정을 보면 제 1권 3장에서 이웃 사람들이 외양이나 소문에 의거해서 섣부르게 단정하고 이것이 평판으로 굳어지는 과정과 흡사하다. 또한 제 2권 1장에서 서술자는 "모든 사람들"이 외모 때문에 호감을 갖게 된 위컴의 말만 믿고 다아시를 가장 나쁜 사람으로 단정하고 마는 어리석음을 보이는 것을 "모든 사람들이 그 일을 알기 전부터 이미 항상 다아시를 얼마나 싫어했는지를 생각하며 기뻐했다"(96)는 아이러니에 찬 언급으로 드러낸다. 동시에 "모든 사람들"의 이러한 태도가 자기가 믿고 싶은 바를 구체적인 근거 없이 자기만족을 위해 성급하게 믿어 버린 엘리자베스의 태도와 유사함을 시사한다. 그럼으로써 독자로 하여금 외모에 입각한 엘리자베스의 성급한 판단이 진실과는 거리가 먼 편견일 수 있음을 간파하게 한다.

서술자는 자유간접화법을 통해 다아시의 청혼을 받고 격렬한 감정에 휩싸이는 엘리자베스의 내면을 생생하게 보여주는 한편, 자신은 차분하게 그녀의 감정을 요약해준다. 전혀 예기치 않게 다아시의 청혼을 받은 엘리자베스는 "당신에 대한 나의 견해는 이미 정해져 있었"고 "당신을 알게 된지 한 달이 되지 않아 누가 뭐라고 해도 당신 같은 사람과 결혼할 수는 없을 거라고 생각했다"는 단호한 입장을 보이면서 청혼을 거절한다(133). 그렇지만 다아시가 떠난 후 격정에 휘말려 울던 엘리자베스는 다아시 같은 대단한 인물이 자기에게 청혼했다는 놀라움에 휩싸인다. 서술자는 엘리자베스로부터 거리를 둔 채 그녀가 사건을 돌이켜 생각할수록 놀라움이 더 커졌다고 그녀의 감정을 요약한다. 그 다음 격앙된 엘리자베스의 심적 상태를 자유간접화법을 통해 구체적으로 전달한다. 그녀 내면에서 흥분이 가중되어 가는 현상은 느낌표의 반복적인 사용으로 표현된다. 새로 문장이 시작될 때도 대문자가 아닌 소문자가 사용되는데 이는 엘리자베스의 마음속에서 걷잡을 수 없이 연속적으로 진행되는 생각의 흐름을 나타내는데 효과적이다. 다아시의 오만함에 생각이 미치자 엘리자베스의 격양된 감정은 누그러지면서 흥분이 차분하게 가라앉는데, 이때 서술자가 개입하여 "그러나 그의 가증스러운 오만이 . . . 그의 애정을 생각하는 동안 잠시 솟아났던 그녀의 동정심을 압도해버렸다"고 설명한다(134). 첫 단어 "그러나"가 대문자로 표기된 것은 엘리자베스의 격렬한 감정을 그대로 전달해준 자유간접화법이 끝나고 차분하게 그녀의 감정을 요약하고 정리하는 서술자의 서술로 바뀌었음을 나타내는 장치이다.

외양에 기반하여 성급하게 갖게 된 엘리자베스의 감정적 편견을 송두리째 뒤흔든 것은 다아시의 편지이다. 서술자는 엘리자베스의 내면을 보여줄 때는 자유간접화법을 사용한 반면, 다아시의 경우에는 편지를 통해 그의 내면의 생각을 있는 그대로 전달한다. 다아시는 편지에서 엘리자베스가 청혼을 거절하면서 퍼부은 비난을 조목조목 반박하고 구체적인 증거를 대며 논리에 맞게 합리적으로 상황을 설명한다.

다아시의 편지는 "정의"(justice), "증언"(testimony), "증인"(witness) 등 법적 용어를 사용하면서 논리적 어법에 맞게 차분하게 쓰인 것으로서 설득력을 갖고 있다. 다아시는 자신에게 가해진 두 개의 비난을 '하나는 이러하고, 다른 하나는 이러했다'는 식으로 요약한 다음 그 비난에 대해 차례로 자신을 변호한다. 우선 제인과 빙리를 떼어놓았다는 엘리자베스의 비난에 대해 다아시는 그것이 관찰과 이성에 입각한 판단이었다고 변명한다. 이어 위컴의 악행에 대한 자신의 말에 대해서는 그 진실성을 입증해줄 여러 명의 증인을 댈 수 있다고 공언한다. 자신을 옹호하는 다아시의 논리는 구체적인 증거, 객관적 관찰과 이성에 입각한 판단, 그리고 진실성을 입증해줄 증인에 기반하고 있다는 점에서, 외양에 입각한 감정적인 편견에 갇힌 엘리자베스의 근거 없이 확신에 찬 비난과 정반대되는 것이다.

다아시의 편지를 읽은 후 엘리자베스는 편견에 사로잡힌 자신의 잘못을 깨닫고 자기인식에 이르게 되는데, 이 과정에서 서술자와 엘리자베스의 거리는 변화한다. 먼저 다아시의 편지가 엘리자베스에게 어떻게 수용되고 어떤 심적 변화를 일으키는지는 자유간접화법을 통해 생생하게 포착된다. 이때 서술자는 "그녀가 . . . 얼마나 모순된 여러 감정을 느꼈는지는 짐작하기가 어렵지 않을 것이다"(140)면서 차분하게 거리를 두며 관조하는 모습을 보인다. 이는 편지를 읽는 동안 엘리자베스가 겪는 격렬한 심적 동요와 대조되어 그녀의 격정적인 마음의 상태를 더 강렬하게 부각시키는 효과를 낳는다. 다아시의 말이 예전에 들은 위컴의 말과 조응되자 위컴을 전혀 새로운 각도에서 객관적으로 바라볼 수 있게 된 엘리자베스는 그의 외양 즉 "표정, 목소리, 몸가짐만 보고" 그를 좋은 사람으로 "성급하게 단정"했음을 깨닫게 된다 (142). 위컴이 실제로 미덕이 있다는 구체적 증거는 전혀 없고 단지 이웃들의 좋은 평판과 호감이 있었을 뿐이며 이 호감의 근거도 그의 외양 즉 "뛰어난 사교술"에 있었음을 새삼 깨닫는 것이다. 거기까지 생각이 미치자 다아시에 대한 위컴의 험담도 "처음 만난 사람에게 한 말로서는 부적절"(142)했고 그의 말과 행동 또한 일치하지 못했음을 알아차리게 된다(143). 일련의 생각을 거치면서 엘리자베스는 수치심 속에서 자기 잘못을 직시하게 된다. 그런데 그녀가 자신을 온당하게 평가하고 자기인식에 도달하게 되면서 그녀와 서술자 사이의 거리는 좁혀진다. 서술자의 태도가 바뀌는 것이다. 이 과정은 다음의 예문에 잘 나타나고 있다.

> 그가 관련된 모든 일들이 이제 얼마나 다르게 보이는지! 그가 킹 양에 대해 관심을 보인 것은 지금 와서 생각하니 혐오스럽게도 순전히 돈 때문이었다. . . . 그에게 유리하게 해석해 주려는 의지가 점점 더 약해졌다. 그리고 다아시의 말이 옳다는 것이 계속해서 증명되었다. . . 이제 그녀는 자기 자신이 너무나 부끄러웠다. 다아시를 생각하든 위컴을 생각하든 자기가 눈이 멀었고 편파적이었으며 편견에 가득 차고 어리석었음을 느끼지 않을 수 없었다. "내 행동이 그렇게 한심했다니!" 그녀는 외쳤다.—"변별력에 대해서만큼은 자부하고 있던 내가! —. . . 쓸데없이 남을 의심함으로써 허영심을 만족시켰던 내가! 이제야 깨닫다니 얼마나 창피한 일인가!—. . . —사랑에 빠져 있었다 해도 이보다 더 기막히게 눈이 멀 수는 없었을 거야. 그렇지만 그건 사랑이 아니라 허영심이었어.—처음 만났을 때 한 사람은 나를 무시해서 기분이 나빴고 다른 한 사람은 특별한 호감을 표시했기 때문에 기분이 좋아서, 난 두 사람에 관해서는 선입견과 무지를 따르고 이성을 쫓아낸 거야. 지금 이 순간까지 난 나 자신에 대해 모르고 있었던 거야." (143-44)

첫 두 문장은 엘리자베스의 마음속에서 새로운 관점이 갑자기 떠올라 위컴의 실체를 직시하게 된 순간을 자유간접화법으로 생생하게 포착하고 있다. 이어 서술자는 엘리자베스가 이제 주관적인 감정 대신 구체적인 증거에 따라 이성적으로 상황을 해석하게 되는 과정을 설명한다. 그리고 그녀의 깨달음을 "눈이 멀었고 편파적이었으며 편견에 가득 차고 어리석었다"는 분명한 어휘로서 요약하는데 이 부분은 서술자의 서술로 볼 수도 있고 엘리자베스의 자유간접화법으로 볼 수도 있다. 이는 서술자와 엘리자베스 사이의 거리가 좁혀졌음을 의미한다. 그녀의 심적 상태는 넋두리를 통해 직접화법으로 구체적으로 표현된다. 이 대목에서 많이 사용된 하이픈(- -)은 생각이 끊어졌다 다시 이어지거나 새로운 단계로 빠르게 전환되어가는 양상을 시각적으로 잘 나타낸다. 이는 편견에 사로잡혀 있던 엘리자베스가 그 편견에서 벗어나 다아시의 말을 점진적으로 수용하는 과정을 그려내는데 효과적으로 사용되고 있다.

구체적인 관찰에 입각한 다아시의 이성적인 편지의 영향으로 엘리자베스는 맹목적으로 편파적이어서는 안 되고 편견에 사로잡혀서도 안 된다는 것을 깨닫게 된다. 자기인식에 도달하게 된 엘리자베스는 자신이 위트를 잘못 사용했음을 인정한다. "아무 근거도 없이" 그를 "단호하게 싫어하는 것으로 남다르게 똑똑하게 굴려고" 작정했음을 시인하고, "계속 비웃다보면 가끔씩은 재치 있는 말이 걸릴 때가 있다"면서 자신을 반성한디(155). 엘리자베스는 한 단계 더 나아가 아버지 베넷씨의 현실에 초연한 냉소주의가 무책임한 것이고 남편이나 아버지로서의 태도로 부적절한 것임을 솔직하게 인정하게 된다.

유보적인 태도를 취하던 서술자는 엘리자베스가 잘못을 서서히 깨닫게 되면서 적극적으로 서술에 개입하기 시작한다. 서술자는 직접적으로 모습을 드러내며 자신의 의견을 개진하기도 한다. 가령 서술자는 베넷씨가 "아내의 무지와 어리석음에서 찾은 즐거움이 남편이 아내에게서 기대할 수 있는 유의 행복은 아니지만 달리 즐길 만한 것이 없는 처지라면 주어진 여건에서 얻을 것을 얻는 것이 진정한 현자"(162-63) 일거라며 짐짓 베넷씨를 두둔하는 듯한 태도를 보인다. 그리고 바로 이어 서술자의 견해와는 대조적으로, 아버지의 행동이 적절하지 못함을 직시하고 "어울리지 않은 결혼이 자식들에게 끼치는 손해"(163)를 강렬하게 느끼는 엘리자베스의 모습을 보여준다. 그럼으로써 엘리자베스의 이러한 깨달음을 명확하게 부각시킨다.

3. 객관적 거리두기와 논평

자기인식에 도달한 엘리자베스는 자신을 우월한 존재로 생각하던 자기만족으로부터도 벗어나 스스로를 조롱하며 유머러스해질 정도로 활력을 되찾는다. 엘리자베스가 자기인식에 이르게 되면서 어투 또한 간단명료하며 담백해진다. 과도하게 확신에 찬 독선적인 단언이나, "어리석은 사람들이 알 가치가 있는 유일한 존재"(107)라는 식의 신랄하게 비꼬는 어투는 사라진다. 아이러니하게 언어를 왜곡하지도 않는다. 그녀의 겸허한 태도는 리디아와 대화를 하던 중 자신이 리디아만큼 조잡하게 표현하지는 않지만 "감정이 거친 정도로 말하면 그녀가 이전에 품었던 생각과 다를 바 없음"을 깨달음으로써 비롯된 것이다(151). 그렇지만 엘리자베스가 "보편적인 진리"와 개인적 "감정" 사이의 변증법적 합에 도달하기 위해서는 또 하나의 과정을 넘어서야 한다. 개인의 주관적 감정에 과도하게 몰입하거나 감정에 탐닉하여 자신의 고통을 지나치게 과장하는 감상주의에서 벗어나야 한다. 이 단계가 제 3권 4장부터 12장에 해당된다.

서술자는 소설의 내용에 객관적인 거리를 두면서 자신이 서술자임을 의식하는 가운데 적극 개입하여 논평하거나 비판하는 경우가 많아진다. 제 3권 3장에서는 서술자가 소설 내용으로부터 거리를 둔 채 현재형을 사용하면서 직접 개입하기도 한다. 가령 서술자는 다아시가 여동생을 빙리와 결혼시키려는 의지를 갖고 있었을지 모른다고 언급하거나, 빙리양이 엘리자베스를 헐뜯는 것은 "자신을 내세우는 최상의 방법은 아니었지만 노한 사람이 늘 슬기로울 수는 없는 일"이라고 평하기도 한다(185).

서술자는 이웃 사람들의 집단적 평판이나 반응에 다시 한 번 주목하면서 이제까지와 비교해서 훨씬 더 직접적으로 그것에 비판을 가한다. 얼마 전만 해도 모두가 찬탄했던 위컴에 대한 평판이 일순간에 무너지고 시간이 갈수록 더 나쁜 평이 가해진다. 이웃 사람들은 위컴을 빚쟁이, 유혹하는 남자, 가장 사악한 인간 등으로 평하는데, 여기에서 흥미로운 사실은 그 비판의 강도가 점점 더 높아진다는 사실이다. 그들의 평가는 외양만 선한 모습을 띤 그를 처음부터 줄곧 믿지 않았다는 결론으로 귀착된다. 한 인물에 대해 양극단으로 치닫는 평가를 서슴지 않으며 편의대로 호도하는 것이다. 이를 통해 서술자는 집단의 보편적인 평가라는 것이 변덕스럽고 자기기만적이어서 신뢰할 수 없음을 분명하게 드러낸다.

이웃 사람들의 태도나 평판에 대한 서술자의 비판은 이후 더 노골적이 된다. 베넷가에 나쁜 소식이었다면 더 신이 났을 이웃 사람들은 리디아의 도피 행각 사건이 해결되었다는 희소식을 듣자 시큰둥해진다. 겉으로는 여전히 잘되기를 바란 척하지만 "그런 남편"과 살게 될 리디아가 앞으로 불행해질 것임을 확신하면서 신나게 입방아를 찧어댄다. 이웃 사람들이 남의 불행을 보고 기뻐할만큼 심술 사나운 존재로 그려진 것이다.

서술자의 객관적인 거리두기와 논평은 엘리자베스가 점차 지나치게 감상적인 태도를 보이면서 분명해진다. 엘리자베스는 리디아가 위컴과 도피 행각을 벌여 집안 망신을 시킨 후 이 때문에 다아시와의 결혼이 불가능해졌다고 느끼면서, 이루어질 수 없는 사랑이라는 식의 감상에 빠지게 된다. 다아시에게 리디아에 관한 불미스러운 소식을 엉겁결에 전한 후 엘리자베스는 다아시가 그녀와의 결혼을 체념했고 그래서 모든 사랑이 헛되게 되었다고 생각한다. 그를 결코 사랑할 수 없을 것 같았던 지난날과는 달리 이제 그를 사랑할 수 있을 것 같다고 느끼는 엘리자베스는 뒤바뀐 "감정의 짓궂음"(190)에 한숨지으며 자신의 처지를 낭만화 한다. 이때 서술자는 다음과 같이 평한다.

> 만일 감사와 존경이 애정의 좋은 기반이 된다면 엘리자베스의 감정의 변화는 있을 법하지 않은 것도 그릇된 일도 아닐 것이다. 그러나 만약 그렇지 않다면 만약 그런 원천에서 솟아나온 호감이 상대와의 첫 만남, 그것도 서로 두 마디도 주고받기 전에 일어난다고 묘사되곤 하는 그런 사랑에 비해서 불합리하거나 부자연스럽다면 엘리자베스를 변호해줄 말이 전혀 없을 것이다. 그녀가 특히 위컴을 좋아하면서 이와는 다르게 좀 덜 흥미로운 애정을 찾게 되었다는 식의 변명을 제외하곤 말이다. (190-91)

서술자는 다아시에 대한 애정처럼 감사와 존경이 기반이 된 경우와, 첫 눈에 반하는 낭만적 사랑을 대비하면서, 전자가 후자에 비해 불합리하고 부자연스럽다고 할 수도 있겠지만 후자에 해당하는 위컴과의 관계를 경험한 후라서 엘리자베스가 전자와 같은 애정을 느꼈다고 변명할 수 있을 것이라고 말한다. 여기에서 눈에 띄는 것은 서술자가 일정한 거리를 두고 엘리자베스를 바라보면서, 달리 생각할 수 있는 여지까지 언급해 가며 자신의 논평이 설득력을 확보하도록 노력한다는 점이다.

이는 제 3권 2장에서의 서술자의 태도와 비교된다. 2장에서 엘리자베스는 차분하게 감정을 정리해보는 가운데 다아시에 대해 "존경"과 "존중" 그 다음에는 "선의"보다 더 친근하고 우호적인 감정인 "감사함"을 느끼는데, 곧 이어 서술자가 개입하여 그녀의 감정을 확실하게 정리한 후 그녀가 "감사함"을 느끼게 된 배경을 설명한다. 3장에서는 여기에서 더 나아가 서술자가 소설의 내용에서 거리를 둔 채 현재의 입장에서 논평을 하고 그 논평에 설득력을 부여하려고 시도한다.

서술자는 엘리자베스의 낭만적인 감상주의와 이에 따른 지나친 이상화로부터 거리를 두며 비판을 가한다. 그 예로는 엘리자베스가 다아시와 자신이 성품이나 재능 면에서 아주 잘 어울린다고 생각한 뒤 다음과 같은 결론에 도달하는 부분을 들 수 있다.

> 두 사람 모두에게 도움이 될 것이 분명했을 결합이었다. 자신의 편하고 활기찬 태도로 그의 마음은 부드러워질 것이고 태도는 개선될 것이며, 그의 판단력, 지식, 세상에 대한 식견으로 자신은 매우 소중한 이익을 얻게 될 것이었는데. 그러나 지금은 이런 행복한 결혼을 해서 그들을 찬양하는 무리들에게 결혼의 행복이 진정 무엇인지를 가르쳐 줄 수 없게 되었다. 이 결합의 가능성을 밀어 내면서 이와는 다른 결합이 그들의 가족 사이에서 곧 이루어지게 되었으니까 말이다. (214)

위 인용문 중 "찬양하는 무리들"에게 진정한 부부의 행복에 대해 가르쳐줄 수 있었을 텐데 그럴 수 없게 되었다고 아쉬워하는 부분에서는 지나치게 자신과 다아시의 결합을 이상화하는 그녀의 자기만족적인 오만함이 느껴진다. 그런데 이 대목은 엘리자베스의 생각을 그대로 옮겨놓은 자유간접화법으로 볼 수도 있고 서술자의 평으로도 볼 수 있다. 서술자가 엘리자베스의 목소리에 자신의 목소리를 뒤섞는다고 할 수 있는데, 이는 아이러닉하고 회의적인 목소리가 되어 엘리자베스를 조롱한다.

엘리자베스에게서 유지하는 서술자의 비판적 거리가 더 분명하게 나타나는 부분은 제 3권 10장에서이다. 리디아 문제를 나서서 해결해 준 사람이 바로 다아시였음을 알게 된 후 엘리자베스는 지나친 감상에 젖는다. 서술자는 엘리자베스에게서 거리를 두면서 "그녀는 아마도 . . . 라고 생각할 수도 있지 않았을까"라는 식으로 그녀의 생각을 추측해본다. 그 다음 그러한 추정을 확인시켜 주기라도 하듯이 엘리자베스가 다아시에게 배은망덕한 감정을 품은 것과 그에게 건방진 말을 퍼부은 것을 후회하며 깊은 슬픔에 잠긴 채 한탄하는 모습을 전해준다. 그런데 서술자는 엘리자베스의 강렬한 감정적 갈등과 고통에 깊이 공감하는 대신, 멀리서 지켜보는 입장에서 차분한 태도로 그녀의 한탄을 짤막한 자유간접화법으로 처리하는데 그친다.

서술자는 다아시를 둘러싼 엘리자베스의 감상적인 태도를 보다 분명하게 직접적으로 조롱하기도 한다. 다아시가 그녀의 열등한 집안이 주는 거부감을 이겨낸 것을 자랑스러워하면서 그가 지금도 자신과 결혼하고 싶은 마음이 있는지 확인하고 싶어 안달복달하는 엘리자베스의 애타는 심정은 다아시와 빙리가 베넷가를 방문할 때 극에 달한다. 어머니의 주책없고 어리석은 태도를 보며 수치심에 젖은 엘리자베스는 제인과 빙리의 관계가 1년 전과 똑같이 황당한 결말을 향해 치닫게 되리라는 생각에 비참해 한다. 그 순간 그녀는 "수년의 행복한 세월로도 제인한테든 자기 자신한테든 이렇게 **고통스럽고도 당황스러운 순간들을 보상**해 주지 못할 것이다"(231. 필자 강조)고 느낀다. 그런데 이 대목에서는 자신의 처지를 지나치게 과장하고 감상적으로 낭만화한 엘리자베스의 태도가 감지된다. 서술자는 이러한 엘리자베스를 직접적으로 조롱한다. 다아시와의 만남이 자신의 비참함을 누그러뜨려 주지 않으니 다시는 안 만났으면 좋겠다는 엘리자베스의 체념 섞인 혼잣말 이후 곧 이어지는 다음의 서술이 그 예이다. 서술자는 "그러나 수년의 행복도 보상해주지 못할 것이라 여기던 그 **비참함**도 얼마 안가 곧 실질적인 **위안**을 얻게 되었으니"(232. 필자 강조)라고 하면서, 엘리자베스가 제인을 향한 빙리의 열렬한 사랑을 눈으로 확인하게 되었다는 사실을 덧붙인다. 이 대목에서 서술자는 앞서 엘리자베스가 사용한 것과 유사한 어귀를 그대로 사용하고 있다. 가령 "고통스럽고 당황스러운 순간"과 "비참함"이, 그리고 "보상"과 "위안"이 서로 조응된다. 이렇게 서술자는 안달복달하는 엘리자베스의 마음 상태를 정면으로 되받아 그렇게 노심초사할 필요가 없이 일이 잘 진행되고 있는 현실을 알려주면서 그녀에게 아이러니를 보내는 것이다.

엘리자베스가 생각에 잠긴 듯 침묵하는 다아시의 태도를 지켜보면서 당혹감과 초조감에 휩싸이는 장면은 그 후에도 계속되어 제 3권 12장의 내용 전부를 차지한다. 엘리자베스가 조바심을 내며 안달하는 내용이 많은 분량을 차지한다는 사실 자체가 독자로 하여금 이 부분을 예사롭지 않게 취급하도록 만든다. 이때의 엘리자베스는 이전과는 달리 대범하지도 여유가 있지도 못한데, 그 결과 이 부분은 전반적으로 활력이 떨어지고 조금은 지루해진다.

서술자가 엘리자베스로부터 유지하는 비판적 거리는 캐서린 영부인(Lady Catherine)과의 언쟁 후 좁혀지게 된다. 캐서린 영부인의 뜻밖의 방문을 받은 엘리자베스가 지나친 감상주의에서 벗어나 예전의 활력과 기개를 되찾기 때문이다. 사회적 지위와 재산을 내세우며 위압적으로 다아시와 결혼하지 않겠다는 다짐을 받아내려 하는 캐서린 영부인에게 엘리자베스는 그녀 자신의 행복을 추구할 권리를 주장하며 당당하게 맞선다. 자신이 처한 열악한 경제적 상황에도 불구하고 콜린스와 다아시의 청혼을 일언지하에 거절하던 예전의 분별력과 용기를 회복한 것이다. 캐서린 영부인과 언쟁을 하면서 엘리자베스는 지나친 감상에 휩싸여 전전긍긍하던 상태에서 벗어나게 되는데, 그 이유는 다아시를 둘러싼 자신의 감정을 이성적으로 정리해보고 이를 말로 표현할 기회를 갖게 되었기 때문이다.

언쟁 중 다아시와의 결혼이 세상의 경멸거리가 될 거라는 캐서린 영부인의 주장에 엘리자베스는 "세상 사람들도 분별력이라는 것이 있으니까 그런 경멸에 동참하지 않을 것"이라고 응수한다(247). 이 구절은 일견 앞서 나온 이웃 사람들의 견해를 고려해볼 때 어패가 있는 듯이 보인다. 앞서 서술자는 이웃 사람들의 집단적 평판이 신뢰할 수 없을 만큼 변덕스럽고 자기편의적임을 시사했기 때문이다. 그러나 이 구절에서의 세상 사람들은 집단이기보다는 개개인을 가리킨다고 할 수 있다. 여기에서 엘리자베스는 '분별력'이 있는 사람들이라면 다아시와 자신의 결혼을 경멸하지 않을 거라며, 개개인의 '분별력'을 존중하는 태도를 취한다. 그녀는 사랑이면 충분하다는 식의 낭만적인 확신을 내세우며 세상의 경멸에 맞설 수 있다고 주장하지 않는다. 대신 세상 사람들 개개인의 이목이나 평가를 중요하게 여기는 자세를 보인다. 이와 함께 엘리자베스는 그녀 자신의 '분별력'을 회복한다.

서술자의 적극적인 개입과 비판이 줄어든 것은 다아시의 청혼을 받게 된 후 엘리자베스가 다아시를 조롱할 만큼 예전의 활력과 여유를 되찾은 이후이다. 이제 엘리자베스는 예전보다 훨씬 성숙해졌다. 편견을 갖고 다른 사람들을 조롱하는 대신 그들의 감정을 배려하고 견해를 존중할 수 있게 된다. 가령 엘리자베스는 다아시에게 빙리가 쉽사리 친구의 말을 따르기 때문에 그의 가치가 아주 크겠다고 말하고 싶지만 자제한다. 다아시야말로 개선해야 할 점이 아직도 많아 남의 비웃음을 더 당해 보아야 하지만 지금부터 시작하기에는 너무 이르며 서서히 단계적으로 고쳐야 한다고 생각한다.

마지막 장인 제 3권 19장에서는 서술자가 "나"로 모습을 드러내어 엘리자베스와 다아시를 둘러싼 주변 사람들에 대한 소식을 요약해 알려주면서 소설을 마무리한다. 모든 갈등이 해결되고 화해에 도달한 모습이 펼쳐진다. 다아시가 변함에 따라 이제 펨버리에서는 계층이나 지위보다 개인의 미덕이 중시되고 인간적인 관계가 우선시 되는 듯하다. 이곳에서 다아시는 위엄을 잃지 않으면서도 공개적으로 엘리자베스로부터 조롱을 당한다. 그만큼 그들은 자유롭고 행복한 결혼 생활을 영위한다.

그렇지만 그들의 행복이 낭만화되거나 이상화되어 있지는 않다. 예전과 같은 걸림돌은 완전히 제거되지 않은 채 여전히 남아 있다는 냉정한 현실 인식이 기저에 깔려 있다. 가령 마지막 장의 첫 단락은 제 1권 첫 장과 마찬가지로 베넷씨 부부에 관한 내용인데, 그때와 비교해 볼 때 베넷씨 부부는 크게 변하지 않았고 그 결과 "가정의 행복"을 찾지 못한다. 베넷 부인은 "지각 있고 상냥하고 유식한 여자"가 되는 "행복한 결말"을 맺지 못하고 여전히 신경 타령이나 하고 주책없으며, 베넷씨 또한 예나 지금이나 어리석은 아내를 조롱하며 그 재미로 살아간다. 위컴과 리디아의 성격도 크게 달라지지 않았다. 그들은 여전히 뻔뻔스럽게 남의 신세를 지는 것을 대수롭지 않게 여긴다. 엘리자베스를 싫어하던 빙리양과 캐서린 영부인의 태도도 겉모습과는 달리 실제로는 크게 개선되지 않았다.

제 3권의 마지막 장은 행복한 결말을 보여준다는 점에서 제 1권의 첫 장과 비교해 볼 때 표면적으로는 많이 달라진 것 같지만 실제로는 그렇지 않다. 마지막 장의 마지막 단락에서 갑작스럽게 변한 서술자의 태도는 마지막 장의 행복한 결말을 액면 그대로 보지 않도록 해준다. 마지막 장의 첫 단락에서 서술자는 유보적인 태도로 "짐작할만한 일이다"라거나 "이렇게 말할 수 있었으면 좋겠다"라는 식으로 우회적으로 완곡하게 말한다(265). 그런데 흥미롭게도 유보적이고 완곡하던 서술자의 태도는 다아시 부부와 가디너(Gardiner) 부부사이의 이상적일만큼 행복한 관계가 언급되는 마지막 단락에서 바뀐다. 여기에서 서술자는 "언제나"라는 강조어를 반복해서 사용하고 "가장 친밀한" "가장 따뜻한" 등의 최상급을 사용하는 등 과장하거나 자신 있게 단언하는 태도를 보인다.[3)] 이는 제 1권 1장에서 서술자가 보여준바 권위 있게 단언하는 태도와 유사하다. 이로써 서술자는 엘리자베스와 다아시가 사회적 관례를 뛰어 넘어 이룩한 완벽하게 행복한 결합에 대해 아이러니를 보낸다. 그럼으로써 개인적인 장점에 기반을 둔 완벽하게 이상적인 관계가 현실적으로는 가능하지 않다는 냉엄한 현실 인식으로 작품을 마무리하는 것이다.

III

『오만과 편견』에서 서술자는 거리를 두기도 하고 거리를 지우기도 하면서 그때그때 가장 적절한 서술기법을 자유자재로 활용한다. 전지적 작가 시점을 이용해 인물을 평가하기도 하고 외부에서 거리를 두고 지켜보며 권위 있게 논평하기도 한다. 독단적인 태도로 단언하는가 하면 유보적인 태도로 추정하는데 그치기도 한다. 필요에 따라서는 제한된 전지적 시점을 활용하여 다아시의 내면은 알 수 없다는 듯이 엘리자베스의 관점에서 그의 내면을 추측하기도 한다. 인물의 내면을 자유간접화법으로 보여주면서 거기에 자신의 목소리를 뒤섞어 그 인물을 아이러닉하게 조롱하기도 한다.

오스틴은 아이러닉한 서술자를 효과적으로 활용하여 사적인 감정에 치우친 편견이나 지나친 감상주의를 비판한다. 일반적으로 서술자는 엘리자베스의 관점에서 그녀의 눈을 통해 사건이나 인물을 보여주면서 독자로 하여금 그녀에게 공감하도록 유도하지만, 그녀 또한 성숙한 깨달음에 도달하기 전에는 서술자에게서 조롱을 당한다. 가령 6장에서 다아시로부터 개인적인 모욕을 받은 바 있는 엘리자베스가 편견에 가득 차 그를 짓궂게 대할 때 서술자는 다아시에 대한 편견으로 그의 말과 행동을 오해하는 엘리자베스에게서 거리를 두며 아이러니를 보낸다. 서술자는 엘리자베스와 공감하면서 그녀의 관점에서 주변 사람들이나 사건의 전개를 관찰하는가 하면 그녀에게서 거리를 두고 비판하기도 하는 원근법을 구사한다.

서술자는 감정에 과도하게 몰입하거나 탐닉하는 낭만적 감상주의를 비판하기 위해 인물이 감정을 직접 토로할 때 그것을 하나의 액자에 넣어 보여줌으로써 독자로 하여금 거리를 두고 바라보게 한다. 독자가 인물이 보이는 지나친 감상에 함께 빠지지 않도록 그 장면을 하나의 틀에 넣어 감상을 거르는 역할을 하는 것이다. 그 결과 인물의 감정 표현이 그대로 전달되지 않고 서술자라는 여과막을 통해 정제되어 절제된 형태로 전해진다. 청혼을 거절한 후 자신을 변호하는 다아시이 편지를 받았을 때 엘리자베스의 격정적인 심적 동요를 자유간법화법으로 보여주면서 서술자가 유보적이고 차분한 태도로 그녀의 감정을 요약하는 장면이 그 예이다. 이때 거리를 두며 조용히 관조하는 서술자의 태도는 엘리자베스의 격렬한 심적 동요와 내조된다. 서술자는 작품이 지나친 감상주의로 흐르지 않도록 균형을 잡아주는 것이다.

이 소설의 주제가 "보편적인 진리"인 사회 집단의 관례 및 규범과 개인적 "감정" 사이의 변증법적 합이라고 할 때 오스틴은 서술에서도 이성과 감성 사이에서의 균형을 추구한다. 오스틴이 인물의 지나침과 서술자의 절제 사이에서 균형을 유지하면서 서로 대립되는 것들을 촘촘하게 교직시키므로 탄탄하고 짜임새 있는 결이 생겨나게 된다. 『오만과 편견』에서 절제되고 단아하며 깔끔하게 정돈된 느낌을 받는 것은 이 때문이라 하겠다.

1) Jane Austen, *Pride and Prejudice* (New York: Norton, 1966). 1. 이후 인용 시에는 괄호 안에 면수만 표기한다. 인용된 텍스트의 번역은 윤지관, 전승희 옮김. 『오만과 편견』(서울: 민음사, 2003)을 참고했고 필요한 경우 수정을 했다.

2) 넬즈(Nelles) 또한 여기에서 "보편적인 진리"가 상대적으로 세속적인 지혜쯤으로 격하된다고 평한다. 120.

3) 톰슨(Thompson)도 이러한 단어들의 사용이 역설적으로 오스틴의 불확실성을 나타낸다고 본다. 16.

인용문헌

제인 오스틴. 『오만과 편견』. 윤지관, 전승희 옮김. 서울: 민음사, 2003.

Austen, Jane. *Pride and Prejudice*. Ed. Donald J. Gray. New York: Norton, 1966.

Castellanos, Gabriela. *Laughter, War and Feminism: Elements of Carnival in Three of Jane Austen's Novels*. New York: Peter Lang, 1994.

Nelles, William. "Omniscience for Atheists: Or, Jane Austen's Infallible Narrator." *Narrative* 14: 2 (May 2006): 118-31.

Lanser, Susan Sniader. *Fictions of Authority: Woman Writers and Narrative Voice*. Ithaca & London: Cornell UP, 1992.

Thompson, James. *Between Self and World: The Novels of Jane Austen*. University Park: Penn State UP, 1988.

Tuite, Clara. *Romantic Austen: Sexual Politics and the Literary Canon*. New York: Cambridge UP, 2002.

CHARLOTTE BRONTË · *Jane Eyre*

서술자의 양면성
(Charlotte Brontë's *Jane Eyre*: Narrator's Ambivalence)

김 진 옥 한밭대학교

I

1. 작가 소개

샬럿 브론테(Charlotte Brontë)는 가난한 목사 패트릭 브론테(Patrick Brontë)의 딸로 6남매 중 셋째로 태어났다. 다섯 살 때 어머니를 잃은 샬럿은 언니 마리아(Maria)와 엘리자베스(Elizabeth), 남동생 브란웰(Branwell)과 여동생 에밀리(Emily), 앤(Ann)과 함께 대지의 광야를 벗 삼아 목사관에서 책을 읽으며 조용한 생활을 했다.

1831년 샬럿은 체계적이고 공식적인 교육을 받기 위해 마가렛 울러(Margaret Wooler)가 경영하는 로헤드 학교(Roe Head School)에 입학하여 아주 우수한 학생으로 주목을 받았으며, 이 학교에서 그녀에게 크게 영향을 미친 메어리 테일러(Mary Taylor)와 엘렌 너시(Ellen Nussey)를 만날 수 있었다. 샬럿은 이 학교에서 교사로 잠깐 있다가 어려워진 가족의 생계 때문에 가정교사(governess)자리를 찾아 나섰다. 당시로서는 독신녀인 그녀가 택할 수 있는 유일한 직업이었다. 그런데 가정교사는 그 집에 기거하면서 아이들의 교육과 예의범절을 책임져야 할 뿐 아니라 경우에 따라서는 침모 노릇까지 겸해야 했다.

학교 교사로서 혹은 가정교사로서의 무의미한 삶에 회의를 느낀 샬럿은 학교를 세울 목적으로 1842년에 외국어를 배우기 위해 동생 에밀리 브론테(Emily Brontë)와 함께 브뤼셀(Brussels)학교에 갔다. 그곳에서 선생으로 일하는 동시에 다양한 문화적 경험을 쌓았다. 교장인 콘스탄틴 에제(Constantine Heger)를 흠모하지만 그 사랑은 이루어지지 않았다. 1844년 샬럿은 공허한 마음으로 집에 돌아와 그렇게 염원했던 학교를 세우지만 학생들이 모이지 않아 성공은 거두지 못했다.

1836년 20살이 된 샬럿은 계관시인 로버트 사우디(Robert Southey)에게 자신이 그동안 쓴 시를 보내 평을 청해보지나, 그로부터 "문학은 여성의 일이 될 수 없고, 그렇게 되어서도 안 된다"라는 조언을 들어야 했다. 사우디는 여성이란 "집안의 천사"로서 집안일에 전념해야 한다는 빅토리아 사회의 신념을 그녀에게 강조했다. 이런 사우디의 충고에도 불구하고 샬럿은 그로부터 10여년 후 동생 에밀리와 앤과 함께 「커러, 엘리스, 액턴 벨의 시」(*Poems by Currer, Ellis, and Acton Bell*, 각각 샬럿, 에밀리, 앤의 필명)를 출간했다. 이 시는 평은 좋았으나 두 권밖에 팔리지 않아 그들의 기대에 미치지는 못했다. 이듬해인 1847년 샬럿은 첫 소설인 『교수』(*The Professor*)를 몇몇 출판사에 보냈으나 거절당했다(이 소설은 1857년에야 햇빛을 보게 된다).

이런 실패에도 불구하고 샬럿은 1847년 10월에 커러 벨(Currer Bell)이란 필명으로 『제인 에어』(Jane Eyre)를 출간했으며 이 소설은 그 당시 좋은 서평과 더불어 불티나게 팔려 나갔다. 당대의 비평가 새커리는 이 소설을 "위대한 천재의 작품"이라며 칭찬을 아끼지 않았다. 이 작품의 성공은 작가로서의 명성뿐만 아니라 그 당시 가정교사 연봉의 25배에 달하는 500 파운드라는 거금을 브론테의 손에 쥐어주었다. 하지만 작가로서의 성공 뒤에는 성별에 따른 제약을 의식해야만 했다. 브론테는 당시 여성에 대한 사회적 편견을 두려워했기 때문에 처음부터 남성인지 여성인지 알 수 없는 필명을 사용했던 것이다. 1849년에 『셜리』(*Shirley*)를, 이후 자신의 브뤼셀 경험을 바탕으로 한 『빌레트』(*Villette*, 1853)를 발표했다. 1854년 하워스(Haworth)의 부목사 니콜스(Arthur Bell Nicholls)와 결혼한 뒤, 임신한 상태에서 결핵 등 몇 가지 병이 겹쳐 1855년 39세의 이른 나이로 세상을 떠났다.

2. 『제인 에어』의 서술

『제인 에어』(*Jane Eyre*)가 오랫동안 매력적인 소설로 남아있는 것은 현대 독자들에게도 흥미로운 문제를 제기하고 있기 때문일 것이다. 즉 남녀간의 사랑과 열정을 다룬 로맨스이자 사랑받지 못한 외로운 고아에서 시작해 행복하게 결혼하게 되는 독립적인 여성의 성장 과정을 다루고 있고, 평등한 관계를 성취하기 위해 가부장적 지배에 맞서 싸우는 여주인공의 여성 해방주의적 사고를 그리고 있기 때문이다. 하지만 이 소설의 더 큰 매력은 정열적이고 솔직담백한 주인공인 제인 에어(Jane Eyre)라는 서술자의 창조이다. 주인공 제인 에어가 삶에서 느낀 고뇌와 사랑의 좌절 및 성숙 과정이 일인칭으로 서술됨으로써, 독자들은 자신도 모르게 제인의 고민에 공감한다. 주인공인 제인 에어와 일인칭 서술자는 동일한 존재로 보이며, 그로 인해 제인의 반항과 거절은 독자에게 설득력 있게 보이는 것이 이 소설의 특성이다.

『제인 에어』의 자서전적 서술은 지금까지 많은 논의의 대상이 되어 왔다. 어떤 비평가들은 일인칭 서술자를 문학적 자의식이나 창조적 행위 혹은 자아 규정의 행위로 해석했다.[1] 보덴하이머(Rosemarie Bodenheimer)는 이러한 전통적인 관점에서 읽기는 서술자로서 제인의 권위의식과 정체성에 대한 사고를 제한시킨다며, 이 소설에서 서술자의 목소리와 권위를 지적하고 있다(397).[2] 그에 의하면 이 소설의 서술 특징은 제인 에어라는 일인칭 서술자의 심리적인 감정 고백이 잘 반영되어 있고, 또한 독자에게 그 표현 이상의 많은 것을 암시해 준다는 것이다. 즉 독자들은 등장인물들과 그들의 상황에 대해 많은 것을 느낄 수 있고, 그것에 직접 동참할 수 있다는 것이다.

이처럼 1인칭 서술은 독자의 공감을 전폭적으로 얻을 수도 있지만, 때로는 신뢰할 수 없다는 양면적인 반응을 얻기도 하는 특징을 갖고 있다. 간혹 서술자는 상황을 있는 그대로 서술하기보다 사실을 전달함에 있어 솔직하지 못할 수도 있다. 자아를 솔직히 표현하는 서술과 솔직하지 못한 서술 때문에 독자는 이 소설에 마치 두 명의 서술자가 존재하는 것처럼 느낀다. 이런 맥락에서 어떤 평자들은 이 소설의 서술자가 후기 "『빌레트』(*Villette*)의 루시 스노우(Lucy Snowe)처럼 복잡하고 신뢰할 수 없는 서술자"(Nestor 78)라고 지적한다.[3] 브론테와 그녀의 주인공에게는 엄격한 가부장적 문화 속에서 자아를 표현하기 위해 감추는 서사 전략이 필요했던 것이다. 대다수 여성작가들이 본명보다 필명을 사용하던 이 시대에 진짜 의도를 숨기는 전략이 그들에게는 필요했다. 커러 벨이란 필명을 사용한 샬롯 브론테에게도 그녀의 창의적 삶 속에 갈등이 있었던 것이다. 구체적으로 이런 갈등은 "문학이란 여성의 일이 될 수 없는"(Nestor 재인용) 사회적 요구의 순응과 작가로서 창의적 삶의 추구간의 문제라 하겠다. 브론테의 이런 갈등은 이 소설의 일인칭 서술의 양면적 요소, 즉 대담한 자아 표현과 함께 노출을 꺼리는 자아 회피적인 서술 속에 잘 담겨 있다. 이 소설의 서술 특징인 자아 표현과 자아 은닉의 반대 요소가 어떻게 나타나며, 이러한 서술 특징이 이 소설의 주제와 어떤 연관이 있는지 살펴보기로 한다.

II

1. 1인칭 화자의 자아표현

소설의 첫 장은 1인칭 서술자의 솔직한 자아 표현을 보여주는 대표적인 서술이다. 서술자 제인은 격렬한 감정을 직선적이고 박력 있게 토로하는데, 이 때 독자는 서술자의 심경고백에 몰입할 수 있다. 1인칭 서술자가 성숙해 나가는 과정에 있어 독자는 그녀와 함께 보고 그녀와 함께 경험한다. 소설 뒷부분에서 서술자가 "독자여"라고 인위적으로 개입을 호소하는 것과는 달리, 소설의 전반부인 어린 시절에 관한 서술, 예를 들자면 어떤 상황을 제대로 인식도 할 수 없는 나이에 "붉은 방"에 갇혀 고통당하는 제인에 대해 독자는 자연스럽게 공감한다. 소설 처음부터 서술자 제인은 어머니를 일찍 여의고 외숙모집에서 학대와 구박을 받고 있음을 고백하는데, 이에 독자는 1인칭 서술자의 생각과 감정을 충분히 공유하며 그녀의 고통에 공감한다. 작가는 독자들이 그렇게 느끼도록 어떤 이야기를 인위적으로 전개시킬 필요가 따로 없게 된다. 이것이 바로 1인칭 사용의 경제적이고, 효과적인 부분이다. 독자는 "어떤 상황인지 장황한 서론 없이 직접 행위로 뛰어들며 이미 감정이입 상태에 이른다"(조애리 118). 소설의 첫 부분에서 서술자 자신이 설명을 하지 않아도 독자는 리드 여사와 서술자 제인의 대화를 통해 제인이 희생자임을 알게 된다.

> 나는 그것이 기뻤다. 오랫동안 산보하는 것이 나는 싫었다…일라이자(Eliza)와 존(John)과 조지아나(Georgiana)는 이제 객실에서 저희 엄마를 둘러싸고 있었다. 리드 여사는 난롯가의 소파에 누워 있었고 (당장엔 싸움도 않고 울지도 않는) 귀염둥이들에게 둘러싸인 채 아주 행복해 보이는 모습이었다. 그러나 나만은 이렇게 말하면서 좌중에 끼워주

지를 않는 것이었다. (7)

서술자가 리드가의 집에서 소외당함은 다른 세 명의 아이들이 "엄마"라고 부르지만 서술자 자신만이 "리드 여사"라고 부른다는 설명에서도 알 수 있다. 작가의 개입이 없어도 독자는 서술자가 희생자이고 리드 여사가 많은 결점을 지닌 인물임을 알게 된다. 이런 식으로 독자는 오랫동안 지속되어온 서술자의 가족 상황에 금방 몰입하게 된다.

첫 장의 서술은 이 소설의 주제인 사랑에 대한 열망과 자아 독립의 문제를 부각시키고 있다. 제인의 자유에 대한 억압은 "산보하는 것이 나는 싫었다." "기가 죽은"(7)이라는 부정적인 설명에서 더욱 강조된다. 다음의 인용문은 리드 여사가 어린 제인이 하기에 불가능한 어떤 것을 요구하고 있음을 직접적인 일인칭 서술자의 서술을 통해 보여줄 때 더욱 효과적임을 말해준다.

> "네가 더욱 상냥하고 천진한 성품을 가지고, 곰살맞고 싹싹한 태도를 취해서, 이를테면 보다 밝고 순진하고 꾸밈이 없는 어린이가 되려고 진정으로 애쓰는 아이가 되려고 애쓴다는 것을 베시에게 전해 듣거나 아니면 내 눈으로 확인하기 전에는 행복한 아이에게만 주어지는 특권에서 너를 제외시킬 줄 알아라." (7)

이에 대해 리드가의 유모인 "베시(Bessie)가 저에 대해 뭐라고 했는데요?"(7)라고 당돌하게 대드는 제인의 대꾸는 리드 여사를 더욱 화나게 만든다. 하지만 이것에 대해 독자는 제인을 비난하기보다 베시가 잘못 알았거나 거짓말을 했거나 혹은 리드 여사의 주장이 억지라고 생각하게 된다.

일인칭 서술자의 심정 고백은 교육의 장이 되는 로우드 학교(Lowood)에서의 생활 묘사에서도 잘 나타난다. 서술자는 이 학교의 감독관이자 목사인 브로클허스트(Brockhurst)에 의해 "이 소녀는 거짓말쟁이입니다"(69)라고 지적당하지만, 다음과 같은 서술자의 고백 서술 때문에 독자는 의심의 여지없이 그녀를 동정하게 된다. "교실 한가운데 그냥 서 있는 것조차 부끄러워 견딜 수 없노라고 말하던 내가 지금 명예롭지 못한 발판 위에 뭇 눈총을 받으며 서 있는 것이다. 나의 이때 심정이 어떠했는가는 도저히 말로 표현할 수 없다"(69). 이와 같은 일인칭의 고백적인 서술 때문에 독자는 서술자의 심경에 전적으로 몰입하게 한다.

이 소설은 크게 두 가지 서술 관점에서 이야기가 진행된다. 즉 실제 제인의 나이에 경험한 일들이 설명되기도 하고 혹은 서른 나이에(그녀가 결혼한 지 10년 후) 과거 어린 시절을 회상하는 서술자에 의해 재해석되기도 한다. 이러한 두 관점의 중첩은 어린 제인의 입장을 다시 자리매김하여 제시함으로써 그녀의 서술을 더욱 믿을만한 것으로 만든다. 사실 일반적인 자서전에도 과거의 경험과 그 경험을 모두 거치고 난 현재의 시점이 동시에 반영되기도 하지만, 이 소설의 경우 과거의 경험이 현재 서술자의 마음에 반복적으로 계속 나타나기도 하며 또한 과거의 사건이 현재에는 다른 의미로 받아들여지기도 한다. 예를 들면 제인이 리드가의 규칙에 순응하지 않아 붉은 방에 강금당하는 벌을 받게 되는데, 이런 어린 시절의 트로마는 삶의 여정에서 계속 반복적으로 나타난다. 이러한 붉은 방의 반복적인 등장은 과거와 현재의 시점을 병렬시키는 서술구조에 일조한다. 다음 인용문은 과거 붉은 방에 대한 어린 제인의 공포와 이것을 서술하는 서른 살이 된 제인의 현재시점을 동시에 보여주는데, 이런 시점의 경계를 넘어선 제인 자신의 생생한 심리 묘사는 독자로 하여금 그녀를 더욱 신뢰할 만한 인물로 보이게 만든다.

고통에 자극을 받아 일시적으로 조숙해진 나의 이성은 "부당해! 부당해!"라고 말했다. 그리고 결단력도 고양되어 이 참기 어려운 압박을 모면하기 위해 도망치든지 그럴 수 없으면 먹지도 마시지도 말고 굶어죽는 묘안을 쓰라고 나를 선동했다. 그 쓸쓸한 오후에 내 영혼은 얼마나 놀랐던가! 내 두뇌는 얼마나 들끓었으며 내 마음은 얼마나 반항심에 찼던가! 그러나 나는 얼마나 어둠과 심한 무지 속에서 정신적 투쟁을 벌였던가! 나는 끊임없이 머릿속에 떠오르는 질문 — 왜 나는 이렇게 고통받는가? — 에 대답할 수가 없었다. 세월이 지나서라기보다 이제 거리를 두고 보니 그 일이 분명히 보인다. (15-16)

여기서 서술자 제인은 그 당시 상황을 굶어죽는 상황이라고 표현하며 "나는 대답할 수가 없었다"는 과거와 "이제는 그 일이 분명히 보인다"는 서른 살의 현재 시제를 병렬시킴으로써 어린 10살의 제인의 분노를 그대로 주관적으로 제시하는 것이 아니라 성숙한 제인의 입장에서 서술함으로써 오히려 독자로 하여금 제인의 무력한 분노에 더욱 공감하게 만든다. 이 장면은 고아이고 무력한 제인의 주체 위치를 극적으로 드러내주며, 동시에 제인에게는 하나의 원장면(primal scene)이 된다.[4] 즉 제인에게 외상을 남기는 어떤 장면이 된다.

이 원장면에서 받은 고통과 억압은 후에도 반복된다. 이러한 반복을 통해 서술자는 더욱 자신의 고통과 억압감을 독자에게 생생하게 전달할 수 있다. 즉 서술자의 이런 반복적인 언급은 독자로 하여금 그의 뜻에 충분히 공감하게 만든다. 로우드(Lowood) 학교의 템플 선생에게 "잊을 수 없는" 붉은 방에서의 고통을 다시 되풀이하는 장면에서 이것이 나타난다.

슬픈 생각을 하느라고 기운이 쑥 빠져버려서 얘기를 하는 동안 내 말소리는 퍽 침착하게 들렸다. 그리고 나는 함부로 사람을 원망하는 것은 삼가야 된다는 헬렌의 충고를 잊지 않았기 때문에 미움과 원한을 얘기 속에 나타내지 않으려고 평상시보다 더 조심스럽게 이야기했다. 그래서 이야기는 억제되고 간단하게 요약되어 한층 더 믿음직하게 들렸다. 나는 이야기를 계속하고 있는 동안 템플 선생이 내 말을 곧이 듣고 계시다는 것을 느꼈다.

얘기를 하는 중에 전에 졸도했을 때 나를 진찰해 주신 로이드 씨의 얘기를 했다. 나로서는 그 붉은 방의 끔찍한 에피소드를 결코 잊을 수 없었기 때문이다…용서를 해달라고 미친 듯이 울부짖는 나를 뿌리치고 리드 부인이 귀신 나오는 캄캄한 방으로 다시 몰아넣었을 때 내 가슴에 사무친 고통과 아픔을 풀어줄 수 있는 그 무엇도 내 기억엔 없었기 때문이다. (74)

여기서 첫 번째 문단은 게이츠헤드에 있을 때보다는 약간 현명해진 열 살 된 로우드 학교에서의 일이며, 두 번째 문단은 로우드 학교와 게이츠헤드를 함께 회상하며 쓴 성숙한 서른 살 나이의 이야기이다. 첫 번째 문단에서 제인은 방에서의 고통에 관해 템플 선생에게 "함부로 사람을 원망하는 것은 삼가"하며, "평상시보다 더 조심스럽게" 이야기한다. 이는 한편으로 제인의 성숙을 보여주며 다른 한편으로 그녀의 솔직함을 엿보이게 한다. 또한 같은 이야기를 두 번째 문단에서는 더욱 직접적으로 "내 가슴에 사무친 고통과 아픔"으로 언급함으로써 독자는 더욱 그녀의 고통에 공감하게 된다.

손필드에서 게이츠헤드를 다시 방문할 때 제인은 붉은 방을 다시 떠올리는데, 이 때 10살과 30살의 제인 사이에 18살 난 제인이 개입되어 있다. 이 때 그녀는 게이츠헤드의 붉은 방에서보다는 성숙한 모습을 보여준다.

내가 잘 알고 있는 얼굴이 거기 있었다. 옛날과 다름없이 엄격하고

> 무자비한 얼굴, 어떤 것으로도 부드럽게 녹일 수 없는 그 특이한 눈이 거기 있었다. 그리고 약간 치켜 올라간 거만하고 포악스러운 눈썹이 있었다. 몇 번이나 그 눈썹은 나에게 위협과 증오를 내리쏟았던가! 그리고 이제 거칠어진 그 얼굴의 선을 더듬어나감에 따라 어린 시절의 두려움과 슬픔이 얼마나 생생히 되살아났던가! 그러나 나는 그 위로 몸을 구부렸다. 그리고 그녀에게 입맞춤했다. 그녀가 나를 쳐다보았다. (242)

18살의 제인은 10살 때 붉은 방의 "두려움과 슬픔"을 회상하지만, 현재의 제인은 자신을 그 곳에 감금했던 리드 여사를 용서하고 사랑하는 마음을 갖는다. 여기서 게이츠헤드의 붉은 방에서 겪었던 10살 때의 고통을 재해석하는 18살의 제인이 있고 그 뒤에 이런 두 경험을 서술하는 서른 살의 제인이 동시에 존재하고 있다. 이런 식으로 과거의 경험이 현재의 서술 속에 겹겹이 싸여 있다. 이런 서술 구조 때문에 독자들은 과거를 단순히 서술하는 1인칭 서술자의 자서전보다 더욱 객관적으로 받아들이게 되며 더욱 제인과 쉽게 일체감을 느끼게 된다.

이 소설의 전체 이야기는 제인에게만 초점을 맞춘 나머지, 다른 등장인물들은 제인과의 관계를 통해 그들의 존재가 인식될 정도이다. 독자들은 제인의 입을 통해서만 듣거나, 제인과 그들의 관계에 대한 설명을 통해서 다른 등장인물을 파악하게 된다. 즉 "브론테는 제인이란 인물을 드러내는 한에서만 다른 인물이 존재하게끔 구성하고 있다"(Craik 88). 제인과 로체스터 외에 다른 등장인물은 장소나 이야기에 맞게 그룹 형태로 나타나며, 이야기가 진행함에 따라 제인을 중심으로 그들 사이에 유사성을 띤다. 즉 게이츠헤드의 두 자매인 일라이자와 조지아나와 존과 유모 베시라는 식구의 구성은 리버스가(Rivers)의 두 자매인 다이아나(Diana)와 메어리(Mary)와 그들의 오빠인 세인트 존(St. John)과 가정부인 헤너(Hannah)의 구성과 대칭을 이룬다. 제인이 상황을 대처할 만한 능력이 있는 그런 시점에 그만한 고통과 저항이 생긴다. 바꾸어 말하면 리드가 사촌들의 잔인한 행동은 제인이 자신의 환경을 극복할 수 있다는 제인의 능력을 말해 주며, 마쉬엔드(Marshend)에서 세인트 존의 이기적인 행동은 제인의 저항적 힘을 시험해 보는 장소가 된다. 이와 같이 다른 등장인물들은 제인을 중심으로 그룹으로 묘사되며 다만 제인을 돋보이게 해 주는 역할만 한다.

서술자 제인에게만 초점을 맞춘 이러한 서술은 제인 자신의 장점이나 결점에 대해 쓸 수가 없거나 분석할 수 없다는 단점으로 이어질 수 있다. 하지만 이 소설은 다른 사람의 입장에서 제인을 제시함으로써 이런 결점을 다소 보완해 나간다. 등장인물들은 제인이 어떤 장점과 단점을 가지고 있는지 그녀를 각각 다르게 규정하고 있다. 세인트 존은 제인을 "유순하고, 부지런하고, 변함없는"(394) 인물이라고 말하는가 하면, 로체스터는 그녀를 "고집이 세고 거칠고 자유로운 것"(314)으로 묘사한다. 그러나 특이한 것은 독자는 로체스터나 세인트 존이 어떤 인물인지 알기에 몰두한 나머지 "제인이 어떤 인물인지 알리고 있다는 사실을 거의 의식하지 못한다는 것이다"(조애리 119). 로체스터는 자신의 모든 과거 타락한 순간을 제인에게 알리는데, 이것은 제인이 신뢰할 만한 인물임을 드러내 준다. 이처럼 제인에 대한 신뢰는 제인이라는 인물에 대한 독자의 정보에 기초하고 있기보다는 다른 인물이 제인에게 보내는 신뢰에 바탕을 둔다. 예를 들면 제인이 로우드 학교에서 경험하는 헬렌과 템플선생과의 유대는 독자에게 후에도 제인이 어떻게 행동하게 될지를 미리 알려주는 실마리가 된다. 즉 제인이 헬렌으로부터 배운 사랑과 자비와 용서의 힘은 독자로 하여금 후에 제인이 리드 여사와 같은 사람을 용서하는 힘을 갖게 됨을 알게 한다. 또한 제인은 템플선생으로부터 자신보다 우월한 사람을 인정하는 것을 배우게 되는데, 이것을 보고 독자는 제인이 사촌인 다이애나와 메어리의 좋은 점을 인정하게 될 것임을 미리 짐작하게 한다. 이처럼 서술자는 자신의 장점이나 결점 등을 다른 사람과 자신의 유기적인 관계를 통해 드러내 보이고 있다.

2. 신뢰할 수 없는 화자의 서술

위에서 살펴보았듯이 서술자는 자신의 감정을 직설적으로 표현하는 방법을 사용하지만, 때로는 자신을 고의적으로 드러내지 않거나 모순된 주장을 하기도 하는 등, 자아 회피적이거나 기만적인 서술을 시도한다. 이것은 엄격한 가부장적 문화 속에서 자아를 솔직히 드러내 놓기보다 감추는 서사 전략을 요구한 결과라고 볼 수 있다. 서술자 제인은 일어난 모든 일들을 다 서술하지 않고 자신이 원하는 것만 서술하고 있다. 이에 독자는 제인의 말을 어느 정도 믿을 수 있을지 의문을 갖게 된다. 서술자가 자신의 임의대로 이야기를 꾸려 나갈 수 있는 일인칭 서술의 특성 때문에 독자는 그녀의 서술을 어느 정도 신뢰해야 할지 모른다.

직설적으로 감정을 표현하는 단순한 서술자 제인의 뒷면에 다층적인 성격의 제인이 존재한다. 이것은 제인 에어라는 서술자 뒤에 커러 벨이 편집자로 존재하고 커러 벨 뒤에 작가 브론테가 있다는 점을 생각할 때 이해될 수 있다. 서술자의 다층적인 면모는 제인(Jane), "조안(Joan)"(9), "쟈넷(Janet)"(300), "제인 엘리엇(Jane Elliott)"(355), "제인 로체스터(Jane Rochester)"(302)란 여러 이름에서 제시되고 있다. 특히 자신이 "누구인지 밝혀지지 않도록 하기 위해"(355) 세인트 존에게 "제인 엘리엇"이라고 소개하는 과정에서 제인의 "이질적인"(8) 면모가 잘 드러난다.

제인의 양면성은 성숙한 시기와는 비교될 수 없지만 어린 시절부터 드러나고 있다. 리드 여사의 아이들에 대해 "기가 죽어" 있다고 말하지만, "사실 나와 어울릴 자격이 없어요"(28)라며 그들보다 자신이 우월하다고 생각한다. 또한 로우드 학교의 외로움 속에 헬렌과의 우정은 자신에게 위로가 되지만, 그녀의 극기주의적 사랑과 자비에 대해 다소 싫증을 느끼기도 한다(79). 헨느리(Hennelly)는 제인의 양면성 내지 다층적인 면모를 포스트 구조적 관점에서 다음과 같이 해석하고 있다. "『제인 에어』는 독자가 두 가지의 서술을 듣게 된다는 점에서 두 번 쓰여진 소설이다. 즉 독자는 죽어가는 리드 여사의 회상을 제외하고는 제인이 말하는 자신의 어릴 적 이야기와, 제인의 중단된 결혼식 이후에 리드여사, 로체스터, 세인트 존, 여관주인이 각각 들려주는 제인에 관한 이야기를 다시 듣게 된다"(709). 헨느리는 제인의 과거 이야기가 계속 반복적으로 서술됨을 다음의 예를 들어 설명하고 있다. 세인트 존이 제인의 과거이야기를 마저 듣기 위해 "나는 어제부터 이야기를 반쯤밖에 못 들어 나머지를 마저 듣고 싶어 못견뎌하는 사람의 흥분을 경험하고 있었으니까요"(397)라며 다시 제인을 방문한다. 이러한 세인트 존의 행동은 소설 처음에서 제인의 말에 대한 독자의 반응을 그대로 반복, 요약한 것이라고 볼 수 있다는 것이다. 헨느리에 의하면 제인의 서술은 영구적인 것이 아니라, "쓴 것 위에 또 다시 쓰는"(707) 계속적인 생성 과정에 있다. 이전의 것과 새로 고쳐진 서술에 대해서 독자의 반응도 달라질 수밖에 없다. 다시 말하면 독자는 서술자 자신의 직접적인 고백 서술과, 속이는 서술 사이 차이에 존재하는 그 공백을 메워야 한다. 즉 독자는 제인의 표현과 침묵 사이 공백을 메우기 위해 복잡한 읽기를 해야 한다는 것이다. 헨느리의 주장에 의하면 이 서술은 단순하게 신뢰할 수 없는 서술만이 아니라, 솔직한 서술 그 자체가 불가능하며 고의적인 거짓과 회피의 서술이라는 것이다.

헨느리와 유사하게 글렌(Helen Glen)도 제인의 서술은 한 가지 단순한 이야기가 아니라, 두 개의 상반되는 이야기로 구성된다고 주장한다. 즉 "로체스터와의 사랑을 서술한 승리에 찬 전지전능한 서술자와, 게

이츠헤드나 로우드 학교 등 제인이 삶의 여정에서 경험한 절박하고도 위급한 상태를 서술한 서술자 사이의 갈등으로 구성되는데, 이런 갈등은 영원히 화해되지 않고 소설 끝까지 남아있다”(63-64)는 것이다. 또한 바흐친(Bakhtin)의 사고에 영향을 받은 베아티(Jerome Beaty)에 의하면 제인의 경험은 어린 시절과 성인 사이의 갈등, 즉 저항과 화합의 갈등 사이에 존재한다. 이런 두 목소리와 이데올로기는 대화 관계에 있으며, 이 대화는 화합이나 반대를 주장하는 것이 아니라 혼종화된 하나의 발언으로 상호 교환적이라는 것이다(220). 즉 이 소설을 어떤 한 관점에서 읽으려는 시도 자체가 잘못된 읽기(misreading)라는 것이다. 왜냐하면 이 소설은 다중적인 목소리와 계속적인 대화로 이루어지며, 독자가 변화하듯이 텍스트도 계속 변화한다는 것이다. 두 서술자 사이의 지속적인 갈등과 계속되는 텍스트의 변화는 서술자의 객관성과 일관성이 부족한, 즉 신뢰받을 수 없는 대상임을 의미한다.

위에서 살펴보았듯이 제인은 자신의 감정을 솔직히 드러내는 점에서 신뢰할 만한 서술자이기도 하지만, 헨느리와 글렌과 베아티가 지적하듯 서술의 양면성과 다층적인 면모 때문에 독자들은 그녀의 서술을 전폭적으로 신뢰할 수가 없다. 이러한 신뢰받을 수 없는 서술은 서술자가 상대방에게 자신의 감정을 숨기고 드러내지 않을 때 더욱 분명하게 드러난다. 솔직치 못한 서술의 특성은 소설 처음에 제인에게 주어진 호칭인 “조숙한 광대”(18), “사람 속이는 버릇”(35), “위험한 이중인격 소유자”(18)에서 암시된다. 로체스터는 제인을 “추측할 수 없는”(130) 인물이라고 평한다.

『빌레트』에서 루시가 존(Dr. John)의 실체를 알면서도 의도적으로 독자에게 알리지 않듯, 제인도 특별한 이유 없이 독자에게 자신의 생각을 숨긴다.

> 나는 키가 크고 몸매도 당당하면서도 날씬하면 얼마나 좋을까 생각해 보기도 했다. 이렇듯 조그만 몸매에 안색도 파리하고 이목구비도 반듯하지 못하고 균형 잡히지도 못했으니 참 불행하다는 생각이 들었다. 그리고 어떻게 난 이런 열망과 유감을 품고 있었단 말인가? **대답을 하기가 어렵다. 나 자신에게도 드러내놓고 말할 수가 없었다.** 그러나 내게는 논리적이면서도 당연한 이유가 있다. (103 필자강조)

손필드에서의 새로운 희망과 기대로 남에게 잘 보이고 싶은 이유가 있다고 주장하면서도 그것을 드러내 놓고 말할 수 없다는 등, 자신의 생각을 노출하길 꺼려한다. 제인은 고백적인 서술을 하기도 하지만, 자신에 관한 정보를 독자에게 충분히 주지 않는다. 즉 제인은 자신의 생각을 모두 토로하기도 하지만, 때론 자신의 서술을 숨기면서 삶의 이야기를 재구성해 본다. 이것에 대해 프리만(Janet Freeman)은 제인을 "침묵하기도 하지만 목소리를 내는"(685) 양면성을 지닌 인물이라고 주장한다. 커러 벨로 위장한 브론테처럼, 제인의 가장은 여성에게 가해진 사회적 제약을 의식하여 자신의 존재를 숨기고자 하는 의도로 해석될 수 있다. 특히 "평범한" 가정교사인 제인은 고용주인 로체스터와의 관계에서 자아를 솔직히 표현하기 어렵다. 오히려 자신을 숨김으로써 제인은 자신의 감정이나 의사를 더욱 솔직하게 표현할 수 있었을 것이다.

어린 시절 리드가의 부인과 사촌으로부터 고립당하자 커튼으로 자신을 가린 채 창틀에 앉아서 책을 읽으며 위안을 받는 장면에서 이미 제인의 자아회피가 드러나고 있다(8). 소외된 현실 속에서 자아를 숨기는 것만이 제인의 유일한 위안이다. 이런 커튼 속의 자아 회피는 후에 로체스터의 집 파티가 열릴 때 "커튼에 가려 밖에서는 자신이 보이지 않지만 자신은 볼 수 있다"(175)는 제인의 말에서도 나타난다. 공부방이 유일한 성역인 가정교사로서 제인은 고용주인 로체스터의 집에 초대된 사람들의 시선을 피하고 싶었을 것이다. 이런 상태에서 자신을 숨기는 것만이 제인에게는 희망이고 안식이 된다.

후에 제인은 로체스터에 대한 연민의 감정이 솟아오르나 자신에게 애써 숨기고자 한다. "[나는] 얼굴의 근육이 움직이는 것을 억제하려고 애썼다. 그러나 그것은 무례하게도 나의 의지를 거역하고 내가 숨기려고 결심한 것을 겉으로 드러내려고 덤볐다. 그러나 나에게는 베일이 있다. 그것이 내리워졌다. 나는 겨우 의젓한 몸가짐을 할 수 있게 되었다"(256 필자강조). 이와 같이 제인은 어린 시절의 자아 표현적 서술과는 달리 자아 회피적 서술을 시도한다. 제인의 노출 기피와 위장은 로체스터의 텔레파시같은 부름을 들었음에도 불구하고 그에게 고의적으로 숨기는 사실에서도 나타난다.

> 독자여, 내가 그 신비한 부름 소리를 들은 것도 월요일 밤, 한밤중이 가까워서였다. 그리고 그가 들었다는 말은 내가 대답했던 그 말 그대로였다. 나는 로체스터 씨의 이야기를 듣기만 하고, 내 이야기는 하지 않았다… **나는 아무 말도 하지 않고 이 일을 마음속에 깊이 감춰두고** 곰곰이 생각해 보았다. (472 필자강조)

서술자의 판단이 같은 상황 혹은 같은 사람에게라도 때에 따라 일치하지 않는 경우가 있는데, 이럴 때 독자는 서술자의 서술에 대해 더욱 신뢰할 수 없게 된다. 예를 들어 로체스터와 블랑쉬 잉그램을 "그들 양편의 지위나 교육을 깊이 생각해볼수록 분명 어린 시절부터 주입되었던 사고나 원칙에 따라서 행동하는 그들을 비판하고 비난하는 것은 옳지 못하다고 생각한다. 그들 계급에 속하는 사람들은 모두 이런 원칙을 신봉하는 것일 테니까"(196)라며, 자신의 계급보다 나은 두 사람의 결혼을 상상하며 그것을 당연시한다. 다른 한편 제인은 블랑쉬가 "질투의 대상도 되지 않는," "너무나 시시한 여성"(194-195)이라고 판단하는데, 이런 모순된 판단에 독자는 서술자를 얼마만큼 신뢰해야 할지 모를 것이다. 이것은 후에 제인이 마쉬엔드의 가정부인 헤너가 자신에게 보여준 편견에 화를 내지만, 모턴 학교(Morton)에서는 학생들을 무시하며 자신의 지위가 하락되었다고 생각하는 제인의 모순적인 면모에서도 드러난다. 제인은 자신의 낮은 신분에 대한 다른 사람의 편견을 못 참아하면서 자신보다 못한 사람들을 무시하는 식으로, 같은 상황이지만 자신의 입장에 따라 다른 판단을 하는 모순을 보인다.

나아가 제인의 서술 그 자체가 스스로에 대한 판단이나 평가와 모순되는 경우가 있다. 이런 모순으로 인해 독자는 서술자 서술의 신뢰성에 대해 의심하게 된다. 제인은 "평범한 사실"(111)만을 말한다고 하지만, 금방 자신의 생각은 많이 변형되었다고 다음과 같이 고백하는 장면을 통해서 서술자의 일관성을 기대하기 어려움을 알 수 있다. "그 때만 하더라도 젊은 시절이어서 온갖 종류의 밝고 어두운 공상이 내 마음속에 자리 잡고 있었다. 그 중에는 어린 시절에 들었던 옛 이야기의 기억도 남아 있었다. 이제 그 기억이 되살아나면서 어릴 적에는 알지 못했던 것에 생기와 생생함이 더해졌다"(117). 이런 서술자의 서술은 과거 사건에 현재의 상상력이 덧입혀져, 실제 일어났던 상황과 상상력을 동원해 묘사한 과거의 그 상황은 다를 수 있음을 의미한다. 즉 자신의 서술과 상황에 대한 판단이 모순될 수 있음을 뜻한다.

제인의 회피적이고 모순된 서술은 상대방을 속이고자 하는 특성을 지닌다고 볼 수 있다. 즉 침묵하고 드러내지 않는 행위 자체가 속이고자 하는 의도로 볼 수 있다는 것이다. 제인은 "솔직한(plain)"서술가가 아니라, "속이는"(119) 이야기꾼이다. 비평가 스턴리버(Lisa Sternlieb)는 제인을 "습관적인 거짓말쟁이"라고 주장한다. 그에 의하면 제인의 서술

전략은 로체스터에 대한 그녀의 반응을 통해 구체적으로 제시되고 있는데, 제인이 조용하고도 과묵한 그의 친구(confidant)처럼 행동하는 바로 그것이 사실상 속이기 위한 수법이라고 본다. 스턴리버는 작가로서 제인의 서술적 힘을 강조하면서, 서술자의 쓰는 행위 자체가 버사, 아델, 특히 자신에 대한 로체스터의 잔인함을 폭로하는 복수의 행위라고 본다(454). 속이는 서술자로서의 면모는 사실 이야기보다 허구 이야기에 관심이 더 많다는 서술자 자신의 말을 통해서 확대 해석해 볼 수 있다. 서술자는 이야기 속에 또 다른 이야기, 연극 속의 연극을 만들어내길 원한다.

> 소설 속의 새 장은 연극 속의 새 장면과 같다. 독자여. 내가 여기서 막을 올리면 밀코트에 있는 조지 여인숙의 방이 하나 보인다고 상상해 주길 바란다. 벽에는 여인숙 벽답게 큼직한 무늬가 있는 벽지가 발라져 있고 역시 여인숙답게 양탄자와 가구와 벽로 선반 위에 장식품이 갖추어져 있고 조지 3세와 황태자의 초상화에다가 울프 장군의 최후 장면을 그린 그림도 걸려 있다. (97)

보통 단순 명료한 1인칭 서술에서 볼 수 없는 서술자의 허구성에 대한 관심이 이 소설의 특징이 된다. 제인의 이야기 구성이 과거와 현재의 병용에서처럼, 환상과 현실의 혼용으로 더욱 다양하게 보인다.

나아가 서술자는 자아를 둘로 분리시키는데, 이것 또한 일관적인 어린 서술자와는 다른 모습이다. 이런 서술자의 분열된 주체는 체이스(Karan Chase)가 이 소설은 과거 상황과 현재 인식을 대조시키는 "이중 서술"(51)이라는 지적에서도 설명될 수 있다. 제인이 로우드 학교를 떠나 새로운 곳을 찾을 때 자아 내부의 또 다른 자아와 대화를 한다. "침대에 눕자 내 머리에 그것이 조용히 저절로 떠올랐기 때문이었다. 일자리를 구하는 사람은 광고를 낸다. 너도 광고를 내야 한다"(90). 분열된 자아의 모습이 좀 더 분명하게 드러나는 장면은 다음과 같이 로체스터를 향한 제인 자신과 블랑쉬 두 사람 사이의 질투를 그려내는 부분에서이다. 제인은 자신을 두고 "로체스터씨의 마음에 든다고? 너 같은 것이 그 분을 어떻게 기쁘게 하는 힘을 부여받았다고?…"(196)라며 주인에 대한 연민의 감정에 빠져 있는 자기 내부의 또 다른 자아를 질책한다. 이런 식으로 서술자는 자아를 분리시키고, 현재와 과거의 나 사이에 거리를 두고 있다. 온전한 "나"(I)로 머물 수 없는 정체성 분열을 보여 준다. 이런 정체성의 분열로 독자들은 서술자의 온전한 모습을 기대할 수가 없다. 이것은 서술자의 자아를 전체적으로 볼 수 있는 어린 시절의 묘사와는 대조적이다.

또한 서술자의 주체 분열은 자아 내부의 또 다른 자아를 3인칭의 타자로 설정할 때 더욱 강조되어 나타난다. "나는 평상시와 같이 내 방안에 있었다. 눈에 띄는 변화가 없는 나 자신일 뿐이었다. 아무것도 나를 때리고 상처 내고 병신으로 만들어 놓은 것은 없었다. 그런데 어제의 제인 에어는 어디로 갔을까? 희망과 기대에 차 있던 여인, 거의 신부가 될 뻔 했던 제인 에어는 싸늘하고 외로운 처녀가 되어버렸다"(309). 이 소설의 1인칭 서술은 직설적인 고백 서술과는 달리, 서술자 자신의 주체 분열을 통해 신뢰받을 수 없거나 애매모호한 서술의 면모를 보여주고 있다. 이런 서술자의 애매모호한 면모와 특성은 로체스터가 "제인의 얼굴과 모습이 그렇게 달라 보인다"(129)고 말하는 장면을 통해 이미 암시된 바 있다. 이런 분열된 자아와 애매모호한 면모로 인해 서술자는 독자에 의해 전폭적으로 신뢰받을 수가 없다.

3. 서술자와 독자의 관계

특히 이 소설의 후반부에서 서술자는 "독자여"를 자주 호칭하는데,

이런 독자의 환기가 이 소설의 특성이다. 제인이 자꾸 "독자여"라는 표현을 사용하는 것은 독자에게 어떤 사실을 알림으로써 그들과 동일시를 이끌어내기 위해서이다. 이런 동일시는 위에서 설명했듯이 제인의 두 서술 방법인 어린 시절의 직설적인 자아 표현과 성숙한 제인의 자기 회피라는 상반되는 과정을 통해서 이루어진다. 어린 시절 제인은 독자를 호칭하지 않는데, 이것은 독자가 서술자인 자신과 늘 일치되는 입장에 있기 때문이다. 어린 시절과 달리, 성숙한 나이에 감내해야 하는 고통과 좌절이 있을 때 서술자는 독자들에게 공감을 호소하고 있다. 즉 자연스런 공감대를 갖는 어린 시절과는 달리, 성숙한 나이의 서술자는 "독자여"라고 호칭함으로써 독자들의 인위적인 공감을 요구하고 있다.

제인의 서술은 어린 시절과 달리 손필드 생활 이후부터 독자에 대한 호소가 증가한다. 서술자는 독자에게 자신의 어려운 상황, 예를 들면 가정교사로서의 불만족스럽고 지루한 생활에 대해 호소함으로써 위안을 받는다. "지금보다 훨씬 풍부한 실제 경험을 쌓는" 생활을 하고 싶은 자신의 심정을 다음과 같이 토로한다. "누가 나를 탓할까? 틀림없이 많이 그랬을 것이다. 분수에 맞지 않게 불만을 갖고 있다고 말할지도 모른다. 그러나 나로서는 어쩔 수 없는 일이었다"(114). 직설적인 반항과 저항을 보여주는 어린 시절을 묘사한 서술자와 달리, 성숙한 서술자는 독자의 반응을 의식하는 복잡한 심경을 나타내고 있다.

로체스터의 등장 이후 서술자와 독자와의 관계는 더욱 긴밀해진다. 제인은 로체스터와 블랑쉬와의 사랑을 상상하면서 자신이 고립된 상황에서 독자의 동정을 더욱 기대한다. "독자여, 나는 로체스터 씨를 사랑하게 되었다고 말한 바 있다. 그가 내게 주의를 기울이지 않게 되었다고 해서 그의 면전에 몇 시간씩 있는데도 내게 눈길 한 번 보내지 않았다고 해서, 그에 대한 사랑을 돌릴 수는 없었다…독자여, 질투를 불러일으킬 재료가 참으로 많았다는 생각이 들 것이다"(195). 이처럼 제인은 자신이 외로움과 고통에 처할 때마다 독자로부터의 관심을 기대한다.

독자에게 호소하는 데 있어 특이한 사실은, 서술자가 독자를 비밀을 털어놓을 만한 친구(confidant)로 설정함에 따라 그와 반대로 자아의 독립적인 자아성장을 방해하는 로체스터와 세인트 존을 더욱 비판하거나 거부하게 됨을 볼 수 있다. 서술자는 독자를 서술에 끌어들이면서 로체스터의 눈에서 자신을 숨기려고 한다. 헨느리도 서술자 제인은 "독자와 같은 편에 서서 로체스터를 속이고 있다"(Hennelly 707)고 주장한다. 로체스터가 자신의 집 파티에서 블랑쉬와 함께 대화를 할 때, 제인은 창문가에 숨어서 독자들에게 현재 시제로 생동감 있게 얘기한다. "독자여, 아델러가 지금까지 내 발치에 놓은 걸상 위에 얌전히 앉아 있었다고 생각해서는 안된다"(182)며 독자와 자신을 친밀한 관계로 설정한다. 서술자는 독자만이 로체스터의 파티 그룹에서 자신의 소외된 고독감을 이해할 수 있다고 말한다. 서술자는 로체스터와의 관계에서 고용인과 고용주로서 거리감을 느낄수록 자신과 독자를 동일시한다. 로체스터 앞에 제인은 "가난하고 못생기고 작고 보잘 것 없는" 존재이다. 제인은 로체스터의 고용인으로서 자신의 의존적인 삶에 환멸을 느끼며, 독립적인 행위와 욕망의 삶을 기대한다. 제인은 로체스터와 자신이 신 앞에서 평등한 존재 즉 정신적으로 평등한 관계라고 주장한다. 제인은 결혼 전 자신에게 선물을 사주고 화려한 색깔의 비단옷으로 장식해 주려는 "회교도 군주"인 로체스터의 가부장적 사고를 거부하는 데 있어, 독자의 힘을 더욱 필요로 한다. 이처럼 서술자가 독자와 친밀해지려는 시도 뒤에는 자신의 자유를 짓밟는 로체스터를 거부하고자 하는 서술적 시도가 내재해 있다. 이것은 서술자가 독자와 함께 비밀스런 음모를 도모한다고 말하는 부분에서 보여 진다. 결혼 전 로체스터가 집을 비운 사이 이상한 꿈을 꾸면서 불길한 예감을 할 때, 그녀는 "그러나 독자여. 기다리시라. 그가 돌아올 때까지. 내가 그분에게 나의 비밀을 털어 놓을 때. 독자에게도 그 비밀을 나누어드릴 테니까"(289). 서술자가 독자와 자신을 동일시하는 것은 서술자의 자유를 억압하는 로체스터의 가부장적 행위를 거부하는 암시적인 메시지이기도 하다.

서술자와 독자의 공감의 필요성은 로체스터의 이중 결혼 사실을 알고 제인이 손필드를 무작정 떠나면서 하는 말에서도 암시된다. "친애하는 독자여. 그때 내가 겪었던 느낌을 당신은 경험하지 않으시게 되길! 내 눈에서 쏟아져 나온 격렬하고 끓어오르는, 가슴 속에서 쥐어 짜낸 것과 같은 눈물을 당신은 흘리지 마시기를"(169). 여기서 독자에 대한 호소는 그 당시 가부장적 구조에 희생당하는 다른 여성 독자와 자신을 동일시하려는 의도로 볼 수 있다. 위에서 지적했듯이 이런 서술자와 독자의 동일시속에는 이중 결혼을 숨기고 자신을 이해해 달라고 호소하는 로체스터의 가부장적 이기심을 드러내려는 서술자의 서술적 의도가 담겨있다고 볼 수 있다.

나아가 세인트 존의 청혼 장면에서 독자와 서술자의 관계는 더욱 긴밀해진다. 독자와의 긴밀한 관계는 제인으로 하여금 종교적 대의명분만 앞세워 이기적인 청혼을 한 세인트 존의 사고를 더욱 거부하게 만든다. 즉 세인트 존의 가부장적 사고를 비판하는데, 이 때 서술자는 독자에게 더욱 친밀하게 대화하고 있다. "그런데 독자여, 이것이 나의 마음에 들지 않았다…인간이라든가 인생의 즐거움 따위는 그에겐 어떤 매력도 없고, 호화로이 삶을 즐긴다는 것도 그의 마음을 끌지는 못했다"(413). 계속해서 제인은 "독자여…그런데 그의 말은 이 경우에 너무도 가혹하고 독단적이었다"(416)며 세인트 존의 이기적 행위를 독자에게 강하게 고발하고 있다. 여기서 "독자"는 젠더에 대한 구체적인 언급은 없지만 아마 여성 독자일 것이다. 서술자는 자신의 주체적인 의견을 무시하는 세인트 존과 같은 남성의 가부장적 사고에 대한 비판에 여성 독자들도 같이 동참해 줄 것을 요구하고 있다. 세인트 존에 대한 제인의 분노는 게이츠헤드의 어린 시절의 것과 유사하다. 하지만 사회 속에서 여성의 주체 문제를 생각하는 성숙한 나이가 되어 서술할 때는 독자들의 인위적인 공감대를 요구한다는 점에서 차이를 보인다.

서술자가 독자를 호칭하는 것은 위에서 언급한 서술자와 독자의 동일시 의도 외에, 서술가로서 혹은 작가로서 서술자 자신의 입장을 공고히 하려는 의도도 그 안에 담겨 있다. 독자의 존재는 작가의 서술 능력을 입증하는 것이다. 여기서 자신의 삶을 서술하는 자서전 작가 제인은 독자와 공유함으로써 서술 능력을 보여주고, 그럼으로써 그녀의 주체성을 온전히 형성해 나갈 수 있음을 시사한다.

제인은 믿을 수 없는 서술자임에도 불구하고 궁극적으로 서술적인 권위를 갖게 되며 이 점이 제인의 독특한 매력이기도 하다. 이런 서술적 권위의 성취에는 독자와의 상호작용이 크게 작용하고 있다. 보덴하이머와 프리만은 제인 자신의 1인칭 서술을 통해 자아의 권위를 성취했다고 보는가 하면, 피터스(Joan D. Peters)는 "독자와의 대화 추구"(231)에서 제인의 자아 발전이 완전해졌다고 주장한다. 서술자는 독자에게 자신의 입장을 계속 설명함으로써 자신의 서술에 대해 자신감을 갖게 된다. 처음에는 독자를 조심스럽게 대하나 점점 더 독자보다 우위에 있게 된다. 서술자의 위치는 계속 상승되지만, 독자는 과거에 머무는 경향이 있다는 헨느리의 지적이 그것을 의미한다(700). 서술자가 더 우위에 있음은 독자가 서술자의 마음을 모를 수 있다는 서술자의 다음 지적에서 암시된다. 로체스터의 "절망과 수심에 잠긴 얼굴을 보고…그러나 독자여, 장님이 되어 광포해진 그를 내가 두려워했다고 생각하시는지? 그렇다면 당신은 나라는 사람을 모르는 것이다"(454)고 서술자는 설명한다. 어린 시절의 서술과는 달리, "당신은 나라는 사람을 모르는 것이다"는 언급은 서술자 자신이 독자보다 우위에 있음을 내포한다. 다음의 서술도 이런 맥락에서 볼 수 있을 것이다. "독자여, 혹시 이러한 장소나 운명의 변화에 휩쓸려 내가 로체스터 씨를 잊었다고 생각할는지도 모른다. 그러나 나는 한시도 잊은 적이 없다. 그분의 생각은 아직도 내 마음 속에 살아있다"(420). 독자가 서술자 자신의 마음을 모를 수 있을 것이라는 이러한 표현은 자신이 독자보다 더 높은 위치에서 말하고 있음을 반증하는 것이다. 다시 말해 서술자가 독자들의 생각이나 행동을 모두 파악하고 있다는 의미이며, 이것은 자신감과 독자성이 강해진 서술자의 일면을 나타내 준다.

작품의 마지막에 "독자여 나는 그와 결혼했다"라고 독자에게 알리며 또한 "독자여, 저 귀여운 아델을 잊고 계시진 않았는지요? 나는 잊지 않았다"(473)며, 서술자는 독자와의 대화로 이 소설을 결말짓고 있다. 서술자는 "독자여"라고 호칭함으로써 작가로서 자신의 위치를 다시 한 번 더 각인시키고 있다. 즉 작가로서의 자신감을 성취한 것으로 해석될 수 있다. 이러한 결말은 독자가 쉽게 추측할 수 없는 서술의 불확실성과 양면성을 암시한다고 볼 수 있다. 여기서 서술자는 독자에게 단지 자신의 결혼을 알리는 것이지 "독자여 나는 행복해" 라는 말과는 분명히 다르다(Dale 118). 또한 세인트 존이 자신의 죽음을 알리는 것으로 끝나는데, 이것은 하나님에 대한 제인의 헌신이 아니고 세인트 존이 자포자기적 신앙 선언이다. 이는 제인이 구원을 받았는지는 독자의 생각에 맡기는 열린 결말을 암시하는데, 이런 결말의 서술은 희망도 아니고 절망의 메시지도 아닌, 오히려 이 두 가지를 모두 포함한 것으로 해석될 수 있다. 즉 자아표현과 자기회피의 양면적인 모습을 지닌 서술을 반영한 것이라고 볼 수 있다. 독자와의 관계에서 자아의 직설적인 표현과 그것에 상반되는 자아 회피의 서술 과정을 거쳐 서술자는 작가로서 자신감을 성취한다. "독자여"라고 부르는 반복적 행동을 통해서 제인이 점점 더 자신의 생각과 서사 기법에 대해 자신감을 얻게 된다(이소희 51). 이처럼 서술자는 자신의 생각에 대한 확신과 용기가 필요할 때마다 독자를 자신의 서사에 참여시켜 서술가로서 자신감을 얻는다. 서술자는 자신의 서술 능력 때문만이 아니라, 독자와의 상호작용을 통해 주체성을 더욱 공고히 하고 있다(Peters 231). 독자와 상호작용을 통해 주체적인 자아를 표현한 서술자는 그 당시 가부장적 사회에서 불가능한 여성이 주체가 될 수 있음을 암시한다.

III

이 소설의 일인칭 서술자 제인 에어는 대담한 자아 표현과 더불어 자아 회피적인 서술을 함께 사용하며, 이런 다양한 서술 방법을 통해 자신을 표현할 능력을 갖게 된다. 서술자는 이런 상반된 서술 경험을 통해 자아의 주체성을 표현해 나간다. 제인이 주체성을 표현할 수 있었던 것은 가정교사나 로체스터의 아내보다 주체적으로 자신을 표현할 수 있는 서술자이기 때문이다. 즉 "제인의 자아 성취는 서술자로서의 제인의 힘"(Tanner 116) 때문이다. 제인이 서술하는 힘을 갖는다는 것은 주변에 일어나는 모든 상황을 이해할 능력이 그녀에게 생겼다는 뜻이다. 특히 세인트 존의 가부장적 이기심을 거부한 제인의 주체 성취는 "나를 뒤쫓아와 붙들려는 세인트 존의 손을 뿌리쳤다. 이제는 내가 우위에 설 차례였다. 내 모든 힘이 움직여 활동을 시작했다. 나는 그에게 아무 말도 못하게 하고 아무 질문도 못하게 했다"(442-443)라는 제인의 설명에서 드러난다. 그를 침묵하게 했다는 것은 제인이 직설적인 자아 표현과 더불어 자신을 감추거나 분열된 주체의 서술 등 다양한 경험을 통해 서술자로서의 권위와 힘을 갖게 되었음을 뜻한다. 눈이 먼 로체스터에게 제인이 말로 인도하는 소설의 결말 부분에서도 서술자의 권위와 힘이 다시 한 번 강조된다. "그의 표정은 마치 다시 불이 켜지기를 기다리는 불 꺼진 램프같은 모습이었다. 그러나 아아, 그 표정에 불을 붙여 생생히 빛나게 할 수 있는 것은 그 자신이 아니었다…힘을 상실한 애처로운 강자의 가슴이 찌르르했다. 그러나 나는 될수록 쾌활하게 그에게 말을 걸었다"(462). 여기서 제인은 로체스터의 안내자이자 서술가로서 자아의 주체성을 보여준다. 다시 불을 켜는 행위는 "서술하는 서술자의 권위"(Bodenheimer 393) 회복을 의미한다. 서술자로서의 권위와 능력 때문에 제인은 로체스터의 치료자이자 안내자가 된다.

서술자 제인은 직설적인 자아 표현 및 상반되는 자기를 감추는 다양한 서술 전략을 통해 서술가로서의 권위와 힘을 갖게 된다. 여성의 언어가 없었던 당시에 일인칭 서술자 제인의 서술은 여성의 진정한 권위와 주체성의 확보를 의미한다고 볼 수 있다. 제인은 여성이 침묵해야 한다는 빅토리아조 성 이데올로기를 뛰어넘어 자아를 표현하며 새로운 주체성과 정체성을 보여준다. 여성에게 글쓰기를 허락지 않는 가부장적 사회에서 서술을 통한 주체적인 제인의 모습에는 여성도 자신의 언어와 서술을 가져야 하며, 가질 수 있다는 브론테의 주장이 담겨 있다고 하겠다.

1) 제인의 서술을 단순한 창작 행위로 본 비평가로서 니스(Earl A. Knies)와 샤논(Edgar H. Shannon, Jr)등이 있다.

2) 프리만(Janet Freeman)과 테너(Tonny Tanner)도 자아 성취는 서술가로서의 권위와 힘을 통해 가능하다고 본다. 테너는 제인이 자아 성취를 했다고 보는데, 이런 성취는 제인이 말하는 서술가이기 때문이라고 지적했다(115). 위의 비평가들은 서술자가 다른 등장인물이나 독자들과 갈등을 거치기도 하지만 궁극적으로 신뢰할 만한 서술가로서의 면모를 지닌다고 설명했다.

3) 2)의 관점과 달리, 이 소설에 있어 일인칭 서술의 솔직치 못한 면을 강조한 비평가로서는 네스터(Pauline Nestor)와 스턴리버(Lisa Sternlieb)가 있다. 특히 포스트구조주의적 관점에서 신뢰할 수 없는 제인의 서술을 강조한 비평가로서는 헨느리(Mark M. Hennelly)와 체이스(Karen Chase)와 글렌(Heather Glen)과 베아티(Jerome Beaty) 등이 있다.

4) 원장면은 프로이트의 용어로 아이의 불안의 요소가 되는 원인으로 부모의 성교 관찰이라는 것이다. 부모의 성교장면 목격이 원장면이라는 이름으로 기술된 것은 늑대인간 (1918)에서이다. 늑대인간 사례는 한 살 반 때 부모의 성교장면 목격이 네 살 반 때 꾼 늑대꿈으로 이어지는 식으로 어릴 적 경험이 반복적으로 나타난다는 것이다. 하지만 프로이트는 처음 1897년에 이 용어를 썼는데, 이때는 꼭 부모의 성교가 아니더라도, 시나리오나 장면으로 조직된 외상을 일으키는 어린 시절의 어떤 경험을 의미하는 것이었다(Laplanche and Pontalis 335). 본고에서는 프로이트가 1897년 썼던 후자의 경험에 더 가깝게 접근했다.

인용문헌

이소희. 「『제인 에어』에 나타난 여성적 글쓰기 연구」. 『영어영문학』(1995): 45-60.

조애리. 『제인 에어: 영미소설 해설총서 3』. 서울: 신아사, 2005.

Beaty Jerome. *Misreading Jane Eyre: a Postformalist paradigm.* Columbus: Ohio State UP, 1996.

Bodenheimer, Rosemarie. "Jane Eyre in Search of Her Story." Papers on Language and Literature 16.4 (1980): 387-402.

Brontë, Charlotte. *Jane Eyre.* Ed. Margaret Smith. Oxford: Oxford UP, 1993.

Chase, Karen. *Eros and Psyche.* New York: Methuen, 1984.

Craik, W. A. *The Brontë Novels.* London: Methuen, 1968.

Dale, Peter Allan. "Chalotte Brontë's 'Tale Half-Told': The Disruption of Narrative Structure in *Jane Eyre*". *Modern Language Quarterly* 47.2 (1986): 108-129.

Freeman, Janet H. "Speech and Silence." *Studies in English Literature* 24.4 (1984): 683-700.

Glen, Heather. *Charlotte Brontë: The Imagination in History.* Oxford: Oxford UP, 2002.

Gordon, Felicia. *The Brontë's. Edinburgh:* Pearson Education Limited, 1989.

Hennelly, Mark M. "Jane Eyre's Reading Lesson." *ELH* 51.4 (1984): 693-717.

Knies, Earl A. "The 'I' of Jane Eyre." *College English* 27.2 (1966): 546-56.

Laplanche J. and Pontalis J. B. *The Language of Psychoanalysis.* Trans. Donald Nicholson-Smith. New York: W. W. Norton, 1973.

Miecznikowski, Cynthia. *Do You Never Laugh, Miss Eyre?: Humor, Wit and the Comic in Jane Eyre.* New York: St. Martin's Press, 1995.

Nestor, Pauline. *Charlotte Brontë's Jane Eyre.* New York: St. Martin's Press, 1992.

Peters, Joan D. "Finding a Voice: Toward a Woman's Discourse of Dialogue in the Narration of Jane Eyre." *Studies in the Novel* 23.2 (1991): 217-236.

Shannon, Edgar H. Jr. "The Present Tense in Jane Eyre." *Nineteenth-Century Fiction* 10.2 (1955): 141-45.

Sternlieb, Lisa. "Hazarding Confidence." *Nineteenth-Century Literature* 53.4 (1999): 452-479.

Tanner, Tony. "Passion, narrative and identity in Wuthering Heights and Jane Eyre." *Teaching the Text.* Eds. Susanne Kappeler and Norman Bryson, 1983: 111-130.

EMILY BRONTË · *Wuthering Heights*

액자소설 구조와 열린 텍스트

박 종 성 충남대학교

I

1. 작가 소개

에밀리 브론테(Emily Brontë, 1818~1848)는 영국 요크셔 브래포드 교구 내 쏜튼 목사관에서 아일랜드 출신의 영국 국교회 목사인 아버지 패트릭 브론테와 어머니 마리아 브란웰의 5녀 1남 중 넷째 딸로 태어났으나 두 살 때 어머니가 암으로 사망했다. 아버지는 재혼하지 않고 독신으로 지냈는데 이모 엘리자베스 브란웰이 집안일을 돌봐주었다. 에밀리 위로는 마리아, 엘리자베스, 샬럿 언니들과 패트릭 오빠가 그리고 아래로는 여동생 앤이 있었다. 에밀리 브론테는 모성애를 느낄 수 없었으며, 독신으로 살다가 서른 살에 폐렴으로 생을 마감했다.

에밀리는 여섯 살 때 언니들과 함께 코헨 브리지 기숙학교에 다녔는데, 마리아와 엘리자베스는 열악한 환경의 학교에서 각각 영양실조와 폐결핵으로 죽었다. 열일곱 살 때는 로헤드 기숙학교를 다녔는데 향수병이 심해져 하워스의 집으로 돌아올 정도였다고 한다. 스물네 살 때는 언니 샬럿과 함께 외국어도 배우고 견문을 넓힐 겸 벨기에 브뤼셀에 있는 기숙학교에 들어갔다. 그녀는 생애의 대부분을 한적한 시골에서 자연을 벗 삼아 보냈다. 절벽 위에 핀 한 떨기 야생초 헤더꽃을 의미하는 히스클리프(Heathcliff)란 인물창조는 자연과 밀착된 그녀의 삶의 산물이었다. 에밀리는 편협한 종교, 경직된 법, 문명의 억압에 강하게 반발했다. 「내 영혼은 비겁하지 않네」("No Coward Soul Is Mine")라는 시에서 그녀는 "수천가지 교의들이 헛되다"라고 말했을 정도로 "편협한 인간의 가르침"에 반발하여 "속박이 없는 영혼", 즉 "자유"를 갈망했던 당찬 영혼이었다.

언니 샬럿이 꿋꿋한 '제국의 여성'인 제인 에어를 창조했던 반면에, 동생 에밀리는 야생초 인간 히스클리프와 야생마 캐서린이란 인물을 창조했다. 에밀리와 샬럿 둘 사이의 기질을 비교해볼 때, 동생이 훨씬 낭만적 성향의 소유자이다. 1850년 판 『폭풍의 언덕』 서문에서 샬럿 브론테는 히스클리프란 인물창조에 대해 이렇게 부정적인 입장을 보였다. "히스클리프와 같은 존재를 창조하는 것이 온당하고 권할만한 일인지를 나는 잘 모른다. 나는 그렇다고 생각하지 않는다." 뿐만 아니라 『제인 에어』(*Jane Eyre*)의 경우만 보더라도 샬럿은 서술 중간에 "독자여"(Readers)라는 반복저인 부름을 통해 독자에게 직접 호소하는 방식을 취하지만, 에밀리는 불가해한 히스클리프와 요크 지방의 심한 사투리를 사용하는 조셉이란 인물창조 및 복잡한 서술구조의 고안에서 볼 수 있듯이 독자가 텍스트에 근접하는 것을 어렵게 한다.

1846년에 살롯, 에밀리, 앤 세 자매는 공동 필명으로 시집 『커러, 엘리스, 액튼 벨의 시집』(*Poems by Currer, Ellis and Acton Bell*)을 출판했지만 별다른 호응을 얻지는 못했다. 1847년에 샬럿이 『제인 에어』를, 에밀리가 『폭풍의 언덕』(*Wuthering Heights*)을, 그리고 앤이 『애그니스 그레이』(*Agnes Grey*)를 각각 출간했다. 에밀리는 1845년 가을부터 1846년 7월에 걸쳐 『폭풍의 언덕』을 썼는데, 그녀는 문학적 재능을 시에 대한 열정을 지녔던 아버지한테서 물려받았다.

1848년 9월 화가 지망생인 오빠 패트릭 브란웰이 결핵과 술과 마약으로 인해 죽었고, 같은 해 12월 19일에는 에밀리마저 폐결핵으로 죽었다. 오빠의 장례식에서 걸린 감기가 악화된 것이 원인이었다고 전한다. 그녀가 세상을 떠나던 날 아침에 언니 샬럿은 에밀리에게 헤더 꽃가지를 건네주었으며 에밀리가 죽은 후 그녀의 애견인 Keeper가 수 주 동안 울부짖었다고 한다.

이듬해 5월에 앤이 스물아홉의 나이로 죽었으며, 샬럿은 1855년에 서른아홉의 나이로 임신한 상태에서 결핵 합병증으로 죽었다. 아버지는 자식 모두의 죽음을 지켜보았고 1861년에 눈을 감았다.

2. 에밀리 브론테와 서술기법

에밀리 브론테는 엘리스 벨(Ellis Bell)이란 필명으로 『폭풍의 언덕』을 출간했다. 1846년 시집 『커러, 엘리스, 액튼 벨의 시집』을 출간할 때, Charlotte, Emily, Anne Brontë 세 자매는 각자 이름의 첫 글자를 따서 Currer, Ellis, Anton Bell이라는 필명을 사용했다. 그 이유는 여성(작가)이란 이유만으로 차별을 당하고 싶지 않고 작품 자체로 평가를 받고 싶어 했기 때문이었다. 이들은 자신들의 (여성적) 정체성을 감추기 위해 일종의 가면 혹은 보호색을 필요로 했다. 조지 엘리어트(George Eliot)는 한 걸음 더 나아가 본명인 메리 앤 에반스(Mary Ann Evans) 대신에 완벽한 남성의 이름을 사용했다. 이것은 사회 개혁적 목소리를 독자에게 전달하기 위한 전략적 선택이었다. 하지만 버지니아 울프는 샬럿 브론테, 조지 엘리어트, 조르쥬 상드(George Sand) 등의 여성작가들의 익명성 사용을 덜 전투적이며 비겁한 것이라고 비판했다(Woolf 65). 이것은 20세기 시각에서 부권주의 문화 속에서 필사적으로 생존전략을 모색해야 했던 19세기 여성을 너무 가혹하게 비판하는 것이기에 부당한 것으로 생각된다.

(남성) 필명 사용의 함의를 우화(fable)라는 문학적 양식이 고안된 이유와 연결시켜 생각해볼 필요가 있다. 왜냐하면 (남성) 필명 사용과 우화라는 문학적 양식이 작가들이 살았던 사회적·정치적 현실을 상당 부분 반영하기 때문이다. 일반적으로 이솝 우화양식은 아동을 위한 오락용 '비정치적인' 읽을거리로 간주된다. 그러나 러시아의 차르(Czar) 정권 하의 반체제 작가들이 정부당국의 검열을 피하기 위해 이솝 우화라는 문학적 양식을 고안해 냈다는 사실에 주목할 필요가 있다. 조지 오웰(George Orwell)의 『동물농장』(*Animal Farm*)도 우화 양식을 사용하여 구소련의 전제주의를 비판한 정치색이 짙은 작품이다. 많은 사람들은 『동물농장』의 작가가 영국인가 아니라(조지 오웰의 본명은 에릭 블레어 Eric Authur Blair다), 구소련에 의해 희생된 동구권 국가 출신의 작가일 것이라고 잘못 단정한다. 그러나 주의 깊은 독자라면 작가가 의도한 반체제적 정치적 메시지를 읽어낼 수 있다. 이처럼 정치현실과 필명사용 및 문학양식은 서로 밀접하게 연관되어 있다. 필명을 사용한 에밀리 브론테가 믿을 수 없는 두 명의 서술자들을 등장시키고 액자소설 구조를 만든 이유를 본론에서 살펴보겠다. 이런 전략들은 작가의 절대적인 목소리를 해체시키기 위한 것으로 보인다.

II

1. 『폭풍의 언덕』에 등장하는 두 명의 서술자들

『폭풍의 언덕』에는 단일 서술자가 아닌 두 명의 서술자들이 등장한다. 하나는 외부자인 남성서술자 록우드 씨(Mr. Lockwood)이며, 또 다른 하나는 내부자인 여성서술자 넬리 딘 여사(Mrs Nelly Dean)이다. 록우드는 런던에서 온 빅토리아조 신사이며 넬리 딘은 워더링 하이츠와 쓰러쉬크로스 그레인지에서 2대째 일 해온 토박이 가정부이다. 넬리는 비록 하인 계급에 속하지만 자신을 “침착하고 분별이 있는 사람”(72)[1]으로 그리고 책을 많이 읽은 사람으로 여긴다. 두 사람 모두 연애와 결혼의 기회를 놓친 나이든 독신들이라는 공통점을 지닌다. 호기심 많은 록우드가 캐묻고 넬리 딘이 대답하는 한담 방식으로 이야기가 진행된다. 전체 34장 중에서 록우드가 현재 시점에서 서술하는 곳은 서두의 1장에서 3장까지 및 결말의 30장에서 34장까지이다. 현재 시점의 이야기가 과거 이야기와 구분되면서 액자틀이 형성된다. 4장부터 14장까지는 넬리가 직접 서술하며, 15장부터 30장까지는 록우드가 넬리한테 들은 바를 선택하여 요약하는 서술이다.

그렇다면 왜 두 명의 화가들을 등장시켜 ‘다성적 목소리’(multiple voices)를 내려 했던 것일까? 록우드는 번잡한 도시생활을 접고 요크지역의 한적한 시골(그의 표현에 따르면, “인간을 싫어하는 사람에게 꼭 맞는 천국이다”(25)이다)에서 1년 정도 쉴 생각으로 현재 히스클리프가 소유하고 있는 쓰러쉬크로스 그레인지(이곳은 지주계급인 린튼 가문의 저택이었다)를 임대한다. 이 집의 가정부가 바로 넬리 딘이다. 쓰러쉬크로스 그레인지에 입주한 후 록우드는 워더링 하이츠(이곳은 자영농인 언쇼 가문의 거처였다)에 살고 있는 집주인 히스클리프를 방문한다. 이곳을 방문한 후 록우드는 언쇼가와 린튼가의 집안 내력, 캐서린과 히스클리프 간의 사랑이야기, 히스클리프란 불가해한 인물 등에 관심을 갖게 된다. 호기심 많은 록우드는 넬리 딘에게 이야기의 전모를 말해달라고 정중하게 요청하고 넬리 딘은 한담 형식으로 자신이 보고 들은 이야기를 전한다. 독자는 외부서술자의 안내를 받는 동시에 내부서술자의 증언을 들으며 텍스트의 내용을 이해하게 된다.

한 권의 소설을 읽을 때 독자는 작가의 의도, 사회적·역사적 맥락, 서사의 구성방식 등을 모두 고려해야 한다. 특히 서술 기법을 알면, 독자는 작가가 의도한 주제와 효과를 쉽게 파악할 수 있다. '무엇'보다는 '어떻게'에 더 주목을 해야 하는 이유다. "서술자가 말하는 것과 그가 말하는 방식이 구술되는 이야기를 변화시킨다"(Foster 79)는 주장은 타당하다. 푸코는 비평의 임무가 작품의 구조와 형식에 주목해야 하는 것임을 강조한다.

> 비평의 임무란 저자와 작품 사이에 연결을 재정립하는 게 아니고 저자의 사상과 경험을 작품을 통해 재구성하는 것도 아니다. 차라리 비평이란 작품의 구조와 구성된 형식에 관심을 두고 내재적이고 내적 관련성을 연구하는 것이어야 한다. (푸코. 「저자란 무엇인가」, 264)

푸코는 저자가 무엇을 말하는가 보다는 어떻게 언술을 조종하여 독자를 움직이는가 하는 '통제성'에 본질적인 관심을 두어야 한다고 주장한다. "구조와 구성된 형식"에 주목하려면 독자의 비판적 참여가 필요하다. 그러기 위해 독자는 한 걸음 물러서서 서술자들의 말을 너무 믿지 말고, 등장인물과 동일시하지 말아야 하며, 작가의 의도에 너무 매달리지 말아야 한다.

『폭풍의 언덕』을 자세히 들여다보면 작가의 목소리는 들리지 않고 작가의 모습도 보이지 않는다. 즉, 작가가 숨어있거나, 멀어지거나, 제거되었다. 작가가 서술 상 특권적 위치를 점유하고 있지 않다는 뜻이다. 그래서 텍스트에 내포된 의미를 밝혀내는데 있어서 독자의 적극적 참여가 필요하다. "독자의 탄생은 저자의 죽음이라는 대가를 치러야 한다"(바르트 35)는 주장은 유효하다. 소설은 다음과 같이 록우드의 1인칭 고백적 서술로 시작한다.

> 1801년.
>
> 나는 방금 집주인을 방문하고 돌아왔다. 그는 내가 번거롭게 상대해야 할 외로운 이웃이다. 이곳은 확실히 아름다운 고장이다! 잉글랜드 전역에서 인간사회의 혼잡함에서 이토록 완전히 벗어난 곳을 마음속으로 정할 수 있을 거라고 난 믿기 어렵다. 인간을 싫어하는 사람에게 꼭 맞는 천국이다. 그래서 히스클리프 씨와 나는 우리들 사이에 놓인 고독감을 나누기에 아주 적합한 짝이다. 그는 훌륭한 사람이다! 내가 말을 타고 언덕을 오르며 그의 눈썹 아래로 너무나 의심스럽게 들어간 검은 두 눈을 쳐다보았을 때, 그리고 내가 이름을 알리자 미심쩍어하는 태도로 단호하게 자신의 조끼 속으로 손가락을 깊숙이 파묻었을 때, 내가 그를 얼마나 따뜻한 마음으로 반겼는지를 그는 상상하지도 못했으리라. (24-5)

서술자인 "나"(I)는 록우드라는 남성이다. 소설은 이 남성서술자의 목소리로 시작하고 끝난다는 점에서 일종의 순환적 구조를 지닌다. 『폭풍의 언덕』이 여성 작가의 작품임에도 불구하고 남성서술자의 목소리로 인해 독자는 이 소설의 작가가 남성일 것이라고 잘못 상정할 수 있다. 작가가 연막전술을 구사하기 때문이다.

그런데 록우드가 "믿을 수 없는 서술자"(unreliable narrator)[2]라는 점이 독자를 매우 혼란스럽게 한다. 한 평자는 이렇게 말한다. "여기 내러티브 믿기 어려움의 법칙이 있다. 'I'라는 단어를 볼 때 서술자를 믿는 것을 중단하라. 그렇다. 'I'가 소설의 첫 단어라 할지라도"(Foster 57). 이런 주장은 서술자가 거짓말쟁이 혹은 사기꾼이며, 소설(fiction)은 정의상 허구라는 점을 독자에게 환기시킨다. 록우드는 현지사정, 언쇼 가문과 린튼 가문의 내력, 히스클리프의 면면과 등장인물들 등에 대해 잘 모르는 외부자이기에 그는 내부서술자인 넬리 딘의 서술에 의존해야 한다.

먼저 록우드가 믿을 수 없는 서술자라는 점을 구체적으로 살펴보자. 그의 히스클리프에 대한 첫 인상은 다음 문장이 보여주듯 호의적이다. "그래서 히스클리프 씨와 나는 우리들 사이에 놓인 고독감을 나누기에 아주 적합한 짝이다. 그는 훌륭한 사람이다!"(25) 이 소설을 읽는 것은 이런 판단이 섣부르고, 나이브하고, 잘못된 것임을 알아가는 과정이다. 록우드는 캐시를 히스클리프의 부인으로 잘못 여기는 실수도 저지른다. 독자가 믿을 수 없는 서술자를 경계해야 하는 이유다. 만약 독자가 이 믿을 수 없는 서술자로부터 비판적 거리를 유지하지 못한다면 작품을 전혀 다르게 오독하게 된다.

내부서술자인 넬리 딘은 자신이 보고 들은 것을 록우드에게 들려준다. 그녀는 언쇼가와 린튼가 두 가문의 내력을 소상히 서술한다. 록우드가 그녀의 청자가 되며, 독자는 이들 서술자와 청자가 주고받는 이야기를 엿듣는다. 한 평자가 잘 지적하고 있듯이, "양엄마(Foster-mother)로서의 기능을 수행하는 그녀는 이야기꾼으로서 내러티브 서술에도 양육의 역할을 맡고 있다"(Davies 83). 하지만 그녀도 객관적이고 전지적 서술자는 아니다. 하녀라는 점, 기독교인이라는 점, 독신 여성이라는 점이 그녀의 가치관과 취향을 형성하기 때문이다. 예컨대 그녀는 히스클리프를 "사악한 짐승" 혹은 "내 종족이 아닌 사람"으로 간주한다. 뿐만 아니라 그녀는 이 소설의 요체에 해당하는 히스클리프의 편집증을 잘 이해하지 못한다. 그녀의 제한된 지식, 가치관, 개인적 인간관계 등으로 인해 그녀 역시 객관적인 화가가 되지는 못한다.

에밀리 브론테는 독자가 텍스트 내의 서술(자)의 허구성과 한계를 인식하도록 서사를 구축한다. 그래서 독자의 입장에서는 믿을 수 없는 서술자들로부터 거리두기가 매우 중요하다. "에밀리 브론테가 록우드와 넬리 같은 평범한 그 시대 인물들을 믿을 수 없는 서술자로 등장시킴으로써 당시 사회의 윤리적 가치와 종교적 가치를 전복적으로 비판하고 있다고 보기 때문이다"(오정화 294)라고 생각할 수도 있겠지만, 에밀리가 저자의 죽음과 서사의 허구성이란 문제에 관심을 가졌던 것은 무엇보다도 작가라는 주체의 절대성을 해체시키기 위한 것으로 보인다. 그녀에게 글쓰기란 고정된 의미나 절대적 진리를 만들어 내는 것이 아니다. 롤랑 바르트 말대로 "말하는 것은 언어이지 저자가 아니다"(바르트 29). "의미를 고정시키는 것을 거부하는 것은, 결국 신과 그 삼위일체 위격인 이성·과학·법칙을 거부하는 것이기 때문이다"(바르트 34)이라는 주장은 경청할 만하다. 푸코는 "누가 진짜 저자야?"라는 지루한 질문을 되풀이 하지 말고, "이 담론의 존재방식은 무엇인가?"라는 질문을 던져야 한다고 주장한다(푸코 280). 이런 주장은 언어의 집합체인 소설에서 주제보다는 형식이 의미를 결정한다는 점을 새삼 일깨워준다.

또 한 가지 지적해야할 중요한 점은 『폭풍의 언덕』에는 '마지막 논평'이 부재한다(Sherry 129). 그래서 이 소설은 독자가 최종적인 판단과 결론을 내려야 한다는 점에서 열린 텍스트가 된다. 이것을 서술의 객관성 혹은 현대성이라 부른다. 푸코는 이렇게 말한다. "우리는 저자가 사라지며 남겨 놓은 텅 빈 공간을 재조사해야만 한다. 우리는 그 틈새와 잘못 그어진 선들을 따라가며 새로운 경계와 이 공허의 재분배를 면밀히 지켜보아야 한다"(푸코 267). 에밀리 브론테는 독자에게 해석의 자유와 자아인식의 기회를 제공한다. 록우드가 퇴장하는 장면을 예로 들어 이 점을 살펴보자.

> 샅샅이 뒤지다가 무어 옆 경사면에서 세 개의 비석을 발견하게 되었다. 가운데 것은 회색이었으며 히스 속에 반쯤 묻혀있었다. 에드거 린튼

의 비석만이 잔디 아래쪽에서 기어 올라오는 이끼와 조화를 이루고 있었다. 히스클리프의 비석에는 여전히 풀이 없었다.

화창한 하늘 아래서 나는 이 비석들 주위를 서성였다. 히스 사이를 퍼덕이는 나방과 블루벨꽃을 바라보고, 잔디를 스치고 지나가는 부드러운 바람 소릴 들으면서, 그리고 저 고요한 대지 속에 묻혀 잠자는 사람들이 고요하지 않은 잠을 잘 것이라고 그 누가 상상이나 할 수 있을까 하고 생각했다. (285)

독자는 록우드의 서술을 따라 소설의 끝자락에 이르게 된다. 록우드는 무덤 주위를 배회하며, 평온한 대지 아래서 캐서린을 사이에 두고 두 남자가 소유권 다툼을 벌이고 있을 거라는 상념에 젖은 채 말 없이 퇴장한다, 아니 텍스트에서 사라진다. 그래서 독자는 어리둥절한 채 남게 된다. 록우드가 퇴장하는 순간 독자의 궁금증은 증폭되고 상상력은 활발해진다. 실제로 독자는 여러 가지 질문들을 하게 된다. 대체 록우드는 무슨 생각을 했을까? 에밀리 브론테는 무엇을 말하고 싶었나? 그리고 독자는 좀 더 구체적인 질문을 계속 하게 된다. 에밀리는 사랑 한번 제대로 해보지 못한 독신 남성인 록우드를 조롱하려 했을까? 아니면 빅토리아조 신사의 절제의 미덕을 도드라지게 하고 싶었던 것일까? 아니면 히스클리프가 록우드의 억압된 자아 혹은 어두운 분신이라는 걸 말하고 싶었던 것일까? 의미가 결정되는 것이 아니라 질문이 꼬리를 문다.

설교 방식을 싫어했던 에밀리 브론테가 작가적 목소리를 없애고 이 소설을 열린 텍스트로 만들었을 가능성이 크다. 작가가 늙은 하인 조셉을 등장시키는 이유는 아마도 자기중심적 생각을 남에게 강요하고 자신의 구원만 생각하는 그의 편협성과 이기심을 비판하기 위한 것으로 보인다. 조셉은 자신의 구원만 확신하면서 다른 사람들의 죄를 샅샅이 찾아내어 저주하는 대표적인 위선자이다. 예를 들면, 록우드의 꿈에 나타난 조셉 영감은 록우드한테 순례자의 지팡이를 가져오지 않았다고 그를 계속 나무라면서 지긋지긋하게 만든다. 또한, 록우드가 제이버스 브랜더햄 목사의 지겨운 설교를 참지 못하자 조셉은 이것이 불경죄에 해당된다며 신도들과 함께 록우드를 구타한다. 에밀리는 의도적으로 편협하고 독선적인 조셉을 비판의 주된 대상으로 설정하고 있다.

2. 액자소설(Frame narrative) 구조

『폭풍의 언덕』은 이야기 속에 또 다른 이야기를 담고 있는 액자소설(額子小說)의 형태를 취한다. 액자 소설에서는 대개 외부 이야기에서 내부 이야기로 흘러가며, 내부 이야기가 끝나면 다시 외부 이야기로 흘러가 액자틀이 형성된다. 맨 바깥에 위치한 액자 서술자(frame narrator)는 록우드다. 소설은 1801년 9월에 그가 워더링 하이츠를 방문하는 것으로 시작한다. 그런데 1802년 1월 초에 그는 런던으로 떠났다가 1802년 9월 우연히 워더링 하이츠를 다시 방문한 후 히스클리프의 죽음 소식을 전해 듣는다. 록우드는 약 10개월 동안 벌어진 일을 서술한다. 소설의 시작 시점을 1801년으로 설정한 것은 19세기의 시작을 알리는 상징적 의미를 갖는다. 그의 서술틀 내부에는 넬리 딘의 이야기가 위치한다. 액자소설 양식은 외부서술자가 알고 싶은 비밀을 캐묻는 식으로 진행되며, 내부서술자의 이야기에 진정성을 부각시키기 위해 고안된 것이다.

넬리 딘의 액자틀 핵심부에는 또 다시 캐서린과 히스클리프, 캐시와 헤어튼의 사랑 이야기 등이 위치한다. 겹겹의 액자틀이 형성되면서 미학적 거리가 생겨나게 되면서 이로 인해 독자는 소설을 읽는 것이 아니라 마치 그림을 감상하는 경험을 하게 된다. 중층의 서술구조는 찬합(Chinese Boxes: 크기의 차례대로 포개서 넣을 수 있도록 만든 상자)과 겹겹

층의 양파에 비유할 수 있다. 겹과 층 사이에 “서술의 틈새”(a narrative gap)가 생겨나면서 독자는 “텍스트의 잠재적, 표현되지 않은 실재의 실현”(Iser 215)에 접근해야 하는 일에 직면하게 된다.

내부서술자인 넬리 딘은 사건을 순차적 방식으로 이야기를 서술한다. 그녀는 30년 전인 1771년 여름 언쇼 씨가 리버풀 항구에 방치된 고아소년 히스클리프를 워더링 하이츠로 데려온 때부터 1802년 5월 히스클리프가 죽을 때까지 일어났던 일들을 한담 형식으로 록우드에게 들려준다. 회상조로 진행되는 그녀의 이야기 중간 중간에 록우드가 개입하면서 독자에게 현재 시점을 상기시킨다.

넬리 딘의 서술 중에서 그녀의 개입과 논평이 없는 곳은 이사벨라의 편지가 직접 삽입된 13장뿐이다. 히스클리프에 눈이 멀어 함께 야반도주했던 이사벨라가 신혼여행을 떠난 지 2주 뒤에 넬리에게 보낸 편지내용의 일부를 살펴보자.

> 편지의 나머지 부분은 엘렌에게만 해당되는 거야. 두 가질 물어보고 싶어. 첫 번째 질문은 넬리가 이곳 워더링 하이츠에 살 때 어떻게 흔한 동정심이란 인간본성을 유지할 수 있었는가 하는 것이야. 난 내 주위에 있는 사람들이 나와 공유할 수 있는 감정이 있는지를 생각해 낼 수 없거든.
>
> 내가 매우 흥미를 느끼는 두 번째 질문은, 히스클리프가 인간 맞아? 그렇다면 그는 미친 거 아니야? 그렇지 않다면 그는 악마인가? 이렇게 캐묻는 이유를 말하지는 않겠지만, 가능하다면 내 결혼상대가 도대체 어떤 인간인지를 날 방문할 때 설명해주길 엘렌에게 간청하는 거야. 그리고 엘렌, 빨리 방문해줘. 편지를 쓰지 말고 와줘. 에드거의 말을 좀 전해줘. (129-30)

히스클리프에 대한 환상이 깨져 곤경에 처한 이사벨라가 넬리에게 절박하게 도움을 요청하는 장면이다. 이사벨라가 자신의 비참한 처지와 히스클리프가 인간이 아니라 악마임을 직접 증언하는 이 부분에서는 넬리 딘이 서술을 매개하지 않는다. 편지삽입 방식은 독자에게 즉각적이고 생생한 효과를 자아내어 서사의 단조로움을 피할 수 있게 해주는 효과를 낳는다.

3. 복합시점

에밀리 브론테는 히스클리프의 실체를 다각적으로 조명을 위해서 "복합시점"(multiple points of view)을 활용한다. 에밀리 브론테가 "한 개의 전신 거울이 아니라 여러 개의 거울들을 세워서 입체적이고 동적인 히스클리프의 모습을 포착하려는 시도를 한다"(Davies 63)는 주장은 설득력이 있다. 실제로 록우드, 넬리, 이사벨라, 조셉, 질라, 에드거 린튼, 린튼 히스클리프, 캐시, 헤어튼 등이 히스클리프에 대해 지니는 제한적이나 다양한 견해가 제시된다. 이 점을 좀 더 구체적으로 살펴보자. 언쇼 씨는 고아 히스클리프를 친자식 이상으로 보살핀다. 캐서린은 법적인 남편인 에드거 린튼을 제쳐두고 히스클리프를 자신의 영혼친구로 생각한다. 그러나 이사벨라는 자신의 남편인 히스클리프를 악마로 생각한다(물론 처음에는 헌신적인 기사[騎士]로 혹은 낭만적인 영웅으로 잘못 생각했지만). 힌들리는 자신의 재산을 빼앗아간 히스클리프를 지독한 원수로 생각한다. 조셉은 히스클리프의 시신을 보고 악마가 데려간 것으로 생각할 정도로 히스클리프를 사악한 사람으로 여긴다. 한편 넬리는 히스클리프에 대해 양가적인 입장을 지닌다. 그녀는 불쌍한 히스클리프를 동정하면서도 비기독적인 삶에 경악한다. 린튼 히스클리프가 아버지 히스클리프를 두려워하는 것과는 달리, 캐시는 히스클리프에 두려움 없이 대든다. 오직 힌들리의 아들인 헤어튼만이 히스클리프의 죽음에 눈물을 흘린다. 따라서 히스클리프의 실체를 제대로 파악하려면, 독자는 일종의 직소 퍼즐(jigsaw puzzle)을 짜 맞춰야 한다. 이것은 작가의 목소리와 단일 서술자의 전지적 시점이 아니라 독자의 주체적인 판단이 필요함을 의미한다(박종성 84).

한 가지 덧붙이자면, 『폭풍의 언덕』은 정교한 중층의 서술구조를 지니고 남성 서술자를 등장시키고는 있지만 놀랍게도 여성적인 감수성이 도드라지는 작품이다. 가정부 넬리 딘은 바느질(stitching)을 하는 방식으로 여러 에피소드와 기억의 편린들과 증언들을 조합해서 자신의 이야기를 일종의 퀼트(quilt: 조각 이불)로 만든다. 그녀는 록우드와 이야기를 나눌 때 대개 바느질을 하는데 이것은 일상적인 삶을 반영한 것일 수도 있겠지만, 이야기를 직조한다는 상징적인 의미도 갖는다.

그리고 무엇보다도 남성서술자의 목소리로 시작하고 끝나는 이 소설 전체를 관통하는 '사랑과 화평의 정신'은 결국 이 소설의 작가가 여성이라는 점을 드러낸다. 샬럿 브론테는 『폭풍의 언덕』의 1850년 판 서문에서 에밀리 브론테가 창조주의 가장 신성한 속성을 "자비와 용서"라고 보았다고 주장했다(321). 히스클리프를 억압하고 차별한 것 자체가 "자비와 용서"의 정신의 결여를 의미한다. 반면에 힌들리는 "배반과 폭력은 배반과 폭력에 대한 정당한 앙갚음이다"(160)라고 말한다. 그리고 이사벨라는 "내가 눈에는 눈, 이에는 이로 [히스클리프에] 맞선다"(17장). 비록 하인의 신분이지만 분별력과 따뜻한 심성을 지닌 넬리는 이 소설에서 결코 무시할 수 없는 존재이며, 어쩌면 작가의 대변인일 수도 있다. 그녀는 조력자와 대리모의 역할을 하면서도 등장인물들 사이에 갈등을 해결하고 화평을 주도하는 삶의 예술가이다.

단지 로맨스로 끝날 수 있는 캐서린과 히스클리프 간의 사랑 이야기를 에밀리 브론테는 록우드라는 서술자를 등장시켜 그의 억압된 욕망을 드러낸다. 그의 억압된 욕망은 처음에는 유령이 출현하는 형태로 나타났다가 후에는 캐서린과 히스클리프의 사랑의 형태로 발현된다. 또한 그는 다음처럼 가끔 상상 속에서 자신의 억압된 욕망을 드러낸다. "캐시의 유모[넬리 딘]가 소망하는 대로, 캐시와 내가 서로 사랑에 빠져 둘이 함께 활동적인 분위기의 도시로 이주한다면, 린튼 히스클리프 부인[캐시]에게는 동화 속에서 보다도 더 낭만적인 일이 실현되는 것이겠지!"(259). 독자는 록우드가 히스클리프의 격정적이며 광적인 사랑을 경계하는 동시에 부러워했을 것이라고 생각하게 된다.

4. 문명과 야만의 이분법 해체

필명과 남성서술자 그리고 액자소설의 양식과 복합시점을 사용하여 에밀리 브론테가 『폭풍의 언덕』에서 드러내려 했던 목소리와 시각은 무엇이었을까? 먼저 히스클리프의 삶이 지니는 함의와 작가의 목소리를 짚어볼 필요가 있다. 에밀리는 문명과 야만의 이분법을 해체하고 동일 대상이 지니는 양가성에 주목한다. 히스클리프가 동정심과 경멸심을 유발하는 양가적 인물이라는 점을 입증하는 하나의 예를 들어보자.

> "난 연민을 느끼지 않아! 나에겐 연민이 없어! 벌레가 꿈틀거리면 더 짓뭉개서 창자가 터져 나오게 하고 싶단 말이야! 도덕적 아픔이거든. 고통이 증가하는 것에 비례하여 더 힘껏 짓뭉개고 싶거든!" (142)

얼핏 보면 위 인용문은 히스클리프의 가학성을 부각시키는 것 같다. 하지만 동시에 그가 당하는 고통에 대한 연민의 감정도 자아낸다. 히스클리프한테서 고통 받는 예수와 계급투쟁을 하는 혁명가 막스의 중첩된 이미지를 보게 된다. 히스클리프의 경우 캐서린에 대한 "유아적 고착증"(infantile fixation)과 무산자의 계급혁명의 열정이 뒤섞여 있다. 그의 양가성, 구체적으로 말해 그의 편집증과 전복성이 동시에 드러난다. 이런 그의 한계와 가능성은 "양반 지주계급의 시각에서 보면 이 소설은 대파국을 가까스로 모면한 이야기의 서술이고, 급진주의자의 시각에서 보면 이 소설은 혁명적 희망의 상실을 기록한 것이다"(Eagleton 21)라는 지적에서도 잘 나타난다. 성적 타자인 캐서린과 계급적 타자인 히스클리프는 연민과 동정의 감정을 공유한다. 예컨대 소설 속에서 캐서린은 "난 히스클리프이다"(87)라고 말하는 대목에서 드러난 둘 사이의 친밀감과 일체감은 문명의 구속(여기에는 종교와 법 그리고 관습 등이 포함된다)에 함께 맞서는 연대라는 상징적 의미를 지닌다. 하지만 이들의 연대 또한 자연과 우주 속으로 용해되고 만다.

히스클리프는 격정과 야수성을 지니는데 이것은 그의 단점인 동시에 장점이다. 록우드는 히스클리프가 지닌 이런 속성을 결여하고 있다. 히스클리프가 캐서린의 죽음 소식을 접했을 때 보여주는 태도를 살펴보자.

> 그는 옹이진 나무줄기에다 세차게 머릴 박았답니다. 그리고 두 눈을 치켜뜨고 인간이 아니라 칼과 창에 찔려 죽임을 당하는 야수처럼 울부짖었답니다. 저는 나뭇가지 주변에 튄 피 몇 방울을 보았죠. 그의 손과 이마에는 피가 묻어 있었지요. 아마도 제가 목격했던 그 장면은 그날 밤 동안 반복되었던 것 같습니다. 그런 장면을 보고도 저는 동정심이 생기질 않았고 단지 섬뜩해질 뿐이었거든요. 하지만 저는 그를 그런 상태로 내버려 두고 싶지는 않았습니다. 그러나 그가 자신을 지켜보고 있는 저를 알아차릴 만큼 정신을 차린 순간, 저에게 가라고 큰 소리로 명령을 해서 제가 순응했거든요. 그를 진정시키거나 위로한다는 것은 제 능력 밖의 일이었으니까요! (154)

인용문은 히스클리프가 자학적 폭력을 저지르는 장면이다. 여기서 그는 인간이 아닌 죽임을 당하는 울부짖는 야수로 제시된다. 그의 야성과 극단성을 록우드의 수동성과 절제력보다 가치가 덜한 것이라고 말할 수 있을까? 에밀리 브론테는 두 사람의 각기 다른 사랑의 방식을 병치시켜 독자로 하여금 성찰의 기회를 제공하는 방식을 취한다.

에밀리 브론테가 문명과 자연이라는 대립 항을 설정하여 이야기를 전개하고 있다는 점은 분명하다. 록우드는 Lockwood란 이름은 숲이란 현실 속에서 꽉 짜진 규범에 갇힌 목석같은 남자를 의미한다. Heathcliff란 이름은 절벽 위에 핀 헤더꽃 야생초를 의미한다. 두 사람의 만남은 문명과 자연의 충돌 혹은 공존을 상징한다. 록우드가 문명, 세련됨, 감정의 절제란 특징을 지니는 반면에, 히스클리프는 자연, 거침, 격정이란 특징을 지닌다. 두 사람이 연인을 대하는 태도는 아주 대조적이다. 먼저 록우드의 경우를 살펴보자.

> 나의 사랑하는 어머니는 내가 결코 안락한 가정을 갖지 못할 거라고 말씀하시곤 하셨는데, 작년 여름 나는 내 자신이 안락한 가정을 갖기엔 쓸모없는 사람임을 여실히 입증했다. 해안에서 한 달 동안 화창한 날씨를 즐기는 동안 난 아주 매혹적인 사람과 우연히 어울리게 되었는데, 그녀가 날 알아차리기 전까지 그녀는 내 눈에 정말 여신과도 같았다. 난 소릴 내어 "내 사랑을 결코 말하지 못했다." 그렇지만 표정도 언어를 갖는다면, 가장 단순한 백치라도 내가 사랑에 흠뻑 빠져있었다는 걸 알아차릴 수 있었을 것이다. 마침내 그녀가 날 이해했고 응답을 보였는데, 그것은 내가 상상할 수 있는 표정 중 가장 기분 좋은 것이었다. 그런데 내가 어찌했던가? 부끄럽게도 고백하건데, 난 달팽이처럼 차갑게 움츠려들었다. 그녀가 매번 날 응시할 때마다 난 차갑게 더 멀리 물러섰다. 결국 그 가엾고 순진한 여자는 자신의 판단력을 의심하게 되었고, 자신이 추정하는 잘못으로 인해 생긴 혼란스러움에 압도되어 자기 엄마를 설득해서 해안을 급히 떠났다. 기질 상 이런 별난 성

격 탓에 난 의도적으로 무정한 사람이라는 평판을 얻게 되었는데, 나 혼자만이 이런 평판이 얼마나 억울한 누명인지를 알 수 있다. (27)

록우드는 사랑을 행동으로 옮기지 못하고 이를 환상의 영역에 가둬두는 소극적인 사람이다. 실연을 당하는 장면이 보여주듯, 그는 히스클리프가 지닌 열정이 결여하고 있다. 이런 점에서 그는 히스클리프보다 결코 우월하지 않다.

에밀리 브론테는 완벽한 빅토리아 신사처럼 보이는 록우드도 히스클리프에 못지않게 잔인한 면을 지닌다는 점을 드러낸다. 폭설로 인하여 워더링 하이츠에서 하루 밤을 머물 때 록우드는 캐서린의 유령을 만나 공포에 사로잡힌다. 캐서린의 유령이 자신의 손목을 꽉 움켜잡자, 그는 유령을 쫓아내려고 깨진 유리창에 유령의 손목을 잔인하게 비벼댄다.

> 유령이 말했을 때, 난 잘 보이지 않는 유리창을 통해서 안쪽을 들여다보는 어린아이의 얼굴을 볼 수 있었다. 공포에 질린 나는 잔인해졌다. 유령을 떨쳐버리는 것이 아무런 소용이 없다는 것을 알아차리고, 나는 죽은 유령의 손목을 깨진 유리창으로 끌어 당겨, 얼음처럼 차가운 손가락의 피가 흘러내려 침대보에 스며들 때까지 유령의 손을 앞뒤로 문질렀다. 유령은 여전히 '들어가게 해줘요!'라고 울부짖었다. 끈질기게 나를 움켜쥐어서 두려운 나머지 나는 거의 미칠 지경이었다. (42)

이 장면은 '문명인' 록우드에 내재된 잔인성을 잘 드러낸다. 옹이진 나무줄기에다 머릴 세차게 박아 피 흘리는 히스클리프와 깨진 유리창에 유령의 손을 문질러 피를 흘리게 하는 록우드 사이에 우열의 차이를 가릴 수 있을까? 에밀리 브론테는 히스클리프의 야만과 록우드의 문명 사이의 이분법을 해체시키며, 독자가 바로 이점을 인식하길 주문하는 것 같다.

록우드가 문명인인가 하는 작가의 문제제기는 린튼가 사람들이 문명인인가 하는 문제제기와도 연결된다. 작가는 집시 소년 히스클리프의 순수한 눈을 통해 문명세계를 비판하는 방식을 취한다. 히스클리프는 린튼가 사람들이 자신을 도둑으로 여기고 난폭하게 다룬다는 점을 증언한다. 린튼가에서 가까스로 도망을 친 그가 넬리에게 사건을 설명하는 장면을 살펴보자.

> "'로버트, 뭘 잡았나?' 입구에서 린튼 씨가 소릴 질렀어. '스컬커가 계집애를 붙잡았습니다.' 그가 대답했다. '그리고 여기 사내놈도 있습니다.' 날 꽉 움켜쥐고 그가 말을 덧붙였다. '우리가 잠든 후 말썽꾸러기처럼 보이는 도둑들이 창문을 통해 들어와 일당에게 문을 열어주려 했던 것이 아주 가능하지요. 안심하고 우릴 살해하려 했을지도 모르죠. 주둥이 닥쳐. 이 상스런 말을 하는 도둑놈들아! 넌 이 짓으로 교수형을 당할 줄 알아라. 린튼 씨, 총은 치우지 말고 갖고 계세요. 그야 물론이지. 절대로. 로버트!' 그 늙은 바보가 이렇게 말했어. '이 악당들이 어제가 소작료를 받는 날이라는 걸 알았던 거야. 이놈들이 날 멋지게 해치울 생각을 했던 거야. 내가 이 녀석들을 제대로 맞이해주겠네. 이봐, 존. 문가에 쇠사슬을 걸어. 제니, 스컬커에게 물 좀 주고. 견고한 집에 사는 치안판사에게 공개적으로 도전을 하다니. 그것도 안식일에! 이들의 뻔뻔함이 어느 선에서 그칠까? 아, 여보 메리. 여기 좀 보구려!' 두려워하지 말구. 어린 녀석들이니까—그런데도 얼굴은 너무 분명하게 악당이 인상을 찡그리는 꼴이라니까." "저놈이 얼굴뿐만 아니라 행동에서도 악당의 본성을 보이기 전에 당장 목을 매다는 것이 이 고장에 친절을 베푸는 일이 아니겠어?" (61)

이 장면은 지주계급인 린튼가 사람들이 문명인이 아니라는 점을 극명하게 보여준다. 마을의 법질서를 유지하는 치안판사의 집안이라고는 하지만 순진한 어린이들을 도둑들로 여기는 것은 정도가 지나치다. 더구나 히스클리프를 교수형에 처할 수 있다는 말은 섬뜩함을 자아낸다. 작가는 소년 히스클리프의 순수한 눈을 통해 문명 속에 내재한 야만(성)을 보여주는 방식을 취한다.

이렇듯 에밀리 브론테는 문명과 야만의 이분법을 해체한다. 한 평자는 에밀리 브론테는 "예 혹은 아니오의 선택이 아닌, 두 개의 대립항을 포용해서 보편적인 진실을 전하는 방식을 취하고 있다"(Davies 94)고 적절하게 지적한다. 이렇듯 두 극단을 병치시키는 방식은 어느 한쪽의 (의미의) 절대성을 해체하는데 효과적이다. 이것이 바로 양가성에 주목해야 하는 이유다. 주지하는 바처럼, 『폭풍의 언덕』은 그 자체가 "불가해한 것들의 복합체"이다. 예를 들면, 한 평자는 "히스클리프가 극도의 범죄[그가 힌들리 언쇼를 질식사시켰다는 것]에 대해 유죄인지 아닌지는 소설의 가장 중심부에 매혹적이나 궁극적으로는 알 수 없는 수수께끼로 남아있다"(Sutherland 57)는 점을 지적했다. 히스클리프는 동정심과 경멸심이라는 양가적 감정을 자아내는 인물이며, 록우드는 이런 히스클리프한테서 "혐오스런 것에 대한 매혹"을 느낀다. 이런 접근 시각에서 보자면 히스클리프는 록우드의 또 다른 자아 혹은 분신일 수 있다. 그리고 록우드의 모습을 통해 독자는 자신의 억압된 욕망을 새삼 확인하는 기회를 갖게 된다.

5. 객관적 재현에 대한 회의

『폭풍의 언덕』에서 독자는 삶과 죽음, 현실과 환상, 문명과 야만, 온전성과 광기의 이분법적 경계선이 허물어지는 경험을 한다. 한 평자의 다음과 같은 주장은 유용하다. "『폭풍의 언덕』에서 현재가 과거를 선행하고, 그 다음으로 (유리창 가에서 일어난 꿈 — 유령의 장면이 보여주듯) 과거가 현재를 침투한다. '안'과 '밖', '과거'와 '현재'가 명백히 의심스러울 만큼 우리를 최면술에 빠져들게 한다"(Davies 68). 현실 속에 환상이 자연스레 스며들도록 함으로써 작가는 대상에 대한 객관적 재현의 가능성을 의심한다. 이 소설에 포함된 고딕 요소와 로맨스의 요소가 이를 뒷받침한다. 가령 캐서린의 유령이 록우드의 손을 꽉 움켜잡는 장면과 양치기 소년이 캐서린과 히스클리프의 유령을 보고 우는 장면은, 환상의 삼투압 현상을 잘 보여준다. 이는 역으로 록우드가 대변하는 이성과 상식으로는 현실을 만족스레 설명하지 못한다는 점을 말해준다. 가령 유령의 출현 장면을 살펴보자.

> "그래도 난 저 소릴 멈춰야만 해!" 난 중얼거렸고, 주먹으로 유리창을 깨고는, 집요하게 구는 나뭇가지를 잡으려고 팔을 쭉 뻗었다. 내 손가락은 가지 대신 얼음처럼 차가운 작은 손의 손가락을 움켜줬다! 악몽 같은 격한 공포감이 날 엄습했다. 난 팔을 빼려고 했으나 그것에 손이 달라붙었다. 그리고 아주 울적한 목소리가 흐느껴 울었다. "들어가게 해줘요 — 들어가게 해줘요!" "네가 누군데?" 손을 풀려고 애를 쓰면서 내가 물었다. "캐서린 린튼요." 유령이 떨듯이 대답했다(왜 내가 린튼이란 이름을 생각하지? 난 린튼 대신 언쇼란 이름을 스무 번 읽었는데). "저는 집에 온 거에요. 무어에서 길을 잃었거든요!" 유령이 말할 때 난 유리창을 들여다보는 어린 아이의 얼굴을 희미하게 식별했다. (42)

소설의 초반부에 록우드가 캐서린 유령과 만나 공포에 사로잡히는 이 장면에서 록우드는 초현실과 비이성의 세계에서 자신을 철저하게 분리시키려고 한다. 이러한 분리의 노력 자체가 록우드가 대변하는 이성,

현실, 상식의 세계의 한계를 노정하는 셈이다. 라캉의 언어를 사용하자면 록우드는 모든 현실을 상징적 질서 안에 포괄하려 한다. 하지만, 상징적 질서너머에는 "실재"(The Real)가 있으며 이 실재가 유령으로 나타난다. 그러니까 이 실재가 상징적 질서의 이면을 이룬다. 그렇다면 이 이면을 배제한 현실이나 객관성은 하나의 허구, 즉 환상이 된다. 유령이 환상이 아니라 이성과 상식의 세계만을 현실로 보는 것이 환상이다. 이렇듯 현실과 환상이 전도된다.

이번에는 로맨스의 요소를 살펴보자. 넬리가 히스클리프에게 자긍심을 갖도록 말하는 장면이 좋은 예를 제공한다. "넌 변장을 한 왕자가 되기에 적합해. 네 아버지가 중국의 황제이고, 네 엄마가 인도의 여왕이라는 걸 누가 알게 뭐야?"(67) 또 다른 예는 히스클리프가 넬리에게 이사벨라에 대해서 "[그녀는] 나를 로맨스의 주인공으로 그려보며, 내가 기사처럼 헌신적으로 자기를 대해줄 것이라는 생각에 끝없이 탐닉했거든. 난 그녀를 이성적인 존재로 볼 수는 없어"(141)라고 말하는 장면이다. 고딕 요소와 로맨스의 요소는 분명 사실주의적 면을 약화시킬 수도 있다. 그래서 한 평자의 지적대로 "에밀리는 비현실적 초자연적으로 보이는 세계를 사실적으로 재현하기 위해 록우드와 넬리 두 서술자를 통한 독특한 서술 구조를 효과적으로 활용한다"(고영란 175)고 볼 수도 있다. 그렇다면 현실과 환상의 융합이 이 소설의 한계인가 성취인가? 백낙청은 "사실주의적 정확성과 일견 몽상적 반리얼리즘적 강렬함이 어우러져 어떤 새로운 진실에 도달하기까지 한다면, 이는 분명 '변증법적 성취'의 이름에 값하는 성과이며 소설문학의 본령에 이르렀다 할 것이다"(백낙청 238)라고 말하며 이 소설을 높이 평가한다. 그리고 리비스는 "에밀리 브론테는 천재이고 놀라운 작품인『폭풍의 언덕』은 영국소설사의 전통에서 일종의 변종(a kind of sport)"이라고 평했다(Leavis 39).『폭풍의 언덕』이 그만큼 독창적인 소설이란 뜻이다.

III

『폭풍의 언덕』은 그 자체가 대단히 “격렬한 책”(a violent book)이다. 욕설과 폭력이 난무하고, 애증에 사로잡힌 인물들이 등장한다. 스프링 양날 칼이 장착된 총을 들고 히스클리프에 필사적으로 복수하려 하고, 그의 계략에 빠져 술과 도박으로 파멸하는 힌들리가 있다. 히스클리프가 낭만적 영웅일 것이라는 망상에 빠져 성급하게 결혼하여 인생을 망치는 이사벨라도 있다. 무엇보다도 자신의 우상이었던 캐서린의 무덤을 파헤치고 함께 묻히길 원하는 엽기적이며 웅변적인 히스클리프가 있다.

그런데 다행스럽게도 이런 격정의 이야기를 차분한 어조로 전달하는 서술자들이 존재한다. 록우드는 호기심이 많은 초연한 서술자이고, 넬리 딘은 분별력이 있는 차분한 서술자다. 두 서술자는 등장인물들의 격정의 이야기를 냉각시키는 동시에 사실주의적 면을 더해주는 기능을 한다. 록우드의 경우에는 그의 딱딱함과 열정의 결여가 차분함을 유지하는데 한 몫을 한다. 그리고 넬리 딘의 경우에는 시간이라는 필터를 통해 과거의 애증의 드라마를 담담한 어조로 서술하는 것이 차분함을 유지하는데 한 몫을 한다. 그녀는 등장인물들의 죽음을 언급할 때도 아주 간결하게 묘사한다. 예컨대, 린튼의 죽음에 대해 “록우드 씨, 그분은 더 없이 행복하게 돌아가셨답니다”(243)라는 식으로 묘사한다. 이런 간결체는 인생의 덧없음과 비극적 느낌을 한층 고양시킨다. 이 소설을 제대로 감상하기 위해서는 격정의 로맨스를 이해할 수 있는 뜨거운 감성과 잘 짜인 서술구조를 밝혀낼 수 있는 냉철한 지성, 다시 말해 통합된 감수성이 요구된다. 비유적으로 말하자면 『폭풍의 언덕』은 불과 얼음이 어우러진 독특한 소설이다.

『폭풍의 언덕』을 제대로 이해하려면 독자가 두 명의 서술자들로부터 비판적 거리 혹은 심미적 거리를 유지하는 것이 요구된다. 에밀리 브론테는 단일 서술자를 등장시키는 대신에 "자신을 요새화 하는 즐거움을 취한다"(Davies 25). 사실 그녀는 필명 사용, 남성 서술자의 등장, 그리고 액자소설 양식의 사용을 통해 자신을 요새화한다. 그럼에도 불구하고 주의 깊은 독자라면 그녀의 (여성적) 정체성과 전복적 시각을 파악할 수 있다. 속박이 없는 삶을 추구했던 에밀리 브론테는 이 소설을 열린 텍스트로 만들고, 독자를 텍스트의 내포의미를 결정하는 주체로 만든다. 에밀리는 작가를 진정한 주체로 설정하지 않고 텅 빈 자리로 만든다. 작가의 입장에서 먼저 (의미 혹은 진리의) 절대성을 부정하고 해체해야 비로소 자유로운 주체(혹은 독자)가 탄생할 수 있다고 확신했기 때문이 아닌가 생각한다. 이런 점에서 이 소설은 19세기 소설치고는 서술전략 상의 객관성 혹은 현대성이 단연 돋보이는 작품이다. 텍스트라는 미로 속에서 독자가 길을 제대로 찾아 나오려면 이 논문에서 다룬 서술 구조와 전략을 제대로 숙지할 필요가 있다.

1) Emily Brontë. *Wuthering Heights*. Ed. Linda H. Peterson. Boston: Bedford Books, 1992. 이후 텍스트 인용은 괄호 속에 쪽수만 표기함.

2) 1961년에 웨인 부스(Wayne C. Booth)가 『소설의 수사학』(*The Rhetoric of Fiction*)에서 처음으로 '믿을 수 없는 서술자'에 대한 개념을 사용하였다.

인용문헌

고영란. 「에밀리 브론테 『폭풍의 언덕』」. 한국근대영미소설학회. 영미소설 해설총서 2. 신아사, 2004.

롤랑 바르뜨. 「저자의 죽음」. 『텍스트의 즐거움』. 김희영 역. 동문선. 1997.

미셸 푸코. 「저자란 무엇인가」. 『후기구조주의 문학이론』. 권택영 편역. 민음사. 1990.

박종성. 「에밀리 브론테 『폭풍의 언덕』: 감추기와 드러내기의 서술전략」. 『근대영미소설』. 제5집 제2호 (1998. 12): 79-102.

백낙청. 「『폭풍의 언덕』의 소설적 성과」. 『외국문학』 12호. 1987 봄. 열음사: 230-60.

오정화. 「『폭풍의 언덕』에 나타난 믿을 수 없는 화자와 기독교적 가치」. 『근대영미소설』. 제15집 제2호(Fall 2008): 291-325.

Booth, Wayne C. *The Rhetoric of Fiction*. 1961. 2nd ed. Chicago: U of Chicago Press, 1983.

Brontë, Emily. *Wuthering Heights*. Ed. Linda H. Peterson. Boston: Bedford Books, 1992.

Brontë, Charlotte. "Editor's Preface to the New Edition of *Wuthering Heights*"(1850). Emily Brontë, *Wuthering Heights: Authoritative Text, Backgrounds, Criticism*. ed. William M. Sale, Jr. and Richard J. Dunn. 3rd ed. New York: W.W. Norton, 1990.

Davies, Stevie. "On Reading *Wuthering Heights*: Double-Talk & Double Vision." *Emily Brontë: Heretic*. London: The Women's Press Ltd., 1994: 60-101.

Eagleton, Terry. *Heathcliff and the Great Hunger: Studies in Irish Culture*. London: Verso, 1997: 1-26.

Foster, Thomas C. "A Still, Small Voice," Thomas Foster. *How to Read Novels like a Professor*. New York: HarperCollins, 2008: 67-79.

_______ . "Never Trust a Narrator with a Speaking Part," Thomas Foster. *How to Read Novels like a Professor*. New York: HarperCollins, 2008: 56-66.

Iser, Wolfgang. "The Reading Process: A Phenomenological Approach," David Lodge ed., *Modern Criticism and Theory*. London: Longman, 1988: 212-28.

F. R. Leavis. *The Great Tradition*. Harmondsworth: Peregrine Books, Ltd., 1962.

Sherry, Norman. "Wuthering Heights." *Charlotte and Emily Brontë*. London: Evans Brothers Ltd., 1969: 113-58.

Sutherland, John. "Is Heathcliff a Murderer?" *Is Heathcliff a Murderer? Puzzles in 19th-Century Fiction*. Oxford: Oxford University Press, 1996: 52-58.

Woolf, Virginia. *A Room of One's Own*. Oxford: Oxford University Press, 1992.

CHARLES DICKENS · *Bleak House*

두 화자 이야기

성 은 애 단국대학교

I. 작가 및 작품 소개

찰스 디킨즈(Charles Dickens 1812~1870)는 빅토리아조 당대에서 현재에 이르기까지 끊임없는 대중적 인기를 누리고 비평계의 관심을 끄는 작가이다. 저작권 관련법이 미비하던 19세기 내내 그의 작품은 불법 출판과 표절, 번안의 대상이 되었고, 디킨즈 본인의 대중 낭송회(public reading)를 비롯하여 연극, 영화, 뮤지컬, 애니메이션, 동화 등 다른 장르와 매체로 각색되어 전세계 대중들의 사랑을 받았다. 빅토리아 시대에 유행했던 수많은 대중 소설들이 서서히 기억 속에서 사라져간 20세기 동안에도 디킨즈의 소설에 대한 비평계의 관심은 끊이지 않았고, 영국 문학사에서 셰익스피어에 비길 정도로 대중적 인기와 비평계의 호평을 동시에 확보해왔다.

포츠머스(Portsmouth)에서 해군성 하급 관리 존 디킨즈(John Dickens)의 장남으로 태어나 생애의 대부분을 런던에서 보낸 디킨즈는 대학교육도 받지 못했고 심지어 아버지가 채무자 감옥에 투옥됨으로 인해 어린 시절에 짧게나마 노동계급의 생활을 경험했다는 점에서 18세기부터 감지되는 전업 작가의 계층적 변화를 대변하는 인물이다. 그는 법률사

무소의 서기로 출발하여 의회 출입 기자에서 흥미로운 스케치를 쓰는 저널리스트로 변신해간다. 당대의 저명한 화가 로버트 시머(Robert Seymour)의 화집에 삽입할 짤막한 에피소드를 쓰는 작가로 발탁된 디킨즈는 화가 시머의 갑작스러운 자살로 인해 삽화를 가미한 본격적인 이야기 책의 저자로 역할을 바꾸게 되었는데, 바로 이것이 소설가 디킨즈의 탄생을 알리는 『피크위크 페이퍼즈』(*Pickwick Papers* 1836-37)의 탄생비화이다.

디킨즈는 『피크위크 페이퍼즈』에서 사용했던 분할 출판(serial publication) 방식을 평생 고수했고, 이러한 출판 양식의 장점을 십분 활용했다. 그의 장편소설은 대부분 매월 1실링짜리 소책자를 19개월간 20회분 발간하는 방식이었고, 일부 소설들은 주간지 연재를 활용했다. 월간 분할 출판은 디킨즈의 발명품이자 디킨즈 소설의 형식을 규정하는 것이기도 했다. 이러한 형식은 빅토리아조의 문단에서 수많은 모방자를 만들어냈지만, 디킨즈만큼 그 장점을 극대화한 작가는 없었다.

독자들의 관심과 기대감을 유지하는 것이 핵심인 분할 출판 형식은 매월 일정한 날짜에 발매되었으며, 마지막 19개월째에는 결말을 궁금해 하는 독자들의 기대에 부응하여 19회와 20회분의 합본호를 발매하였다. 각 회는 서스펜스를 자아내는 소위 '클리프 행어'로 마무리되어 다음 회에 대한 독자들의 기대감을 높였다. 장면 전개는 빠르고 역동적이었으며, 내용에 대한 독자들의 이해를 돕기 위해 삽화가 포함되었다. 그가 개발한 새로운 출판 방식은 그 당시만 해도 여전히 값비싼 상품이었던 소설을 대중화하는 데 크게 기여했다. 매월 평균 4-5만권 이상 팔려나간 그의 소설은 당시의 인구와 문자 해독률에 비추어보면 오늘날 영화나 밀리언셀러 소설들에 맞먹는 대중적 인기를 누린 셈이다.

디킨즈는 당시 유행하던 모든 대중적 장르의 특색을 십분 활용하여, 한 번 읽고 나면 절대로 잊을 수 없을 만큼 강한 개성을 가진 다양한 계층의 인물로 대중들의 관심을 사로잡았다. 그는 전형적인 악한들이 등장하여 천사 같은 주인공들을 괴롭히는 멜로드라마적인 구성, 음침한 뒷골목과 떠들썩한 거리의 생생한 묘사, 생기발랄한 유머, 범죄물과 미스테리 소설을 뒤범벅한 복잡한 플롯 등 독자들의 흥미를 쉽게 끌 수 있는 모든 요소들을 그의 작품에 집어넣었다.

디킨즈는 베스트셀러 작가였을 뿐만 아니라 잡지의 편집자였고 대중낭송가였으며, 왕성한 사회활동을 하던 성공한 문인의 대명사였다. 인쇄 기술의 발달, 새로운 출판 방식의 등장, 문자 해독률의 증가, 지가(紙價)의 하락, 대도시 중산층 독자의 확대 등의 사회적 상황이 디킨즈의 대중적 성공을 가능케 한 역사적 조건이었다면, 독자들의 취향을 간파하여 활용하면서도 그것을 당대의 현실에 대한 근원적인 비판으로까지 끌고 나아간 것은 소설가 디킨즈의 탁월한 성취라고 할 것이다.

디킨즈가 40세 되던 해인 1852년 3월에 시작되어 1853년 9월에 완간된 『블리크 하우스』(*Bleak House*)는 디킨즈의 작품 세계에서 상대적으로 전반기의 작품보다 좀 더 어둡고 비판적인 시선을 보여주는 후반부의 대표적인 작품 중 하나다. 『블리크 하우스』는 당대 영국의 법조계의 비효율성과 혼란스러운 대도시 런던의 모습을 도회적 감성으로 그려낸 작품으로 알려져 있지만, 무엇보다도 당시로서는 파격적인 서술상의 실험을 시도한 작품으로도 기억될 만하다.

II. 다중 화자의 등장과 그 의의

『블리크 하우스』는 기본적으로 2명의 화자가 번갈아 등장하여 이야기를 이끌어간다. 디킨즈는 블리크 하우스』직전의 두 작품에서

『블리크 하우스』에 사용될 두 가지 서술 방식을 마스터한 것으로 보이는데, 그 하나는 『돔비 부자』(*Dombey and Son*)의 3인칭 서술 방식이며, 다른 하나는 『데이빗 커퍼필드』(*David Copperfield*)에서 활용했던 1인칭의 자서전식 서술이다(Page 175).

먼저 등장하는 화자는 많은 비평가들이 디킨즈 자신(혹은 함축된 저자 implied author)과 동일시하며, 이야기 외부에 위치한(extradiegetic) 3인칭 화자로서 이 화자는 현재 시제로 당대의 런던과 그 주변을 자유자재로 오가며 다양한 인물 군상을 스케치한다. 또 한 명의 화자는 7년 전의 사건을 과거시제로 서술하는 1인칭 화자이자 여주인공 에스터 써머슨(Esther Summerson)으로서, 에스터는 가령 『제인 에어』(*Jane Eyre*)를 비롯하여 고아를 주인공으로 하는 당대의 성장 소설의 주인공 전통을 따르는 인물이다. 스토리와 서술자의 위치, 세계관, 스타일의 면에서 뚜렷한 대조를 보이는 두 화자를 챕터마다 번갈아 내세워 이야기를 전개하는 이러한 시도는 당대로서는 매우 특이하고 대담한 실험이라고 할 수 있다.

이러한 이중 서술의 성패는 두 화자의 개성의 차이가 얼마나 뚜렷하게 부각되는가에 달려있다고 해도 과언이 아니다. 디킨즈가 이러한 시도의 특이함을 의식하고 두 화자의 대조적인 성격과 역할을 설정하는 데 신경을 썼다는 흔적은 여기저기에서 발견된다. 디킨즈는 분할출판의 한 회분 안에 두 화자의 이야기가 골고루 배치되도록 했고, 특히 첫 회분에서는 1-2장을 3인칭 화자가, 3-4장을 에스터가 이야기하게 하면서 두 화자의 대조적인 어조가 뚜렷하게 부각되도록 배려했다. 디킨즈는 두 화자 가운데 어느 한 화자의 시각을 선호하기보다는 분량 상으로도 거의 반반 정도를 배분하고 있다. 전체 작품에서 에스터와 3인칭 화자가 차지하는 비율은 전체 67개 장 중에서 3인칭 화자의 서술이 34장, 에스터의 서술이 33개를 차지함으로써 거의 비슷하다. 대다수의 회분에는 양쪽 화자가 다 포함되어 있는데, 3인칭 화자만으로 구성된 회분은 7, 9, 13, 15, 17회분으로 총 5회분이며, 에스터의 이야기로만 구성된 회분은 12회분뿐이다. 대체로 보아 작품의 후반으로 갈수록 분할 출판의 한 회분이 3인칭 화자만으로 구성된 경우가 증가하는 추세를 보이지만, 그러나 전체 분량으로 놓고 보면 후반부에도 두 화자는 거의 반반의 비율을 유지하고 있다.

『블리크 하우스』의 두 화자는 여러 가지 면에서 매우 대조적인 스타일을 보여준다. 3인칭 화자는 화려하고 웅변적이며 정교한 수사법을 사용하는 반면, 에스터는 디킨즈의 서술이라고는 보기 힘들만큼 밋밋하다고 느껴질 정도로 평이하고 단순한 어조를 사용하고 있는 것이다. 이렇듯 대조를 보이는 두 화자의 활용을 보는 비평가의 입장은 대체로 두가지로 나뉜다. 한 가지 입장은 이질적인 두 화자의 이항대립(binary opposition) 관계에서 결국은 한 화자가 다른 화자의 서술을 풍자, 비판하고 있다는 평가이고, 또 다른 입장은 두 화자의 대조에도 불구하고 그들이 생산적인 긴장관계에 있다고 분석하는 것이다.

예를 들어 에스터의 이야기에서 드러나는 공감과 배려라는 미덕이 3인칭 화자가 냉소적으로 풍자하는 험난한 세상을 조금 더 나아지게 할 수 있음을 작가가 보여주고 있다는 식의 분석이나(Delepinasses 260-261), 이와는 반대로 에스터의 현실순응적이고 중산층적인 미덕이 3인칭 화자의 통렬한 현실풍자에 비추어져서 아이러니의 대상이 된다고 주장하는 경우(Morris 84)는 두 화자 중 어느 한쪽이 작가의 의도에 따라 다른 화자의 서술을 비판적으로 수용하고 있다는 입장에서 나온 것이다.

어느 한쪽의 화자가 준거점이 되기보다는 두 화자의 목소리가 영원히 화해할 수 없는 긴장과 대립, 통일성이라는 개념 자체에 대한 도전을 의미하는 것이라거나(Garrett 30), 두 화자의 해소되지 않는 대조가 개방성/폐쇄성, 혼돈/질서, 언어의 과잉/언어의 경제, 텍스트/육성 등의 대립을 보여준다는 설명(Connor 66-68, 74-76)은 모두 두 화자의 대등한 역할과 긴장감에 중점을 둔 것이다. 혹은 두 화자가 실질적으로는 상호배타적인 것이 아니라 상호보완 내지 동맹의 관계라고 하는 설명도 있다(Meckier 16-18; Davies 210-214).

이런 식의 다양한 평가와는 별개로 대부분의 평자들은 이 작품의 이중서술이 매우 실험적일 뿐 아니라 디킨즈 후기작의 전형적인 특성을 보여준다고 지적한다. 이러한 평가들을 염두에 두고 이제 대조적인 두 화자의 관계를 설정하는 데 있어서 작가가 어떠한 장치들을 사용하고 있으며, 이러한 두 화자의 활용이 어떠한 효과를 내는가를 살펴보기로 하자.

III. 3인칭 화자: 카메라의 웅변

작품의 처음은 3인칭 화자가 서술한다. 이 화자의 언어는 디킨즈의 후기작이 종종 보여주는 복잡하고 풍부한 어휘와 디테일, 시적인 리듬, 시점의 빠른 이동, 다양한 화법간의 급속한 전환 등의 특징을 고르게 보여준다. 런던 풍경을 묘사하는 작품의 첫 단락을 보자.

> 런던. 미클마스 개정기(開廷期)가 막 끝나고 대법관은 링컨즈 인 홀에 앉아 있다. 무자비한 11월 날씨. 지구 표면에서 방금 홍수가 빠져나간 듯 거리에는 엄청난 진흙, 40피트 정도 길이의 메갈로사우루스가 호본 힐 위를 코끼리만한 도마뱀 형상으로 저벅거리며 다니고 있대도 놀라운 일은 아닐 것. 굴뚝에서 내려온 연기는 함박눈 송이만큼이나 커다란 그 숯검댕 조각들로 부드러운 검은 가랑비를 이루고 — 태양의 죽음을 애도하는 상복을 입었다고 상상해 봐도 좋을 듯. 개들은 진창

속에서 구분이 안 됨. 말들도 더 나을 것 없어 눈가리개에까지 흙탕물이 튀김. 보행자들은 언짢은 기분이 모두에게 감염된 듯 서로의 우산을 밀치고, 길모퉁이에서 발 디딜 곳을 잃어버리고, 그 모퉁이에서는 날이 밝은 (이런 날도 밝았다고 말할 수 있다면) 이후 수 만 명의 다른 행인들이 헛디디고 미끄러져 더께더께 쌓인 진흙 위에 또 새 진흙을 맡기고, 진흙은 보도의 그 부분에만 끈덕지게 달라붙어 복리 이자처럼 쌓이고 있다. (49)[1)]

이 단락은 런던이라는 도시와 그 속의 형평법원(Court of Chancery)을 이 작품의 구체적인 배경으로서 제시하고, 구질구질한 11월의 날씨와 런던 거리의 풍경을 묘사한다. 그런데 이 부분을 뒤에 나오는 형평법원의 풍경이나 체즈니 월드(Chesney Wold), 에스터의 런던행과 연관시켜보면 각각의 디테일들이 막연한 분위기의 묘사나 주요 이미지의 제시에 그치는 것이 아님을 알 수 있다.

화자는 첫 단락의 디테일들을 그 이후에 나오는 작품의 소재들과 연관시킴으로써 이 작품에 나오는 서로 다른 요소들이 하나의 시스템으로 연관되어 있음을 암시한다. 6번째 문장부터 묘사되는 미끄럽고 더러운 거리의 진창은 런던 시민에게는 날마다 가까이 대하는 일상적 풍경의 묘사(Ford & Monod ed. 904-906)이면서, 바로 다음에 나오는 형평법원의 고약한 절차와 바로 연관된다. "미끌거리는 선례(先例)들 위에서 서로 발을 헛디디게 하는", "전문적인 절차에 무릎까지 빠져 허우적거리는"(50) 등의 표현은 첫 단락에 나오는 런던 거리의 진창과 연결되는 것이다. 공해 물질과 섞어 내리는 '검은 가랑비(black drizzle)'는 형평법원의 변호사들 이름인 치즐(Chizzle), 미즐(Mizzle)(53)과 각운(脚韻)이 맞으면서 첫 단락의 묘사와 형평법원간의 연관을 더욱 뚜렷하게 한다. 법원 내의 농담거리로 전락한 잔다이스(Jarndyce) 소송은 런던 거리에 메갈로사우르스가 나타나는 상상 속의 장면과 연관되어 "그 피곤한 긴 몸뚱이를 질질 끌고"(52) 있다. 런던 거리의 행인들이 느끼는 불쾌한 기분은 마치 톰 올 얼러운즈(Tom-All-Alone's)의 전염병이 온 나라에 퍼지는 것 같은 느낌이며, 행인들의 발걸음에 튀어나와 쌓인 진흙은 형평법원 소송의 엄청난 비용처럼, 혹은 스몰위드(Smallweed) 영감의 고리대 자본처럼 "새로이 맡겨져", "복리이자로 쌓이고" 있는 것이다. 이러한 '연관'의 강조는 이 작품을 지탱하는 뼈대인 동시에 디킨즈의 후기작에 특징적인 현실인식이기도 하다.

이러한 이미지의 연결을 통하여 형평법원은 런던의 안개와 부슬비와 진창처럼 모든 사람들의 일상을 지배하는 실체로 드러나는 동시에, 런던 거리의 일상적인 묘사는 단순한 배경의 차원에서 벗어나 영국 사회 전체의 모습을 엿보는 단서들을 제공한다. 길에서 그냥 앞으로 걸어나가는 일조차 쉽지 않은 초겨울 런던의 질퍽거리는 모습은 마치 만국 박람회의 개최로 한껏 들떠 있던 당시의 영국을 사로잡았던 진보(Progress)의 이념에 대한 비판인 듯 보이기도 한다(Heady 312-313).

애초에 이 3인칭 화자는 이 작품의 주된 화자로 주목을 받았으며, 디킨즈 자신과 동일시되었다. 디킨즈 사후에 에드먼드 윌슨(Edmund Wilson)과 조지 오웰(George Orwell) 등의 비평가는 이 작품이 보여주는 당대 영국 사회에 대한 체제비판적의 측면을 집중적으로 부각시켰고, 그리하여 작품의 다른 반쪽인 에스터의 개인사는 상대적으로 소홀하게 다루어졌고 심지어 썩 성공적이지 못한 여주인공으로 취급되기도 했던 것이다(전승혜 77).

디킨즈 자신과 동일시되기도 하는 이 3인칭 화자는 흥미로운 인물 설정이나 사회비판에 능한 작가로서 뿐 아니라 언어를 자유자재로 부리는 위대한 예술가 디킨즈의 진가를 느끼게 하는 다채로운 수사법을 사용한다. 그 중 주요한 기법은 반복법에 의한 리듬의 생성, 의인화와 사물화의 사용을 통한 묘사의 응집력 강화, 성서와 기도서의 인유를 이용한 다채로운 수사 등이다. 3인칭 화자의 풍성하고 다채로운 스타일은 디킨즈의 후기 소설에 드러난 디킨즈의 언어에 대한 관심을 불러일으키는 데 결정적인 역할을 했다. 디킨즈의 언어가 위대한 시에 대해서 독자들이 보이는 반응과 동일한 종류의 반응을 불러일으킨다는 말은 바로 3인칭 화자의 이러한 언어적 특성에 해당된다(Gill 154).

3인칭 화자는 첫 장면의 묘사에서 볼 수 있듯이 마치 빠르게 이동하는 카메라의 눈처럼 런던 주변의 모습을 보여준다. 일반적인 사실주의적 기록을 목적으로 하는 카메라워크와 3인칭 화자가 다른 점은, 3인칭 화자의 경우 특정한 인물을 따라가는 것도 아니고 연대기 순으로 사건을 보여주는 것도 아닌, 매우 역동적인 움직임을 보여준다는 것이다. 게다가 3인칭 화자는 제시된 디테일이 지니는 의미에 대한 설명도 없는 방식을 취한다는 것이다. 이러한 서술 양식은 마치 화자 자신은 침묵하면서 그 장면 자체로 무작정 독자들을 데리고 가는 느낌을 준다. 현재 시제로 이루어진 서술에 의해 달성된 이러한 시각화의 효과로 인해서 초반의 묘사는 매우 빠르게 장면 전환이 이루어지는 역동적인 영화의 느낌을 준다.

반면 특정한 장면에서 화자는 갑자기 이야기 바깥에 있는 독자들에게 이야기로의 참여를 적극적으로 호소하는 서술을 내비치기도 한다. 톰-올-얼로운즈의 거리 묘사나, 조(Jo)의 죽음을 통탄하는 부분, 혹은 리처드(Richard)를 파멸시키는 뱀파이어의 이미지로 등장하는 볼스(Vholes)의 묘사 등은 3인칭 화자 자신의 웅변적인 목소리를 직접적으로 들려주기도 한다.

> 빛이 어두운 밤거리 위로 비쳤다. 죽었다!
> 죽었습니다, 폐하! 죽었습니다, 고관대작과 신사 여러분! 죽었습니

> 다, 모든 교파의 진정한 목사님들, 그리고 그릇된 목사님들! 죽었습니다, 당신의 가슴에 천상의 동정심을 타고난 남성분, 그리고 여성분들! 그리고 우리 주변에서 매일 이렇게 죽어갑니다. (705)

부랑자 조의 죽음을 묘사하는 위의 장면은, 의사 우드코트가 죽음을 맞은 조에게 마지막으로 조가 평생 암송해본 적이 없는 주기도문을 읊어주는 묘사에서, 조의 숨이 끊어짐과 동시에 갑자기 서술의 방향을 독자들에게 돌린다. 화자는 국왕에서 귀족, 성직자, 이름 없는 일반 남녀에 이르기까지 영국 사회의 모든 계층의 사람들을 호명하여 조의 부음을 알린다. 화자는 조가 특이한 인물이 아니라 바로 영국 사회의 모든 사람들이 합동으로 만들어낸, 영국 사회의 산물임을 지적하며(696), 바로 우리 곁에서 이런 식으로 매일매일 수많은 조가 죽어가고 있음을 웅변적으로 주장하고 있는 것이다. 이는 첫 장면에서 빠르게 이동하는 카메라와 같은 시선으로 런던과 근교의 모습을 형상화하며 이것을 그 뒤에 나올 형평법원의 이야기와 연결시키는 서술과는 대조적으로, 직접 독자들에게 공감을 호소하는 방식을 취한다. 이러한 이야기꾼의 스타일은 현대 독자들에게는 종종 작가의 과도한 개입에 의한 서술 흐름의 단절로 간주되기도 하지만, 연재물과 대중 낭송 등으로 독자들과의 직접적인 교류를 선호했던 디킨즈에게는 매우 긴요하게 사용되었던 방법이기도 하다. 문제는 이러한 서술을 어떤 경우에 어느 정도 비중으로 사용할 것이냐, 하는 점일 것이다.

디킨즈는 서로 다른 성격의 서술을 한 화자 안에 융합하여 적절한 비율로 사용함으로써 독자들의 공감과 격정과 서스펜스를 적절하게 조절한다. 독자에게 직접 말을 건네며 공감을 유도하는 웅변적인 이야기꾼의 성격과, 이 소설 전반에 걸친 미스테리를 독자들과 함께 더듬으며 풀어나가는 관찰하는 카메라와 같은 성격을 동시에 지닌 3인칭 화자의 서술은 대중 소설가 디킨즈의 역량을 그대로 보여준다. 물론 그 '적절함'이란 시대에 따라 다르게 평가될 수 있을 것인데, 멜로드라마의 감정 과잉에 익숙했던 빅토리아조의 독자들은 현대 독자들에 비해서 이러한 격정과 웅변을 보여주는 이야기꾼 스타일의 화자에 익숙해 있었고 따라서 상대적으로 그러한 화자를 선호했을 것이다. 분명한 것은 게다가 적어도 『블리크 하우스』의 경우 상반된 서술 양식의 배합이 현대 독자들의 눈으로 보아도 과히 낙후되어 보이지 않는다는 점이다.

그렇다면 문제는 이렇듯 독자들이 예전부터 알고 있던 디킨즈, 혹은 함축된 저자의 성격을 그대로 보여주는 3인칭 화자 이외에 또 다른 화자인 에스터에게 작품의 반을 할애한 것을 어떻게 볼 것이냐 하는 점이다.

IV. 에스터: 고아 소녀의 성장기

에스터를 3인칭 화자의 폭넓고 발 빠른 이동 반경과 심오한 사회 비판을 희석시키는 인물, 즉 그 의도가 어떠했든 결국은 실패한 화자로 보느냐, 아니면 이 작품의 메시지에서 핵심적인 역할을 한다고 보느냐는 평자에 따라 그 견해가 다양하게 갈리는 경향을 보인다. 그러나 1970년대 이후 그 이전에 간과되어 오던 에스터의 젠더와 서술의 문제를 비평가들이 제기한 이래 에스터가 단순히 인물로서 썩 인상적이지 못한, 따라서 3인칭 화자에 비해선 없느니만 못한 화자라는 평가는 달라지기 시작했다. 에스터는 3인칭 화자가 제기한 사회 문제에 대하여 작가가 제시한 대안의 성격을 띠게 되었고(전승혜 95-97), 나아가서는 모성의 상실과 주체의 형성 과정을 통해서 빅토리아조 모성 이데올로기에 대한 비판적 대응을 보여주는 것으로 평가되기도 한다(김진

옥 28-30). 이제부터 에스터의 서술이 지니는 의미를 좀 더 상세하게 검토해보기로 하자.

작품의 나머지 절반을 이끌어가는 에스터의 이야기는 일종의 변형된 자서전이다. '변형된'이라는 수식어를 붙인 이유는 두 가지인데, 첫째 이유는, 이 작품이 1인칭 서술로 이루어진 에스터의 성장기가 3인칭 화자의 이야기와 교차되어 등장하는 구조를 지니고 있어서, 에스터의 성장기가 3인칭 화자의 이야기에 의해 다분히 수정되고 채색된다는 점이다. 따라서 에스터는 자신의 이야기를 온전히 자신의 말로 서술하는 자서전의 화자와는 다른 위치에 놓이게 된다. 이 작품이 '변형된' 자서전인 두 번째 이유는, 에스터의 서술에서 에스터 자신의 성장과정이 아닌, 에스터가 관찰한 당대 사회의 여러 인물들의 이야기가 너무 많은 비중을 차지하고 있기 때문이다. 에스터의 서술 부분을 전체적으로 놓고 보면 일반적인 의미에서의 자서전과 에스터라는 특정한 성격을 지닌 인물이 관찰한 당대의 영국 사회의 이야기로 나누어진다. 그런데 에스터의 서술에는 당시에 유행하던 자서전에 비해서 주인공 겸 화자의 비중보다 주인공이 관찰한 외부 세계의 모습이 더 큰 비중을 차지하고 있는 것이 특이하다.

그럼에도 불구하고 에스터는 우선 3인칭 화자와의 대조를 염두에 두고 3인칭 화자와는 대조적으로 매우 평이하고 친근한 어투로 자신의 성장과정을 이야기하는 것으로 자신의 서술을 시작한다. 제 3장에 갑자기 등장하는 "나(I)"라는 화자는 앞으로 자기가 써야할 몫의 이야기를 놓고 난감한 느낌을 이렇게 말하고 있다. 이러한 소박한 서두는 3인칭 화자의 변화무쌍한 언어, 광대한 시각과 극명한 대조를 이룬다.

> 나는 내가 맡은 부분을 쓰기 시작하는 것이 엄청나게 어려움을 느낍니다. 왜냐하면 나는 내가 그다지 똑똑하지 못하단 걸 알고 있으니

까요. 나는 항상 그 사실을 알고 있었습니다. 내가 기억하기로는 내가 정말로 아주 어린 소녀였을 때인데, 나는 내 인형과 둘만 있을 때면 인형에게 이렇게 말하곤 하였습니다. "자, 아가, 난 별로 똑똑하지 않단다, 너도 잘 알지, 그러니까 너 잘 참고 내 얘길 들어야 해, 아이 착하지!" 그러면 인형은 커다란 안락의자에 기대어 앉아 그 아름다운 얼굴과 장밋빛 입술로 나를 바라보았고—아니, 나를 바라본다기보다는 아무 것도 안 본다고 해야겠지요—그러고 있는 사이 나는 분주하게 이것저것 바느질해가면서 내 비밀을 모두 말해주었습니다.(62)

여기서 에스터는 자신이 별로 명석하거나 언어적 재능이 있는 편이 아니라는 점을 거듭 강조하는 한편, 어렸을 때부터 인형에게 비밀을 털어놓는 것이 일상의 일부였다는 것을 보여줌으로써 외로운 어린 시절을 암시함과 동시에 '이야기를 하는 것'에는 어느 정도 익숙해져 있음을 은근히 드러내기도 한다. 에스터의 이야기 전체를 놓고 볼 때 스스로 '이야기를 쓰고 있다'는 자의식[2)]을 드러내는 부분이 양적으로 많은 것은 아니지만, 이러한 자의식은 3인칭 화자에게서는 볼 수 없는 것이기 때문에 이 부분의 갑작스런 "나(I)"의 등장은 독자들의 시선을 끈다.

그러나 무엇보다도 에스터의 어투가 3인칭 화자와 다르게 느껴지는 것은 에스터가 상대적으로 단순한 어휘와 구문을 구사하고 있다는 점이다.[3)] 또 에스터는 계급적 · 지역적 색깔이 들어있지 않은 직선적이고 간결한 표준어를 구사한다는 점에서 디킨즈의 작품에 등장하는 소위 선한 인물들의 전형적인 언어를 사용한다고 할 수 있다(Golding 25-26).

에스터와 3인칭 화자는 움직이는 반경이 다르기 때문에, 두 화자의 묘사 대상도 확연하게 구분된다. 가령 3인칭 화자의 이야기에 등장하는 상당수의 인물들이 에스터의 이야기에서는 전혀 등장하지 않거나 아주 잠깐 스쳐지나가는 식으로만 등장하고, 반대의 경우도 그러하다는 것이다.

반면에 동일한 대상을 묘사하는 경우에 3인칭 화자와 에스터의 시각차가 확연하게 드러난다. 가령 체스니 월드(Chesney Wold)에 대한 에스터의 묘사는 3인칭 화자의 묘사와는 정반대의 입장을 보여준다.

> 오, 자비로운 일들을 하려는 천사들의 날개가 여름 공기를 가르며 스쳐지나가는 것처럼 빛과 그늘이 빠르게 움직여가는 장엄한 숲이여. 매끄러운 초록빛 언덕, 반짝이는 냇물, 꽃들이 가장 풍성한 빛깔로 모여 균형 있게 배열된 정원, 이런 것들이 얼마나 아름다웠던지! 박공지붕과 굴뚝, 탑, 홈통, 어두운 문간, 널찍한 테라스, 그 난간을 따라 감아 올라가서 화병들 위에 무더기로 놓여 있는 장미, 이런 것들로 이루어진 그 집은 그 날렵한 견고함과 그 주변의 모든 것에 깃든 잔잔하고 평화로운 침묵으로 인해 거의 이 세상의 것으로 보이질 않았습니다. 나와 에이다에게는 그것이 무엇보다도 지배적인 인상이었습니다. 집, 정원, 테라스, 초록빛 언덕, 물, 오래된 떡갈나무, 양치류, 이끼, 또 나무들, 그리고 멀리 저쪽으로 보이는 평지를 가로질러, 눈앞으로 널찍하게 펼쳐진 자줏빛 꽃이 피어있는 저 먼 곳까지, 이 모든 것에 그렇게도 고요한 휴식이 깃들어 있는 듯 보였습니다. (300)

에스터의 서술은 체스니 월드의 속사정을 전혀 모르는 상태에서 처음으로 대저택과 정원을 감상한 소녀의 찬탄과 감동을 그대로 보여준다. 2장에서부터 데들록(Dedlock) 가문의 거처를 매우 공들여 묘사하고 있는 3인칭 화자의 이야기에서 체스니 월드를 접해온 독자들로서는 에스터와 에이다의 이러한 찬탄에 고개를 갸우뚱하지 않을 수 없는 것이다. 적어도 3인칭 화자에 의해 설정된 체스니 월드는 침체와 부패와 우울의 상징이기 때문이다.

> 혼자 다니려는 사람은 거의 없고, 불에서 재만 떨어져도 하녀들이 비명을 지르고, 언제나 어느 계절에나 걸핏하면 눈물을 짜고, 우울증의 희생양이 되어 사람들에게 경고를 해주고 떠나 버리는 곳. (931)

그렇다면 독자들은 이 두 가지 서술 중 어떤 것이 더 무게를 두어야 할 것인가? 정보의 양으로 보나 화자의 위치로 보아 독자들은 작품의 초반부터 데들록 가문의 이야기를 상세하게 펼쳐 보여준 3인칭 화자의 이야기를 더 신뢰할 수밖에 없다. 그러나 이 경우에도 데들록 가문을 속속들이 알 리 없는 에스터의 찬탄이 3인칭 화자에 의해 전복되거나 조롱의 대상이 된다고는 볼 수 없는데, 그것은 에스터의 경우 데들록 가문에 대한 사전 지식이 전혀 없을 뿐 아니라 이렇듯 높은 지위를 가진 사람의 저택을 본격적으로 구경해본 경험도 없음을 독자들이 이미 알고 있기 때문이다. 또한 에스터 자신도 '~듯이 보였다'(appear)라는 동사의 반복적인 사용을 통해서, 자신이 본 것은 처음으로 본 인상에 불과하다는 자의식을 자기도 모르게 드러내고 있으므로, 독자들은 이 장면을 체스니 월드에 대한 에스터의 최종적인 판단이라기보다는 앞으로 일어날 일을 전혀 알지 못한 상태의 순진한 에스터가 멋진 저택과 정원을 보고 느끼는 감동을 솔직하게 묘사한 것으로 받아들이게 된다. 또한 이러한 시선의 차이는 앞으로 에스터가 데들록 부인과 관련하여 겪게 될 파란만장한 모험과 대조를 보임으로써 독자들의 감정의 굴곡을 예비해준다.

그러나 화자로서의 에스터는 3인칭 화자만큼 신뢰할 수 있는 화자는 아니다. 그녀는 자신과 직접적으로 관련 있는 이야기를 함에 있어서 사실을 솔직하게 드러내기보다는 은폐하고 왜곡하려 하는 경향이 있기 때문이다. 예를 들어 서술을 하는 시점에서는 자신의 남편인 우드콧(Woodcourt)과의 첫 대면은 이상할 정도로 사소하게 그려진다.

> 나는 그 가족 만찬에 다른 사람이 있었다는 것을 제 때 언급하지 못했습니다. 그 사람은 숙녀가 아니었습니다. 그 사람은 신사였습니다. 그 사람은 얼굴이 가무잡잡한 신사 — 젊은 의사였습니다. 그는 말수가 적은 편이었지만, 나는 그가 매우 분별력 있고 상냥하다고 생각했습니다. 최소한 에이다가 내게 그렇게 생각지 않느냐고 물었고, 난 그렇다고 대답했습니다.(233)

여기서 에스터는 자신의 감정을 지나칠 정도로 은폐하려하지만, 감정을 일부러 가리고 있다는 것이 드러나 도리어 그녀의 심적 동요가 은연중에 강조된다. 에스터는 우드콧이 숙녀가 아니라 신사였다는 무의미한 말을 똑같은 유형의 단문으로 거듭 얘기하는데, 이와같이 감정의 동요가 마치 초등학생의 작문연습 노트에 적힌 글귀와 같은 단문의 나열로 드러난 경우는 이외에도 많다.

> 그 다음날 손님이 왔습니다. 알런 우드콧 씨가 왔습니다. 그는 작별인사를 하러 왔습니다. 그는 미리 그렇게 하기로 약속을 했었습니다. 그는 임검선(臨檢船)의 의사로 중국으로 그리고 인도로 간다는 것입니다. 그는 오래 오래 떠나 있을 것이었습니다.(291)

또 에스터는 어떤 말을 하고나서 자기 말이 지나치다고 생각한다는 듯이 뒤에다가 '최소한(at least)'이라는 표현을 어색하게 갖다 붙이기도 한다. 특히 이 말은 우드콧에 대한 자신의 반응을 직설적으로 말하기 어려운 경우나 자신의 표현이 지나치게 노골적이라고 여겨졌을 때 이를 완화하기 위한 도구로 자주 쓰인다. "나는 그 [Woodcourt]가 부자가 아니라고 생각합니다 — 최소한 그렇게 알고 있습니다."(291) 같은 부분에서도 이러한 경향이 반복된다. 우드콧에 대한 에스터의 서술에서 종종 '최소한'이라는 단어는 공연히 들어가 있을 뿐아니라, 두 사람의 관계가 진전되는 데 중요한 단서들은 마치 얘기하지 않아도 상관없다는 듯 "혹은…"의 반복으로 덧붙여진다. 에스터와 우드콧의 관계에서 중요한 요소가 전혀 중요하지 않은 듯이 얼핏 내비쳐지는 어투도 자주 등장한다. 가령 "그는 나보다 일곱 살 위였습니다. 내가 이 말을 꼭 해야 되는 건 아닙니다. 그건 어떤 것과도 상관없는 얘기 같으니까요."(291)라는 대목도 나이상으로는 에스터와 우드콧이 연인 관계로 발전할 수 있는 가능성이 있음을 결정적으로 겉으로는 마치 빼버려도 상관없는 것처럼 제시된다.

이러한 촛점 흐리기의 또 다른 방법은 우드콧에 대한 자신의 느낌을 말하는 대신 그의 상태를 사심 없이 염려하고 배려하는 자신의 마음을 강조하는 것이다. 이러한 면이 가장 두드러지는 것은 병을 앓고 난 후 처음으로 그와 만나는 장면이다. 처음에 에스터는 사람들 틈에서 그를 알아보고 그가 자기를 보는 것이 두려워 몸을 숨긴다. 그러나 그녀는 스스로 그를 단념하기로 마음을 정리한 바 있고 잔다이스로부터 청혼까지 받은 상태였으므로 그를 만나는 것을 두려워할 이유가 없다고 계속 다짐한다. 마침내 그를 만나는 장면은 다음과 같이 묘사된다.

> 나는 모자를 벗고 베일을 반쯤 걷어 올리고—반쯤 내렸다고 해야 옳겠지요, 그렇지만 그건 별로 문제되지 않습니다—명함을 한 장 꺼내어 내가 리처드 카스톤 씨와 마침 그곳에 와 있노라고 써서 우드콧 씨에게 보냈습니다. 그가 즉시 왔습니다. 나는 그에게 제일 처음으로 그의 귀국을 환영하는 사람 중에 우연히 끼게 되어 기쁘다고 말했습니다. 그리고 나는 그가 나를 매우 안됐다고 생각하는 걸 알았습니다. (679-680)

우드콧이 그녀에 대해서 '안됐다고 생각한다(be sorry)'는 표현은 이후에도 반복되는데, 이는 다른 형용사를 씀으로서 그의 감정을 더 자세히 보여주는 것을 피하고 싶은 에스터의 심경을 드러낸다. 또 그녀는 얼굴을 가리기 위한 베일을 '반쯤 내렸다'고 하는 대신 '반쯤 올렸다'고 표현하였다가 사실은 반대라는 것을 아주 사소한 일처럼 덧붙이면서 당황한 감정을 드러낸다. 베일을 반쯤 올리든 반쯤 내리든 결국 겉보기는 마찬가지니까 문제가 안 될 수도 있지만, 조금이라도 감추려고 끌어내린 것과 조금은 드러내 보이려고 끌어올린 것은 감정적인 자세의 면에서 상당한 차이가 있다. 즉 망가진 얼굴을 우드콧에서 보이기 싫은 마음을 드러내지 않으려 짐짓 담담한 척하다가, 그것이 자신의 진의가 아니었다는 것을 가볍게 언급하고 지나가는 것이다. 이러한 삽입구를 굳이 덧붙이는 것은 에스터가 자신의 감정을 솔직하게 드러내지 않으려하는 성향을 가졌음을 드러내면서도 동시에 그녀가 가진 진심의 일단을 보여주려는 작가의 의도에서 비롯된 것이다.

이러한 에스터의 성격 자체를 어떻게 평가할 것이냐는 평자에 따라 다를 수밖에 없겠으나, 남성 작가인 디킨즈가 에스터라는 여성 인물의 착잡한 감정과 콤플렉스와 그 극복의 과정을 세밀하고도 사실적으로 보여준 것만은 사실이다. 이로써 에스터는 제인 에어와는 성격이 다른, 얼핏 보기에는 전형적으로 자기희생적인 빅토리아조의 이상적인 현모양처형 여성이면서도 동시에 모성의 이데올로기에 질문을 던지는 실감나는 인물로 형상화되었으며, 그것이 주로 그녀의 망설이는 듯 수줍어하는 서술 방식을 통해서 이루어졌음을 알 수 있다.

물론 3인칭 화자와 에스터의 어조가 뚜렷한 차이를 보이도록 설정되었음에도 불구하고 에스터의 어조가 처음부터 끝까지 일관되게 유지되고 있는 것은 아니다. 이것을 인물의 일관성을 유지하지 못한 작가의 착오나 실수로 보아야 할지, 혹은 작가가 의도적으로 인물 설정의 일관성이 크게 지장을 받지 않는 범위 내에서 작품의 재미를 더해주는 요소를 더해놓은 것이라고 보아야 할지에 대해서는 논란이 분분할 수 있다. 분명한 것은 3장 처음에 등장하는 에스터의 어조를 작품 내내 일관되게 유지했다면 에스터의 서술은 지나치게 평이하고 단순하며 거의 밋밋하게 느껴져서 에스터 부분의 이야기가 3인칭 화자의 이야기에 비해 상대적으로 재미가 없다고 느껴질 수도 있었을 것이라는 점이다.

실제로 에스터의 이야기의 상당 부분은 3장에서 초반에 드러난 에스터의 소박하고 겸손한 성격에 걸맞기보다는 독자들이 이미 알고 있는 재치있는 디킨즈의 모습에 더 가깝다. 평자에 따라서는 이를 디킨즈가 에스터라는 인물을 화자로 선정해놓고는 자기도 모르는 사이 에스터의 목소리로 이야기해야 할 부분에서 바로 자신의 목소리로 말하고 있어 에스터라는 인물설정을 혼란스럽게 하고 있다든가, 디킨즈가 애초에 설정한 두 화자의 대조적인 개성을 끝까지 일관되게 유지하지 못했으므로 애초에 의도했던 이중 서술의 효과가 발휘되지 못했다고 비판할 수도 있을 것이다.

에스터는 특히 자신과 별로 가깝지 않은 인물을 묘사할 때에는 3인칭 화자와 거의 구분되지 않는 해학적인 스타일을 구사한다. 예를 들어 자신이나 자신과 정서적으로 매우 가까운 인물인 우드콧(Woodcourt), 에이다(Ada) 등을 묘사할 때와는 달리, 상대적으로 보아 자신과 가깝지 않은, 혹은 공감의 정도가 낮은 다른 인물, 가령 젤리비(Jellyby)나 스킴폴(Skimpole) 등을 묘사할 때 매우 경쾌하고 해학적인 어조를 구사하는 경우가 많다는 것이다. 자신의 성장과정을 이야기할 때에는 어떤 사실을 솔직히 드러낸다기보다 망설이고 감추고 자의식을 느끼며 사실을 왜곡하는 듯한 느낌의 서술을 보여주는 에스터가, 자신과 관계가 적은 대상에 대해 이야기할 때에는 그러한 망설임의 흔적이 없이 경쾌하고도 날카로운 관찰력을 보여준다는 데에 주목할 필요가 있다.

가령 런던에 도착한 날 젤리비(Jellyby)의 집에 간 에스터 일행이 젤리비 부인의 아들인 피피(Peepy)가 지하출입구의 난간 사이에 머리가 끼여 울고 있는 장면을 묘사하는 에스터의 말투를 보자.

> 그는 아주 흥분하고 겁에 질렸으며 두 개의 쇠난간 사이에 목덜미가 끼인 채 큰소리로 울고 있었습니다. 한편 어떤 우유배달부와 교구직원이 애써 친절한 의도를 가지고 그 아이의 다리를 잡고 뒤로 끌어내려고 하고 있었습니다. 그렇게 하면 그 아이의 두개골이 눌려 움츠러들 수 있으리라고 막연히 생각한 모양이지요. 내가 보기엔 (아이를 달래 놓고 나서 보니) 그 아이는 원래 머리가 커다란 아이였기 때문에 아마도 머리가 갈수 있는 곳이라면 몸통도 따라갈 수 있을 거라고 생각했고, 그래서 그를 잡아 빼는 가장 좋은 방법은 그 아이를 앞으로 밀어내는 것일지 모르겠다고 말했습니다. 우유배달부와 교구직원이 내 말을 너무나도 호의적으로 받아들였기 때문에, 리처드와 거피 씨가 아이가 난간에서 빠지면 받으려고 부엌을 통해 아래층으로 내려가는 동안 내가 그 아이의 앞가리개를 붙들고 있지 않았더라면 그 아이는 곧장 지하 출입구 쪽으로 밀려 떨어질 뻔 하였습니다. 마침내 아이는 다행스럽게도 아무 사고 없이 내려섰고, 그러자 거피 씨를 굴렁쇠 막대기로 미친듯이 때리기 시작하는 것이었습니다.(84)

여기서 그 와중에서도 꼬마를 무사히 구출하는데 자기가 꽤 큰 역할을 했음을 은근히 강조하는 에스터 미묘한 공명심을 읽어낼 수도 있을 것이지만, 무엇보다도 전체적인 분위기는 사건 자체의 급박함이나 아이의 남루함에도 불구하고 매우 유쾌하여 거의 축제적인 것을 볼 수 있다. 이러한 밝은 분위기는 디킨즈의 작품에서 흔히 볼 수 있는 것이기도 하지만, 애초에 독자에게 각인된 겸손하고 얌전한 에스터의 성격

설정과 들어맞지 않는다고 볼 수도 있겠다. 그러나 달리 보면 자신의 이야기를 솔직하게 드러내는 일을 주저하면서 자신의 이야기가 오로지 '나'만의 이야기가 되어버리는 것을 경계하는 에스터의 성격과, 이 대목의 경쾌한 서술이 굳이 일관성을 잃을 정도로 어긋나는 것일까는 의문의 여지가 있다.

3장에서 처음으로 독자들에게 선을 보이면서 자신의 불행한 성장과정과 그에 따른 복잡한 심경을 어색하게 드러내야 했던 에스터는 4장에 들어오면서 본격적으로 자신의 기지와 통찰을 드러내게 된다. 에스터의 어조는 과도한 자의식과 어색한 얼버무림으로 이어졌던 3장의 그것과는 달리 4장으로 넘어오면서 자신이 아닌 다른 사람들과 외부의 상황을 관찰하게 되면서 상대적으로 경쾌하고 기지에 넘치게 된다. 예를 들어 젤리비 부인이 보리오불라-가(Borrioboola-Gha) 원주민을 교화시키는 사업에 열중한 것을 두고 에스터는 "막연하게나마 아프리카가 엄청나게 중요하고 모든 다른 장소와 일들은 전혀 중요치 않다는 느낌을 받았으므로 그 일에 대하여 여태껏 거의 생각해 본 적이 없다는 사실이 너무나 창피했다"(87)고 말한다. 이러한 어법은 그녀가 이모나 레이철(Rachael) 부인을 묘사할 때 사용하던 "훌륭한(good)"이라는 형용사가 지니는 아이러니와 동일한 것이다. 그러나 여기에서는 이모를 "훌륭하고도 훌륭한 여성"이라고 말했을 때의 씁쓸한 뒷맛이나 감정적인 앙금이 느껴지지 않는다. 에스터는 젤리비 부인을 처음 보았고 이 집에서 하룻밤을 지내면 그뿐이므로, 여기서 마치 3인칭 화자와 같은 거리감을 두고 젤리비 부인을 풍자하고 있는 에스터의 어법이 3장에서 드러난 그녀의 성격과 모순되는 것도 아니다.

작가의 입장에서 젤리비 집안의 광경은 무엇보다도 에스터가 자신의 은밀한 감정을 드러낼 때 사용할 수밖에 없는 수줍고 어색한 어투를 덜 사용하면서도 자신의 성격과 사고방식을 드러낼 수 있는 기회를 제공한다는 데 의의가 있다. 가정의 질서와 안락함을 최우선으로 생각하는 에스터는 “아프리카보다 가까운 곳은 볼 줄 모르는”(85) 젤리비의 “망원경 박애주의(Telescopic Philanthropy)”를 풍자적인 시선으로 볼 수밖에 없는데, 이렇듯 가정의 안락함을 위하여 자신은 끊임없는 희생과 선행으로 본분을 다하는 삶을 살아야 한다고 생각하는 것은 에스터의 가장 중요한 특징이기도 하다. 물론 이것을 여성주의의 관점에서 어떻게 평가할 것인가는 전혀 별개의 문제일 것이며, 샬럿 브론테를 비롯한 당대의 수많은 평자들이 에스터라는 인물을 비판적인 시선으로 보았던 것은 잘 알려진 사실이다.

에스터라는 인물이 가진 여성주의적 함의의 문제를 잠시 제쳐두고 서술 방식의 측면에 초점을 맞추어 보면, 에스터가 사용하는 다양한 어조들이 에스터라는 인물을 형상화하는 데 얼마나 기여하고 있는가, 혹은 인물의 일관성을 깨뜨리고 있는가 하는 문제가 좀 더 중요할 것이다. 에스터가 사용하는 다양한 풍자의 어조는 표면적으로 에스터라는 한 사람의 언어로 나타나지만, 사실은 작가의 풍자적인 의식이 에스터의 성격을 빌어 드러난 것이라고 보아야 옳다. 그렇다고 해서 인물로서 에스터가 지녀야 할 최소한의 통일성이 작가의 개입으로 손상되었다는 의미는 아니다.

1인칭 소설의 화자는 작가 자신과는 별개의 존재이지만, 소설의 전부인 그 화자의 언어는 인물로서의 언어와 작가의 언어 사이의 대화로 형성되며, 1인칭 화자의 언어는 작가의 의식에 반영된 어떤 언어의 이미지(들)이다. 이 작품에서 화자 에스터의 언어는 힘든 성장과정을 겪고 이제는 행복한 삶을 살고 있는 한 인물로서의 에스터의 언어와 영국 사회 전체를 조감하는 작가의 언어 사이의 대화인 것이다. 그러므로 화자 역할을 하는 인물의 사실주의적 실감과 작가의 언어가 어느 정도나 타협, 혹은 융합할 수 있는가에 따라 1인칭 서술의 언어가 결정된다고 하겠다. 그런 의미에서 디킨즈가 자신의 상황이나 감수성과는 일견 거리가 있는 에스터라는 여성의 입을 빌어 당대의 사회적 현실과 개인의 내면을 동시에 그려내려는 야심찬 기획을 보인 것은 디킨즈와 여성문제의 연관성을 탐구하는 맥락에서는 디킨즈의 중대한 진전을 보여주는 계기가 된다.

V. 결론 : 에스터와 3인칭 화자

『블리크 하우스』의 두 화자는 서로 교차되어 등장하면서 1850년대 초반 영국 사회의 초상을 완성한다. 중산층의 이상적인 여성상처럼 그려진 1인칭 화자 에스터는 자신의 성장과정을 이야기하는 대목과 주변의 상황을 관찰하고 그에 어떤 영향을 주려고 노력하는 그녀의 행위들을 보여주는 데 주력한다. 그러나 전체적으로 보면 이 작품은 에스터의 미덕과 선행을 기본적으로 존중하고 옹호하고 있음에도 불구하고, 그녀의 미덕이 현실 속에서 어떤 결과를 낳는가는 매우 냉정하고 객관적인 시선으로 드러내고 있다. 1인칭 화자 에스터 자신이 의식하지 못하는 가운데 그녀의 선행들이 그다지 성공적이지 않다는 사실이 적나라하게 드러나는 것이다.

에스터가 스킴폴을 찾아갔을 때는 이미 리처드의 얼마 안되는 재산이 다 탕진되고 난 후이며, 캐디는 에스터의 도움으로 어머니인 젤리비 부인의 영향에서 벗어나지만 터비드럽(Turveydrop) 노인을 부양하며 힘든 생활을 한다. 찰리(Charley)에게 글을 가르치려는 에스터의 노력은 별 실효를 거두지 못하며 조를 구하기 위해 베푼 호의는 그를 구하지도 못하면서 오히려 전염병으로 되돌아와 에스터의 용모를 망친다.

그러나 막상 디킨즈는 에스터의 기능을 축소하는 가능성에 대해서는 고려하지 않았던 것처럼 보인다. 작품이 3인칭 화자로 시작하여 에스터로 끝난다는 사실, 그것도 마지막 회분의 많은 부분(8장 중 6장)을 에스터의 서술로 전개시킨다는 사실은 현실에 대한 최종적인 판단과 마무리를 1인칭 화자 에스터에게 대부분 맡겨도 좋으리라는 작가의 판단에서 나온 것이다. 특히 작품의 첫머리에 강력한 이미지로 등장했던 안개 속의 형평법원와 그 비능률의 상징이었던 잔다이스 소송의 어이없는 결말은 3인칭 화자가 아닌 에스터의 서술에 의해 제시되며, 런던의 거리 묘사로 시작되었던 이 작품의 제일 마지막 장은 에스터의 결혼과 그 후일담으로 맺어진다.

물론 에스터의 행복한 결혼이 이 작품 전반에 나타난 어두운 현실에 대한 결말로서 실감나는가 하는 문제는 남아있다(Zwerdling 437-438). 그런데 작가는 마지막 회분의 63장과 66장에서 블리크 하우스 이외의 현실이 어떻게 돌아가고 있는가를 북부 공업도시의 풍경과 완전히 몰락한 링컨셔(Lincolnshire)의 풍경을 통하여 극명하게 보여주는 와중에서 에스터의 서술을 전개시킨다. 그러므로 독자들로서는 에스터의 결혼과 안정된 삶이 사실은 현실의 많은 부분과 차단된 상태에서 잔다이스의 갑작스런 양보와 우드콧 모친의 느닷없는 변심에 힘입어 정말 운수 좋게 얻어진 행운이라는 것을 충분히 감지할 수 있다(Brooks 58-61). 또 복에 겨워 어쩔줄 모르는 에스터의 말투나 결말의 애매한 처리 등에서 에스터의 행복이 정말 느닷없이 찾아온 행운이고 또 이것으로 만사가 완결된 것이 아니라는 사실이 역으로 드러나기도 한다(Kucich 88-112).

한편으로 보면 이 실감나지 않는 행운은 에스터 정도의 도덕적 고결성과 따뜻한 마음씨의 소유자라면 이만한 행운을 누릴 자격이 있으며 또 그래야 한다는 작가의 의지가 표현된 것이다. 다시 말해서 에스터의 행복은 작가가 현실 속에서 지켜져야 한다고 여겼던 인간적 가치들을 구현하려고 노력하는 대표적인 인물로서의 에스터에게 주어진 일종의 시적 정의, 혹은 보상 같은 성격을 띠고 있는 것이다. 그러나 이러한 보상이 작품 속의 현실 전체에 대한 대안으로 제시된 것이 아닌 바에는 에스터의 행운이 앞부분의 비관적인 사회 비판의 수준을 손쉽게 덜어내거나 그에 대한 손쉬운 대안을 제시하는 것은 아니다.

디킨즈는 작품의 진행에 따라 적절한 시기에 화자를 교체하여 두 화자의 대조적인 성격을 부각시키다가 또 두 화자의 상호 보완성을 강조함으로써 독자들을 지루하지 않게 하는 동시에 작품의 속도감을 조절한다. 3인칭 화자의 기동성과 폭넓은 시야, 풍부하고 현란한 수사, 신랄한 풍자와, 매우 일상적이고 심리적인 에스터의 이야기는 서로 상대방의 문체적 특성을 두드러지게 하고 각 화자의 개성을 독자로 하여금 끊임없이 의식하도록 만든다. 그러므로 에스터의 차분하고 일상적인 말씨와 대비되어 3인칭 화자의 웅변적인 풍자가 더 큰 울림을 얻는다는 콜린즈(Collins)의 말(a 130-131)은 반대의 경우에도 해당된다. 두 화자의 대조적인 어투가 작품에 심장의 수축-이완과도 같은 리듬을 만들어낸다든가, 에스터의 친근하고 조용한 목소리가 3인칭 화자의 속도감에 일종의 브레이크 구실을 하여 작품의 완급을 조절하고 있다는 언급들은 모두 두 화자가 만들어내는 리듬감을 지적하는 말이다(Dyson ed 206-7, 208-211).

『블리크 하우스』의 이중 서술이 성공적인 것은 두 화자가 매우 대조적이서도 다른 한편으로는 서로 비슷하기도 한 특성을 일부 드러내기도 한다는 사실에서 연유한다. 에스터의 어투도 자신의 애정문제에 관련된 얘기를 하는 경우와 다른 대상을 관찰할 때 크게 달라지는 양상을 띠지만, 그녀의 통찰력과 풍자적인 재치는 3인칭 화자의 그것과 질적인 차이를 보이지 않는다. 또 3인칭 화자의 경우 절망적이고 비관적인 세계관에도 불구하고 몇몇 인물들의 인간적 미덕과 민중적 활기를 끝까지 옹호함으로써 그러한 삶의 자세가 이 현실에 남은 유일한 희망이라는 것을 전달하는데, 이는 에스터가 보여주는 낙관적인 자세와도 통하는 것이다.

이렇게 보면 두 화자는 대조적인 문체적 특성에도 불구하고 전혀 별개의 세계관을 옹호하는 것이 아니라 현실에 대하여 근본적으로 같은 태도를 취하고 있다. 단지 그려내는 대상과 강조점이 다를 뿐이다. 따라서 이 작품의 이중서술도 두 가지 세계관이 서로 대립적이고 상호 전복하는 관계에 있다기보다는 긴밀한 협조관계에 있고, 서로의 흔적과 영향을 끊임없이 보여준다는 의미에서 대화적인 성격을 띤다고 할 수 있다. 두 화자의 문체는 서로 공통된 부분이 전혀 없거나 서로를 비판·전복한다는 의미에서 대조적인 것이 아니라 같은 현실의 다른 차원을 보여준다는 점에서 대조적이다. 따라서 이 작품은 당대의 현실이라는 대상을 입체적으로 보여준다는 의미에서 이중적인 비전을 구현하고 있다.

또 나아가 살펴보면 『블리크 하우스』가 구현하는 현실의 상은 두 화자가 번갈아 보여주는 현실상의 단순한 집합과 동일한 것이 아니라, 두 화자의 서술을 적정한 위치에 배열하는 작가라는 제3의 힘에 의해 통제되고 있다. 작가는 두 화자가 보여주는 다양한 언어들의 위계를 결정하고 그 위계에 따라 재배치함으로써 현상적인 사건들의 기저에 깔린 동기와 원칙들을 드러낸다. 이러한 원칙의 체계화와 강화야말로 디킨즈의 후기작에서 두드러지는 특성이며, 이 작품의 두 화자가 단순한 병렬·대조의 관계를 넘어서 생산적인 대화의 관계를 맺는 기반이기도 하다.

1) 다른 언급이 없는 한 Charles Dickens, *Bleak House*, ed. Norman Page (Harmondsworth: Penguin Books, 1971)에서 인용하고 괄호 안에 면수만 밝혔으며 필요한 경우에만 연재 회수와 장(章)수를 밝혔다.

2) 가령 이러한 '글쓰기'에 대한 자의식을 근거로 에스터의 성격과 나아가 이 작품 전체를 포스트모더니즘의 자기반성적(self-reflective) 성격과 연관 짓는 것은 지나친 단순화의 위험을 안고 있다. 힐리스 밀러(J. Hillis Miller)가 이 작품을 두고 "문서의 해석에 대한 문서"라고 표현한 것이나 (Penguin판 서문, p.11), 작품의 모든 요소를 기호와 그에 대한 해석의 문제로 환원시키는 것도 크게 보아서 이러한 범주의 비평이 범하기 마련인 추상화의 오류를 범하고 있다.(Waterhouse; Columbus 참조)

3) 몇몇 형용사나 부사를 무작위로 살펴보더라도 3인칭 화자의 'implacable', 'elephantine', 'tenaciously', 'defiled', 'spongey', 'leaden-headed', 'groping', 'floundering', 'pestilent'같은 복잡하고 어려운 어휘와 에스터의 'great deal', 'very', 'indeed', 'alone', 'clever', 'beautiful', 'dear', 'little', 'always' 등 일상적이고 단순한 어휘는 확연한 차이를 보인다.

인용문헌

김진옥. 「디킨즈의 『황폐한 집』: 에스터 인물과 모성의 중요성」. 『신영어영문학』. 19집. 2001. 8.

전승혜. 「『황량한 집』의 서술전략과 디킨즈의 정치학」. 『19세기 영어권 문학』. 제6권 1호, 2002. 2.

Altick, Richard. *Writers, Readers, and Occasions: Selected Essays on Victorian Literature and Life*. Columbus: Ohio State UP, 1989.

Brooks, Chris. *Signs for the Time: Symbolic Realism in the Mid-Victorian World.* London: Allen & Unwin, 1984.

Collins, Philip (a) "Some Narrative Device in Bleak House", *Dickens Studies Annual,* vol.19, 1990.

__________. ed. (b) Dickens: The Critical Heritage. New York: Barnes & Noble, 1971.

Columbus, Claudette K. "The (Un)Letterd Ensemble: What Charley Does Not Learn About Writing in Bleak House", *Studies in English Literarue*, vol.28, Autumn 1988.

Connor, Steven. *Charles Dickens*. Oxford: Basil Blackwell, 1985.

Dabney, R. H. *Love and Property in the Novels of Dickens*. London: Chatto & Windus, 1967.

Davis, Earle. *The Flint and the Flame*. London; Victor Gollancz, 1965.

Delespinasse, Doris Stringham. "The Significance of Dual Point of View in Bleak House", *Nineteenth Century Fiction*, vol. 23, 1969.

Dickens, Charles. *Bleak House*. ed. Geroge Ford & Sylvérè Monod. New York: W. W. Norton, 1977.

__________. *Bleak House*. ed. Norman Page. Harmondsworth: Penguin Books, 1971.

Dyson, A. E. ed. *Dickens: Bleak House*. London: Macmillan, 1969.

Fredricks, Dan. "The Overlooked but Omnivorous Vholes: The Rhetoric of Consumption in Bleak House", *Dickensian,* vol. 84, no. 416, Autumn 1981.

Garrett, Peter. *The Victorian Multiplot Novel: Studies in Dialogical Form*. New Haven: Yale UP, 1980.

Gill, Stephen. "Allusion in Bleak House: A Narrative Device," The Nineteenth Century Fiction. 22. 1968. 145-154.

Golding, Robert. Idiolects in Dickens: The Major Techniques and Chronogical Development. London: Macmillan, 1985.

Heady, Emily. "The Polis's Different Voices: Narrating England's Progress in Dickens's

Bleak House." *Texas Studies in Literature and Language*. 48:4. Winter 2006.

Horton, Susan. *The Reader in the Dickens World: Style and Response*. Pittsburgh: Pittsburgh UP, 1981.

Ingham, Patricia. *Dickens, Women and Language*. London: Harvester, 1992.

Jaffe, Audrey. *Vanishing Point: Dickens, Narrative and the Subject of Omniscience*. Berkeley: California UP, 1991.

Kucich, "Action in Dickens Ending: Bleak House and Great Expectations", *Nineteenth Century Fiction*, vol.33, 1978.

Meckier, Jerome. "The Dickens Forum: Double Vision Versus Double Logic" (Part I & II) *Dickens Studies Newsletter*. vol.14, March & June 1983.

Morris, Pam. *Dickens's Class Consciousness : A Marginal View. Basingstoke:* Macmillan, 1991.

Newsom, Robert. *Dickens on the Romantic Side of Familiar Things: Bleak House and the Novel Tradition*. New York: Columbia UP, 1977.

Shatto, Susan. *The Companion to Bleak House* London: Unwin-Hyman, 1988.

Wall, Stephen. ed. *Charles Dickens: A Critical Anthology*. Harmondsworth: Penguin Books, 1970.

Waterhouse, Ruth. "Self-Reflectivity and 'Wraetlic Word' in Bleak House and Andreas", *Journal of Narrative Technique*, vol.18, Fall 1988.

Williams, Raymond. *Writing in Society*. London: Verso, 1984.

Zwerdling, Alex. "Esther Summerson Rehabilated", *PMLA*. vol.88, 1973.

WILKIE COLLINS · *The Moonstone*

반복적 서술 구조와 제국

조애리 카이스트

I

1. 작가 소개

윌키 콜린즈(Wilkie Collins)는 1824년 런던에서 태어났다. 아버지는 유명한 풍경화가인 윌리엄 콜린즈(William Collins)였고 그 자신은 변호사가 되기 위해 5년 간 법률을 공부했으나 작가가 되기로 결심한다. 그의 처녀작은 대학 재학 중인 1848년에 쓴 자신의 아버지의 전기로 호평을 받았으며, 본격적으로 대중적으로 알려진 것은 1852년 「아주 이상한 침대」("A Terreibly Strange Bed")를 『귀에 익은 말들』(*Household Words*)에 발표하며 소설을 쓰기 시작하면서부터였다. 그가 소설가가 되기로 한 것도 디킨즈(Charles Dickens)의 권유 때문이었으며 그 후 절친한 친구가 되어 함께 소설을 쓰기도 하고 여행을 하기도 하면서 1870년 디킨즈가 사망할 때까지 절친한 사이였다.

디킨즈가 창간한 『일년 내내』(*All the Year Around*)에 연재한 콜린즈의 『흰 옷의 여인』(*The Woman in White,* 1859)은 대성공을 거두었고, 이어서 『무명』(*No Name,* 1862), 『아머데일』(*Armadale,* 1866,) 『문스톤』(*Moonstone,* 1868)의 성공으로 베스트셀러 작가가 되었다. 그러나 『문스

톤』을 쓸 무렵 콜린즈는 건강이 악화되었으며 계속 병약한 상태로 있다가 1889년 65세를 일기로 세상을 떴다. 그는 류머티즘성 통풍으로 의사의 처방을 받아 아편을 먹기 시작했으며 고통을 줄이기 위해 계속 아편에 의지했다. 『문스톤』에서 에즈라 제닝스(Ezra Jennings)의 아편 중독은 이러한 자전적 경험을 담고 있는 것으로 여겨진다.

2. 서술기법

『문스톤』도 『일년 내내』에 연재되었는데 그 사실이 이 작품의 성격 규정에 큰 영향을 미친다. 디킨즈에게 이 잡지는 새로운 시도였으며 고급문화와 대중문화의 장벽을 깨려는 그의 시도와 새로운 유형의 소설에 대한 대중의 요구가 맞아 떨어진 한 예이기도 하다. 그 당시 대중이 신문의 머리기사에 비견할 만큼 강력한 매력을 지닌 소설을 원했다면, 콜린즈의 『문스톤』은 바로 그러한 요구에 부응하는 소설이었다. 틴시(William Tinsey)에 의하면 "연재가 끝나갈 무렵에는, 소설이 나올 날이 되면 독자들은 초조해하며 새 책을 기다렸다 [. . .] 문스톤이 어떻게 끝날지 내기를 거는 사람도 몇몇 있었다" (Kemp vii 재인용). 이러한 대중적 인기에 힘입어 『문스톤』은 원래 26회분으로 예정되었으나 32회까지 연장 연재되었다.

T. S. 엘리엇에 의해 "최초의 탐정소설 그리고 최고의 탐정소설"(464)이라고 평가받은 『문스톤』은 영국의 시골저택에서 도둑맞은 보석에 관한 이야기로 범인 찾기라는 탐정소설의 형식 속에서 당대 영국의 핵심적인 관심사이던 제국의 문제를 다루고 있다. 물론 이 작품이 당대의 뜨거운 관심사이던 인도반란을 직접 다룬 것은 아니지만 간접적인 소재로 삼아 제국의 문제를 진지하게 탐색하고 있다. 이 소설이 쓰인 1868년은 인도반란 10주년을 맞아 신문 지상 등에서 뜨거운

관심이 일던 때였다. 인도 반란에 대한 영국 대중의 지배적인 정서는 적대감이었다. 1857년 12월과 1858년 6월 사이에 『귀에 익은 말들』에 인도에 관한 글이 22개나 등장했다. 디킨즈 역시 자신의 기고문에서 인종차별주의적인 발언을 했다. "내가 인도의 대장이라면, 첫 번째로 하고 싶은 일은 [. . .] 인도어로 인도인들에게 신의 허락을 받고 내가 이 일을 하러왔다고 선언하는 것이다. 최근 잔학 행위의 오점을 보인 그 종족을 절멸시키겠다고 선언하는 것이다 [. . .] 인류에서 그 종족의 흔적을 없애고 지구상에서 절멸시켜 버리겠다"(Nayder 216). 이처럼 적대감과 공포를 반복 재생산하는 디킨즈의 발언이 당대의 지배 담론이었으나 콜린즈는 디킨즈나 당대의 다른 작가들과 달리 인도에 대해 노골적인 적대감을 드러내지 않는다. 오히려 그는 대중의 정서의 핵심을 포착하되 그것을 새롭게 자리매김하려 한다. 콜린즈가 제국에 대한 당대의 통념을 반박하는 새로운 담론을 만들어 내면서도 대중적으로 폭발적인 인기를 누릴 수 있었던 것도 이러한 그의 독특한 서술기법 때문이다.

콜린즈의 독창적인 서술기법의 가장 두드러진 특징은 반복적 서술 구조와 다수의 화자이다. 이 작품은 독특하게도 11명의 화자가 등장함에도 불구하고 전체적으로 통일성을 지닌다. 이것은 다수의 화자가 한 사건을 둘러싼 다양한 관점과 해석을 보여주는 것이 아니라 한 화자의 이야기가 끝난 곳에서 다음 화자가 이야기를 이어가는 방식을 쓰기 때문이다. 다수의 화자에도 불구하고 통일성이 주어지는 또 하나의 이유는 다수의 화자의 이야기를 수집, 편집, 통제하는 주인공 때문이다. 다수의 화자는 원 장면(primal scene)[1)]의 반복 속에서 편집자의 비판의 대상이 되며 이어 다시 반복적 서술 구조 속에서 편집자 자신이 비판의 대상이 되면서 제국의 주체 문제가 검토된다. 반복적 서술 구조의 출발점은 문스톤이라는 다이아몬드의 소유자와 도둑 그리고 그를 응시하는 화자라는 삼각형이며 본문과 에필로그에서 이 원 장면이 반복된다. 이러한 반복은 원 장면이 내포하고 있던 억압의 회귀를 뜻한다. 이 글에서는 반복적 서술 구조가 어떻게 제국이라는 문제항을 드러내는지 살펴보고자 한다. 우선 원 장면인 서문의 삼각형에서 드러나는 제국의 의미를 분석하고, 다수의 화자와 편집자의 교차 속에 진행되는 삼각형의 강박적 반복과 그것이 제국에 대해 갖는 함의를 검토한 후, 끝으로 에필로그의 형식적 완결성이 갖는 성과와 한계를 짚어보고자 한다.

II

1. 원 장면으로서의 서문

서문은 1799년 5월4일, 세링가파탐(Seringapatam) 함락[2]이라는 역사적 사건이 일어난 시점에서 시작한다. 그러나 이 서문이 숨기고 있는 텍스트는 1857년 인도 반란[3]이다. 세링가파탐 함락을 제시할 때 실제로 독자가 연상한 것은 인도 반란이었고 콜린즈 역시 이러한 효과를 예상하고 있었다. 인도반란은 인도인의 봉기로 시작되었으나 영국인의 잔인한 진압으로 마무리되었다. 영국 측은 재판을 거치지 않은 채 인도인을 사형에 처했고, 도시를 약탈하였으며, 민간인을 대량 학살했다. 대부분의 당대인이 디킨즈처럼 인도인의 봉기에 대해 공포와 적대감에 사로잡혔던데 반하여 콜린즈는 영국인의 무자비함에 초점을 맞춘다. 10년 전의 인도 반란을 70여년 전에 일어난 세링가파탐 함락에 전치(displace)시킴으로써 콜린즈는 좀 더 자유롭게 제국의 잔인함과 폭력성을 검토할 수 있게 된다.

서문은 문스톤의 도둑을 둘러 싼 이야기의 역사적 맥락을 제시해주지만 더 중요한 역할은 앞으로 반복될 서술 구조의 원 장면인 점이다. 이 원 장면은 삼각형을 이루는데 한 꼭지점은 문스톤의 소유자인 인도인이고 또 한 꼭지점은 약탈자인 영국인이며, 마지막 한 꼭지점은 이 약탈 장면을 바라보는 화자로 되어 있다.

> "나는 열린 문에 도착했고 입구에 걸쳐 있는 죽은 (복장으로 미루어 궁정을 지키는 장교 로 보이는) 두 인도인의 시체를 보았다.
>
> 방 안에서 소리가 들려 나는 황급하게 방으로 들어갔다. 무기 창고처럼 보이는 방이었다. 한 남자의 발밑으로 치명적인 상처를 입은 세 번째 인도인이 쓰러지고 있었다. 내게 등을 돌리고 있던 그 남자는 내가 들어오자 몸을 돌렸다. 존 헌캐슬이었다. 그는 한 손에는 횃불을, 또 한 손에는 단검을 들고 있었다. 단검에서는 피가 떨어지고 있었고 내게로 몸을 돌린 순간 단검 손잡이 끝의 장식용 보석이 횃불의 빛을 반사해 불꽃처럼 빛났다. 죽어가는 인도인은 쓰러지면서 단검을 가리키며 자기나라 말로 이렇게 말했다. "너와 너의 가문에 문스톤의 복수가 있으리라!" (36)

이 장면에서 인도인의 문스톤의 약탈자는 영국인인 존 헌캐슬이고 이를 지켜보는 화자인 나는 존 헌캐슬의 사촌으로 되어있다. 영국에 있는 사람들이 이 장면을 생생히 알 수 있는 것은 프랭클린의 손에 들어온 가족 문서에서의 묘사를 통해서이다. 화자인 이 사촌이 어떤 사람인지는 전혀 알 수 없으나 편집자인 프랭클린이 이 문서를 편집하지 않고 그대로 제시한다는 사실 자체가 화자의 객관성을 인정하는 것이 된다. 인도반란에 대한 공포와 두려움에 차 있던 당대인들의 기대와는 달리 이 장면에서 강조되는 것은 인도인이 아니라 영국인의 잔인함과 폭력성이다. 약탈 광경을 지켜본 화자에 따르면 폭력적으로 문스톤을 약탈한 사람은 바로 영국인인 것이다. 여기서 헌캐슬의 약탈은 이러한 영국인의 잔인함과 폭력성, 즉 "제국의 타락에 대한 환유" (Free 347)가 된다. 이 서문의 원 장면에서는 제국의 타락이 집약되어 드러난다.

얀 모하메드(Jan Mohamed)에 따르면 인도 지배는 원주민의 자원을 약탈하여 점유하는 지배적 단계와 문명화를 수행하는 헤게모니 단계로 구분되는데(David 18), 인도 반란에서 보인 제국의 잔인함은 청산되어야 할 지배 단계의 잔재로 볼 수 있다. 1833년 토마스 마콜리(Thomas Macaulay)는 의회 연설에서 왜 지배 단계의 폭력이 극복되어야하는지를 역설한다. 그에 따르면 "영원한 제국"을 이루기 위해서는 인도에서 있었던 지배 단계의 "수치와 죄"를 인정하고 그를 청산하고 문명화의 임무를 실현해야 한다고 했다(David 29-31). 헌캐슬은 청산되어야할 지배단계의 "수치와 죄"의 내용을 구체적으로 생생하게 보여준다. 헌캐슬은 또한 정치적 알레고리로도 기능하는데, 그의 별명인 "명예로운 존"은 동인도 회사의 별명이기도 하다. 따라서 헌캐슬의 약탈은 곧 동인도 회사가 보인 부실 경영, 사기, 권력 남용을 뜻하기도 한다. 이것은 작게는 가족사의, 크게는 영국사의 원 장면이며 어떤 식으로든 해결되어야 하는 억압을 안고 있는 것이다. 헌캐슬의 잔인함이 지배 단계의 잔재라면, 문스톤 도둑을 둘러싼 원 장면과 그 반복은 지배 단계의 잔재를 청산해가는 과정이기도 하다.

2. 다수의 화자와 편집자

이 작품의 본문의 시점은 서문에서 반세기 지난 1850년으로 바뀐다. 여기서 사건에 해당하는 것은 영국의 저택에서 문스톤이 사라진 것으로 원장면의 삼각형이 반복된다. 서문과 다른 점은 소유자와 약탈자의 위치가 바뀌었으며 화자가 모두 영국인이기는 하지만 다수이다.

본문은 첫 번째 시기 "다이아몬드의 사라짐"과 두 번째 시기 "진실을 찾아서"로 되어 있다. 시골 저택에서 일어난 일을 묘사한 첫 번째 시기는 베린더(Verinder) 집안의 집사인 베터리지(Betteredge)가, 런던을 다룬 두 번째 시기의 첫 부분은 레이디 베린더의 조카인 클라크(Clarke) 양과 그녀의 변호사인 브러프(Bruff)씨가 서술한다. 편집자인 프랭클린은 문스톤이 없어진 정황만을, 즉 객관성이 있는 현실만을 이야기하라고 하지만, 화자들은 영국인 소유자, 인도인 약탈자라는 자신들의 가정에 입각하여 서술한다.

200여 쪽에 해당하는 첫 번째 시기의 화자인 베터리지는 베린더 집안의 집사이므로 가족사에 쉽게 접근할 수 있다는 점에서 먼저 등장하기에 가장 적절한 화자이다. 베터리지는 다이아몬드의 도착, 레이첼(Rachel)의 생일날 발생한 문스톤이라는 다이아몬드 분실 사건, 실패한 경찰조사, 레이첼과 프랭클린의 관계, 로자나(Rosanna)의 자살 등에 대해 이야기한다. 그는 인도인이 문스톤을 훔쳐간 도둑임을 확신하면서 그는 인도인들이 저택에, 나아가 영국사회에 혼란을 가져왔다고 주장한다. 그의 가정 속에서 영국인이 문스톤의 정당한 소유자이며 인도인은 약탈자이고 자신이 화자이다. 이는 원장면의 소유자와 약탈자가 바뀐 삼각형 구조이다.

> "그의 말이 맞다면 여기 우리 조용한 영국 저택이 악마 같은 인도 다이아몬드에 점령당했다—그에 이어 살아있는 악당들이 죽은 자들 대신 복수해 주기 위해 쫓아오고 있다 [. . .] 도대체 누가 그런 이야기를 들어보았을까 — 19세기에, 글쎄. 진보의 시대에, 영국 국정 질서의 축복을 즐기는 나라에서?" (46)

이때 맥락이 "진보의 시대", "영국의 경찰" 등으로 확대됨으로써 시골 저택은 식민지 모국인 영국의 환유가 된다. "인도인들의 복수"라고 가정한 것에 대해 베터리지는 두 가지 대응을 보인다. 하나는 영국/국내/안전, 외국/제국/위험의 이분법의 구도 속에서 영국과 인도를 양분한 후 인도인을 약탈자로 확정한 것이다. "복수"라는 말에 이미 영국인이 약탈했다는 사실이 함축되어 있는데도 불구하고 영국은 무죄의 땅이 되고 인도인들은 "살아있는 악당"이 된다. 이처럼 "영국을 안전과 동일시하는 가운데 자신들이 제국의 잔인함에 참여했다는 것을 부인"(Free 345)하는 것이다. 또 하나는 제국의 주체로서 식민지 타자와 대척점에 있는 자아상을 강화시키는 것이다. 베터리지가 『로빈슨 크루소』에 의존해서 불안을 해결하려고 하는 것이 바로 그것이다. 그는 우울할 때나 충고가 필요할 때 『로빈슨 크루소』를 찾아보며 이 책을 6권이나 다 닳도록 읽어서 생일날 여주인이 일곱 번째 『로빈슨 크루소』를 선물로 줄 정도이다. 그는 자신을 로빈슨 크루소와 동일시하는 가운데 힘을 얻는다.

그러나 화자인 베터리지의 관점은 원장면의 화자와는 달리 객관적인 묘사로 제시되지 않는다. 이 작품이 "당시의 이데올로기에 가장 충실한 베터리지의 서술에 확고한 지위를 부여하는 대신 소설 속에서 그가 지닌 권위에 회의를 가함으로써 대영제국의 제국주의를 비판하는 것으로 보여진다"(74)는 문상화의 지적은 타당하다. 일차적으로 베터리지의 서술의 권위가 무너지는 것은 편집자인 프랭클린과의 긴장 때문이다. 삼각형 구조에서 화자인 베터리지는 목격한 것이 아니지만 인도인이 약탈했으리라는 가정 하에 이야기하지만 편집자는 이런 관점을 끊임없이 교정한다. 삼각형 구조는 반복되지만 여기서는 화자의 관점이 계속 다시 자리매김된다. 편집자로서 프랭클린은 도둑질이 일어난 시점에 베린다 저택이라는 공간에서 사실만을 이야기해달라고 강조한다.

> ‘우리에게는 서술할 사건들이 있다,’ 프랭클린이 계속 말했다. ‘그리고 우리는 그 사건에 연루되었고 그를 서술할 수 있는 사람들도 있다. 이런 명백한 사실에서 출발하여 내 생각은 우리 모두가 번갈아가면 문스톤에 대한 이야기를 쓰는 것이다—우리의 개인적 경험으로 알 수 있는 데까지, 그리고 더 이상은 아니고’ (21-22).

사건의 객관적 묘사에 대한 프랭클린 요구와 베터리지의 주관적 가정 사이의 긴장은 결국 “빌어먹을 영국적인 편협함과 편견”이라는 프랭클린의 비난으로 끝나며, 중요한 것은 이때 콜린즈는 편집자인 프랭클린의 편에 있다(Hutter 38)는 점이다. 편집자인 프랭클린 외에도 다른 등장인물들 역시 그의 화자로서의 권위를 약화시킨다. 한 사람은 그의 딸인 페네로페(Penelope)이고, 또 한 사람은 런던에서 온 경찰인 커프(Cuff)경사이다. 딸인 페네로페의 일기는 일어난 시간과 장소를 정확하게 기록하고 있어 베터리지 자신이 “나 대신 일기를 보고 이야기해야하는데”(46)라고 할 정도이다. 이러한 그녀가 종종 아버지의 견해와 반대되는 의견을 제시할 뿐 아니라 결과적으로 늘 그녀가 옳은 것으로 밝혀진다. 독자는 자연히 베터리지의 관점을 의심하게 된다. 좀 더 전면적으로 베터리지의 관점을 반박하는 사람은 커프 경사이다. 커프는 베터리지와 달리, 오후 세시에 문에 페인트칠을 했으므로 범인의 옷에는 얼룩이 묻어 있을 것이라고 추론하면서 인도인이 아니라 내부인이 범인이리라고 추정한다. 얼룩이 묻은 옷을 찾기 위해 그는 “레이디부터 아래 사람까지 모든 사람의 옷을 조사해보아야 한다”고 한다. 커프는 레이첼에 대해 “의심하는 게 아닙니다,” “나는 알고 있습니다”(145)라고 주장한다. 내부인을 의심하는 커프의 관점은 외부 즉 인도인의 공격으로 저택이 혼란에 빠졌다는 베터리지의 관점을 반박한다.

“진실의 발견”(1848-1849)이란 제목으로 시작하는 두 번째 시기의 주요 화자는 클라크 양이다. 그녀는 프랭클린으로부터 레이첼이 런던 방문 다음에 일어난 사건을 서술해달라는 부탁을 받는다. 그녀 역시 베터리지와 마찬가지로 인도인을 범인으로 상정하고 영국인 소유자, 인도인 약탈자, 그 장면을 묘사하는 화자인 자신이라는 삼각형을 반복한다. 그녀 역시 베터리지와 마찬가지로 목격하지도 않았으면서 인도인을 약탈자로 가정하고 서술한다. 여기서도 화자의 신뢰성이 문제가 된다. 클라크양의 서술의 중심에는 고드프리가 있고 인도인이 자신을 이유 없이 납치한 후 폭행했다는 고드프리의 말에 대해 그녀는 열광적으로 동의한다

> "그가 이루 말할 수 없이 다정하게 외쳤다. "뭐 내가 뭘 했다고 이런 동정을 받겠소? 아주머니! 그리고 클라크양! 단지 그들은 날 다른 사람으로 잘못 안 것뿐이오. 그들은 내 눈을 가렸을 뿐이고, 단지 내 목을 졸랐으며, 난 얇은 카페트만 깔아놓은 마룻바닥에 내동댕이쳐졌을 뿐이오." . . . 그의 미소에서 느껴지는 천상의 부드러움으로 인해 그의 사과를 받아들일 수밖에 없었다. 더욱이 풍부하고 그윽한 목소리로 인해 그가 말한 흥미로운 일에 이루 다 표현할 수 없는 매력이 더해졌다." (211)

클라크양이 "흥미로운 일"이라고 한 것은 인도인의 납치이다. 그녀는 고드프리의 말을 그대로 받아들여 그를 희생자라고 생각한다. 그러나 독자는 고드프리의 지나친 겸손과 클라크 양의 열광적인 어조 때문에 그녀에게서 거리를 두게 된다. 즉, 독자는 지나치게 겸손한 고드프리의 서술이 뭔가를 감춘다는 느낌을 받게 될 뿐 아니라 "이루 다 표현할 수 없는 매력"에서 드러나는 지나친 고드프리 숭배로 인해 그녀를 신뢰할 수 없게 된다.

클라크 양의 서술의 신뢰성을 떨어트리는 더 중요한 요인은 편집

자인 프랭클린의 시선이다. 이 두 번째 시기에서는 편집자로서의 프랭클린의 존재감이 그 어느 부분보다 크다. 그녀가 그 당시에는 몰랐지만 지금 알게 된 사실을 추가해도 되냐고 물었을 때 프랭클린은 그 당시 직접 경험한 것에 한정해야 한다고 답한다. 특히 그녀가 기독교 책자에서의 발췌문을 싣게 해달라고 부탁하고 프랭클린은 이를 거절할 때 프랭클린의 견제가 뚜렷하게 드러난다. 프랭클린의 관점에서 볼 때 클라크양 자신뿐 아니라 그녀가 옹호하는 기독교 자체가 희화화의 대상이 된다. 베터리지의 『로빈슨 크루소』와 마찬가지로 그녀의 기독교 소책자 역시 풍자의 대상이 된다. 그녀는 강박적으로 때와 장소를 가리지 않고 기독교 소책자를 나누어준다. 사람들이 원하지 않는 것이 역력한데도 베린다 집안의 여기저기에 기독교 소책자를 놓는 장면은 가장 우스운 장면 중 하나이며 연재 당시 대단한 인기를 끌었다. 편집자인 프랭클린의 통제로 인해서 그녀는 거의 믿을 수 없는 화자(unreliable narrator)가 되어버린다. 베터브리지 부분과 마찬가지로 여기서도 또한 편집자인 프랭클린이 그녀의 견해를 반박함으로써 그녀의 서술의 권위가 떨어진다.

베터리지의 서술로 이루어진 첫 번째 시기와 클라크 양의 서술로 이루어진 두 번째 시기는 다수의 화자에도 불구하고 단성적(monological)이라는 밀러(Miller)의 평가가 타당하다. 밀러는 "이 소설이 일견 다양한 관점을 제시하는 것 같지만, 단성적이다. 그것이 형식상 권위적 버전에 기초를 두고 있지는 않지만 진정한 '대화'도 없다" (167)는 것이다. 다수의 화자들과 프랭클린은 대화하지 않는다. 대신 프랭클린이 다른 목소리를 허용한 후 그것을 교정, 압도, 지배, 지양하는 주요 목소리(master voice)로 작용한다. 그의 태도는 곧 저자의 태도이기도 한데 그가 베터리지나 클라크양의 서술에서 거리를 두는 것은 인도인이 영국인의 소유물을 약탈해가고 나아가 공동체의 질서를 교란시킨다는 이들의 삼각형 구조를, 즉 당대의 상투적인 인도인 상을 부인하는 것이 된다. 첫 번째 시기와 두 번째 시기에서는 영국인 소유자, 인도인 약탈자, 이를 증언하는 화자의 삼각형이 반복되지만, 화자가 완전히 신뢰할 수 없는 인물로 밝혀짐으로 삼각형의 나머지 두 축까지 믿을 수 없는 것이 되는 것이다. 특이한 점은 원장면에서와 마찬가지로 여기서도 인도인들이 작품의 구성에 있어서는 주도적인 추진력인데 반해서는 "목소리 없는 존재로 텍스트의 주변부에"(Heller 251)에 남는 것이다. 이 침묵은 인도인들을 명확하게 정의되지 않는 존재로 만들며 그러한 존재가 주는 불안이 작품 전체를 불안정하게 만든다. 제국의 주체 입장에서 보았을 때 인도인이라는 타자는 "내가 가지고 있는 인식틀에 개입해 오며 혹은 이미 개입해 있으나 나의 질서에 어긋나는 존재" (조애리 120)로 남는다.

3. 반전과 제국의 주체

배경이 시골 서택으로 옮겨지면서 지금까지 편집자이던 프랭클린이 화자가 된다. 편집자의 특권을 지니고 있던 그는 독자가 가장 신뢰할만한 화자였다. 그런데 이 믿을만한 화자가 범인으로 밝혀지는 반전이 일어나는 것이다. 프랭클린이 범인으로 밝혀지기 전에는 영국인 소유자, 인도인 약탈자, 화자라는 삼각형이 제시되었으나 이제 반복된 삼각형에서는 영국인 소유자, 영국인 약탈자, 제닝스를 포함한 다수의 화자라는 새로운 삼각형이 제시된다. 이것은 단순한 제국의 상투형에 대한 비판을 너머서서 제국의 주체에 대한 심층적인 반성을 보여준다.

프랭클린의 서술은 런던에서 나와 요크셔로 돌아가는 것으로 시작하고 예전의 배경과 인물이 다시 등장한다. 반전의 배경으로 '흔들리는 모래더미'(Shivering Sand)가 등장하는데 이곳은 감추는 동시에 드러내는 장소가 된다. 이 모래더미의 표면은 "황금빛으로 밝게" 빛나고 있지만 "무서운 누런 얼굴"(312)을 감추고 있기도 하다. 프랭클린은 모래 속의 양철통 속에서 얼룩 묻은 잠옷을 발견한다. 얼룩이 묻은 잠옷의 주인이 범인이라는 커프의 말을 기억하고 프랭클린은 "나 자신이 도둑이었다"고 한다. 이 수치스러운 순간은 이 소설의 "범례적인 오점"(GoGwilt 73)이 된다.

> 나는 그 표시를 보고 읽었다 —
> 나 자신의 이름이었다.
> 내 잠옷임을 말해주는 친숙한 글자들이 있었다. 그 글자들에서 눈을 떼고 위를 쳐다보았다. 해가 떠 있었다. 해안에는 물이 반짝이고 있었다. 늙은 베터리지가 점점 더 다가오고 있었다. 나는 다시 그 글자를 보았다. 내 이름이었다. 내 앞에 있는 것은 분명히 — 내 이름이었다. (314)

프랭클린은 의식의 수준에서 이 사건을 설명할 수 없다. 그는 문스톤을 도둑질했지만 그 행위를 인식 속에 통합시키지 못하는 것이다. 프랭클린이 해명할 수 없는 인식의 간극을 메워주며 동시에 그 결과를 독자에게 보고하는 화자가 바로 제닝스이다. 제닝스는 그 일은 "어린아이의 퍼즐을 맞추는 것과 같죠. 처음에는 혼란뿐이나, 올바른 방법을 알 수 있으면 모두 질서와 형태를 갖추게 되죠"(374)라고 한다. 제닝스는 어떻게 문스톤 도둑이 일어났는지 보여주기 위해 프랭클린이 과거와 똑같은 생리적 조건, 즉 아편에 취한 상태에서 같은 행동을 반복하도록 한다. 빔 열한시에 제닝스는 브러프씨와 베터리지가 보고 있는 가운데 프랭클린에게 아편을 먹인다. 자정이 지나자 프랭클린에게 아편의 효과가 나타난다. 그는 침대에서 일어나 레이첼의 방으로 간 후 문스톤이 없어진 날 한 일을 반복한다.

> 그는 서랍장 꼭대기에 양초를 놓았다. 서랍을 하나씩 열었다 닫았다 했다. 마침내 모조 다이아몬드가 있는 서랍에 도달했다. 잠시 서랍 안을 들여다보았다. 그러고 나서 오른손으로 모조 다이아몬드를 꺼냈다. 왼손으로는 서랍장 꼭대기에서 양초를 내렸다. (425)

그의 몸은 공적 스펙터클, 즉 의심 및 관찰의 대상(Thomas 71)이 되고 어떤 목격자, 아니 자신도 할 수 없는 이야기를 한다. 인도인이 아니라 가장 신뢰할만한 영국인이 도둑인 반전은 구성상 흥미를 더할 뿐아니라, 제국의 주체의 의미를 탐색할 계기를 제공한다. 19세기 중반 영국에서 가장 중요한 스펙타클의 대상은 식민지의 문물이며 가장 명백한 예가 후에 빅토리아 여왕의 왕관에 박히게 된 다이아몬드인 코-이-누루(Koh-i-Noor)[4]였다. 이 다이아몬드는 1851년 대 박람회(Great Exhibition)에서 가장 큰 구경거리였으며, 환유적으로 인도가 구경거리가 된 것을 의미한다. 여기서는 전형적인 제국의 주체가 스펙터클의 대상이 되는 반전이 일어난다.

그러나 스펙터클의 대상이 된 제국의 주체는 순수한 영국성을 보여주지 않는다. 이 실험으로 제국의 주체는 아편의 지배를 받는 것으로 나타나는데 인도에서 온 아편은 한편으로 식민지와 식민지인의 타자성을 상징한다. 아편은 우선 식민지인을 오염시켰지만[5], 동시에 아편은 식민지와 영국의 이분법을 무너뜨리고 영국인의 자아에 개입해 오는 것이다. 모든 곳에 스며들어 모든 것을 전복시키는 액체인 아편은 제국의 주체 역시 오염시킨다. 즉 식민지인의 타자성이 제국의 주체인 프랭클린의 정체성에 스며들어 와 있는 것이다. 그러나 아편은 식민지와 제국의 주체를 연결시키지만 동시에 분리시키기도 한다. "콜린즈는 의도적으로 아편 쪽으로 독자의 주의를 돌린다”(Pykett 24)는 지적대로, 아편에 집중된 타자성을 분리할 경우 프랭클린은 순수한 영국성을 지킬 수 있게 된다. 즉 프랭클린은 아편으로 상징되는 자신의 일부를 분리한 후 이를 배제함으로써 이상적인 제국의 주체가 되는 것이다. 이상적인 제국의 주체가 된 프랭클린은 레이첼과의 결혼이라는 보상을 받으며 시골저택의 주인이 되고 교란된 공동체는 다시 질서를 회복한다. 그러나 이러한 표면적인 질서회복은 봉합이며 이상적인 제국의 주체의 심층에는 억압과 배제가 지시하는 불안이 자리 잡고 있다.

4. 형식적 완결과 이상화

에필로그에 이르면 원장면과 전도된 형태의 삼각형이 나타나 이 작품은 형식적인 완결성을 갖는다. 헌캐슬을 연상시키는 영국인인 고드프리가 소유자, 인도인이 약탈자, 커프 경사와 머스웨이트(Murthwaite)가 화자인 삼각형이 등장한다. 여기서는 문스톤의 소유자인 영국인은 부도덕한 인물로, 약탈자인 인도인은 도덕적인 인물로 그려져 있다. 문스톤을 도둑질한 고드프리의 부도덕성은 검은 피부로 외면화되지만 이는 타자에 대한 상투적인 관점을 반복하는 것이고 검은 피부 아래 숨겨진 그의 흰 피부는 인도인이 아니라 영국인이 부도덕함을 보여준다. 그는 1849년의 헌캐슬이라고 할 수 있다. 헌캐슬에게 잔인함과 폭력성이 부도덕성의 핵심이었다면 고드프리의 경우는 이중성이 부도덕성의 핵심인 차이가 있을 뿐이다. 커프 경사에 따르면 “고드프리 에이블화이트씨의 삶에는 양면이 있었다. 자선모임의 유명한 연사이고 주로 여성들이 모인 수많은 자선단체에서 행정능력을 발휘하는 “공적인 면모” 뒤에 교외의 빌라에 정부를 둔 “쾌락에 빠진 사람”(452)이라는 “숨겨진 면모”가 있었다. 이 부도덕한 영국인 소유자로부터 세 명의 인도인이 문스톤을 다시 훔쳤을 것이라는 것이 커프 경사의 보고 내용이다.

> 이성적으로 생각할 때 의심할 바 없이 그는 (자는 동안이거나 아니면 막 깨어나서) 침대에서 베개에 눌려 질식한 것이 분명해 보인다. 그를 살해한 사람은 세 명의 인도인이고 범죄의 목표(성공적으로 달성된)는 문스톤이란 이름의 다이아몬드를 빼앗는 것이었다(449).

에필로그는 제 위치로 돌아온 문스톤과 인도인들에 대한 평가이다. 서문에 인도에 있던 문스톤이 에필로그에서 다시 인도로 돌아가는 가운데 원 장면의 문제는 형식적인 측면에서 해결된다. 여기에서 화자는 커프 경사의 조사관, 증기선의 선장 그리고 인도 여행가인 머스웨이트(Mr. Murthwaite)씨를 포함해 세 명의 서술로 되어있지만, 두 화자는 전후 관계를 설명하는데 그치고 대부분이 머스웨이트의 관점이 제시되어 있다. 그는 인도어에 능통할 뿐 아니라 인도인들을 잘 이해하는 인물이다. 인도 문화 속으로 직접 들어가 영국에 보고하는 형식을 취하고 있는 점에서는 서문의 화자와 유사하다. 하지만 그는 서문의 화자에 비해 인도인에 대해 훨씬 더 공감적이다. 약탈자인 인도인은 카스트까지 희생하며 보석을 되찾아오는 도덕적인 인물로 형상화된다.

> 뒤돌아 언덕을 내려다보았다. 자연과 인간이 결합된 가장 장엄한 광경이 펼쳐졌다. 언덕 아래 쪽 경사는 경계를 흐리며 목초지로 녹아들었다. 그곳에서는 세 개의 강이 만나고 있었다. 한쪽에서는 구불구불한 강이 우아하게 흐르고 있었다. 때로는 강이 보이고 때로는 나무에 가리기도 했다. 다른 쪽에는 잔잔한 바다가 밤의 고요 속에 잠들어 있었다. 이 사랑스러운 장면에 수만의 사람들이 모여 있었다. 모두 흰 옷을 입고 있었다. 그들은 경사진 언덕을 뒤덮고 목초지를 뒤덮고 있

> 었으며 근처의 구불구불한 강둑에 늘어서 있었다. 수많은 군중 속에서 활활 타는 붉은 불꽃과 횃불들이 가끔 솟구쳤고, 그 빛이 이 순례자들을 비치고 있었다. 모두에게 찬란하게 쏟아지는 동양의 달빛을 상상해라 — 그러면 내가 언덕의 정상에서 어떤 광경을 보았는지 알 수 있을 것이다. (471)

이러한 "고양되고 서정적인"(Nayder 220) 묘사를 통해 세 명의 인도인은 약탈자가 아니라 숭고한 순교자로 제시된다. 그러나 이러한 이상화의 한계를 간과해서는 안된다. 인도 승려에 대한 이상화는 점차 수십만의 군중에 대한 이상화로 확대되며 인도인들은 "영국인의 시선 앞에서 개인적 이력은 소멸되고 수십만의 스펙터클은 비인간화의 표상이 된다"(Duncan 317). 인도인은 스펙터클의 대상이 될 뿐 아니라 인도인은 영국인과 다른 의미체계, 진보의 역사와 분리된 순환의 역사에 속하는 것으로 제시된다. 문스톤의 모습은 이 사실을 다시 한 번 상징적으로 보여준다. "거기 신의 앞이마에 그 노란 다이아몬드가 빛나고 있었다. 한때는 그 빛이 영국 여성의 가슴에서 내게로 비추인 적이 있었다"(472). 이 문장 안에서 별도의 두 의미 체계, 즉 진보의 역사와 순환의 역사가 병치되어 나타난다. 에필로그를 통하여 인도인들은 서구의 진보적 역사에서 야만으로 규정되는 것은 피했지만, 그렇다고 진보의 역사에 편입되지도 않는다. 영국인의 정체성 문제가 타자성의 배제로 봉합되었듯이, 식민지와 본국의 문제는 두 체계의 병치라는 불완전한 해결로 끝난다. 에필로그의 형식적 완결성에도 불구하고 인도인의 대상화와 더불어 두 의미체계의 병치는 제국의 문제가 미완의 과제로 끝났음을 보여준다.

III

19세기 소설에서 제국과 식민지 문제는 모든 곳에 스며있지만 동시에 어디에도 뚜렷이 나타나지 않는다. 즉, 제국주의는 인물이나 작가에 의해 너무나 당연한 것으로 받아들여져서 결국 존재하지 않는 것처럼 보인다. 『문스톤』은 식민지의 양면성, 즉 인도가 부의 원천이기도 하지만 위협적인 존재로서 두려움을 불러일으킨다는 점을 전면에 내세우고 있다(조애리 109). 19세기 영국인이라는 주체 위치는 영국 시민을 넘어서서 제국의 주체가 되는 것을 의미하며 『문스톤』은 그 의미에 대한 탐색이라고 볼 수 있다.

다수의 화자와 편집자의 교차, 서문과 에필로그를 이루어진 액자구조라는 독창적인 서술기법, 무엇보다도 반복적 서술 구조를 통하여 콜린즈는 제국에 대한 당대의 통념을 뒤엎고 나아가 제국의 지배원리를 반성한다. 서문에서 영국인이 약탈자가 되는 원 장면을 제시함으로써 본문의 화자들이 보이는 상투적인 반응은 서문에 의해 그 의미가 재규정 되며 동시에 편집자에 의해 제국과 식민지인의 상투형이 비판된다. 반복적 서술 구조 속에서 다수의 화자를 통제하던 편집자가 문제되며 이를 통해 제국의 주체 속에 이미 식민지인의 타자성이 개입해 들어와 일부를 이루고 있음을 보여준다. 결말에서 원장면의 전도를 통한 형식적 완결성에도 불구하고 콜린즈의 통찰력은 인도에 대한 이상화로 끝난다. 콜린즈는 제국이 청산해야할 도덕적 타락, 즉 지배적 단계의 잔재가 무엇인지 명확히 제시한 반면, 제국의 주체나 제국과 식민지의 문제에 대해 배제와 병치를 보여주는 데 그친다. 그러나 콜린즈가 반복적 서술 구조를 통하여 식민지 타자에 대한 당대의 통념을 뒤엎고 제국의 지배원리를 문제 삼은 점이나 제국의 주체의 분열을 성공적으로 형상화한 점은 뛰어난 성과라고 할 수 있다.

1) 여기서 원 장면(primal scene)은 라캉이 포우(Poe)의 「도둑맞은 편지」("The Purloined Letter")를 분석하면서 대신, 왕, 여왕의 삼각형 구조 속에서 대신이 여왕의 편지를 훔치는 장면을 원 장면이라고 본 것과 같은 의미에서 쓰고 있다.

2) 세링가파탐의 함락은 티푸(Tipu) 회교군주가 동인도회사 영토를 재탈환하기 위해 1792년 공격했으나 실패했음에도 불구하고 1799년 다시 진격하여 생긴 사건이다. 당시 총독이던 웰즐리(Richard Colley Wellesley)는 티푸의 수도인 세링가파탐까지 진격하여 1개월 가량 공격한 후 티푸의 회교군주를 살해했고, 이로써 동인도회사는 티푸를 완전히 장악하게 되었다.

3) 종교적인 이유로 촉발되었다. 세포이(인도 군인)들은 영국인으로부터 기름이 칠해진 총을 배급받은 후 발포하라는 명령을 들었다. 인도인들은 이 기름이 신성한 소기름이고 따라서 이런 총을 발사하는 일을 신성모독이라고 생각한 세포이들은 봉기하였다.

4) 콜린스 자신이 1868년 서문에서 자신이 이 이야기에서 다이아몬드를 언급할 때 염두에 두고 있던 것이 "그 유명한 코-이-누르"(3)였음을 밝히고 있다.

5) 동인도회사는 인도 반란 때까지 인도를 지배하고 유례없는 이익을 남겼다. 황금의 삼각형은 인도에서 중국으로 아편을, 중국에서 영국으로 차와 비단을 수입하는 것이다. 영국은 수입으로 인한 적자를 상쇄하기 위해 중국에게 아편수입을 강요했다. 1842년 12월 <타임>지가 아편무역은 국가적 범죄라고 비난했으며 그 주제에 대한 뜨거운 논란이 십여 년간 계속되었다. 1856-8년 아편전쟁으로 논란이 더 뜨거워졌으나 1858년 중국의 참패로 중국은 아편을 수입할 수밖에 없었다.

인용문헌

문상화. 「『달빛보석』 : 콜린즈의 식민주의 해법」, 『19세기영어권문학』 3 (2000): 67-87.

조애리.「타자성에 대한 불안-『문스톤』」. 『근대영미소설』 9 (2002): 109-122.

Collins, Wilkie. *The Moonstone*. Harmondsworth: Penguin Books, 1966.

David, Deidre. *Rule Britania: Women, Empire and Victorian Writing*. Ithaca: Cornell UP, 1995.

Duncan, Ian. "The Moonstone, the Victorian Novel and Imperialist Panic," *Modern Language Quarterly* 55 (1994): 297-319.

Eliot, T. S. *Selected Essays*. Boston: Faber & Faber, 1980.

Free, Melissa. "'Dirty Linen' : Legacies of Empire in Wilkie Collins's The Moonstone.," *Texas Studies in Literature and Language* 48 (2006): 340-71.

GoGwilt, Christopher. *The Fiction of Geopolitics*. Stanford: Stanford UP, 2000.

Heller, Tamar. "Blank Spaces: Ideological Tensions and the Detective Work of the Moonstone," Ed. Lyn Pykett. *Wilkie Collins*. New York: St. Martin's P, 1998, 244-70.

Hutter, Albert D. "Dreams, Transformations, and Literarture: the Implications of Detective Fiction," *Victorian Studies* 19 (1975): 181-209.

Kemp, Sandra, "An Introduction to The Moonstone," *The Moonstone*. Harmondsworth: Penguin Books, 1966.

Lacan, Jacques. "Seminar on "the purloined Letter"," *Ecrits*. Trans. Bruce Fink. New York: W. W. Norton & Co., 2006.

Miller D.A. "From Roman Policier to Roman Police: Wilkie Collins's The Moonstone," *Novel* 13 (1980): 153-70.

Nayder, Lilian. "Robinson Crusoe and Friday in Victorian Britain," *Dickens Studies Aannul* 21 (1992): 213-31.

Pykett, Lyn. *Wilkie Collins*. New York: St. Martin's P, 1998.

Thomas, Ronald R. "The Moonstone, Detective Fiction and Forensic Science, *The Cambridge Companion to Wilkie Collins*". Ed. Jenny Bourne Taylor. Cambridge: Cambridge UP, 2006, 65-78.

THOMAS HARDY · *Tess of the d'Urbervilles: A Pure Woman*

불안정한 '순결'의 근원으로서 서술자

손 영 희 덕성여자대학교

I

1. 작가 소개

토머스 하디(Thomas Hardy)는 1840년 영국 남서쪽의 도싯(Dorset)에서 출생했는데, 그의 소설에서 웨섹스(Wessex)로 불리어지는 도싯은 대부분의 그의 소설의 배경이 된다. 하디의 아버지(Thomas Hardy)는 석공이자 건축업자였고, 어머니(Jemima Hand)는 하디가 책에 흥미를 갖는데 도움을 주었다. 16살에 하디는 후에 『캐스터브리지의 읍장』(*The Mayor of Casterbridge*, 1884)에서 캐스터브리지읍의 원형이 된 도체스터(Dorchester)읍의 건축업자인 죤 힉스(John Hicks)의 도제로 들어갔다. 이후 하디는 대학에 들어가서 성직자가 되려고 했지만 돈이 없고 또 신앙심을 상실하게 되면서 대학을 포기했는데 그의 이 경험은 마지막 소설로 여겨지는 『무명인 쥬드』(*Jude the Obscure*, 1895)에 극화되었다. 하디의 첫 출판 소설은 『최후의 수단』(*Desperate Remedies*, 1871)이라는 선정소설이었는데 혹평을 받았다. 그러나 웨섹스 지방의 농촌을 배경으로 한 『광란의 무리를 떠나』(*Far from the Madding Crowd*, 1874)가 호평을 받고 성공하면서 하디는 소설가로서 생계를 이어갈 수 있게 되었고,

그해에 첫 부인인 에마 기포드(Emma Lavinia Gifford)와 결혼했다. 하디는 이어서 『귀향』(*The Return of the Native*, 1878), 『숲속의 사람들』(*The Woodlanders*, 1887), 『더버빌가의 테스: 순결한 여인』(*Tess of the d'Urbervilles A Pure Woman*, 1891), 『무명인 쥬드』를 발표하면서 명성과 경제적인 성공을 얻고 영국문단의 중요한 작가로 자리 잡게 되었다.

하디의 대표작 중 하나로 여겨지는 『더버빌가의 테스: 순결한 여인』은 영국 중산층의 편협하고 독선적인 성윤리에 의해 희생되는 여주인공을 통해서 빅토리아 시대의 이중성도덕을 비판하고, 또 당대의 성적 금기를 깨뜨리고 있다는 점 때문에 논란을 불러일으켰다. 그의 마지막 소설로 여겨지는 『무명인 쥬드』는 성문제를 솔직하게 다루었을 뿐 아니라, 하층계급 출신의 쥬드가 힘겹게 독학을 하여 크라이스트민스터(Christminster, 옥스퍼드) 대학에 가려는 꿈이 사회적인 장벽으로 좌절된다는 점이 영국사회와 계급제도에 대한 비난으로 해석되어서 많은 논란을 일으켰다. 하디는 이후 더 이상 소설을 쓰지 않았는데, 그가 소설 쓰기를 중단한 것은 세간의 비난 때문이라고만 보기는 어렵다. 하디는 마지막 19세기 사실주의 소설가이면서 동시에 20세기 모더니즘으로 이행하는 입구에 선 소설가였다. 풍요로운 민담, 미신, 발라드를 간직한 웨섹스 농촌 공동체를 배경으로 하는 첫 소설인 『광란의 무리를 떠나』보다 서의 20년 후인 1895년에 출판된 『무명인 쥬드』에서는 그 세계의 흔적조차 찾기 어렵다. 그러므로 하디의 웨섹스를 구성하는 영국 남부 농촌 공동체가 자본주의화와 도시화 때문에 붕괴된 19세기말에 이곳을 배경으로 하는 하디 소설도 종결될 수밖에 없었다고 할 수 있다. 또한 테리 이글턴(Terry Eagleton)이 지적하듯이 『무명인 쥬드』에서는 빅토리아 시대 영국사회의 비판이 극에 달하면서 19세기 사실주의 양식으로는 담아낼 수 없는 복잡한 인간의 성격이 드러나고 있다(Eagleton 61-71). 따라서 내용과 예술 양식 면에서 한계점에 도달한 하디가 소설 쓰기를 계속하기 위해서는 인식의 전환과 사실주의를 넘어서는 새로운 문학 양식에 대한 철저한 모색이 필요했지만 그 돌파구를 찾지 못했기 때문에 더 이상 소설을 쓰지 않은 것으로 보는 것이 타당하다. 하디는 1928년에 사망했으며 웨스트민스터 사원의 시인의 코너(Poet's Corner)에 매장되었다.

2. 서술기법

하디 소설의 서술자는 소설 서술의 전통적 수법인 전지적 작가 시점을 취하고 있지만 그는 작품 내의 사건과 인물로부터 초연하지는 않다. 하디에 대한 비판이 대체로 그가 지나치게 일부 주인공에 공감함으로써 비일관적이 되고, 작가의 염세적 철학 때문에 왜곡된 결말이 강요되고 있다는 것에 향해 있다는 사실은 작품 안에 작가가 깊숙이 연루되어 있음을 보여준다.[1] 서술자의 입장과 작가의 그것이 반드시 일치하는 것은 아니지만, 하디 소설의 서술자가 사용하는 현학적인 언어와 철학은 독학 지식인 하디의 그것을 연상시킨다는 점에서 하디 소설의 서술자는 작가 자신과 깊숙이 연관되어 있다. 하디 소설의 서술자는 단일한 음성이 아니라 갈등하는 음성을 낸다. 서술자가 내는 충돌하는 음성들은 빅토리아 시대의 영국 도시 중산층 독자를 대상으로 웨섹스 농촌 지방을 그린 하디가 농촌 공동체와 도회지 문화, 공동체적 가치와 개인주의적 가치 사이에서 느끼던 갈등을 반영한다. 데이빗 로지(David Lodge)는 『테스』에서 서술자로서 하디가 두 가지 음성을 내고 있다고 말한다. 그는 서술자의 첫 번째 음성은 가난하고 박탈당한 시골 사람들에게 감정이입을 하면서 그들을 생생하게 그리지만, 또 다른 음성은 교육받은 관점에서 눈앞에 일어나는 사건에 거리를 두고서 그것의 역사적· 사회적 의미를 독자에게 알려주는 역할을 한다고 말한다(Lodge 168-70). 계급적으로, 또 문화적으로 두 세계 사이에 위치한 하디가 겪는 갈등은 지적인 언어를 사용하는 서술자의 두 번째 음성 내에서도 극화되어 있는데, 이 두 번째 층의 자체 내에서 충돌하는 분열된 음성들은 테스의 인물 형상화를 불안정하게 한다.

남녀에게 차별적으로 적용되는 성도덕이 여주인공을 비극으로 이끄는 내용을 담고 있는 『테스』는 『숲속의 사람들』에서부터 『무명인 쥬드』에 이르기까지 결혼 제도와 성도덕에 대한 하디의 심화되는 비판의 중심에 서 있다. 그러나 『테스』는 빅토리아 시대 여성의 불평등한 지위에 대한 하디의 비판적 인식이 정점에 달하지만, 또한 서술자의 갈등하는 음성들을 통한 인습적 여성관이 가장 뚜렷이 드러난 작품이기도 하다. 서술자의 갈등이 가장 두드러진 곳은 여성의 순결과 타락에 대한 기존 관념에 대한 비판에서이다. 부제목의 "순결한 여인"이 암시하듯이 하디는 『테스』에서 테스가 정조 상실에도 불구하고 순결하다고 주장함으로써 여성의 정조 상실을 타락으로 죄악시하는 빅토리아 시대의 이중성관념에 도전한다. 또 서술자는 체이스(Chase) 숲에서 최초의 정조 상실이 강압적인 유린이기보다는 테스 쪽에서도 성적으로 이끌렸음을 암시하고, 작품은 테스의 성적 능동성을 암시하는 구절로 가득 찼다는 점에서 그녀를 "순결한 여인"이라고 하는 하디의 주장은 여성의 성욕을 부인하는 빅토리아 시대의 성관념과 정면으로 대립된다.

그러나 테스의 성적 능동성이 그녀를 인습파괴적인 '순결한' 여성으로 만든다는 서술자의 암시에도 불구하고 테스의 관능성은 미묘한 방식으로 억눌려지기 때문에 그녀는 성적 욕구를 결핍한 인습적인 의미에서 순결한 여성으로 보인다. 서술자의 불안정한 자연관도 또한 테스의 성적 능동성에 대한 서술자의 주장의 근거를 약화시킨다. 테스가 성적 욕구를 결핍한 인습적인 의미에서 순결한 여성으로 보이는 것은 테스의 육체를 중심에 두고 그녀를 시각화하는 작품의 구성과도 밀접한 관련이 있다. 남성독자를 위해 여성의 외모를 그리는 서술자의 시각을 통해서 그려지는 테스는 의식은 거의 알려지지 않고 외모가 중점적으로 그려지면서 그녀의 육체는 일차적으로는 남성의 시각적 소비의 대상이 된다. 따라서 그녀는 빈번히 남성서술자의 욕망의 시선에 갇혀서 성적인 존재로 축소되고 수동적으로 보이게 된다.

필자는 본문에서 먼저 서술자가 테스의 능동적인 성욕이 그녀를 순결하게 만든다고 함으로써 빅토리아 시대의 여성관에 저항하지만 그녀의 성욕이 지워지고 억압되는 경향을 보이기 때문에 오히려 인습적으로 순결해 보인다는 점을 지적하겠다. 다음에는 서술자의 자연관이 단일하지 않고 상충하기 때문에 자연을 그녀의 순결의 근거로 삼은 그의 주장의 설득력이 약화된다는 점을 지적하겠다. 마지막으로 서술자가 성적인 욕망의 주체로서 테스의 육체적인 매력을 강조하지만 그녀는 남성서술자와 남성독자의 욕망의 대상이 되면서 수동적이며 인습적으로 순결한 여성으로 보이게 되고 이것 또한 순결의 의미를 재정의하려는 하디의 의도를 약화시킨다는 점을 밝히겠다.

II

1. 성적 능동성과 수동성의 구현체로서 테스

『테스』의[2] 서술자는 작품에서 가장 중요한 행동인 알렉(Alec d'Urbervilles)에 의한 테스의 정조 유린을 묘사할 때 "coarse"라는 낱말을 두 번에 걸쳐서 사용한다.

> 왜 비단결처럼 가냘프고, 아직까지 아무도 밟지 않은 눈처럼 아무 무늬도 없는 이 아름다운 **섬세한** 피부 위에 운명적으로 그런 **조잡한** 무늬가 새겨지게 되었는가. 왜 흔히 그렇게 **천박한** 사람들이 **고상한** 사람들을 자기 것으로 삼아 버리는가... (57, 필자 강조)

여기서 테스의 몸에 "조잡한 무늬"(coarse pattern)를 새겨 넣는 "천박한"(coarse) 인물은 알렉으로 제시되어 있다. 그러나 테스도 알렉과 에인절(Angel Clare)과의 관계에서 충동적이고 성욕을 드러내기 때문에 알렉과 같은 범주에 묶일 수 있지만, 서술자는 여기서 그녀를 알렉과는 정반대로 '섬세함'과 '고상함'의 속성을 지닌 순결의 범주에 포함시키려고 한다. 바로 이 범주에 속하는 대표적인 인물은 에인절이다. 서술자는 테스와 에인절의 상사점을 강조하고 테스와 알렉의 상사점을 억누르려 하지만, 작품에서 그녀는 알렉의 성적인 능동성과 성욕을 결핍한 듯한 에인절의 순결함을 모두 지니고 있다. 테스에게 충동적인 성욕이 구현되어 있지만 동시에 그것이 애매하게 부재하기 때문에 그녀는 빅토리아 시대에 여성을 분류하는 데 사용되던 성욕이 결핍된 순결한 여성과 성적인 욕구를 자극하는 육체를 지닌 타락한 여성의 어느 범주에도 안정되지 못한다.[3)]

하디는 『테스』에서 성적으로 능동적인 여성을 타락한 여성으로 규정하여 추방하는 빅토리아시대 성관념에 저항하는 목적을 갖고 있다. 그러나 테스와 알렉의 성적 능동성에 있어서의 유사성을 억압하고 그녀와 에인절이 공유하는 순결함을 강조하는 위의 인용문에서 서술자의 태도가 보여주듯이 여성의 타락과 순결에 대한 하디의 입장은 오늘날 여성주의의 잣대를 온전히 충족시킬 수 있는 것은 아니다. 건강한 성적 욕구를 지닌 테스를 예찬하고 그녀의 정조 상실을 타락으로 규정하는 사회를 비판하려는 하디의 명시적 의도는 이에 저항하는 서술자의 분열된 음성으로 인해서 약화되면서 테스의 인물 형상화의 불안정성을 초래하기 때문이다.

하디는 『테스』를 발표하기 전에 "영국 소설에서 솔직함"("Candour in English Fiction", 1890)이라는 글을 통해서 영국 소설에 가해지는 그런디즘(Grundyism)으로 알려진 인습적인 성적 금기에 대해 강력히 비판했다.[4] 그러나 당대의 영향력 있는 많은 비평가들은 빅토리아 시대의 성적 금기를 도전적으로 깨뜨리던 『테스』에 여전히 적대적이었고, '부도덕한 상황'의 빈번한 언급 때문에 『테스』는 여러 잡지에 연재를 거부당했다. 마침내 그래픽(*Graphic*)지에 연재할 때 하디는 테스가 거짓 '결혼식'에 속아서 잠시 알렉과 동거를 한 것으로 설정하고, 탤보태이즈(Talbothays) 목장에서 에인절을 사모하는 테스, 마리안(Marian), 이즈(Izz)와 레티(Retty)가 일요일에 교회를 가려고 할 때 홍수로 불어난 물속을 그가 '수레'로 이들을 운반하게 함으로써 당시의 성적 금기를 따르려고 했다. 그러나 단행본으로 출판할 때 하디는 거짓 결혼식 부분을 삭제하고, 네 여성을 안아서 옮기는 것으로 바꾸었다.

메리 제이코버스(Mary Jacobus)는 순결과 타락의 양극단을 넘나드는 듯하고 성적 수동성과 능동성이라는 부조화하는 이미지를 지닌 테스의 모습은 하디가 그런디즘에 저항하면서도 편의상 그것에 순응해서 작품을 개정했기 때문이라고 설명한다(Jacobus 318-36). 테스와 두 남성과의 관계 묘사가 당대의 성적 윤리에 부합하지 않는다는 이유로 작품의 연재가 여러 번 거절당하고 난 후 하디는 많은 개정을 했다. 『테스』의 최초 원고와 출판본을 비교한 제이코버스에 따르면 최초의 『테스』에서 테스는 남녀관계에 있어서 감정에 충실한 여성으로 그려져 있었다. 알렉과의 관계도 그의 강압에 의한 테스의 일방적인 정조 상실이기보다는 테스의 이끌림도 중요한 역할을 했기 때문에 유혹(seduction)이라고 해야 올바른 것이었다. 에인절도 순결의 잣대를 남녀에 이중적으로 적용하며 정신에 의해 육체가 극도로 억압된 비정상적인 인물이 아니었다. 그러나 작품의 개정은 테스를 당대의 순결한 여성의 관념에 맞게 보이는 쪽으로 이루어졌고, 알렉이 인간적인 요소가 결여된 순수한 악인의 전형으로 바뀌면서, 테스는 자신의 의사에 반해서 정조를 상실하고 두 남성에 의해 희생당하는 인물로 보이는 측면이 강화되었다. 그러므로 에인절에게 버림받은 테스가 플린트콤 애쉬(Flintcomb-Ash) 농장에서 혹심한 노동에 시달릴 때 그녀를 그로비 농부(Farmer Groby)로부터 지키지 못하는 자신을 안타깝게 여기거나, 자신과의 관계에서 아이를 낳았다는 것을 알고서 과거를 보상하기 위해 결혼증명서를 가져와 그녀에게 어색하게 내미는 것에서 보이는 알렉의 인간적인 면모와 작품 전반에서 드러나는 악인의 전형으로서 알렉의 부조화하는 이미지가 생겨난 것은 원작과 이후의 개정 사이의 괴리의 결과라 하겠다.

테스의 인물 형상화의 비일관성을 하디가 그런디즘에 순응한 결과라고 보는 제이코버스의 설명은 『테스』의 비일관성을 하디의 지성의 결핍의 증거로 드는 일부 악의적 비평가들의 주장을 효과적으로 반박하는 것이다. 또한 그녀의 연구는 하디의 최초의 의도가 인습적 여성관에 저항하는 것이었음을 분명히 보여준다. 그러나 제이코버스의 주장의 타당성에도 불구하고 그것은 테스의 이중적인 모습을 전적으로 설명하지 못한다. 테스가 지닌 성적 수동성과 능동성의 양면성은 개정 이전부터 어느 정도 존재하고 있었고, 개정은 작품 내에 이미 존재하던 그녀의 양면성을 가중시켰다고 보는 것이 더 옳다.

하디의 진보적 여성관이 인습적 여성관과 충돌하면서 갈등을 일으키는 대표적인 경우는 "순결한 여인"(*A Pure Woman*)이라는 부제목과 관련해서이다. 하디는 1892년 판 서문에서 비평가들 사이에 많은 논란을 낳은 이 부제목의 의미를 다음과 같이 설명했다.

> 더 엄격한 비평가들은 부제목의 형용사를 단지 문명의 규범으로부터 생긴 인위적이며 파생적인 의미에만 결부시킨다. 그들은 자연의 관점에서의 그 낱말의 의미와, 미학적인 의미를 무시한다. 그러니 하물며 그들의 기독교의 가장 고상한 측면 때문에 생겨난 영적인 해석을 무시하는 것은 말할 나위가 없다. (x)

빅토리아 시대에 '순결'은 중산층 여성의 모범이었던 가정의 천사의 중요한 조건으로서 육체적인 순결뿐 아니라 성적욕구가 부재하거나 또는 성적으로 수동적인 태도를 지닌 것을 의미했다. 그러나 하디는 『테스』에서 정조를 잃은 처녀로서 사생아를 낳았으며, 유부녀의 상태에서 알렉과 동거하는 테스를 '순결'하다고 주장한다. 그러므로 그는 '순결한'이라는 형용사가 여성에게 적용될 때 갖는 빅토리아 시대의 의미에 저항하여 새로운 의미를 창조하려고 한다. 위에 인용된 서문에서 하디는 빅토리아 시대의 순결의 의미는 문명의 규범에서 생겨난 인위적이고 파생적인 것이라고 말하고 이것은 작품에서 자신이 의도하는 바의 의미가 아니라고 말한다. 그는 자신이 의도하는 바의 테스의 순결은 자연, 미학, 그리고 영적인 관점에서의 순결이라고 말한다.

『테스』의 서문에서 순결에 대해 하디가 독자에게 요구하는 해석 중 서술자의 갈등을 가장 뚜렷이 보여주는 것은 사회와 대비시켜 자연을 테스의 순결의 근거로 삼은 점이다. 『테스』에서 자연은 일차적으로는 가혹한 생존 법칙과 인습의 지배를 받는 사회나 문명과 대립되며 사회로부터의 추방자를 감싸주는 곳으로서 워즈워스(William Wordsworth)의 낭만주의적 관념에 바탕하고 있다. 그러나 하디가 육체적 순결을 잃었을 뿐 아니라 성적욕구를 드러내기 때문에 빅토리아 시대의 순결한 여성의 조건에 맞지 않는 타락한 테스를 자연의 관점에서 순결하다고 했을 때 자연은 그 이상의 의미를 지닌 곳이다.

> 어디선가 달콤한 쾌락을 찾으려는 억누를 수 없으며 널리 퍼져있는 무의식적인 경향이 마침내 테스를 압도했다. 이 경향은 가장 비천한 것부터 가장 고귀한 것에 이르기까지 모든 생명체에 충만해 있는 것이다.... 야외의 자연물들과 자연의 힘을 주로 벗 삼는 여성의 영혼에는 후대에 인간에게 주입된 체계화된 종교보다는 그들의 옛적의 선조들이 지니고 있었던 이교적 상상이 더 많이 담겨 있다. (81)

여기서 서술자는 달콤한 쾌락을 추구하는 성적 충동은 모든 생명체가 갖고 있는 자연스런 것이며, 특히 자연과 가까운 여성이 기독교와 같은 제도종교의 규제를 덜 받기 때문에 이교적이며 쾌락 추구의 충동이 더 강하다고 암시한다. 정조를 상실하고 난 후 사회가 부과하는 죄책감에 시달리던 테스가 다시 희망을 찾고 새로운 사랑을 찾아 나설 수 있는 것은 자연의 모든 생명체들이 쾌락을 지향하기 때문이라는 것이 서술자의 지적이다. 이렇게 테스의 성적 욕구가 자연스러운 것이라고 서술자가 주장할 때 자연은 모든 생명체가 현재에 욕망의 충족을 지향한다고 보는 다윈(Darwin)의 자연관과 연관된다. 질리언 비어(Gillian Beer)가 지적하듯이 다윈의 자연관은 한편으로는 인간을 출산, 상실, 죽음과 같은 자연 현상에 종속된 유기체의 하나로 여김으로써 왜소하게 만들지만, 다른 한편으로는 자연을 현재에 최대의 쾌락을 추구하려는 본능적인 힘으로 충만한 곳으로 상정하고 인간도 그곳의 법칙의 지배를 받는다고 여기기 때문이다(Beer 236-58). 쾌락을 지향하는 생명체의 강력한 힘이 사회규범을 압도하는 것을 잘 보여주는 곳은 에인절의 구애를 결국 받아들일 수밖에 없는 테스의 심리를 서술자가 서술하는 곳이다.

> 모든 창조물에 충만해 있는 "쾌락을 지향하는 욕망", 즉, 노도와 같

> 은 조수가 무기력한 해초를 휩쓸어 가듯이 인간을 자체의 목적을 달성하도록 휩쓰는 그 엄청난 힘은 사회규범에 대한 막연한 고려로는 억제될 수 없었다. (149)

서술자는 여기서 테스의 순결을 입증하는 준거 기준이 문명사회가 아닌 자연이며 자연의 모든 생명체는 성적 욕구의 충족을 통한 쾌락을 지향한다고 말한다. 자연의 관점에서 테스가 순결하다는 서문에서 하디의 주장은 여성의 쾌락 추구도 자연적인 것으로 여긴다는 것을 내포하기 때문에 이것은 순결한 여성의 조건으로서 성욕의 부재를 전제로 하던 빅토리아 시대의 여성관에 명백히 도전하는 것이다. 그러므로 테스는 빈번히 자연과 동일시되고, 그녀의 본능적 욕구는 자연에 의해 승인되고, 그것을 억압하는 사회와 기독교에 적대적이다. 그러나 테스는 자연에 근원을 둔 능동적 성욕을 지닌 욕망의 주체로 제시되지만 동시에 그녀의 성욕은 서술자에 의해 빈번히 지워지거나 억압되는 경향을 보인다.

> '나를 그렇게 쳐다보지 마!'라고 그가 갑자기 말했다. 자신의 행동과 태도를 전혀 **의식하지 못하고** 있던 테스는 커다란 검은 눈의 응시를 즉시 거두어 들였다... 그녀가 전에도 느끼곤 했던, **자연이 그녀에게 부여한 육체를 통해서 그녀가 어쩐지 잘못을 저지르고 있다는** 비참한 감정이 되살아났다. (243, 필자 강조)

에인절로부터 버림받은 테스에게 알렉이 다시 이끌리는 이 장면에서 테스의 육체는 알렉을 자극하지만 그녀는 자신의 능동적인 성욕을 인식하지 못한다고 서술자는 진술한다. 이 때문에 테스의 성적 능동성은 무의식의 차원에 머무르고 의식의 수준에서 그녀는 그것을 인식하지 못한다. 여기서 볼 수 있듯이 하디가 순결의 의미를 성적인 능동성으로 정의하지만, 테스의 성적욕구는 드러나기보다는 억제되고 무의식 속에 감추어지기 때문에 그녀는 빅토리아 시대의 이데올로기로서의 '순결한' 여성의 관념에 더 부합해 보인다는 사실이 잘 드러난 경우는 그녀가 구현하는 이브의 양면성에서이다. 『테스』에는 아담과 이브의 창조 설화와 관련된 암시들이 빈번히 등장한다. 에인절과 테스는 새벽의 탤보태이즈 목장에서 자신들을 막 창조된 세계의 아담과 이브라고 여기는데(102), 여기서 테스는 타락 이전의 순결한 처녀인 이브로 보인다. 그러나 알렉은 유혹적인 입술을 가진 테스를 이브의 또 다른 모습인 유혹자로, 그리고 자신은 그녀를 유혹한 뱀으로 인식한다.[5] 로라 클라리지(Laura Claridge)는 테스가 지닌 이브의 양면성 중에서 그녀와 알렉의 심층적 유사성을 보여주는 뱀의 이미지에 주목한다(Claridge 63-79).

> 그녀는 하품을 하고 있었다. 그는 마치 **뱀의** 그것과 같은 그녀의 빨간 입안을 보았다. 그녀는 **돌돌 말아 올린 머리단** 위로 한쪽 팔을 높이 쭉 뻗었다...그것은 가장 영적인 아름다움이 **육체를 통해 드러나는 순간**이었다... (133, 필자 강조)

탤보태이즈 목장에서 에인절의 눈에 비친 낮잠을 자고 일어난 테스의 모습은 똬리를 튼 뱀을 연상시키는데 이것은 알렉이 테스에게 발견한 것과 같은 유혹자인 이브의 모습이며 알렉과 그녀의 유사성을 암시한다. 무엇보다도 중요한 점은 유혹자로서 테스는 육체라는 구체성을 띠고 있으며 그것은 곧 그녀의 성적 능동성을 시사한다. 그런데 자연의 관점에서 테스가 순결하다는 하디의 주장에 의하면 그녀의 이 모습은 서술 차원에서 적극적으로 승인되어야 할 것이다. 그러나 실제로 테스가 지닌 이브의 양면성 중에서 유혹자로서의 테스는 작품의 곳곳에서 드러나 있으면서도 미묘하게 억압되고 반면에 인습적으로 순결한 이브의 모습은 적극적으로 승인되는 것처럼 보인다.

테스의 이중성이 잘 드러나 있는 것은 슬로웁스(Slopes)에 있는 알렉의 집 정원의 장면에서이다. 테스가 알렉을 처음 만나는 꽃과 과일이 만발한 그의 집 정원은 에덴동산을 상징할 뿐 아니라, 그가 주는 딸기를 받아먹고 그가 주는 꽃을 모두 받아 몸에 장식하는 테스의 태도는 유혹에 넘어가는 이브를 상기시킨다. 여기서 테스는 알렉의 유혹을 적극적으로 거절하지 않을 뿐 아니라 모호한 태도를 보임으로써 소극적인 공모의 의심을 면하기 어렵다.

> ...약간 곤란해 하면서 그녀는 입을 벌려서 그것을 받아먹었다 ... 반쯤은 기꺼이, 반쯤은 꺼려하는 상태에서 테스는 더버빌이 주는 것은 모두 받아먹었다. (29)

성적인 암시로 가득 찬 이 구절에서 테스는 반쯤은 꺼리면서 또 반쯤은 기꺼이 알렉의 유혹에 끌린다. 그런데 서술자는 알렉과 함께 있는 테스를 마치 꿈속에 있는 듯하다거나, 그가 가져다주는 점심을 먹을 때와 그의 키스에 대해 그녀가 보이는 반응을 무의식적인 것으로 설명함으로써 알렉에 대한 그녀의 감정이 어떤지를 구체적으로 서술하지 않는다. 알렉과의 관계에서 빈번한 서술의 부재는 그에 대한 테스의 성적 감정을 차단시킴으로써 테스는 성욕과는 무관하고 인습적 의미에서 순결해 보이는 효과를 낸다.

테스가 알렉에 의해 정절을 잃는 체이스 숲이 또 다른 에덴동산으로 암시되고 있다는 사실은 이들의 관계에서 테스의 역할에 대해서 시사적이다. 하디는 알렉에 대한 테스의 감정과 관계의 성격에 대해 서술을 하지 않고 그녀의 정조 상실을 유혹(seduction)인지 유린(rape)인지를 모호하게 함으로써 많은 논란을 일으켜 왔다. 두 사람의 관계를 테스 쪽에서 일방적으로 희생당한 유린이 아니라 유혹으로 본다면 테스는 알렉이 자신에게 성적 매력을 느낀다는 것을 감지했을 뿐 아니라 그녀 쪽에서도 어느 정도 이끌림으로써 공모한 셈이 되기 때문에 정조 상실의 책임을 피할 수 없다고 하겠다.

체이스 숲에서 사건이 있기 전부터 테스는 이미 트랜트리지(Trantridge)의 노동자들의 음주벽과 현재에서 쾌락을 추구하는 도덕적 해이함에 전염되어 있었다. 알렉의 애인이었던 카 다치(Car Darch)와 다툼이 벌어졌을 때 테스는 자신이 카보다 알렉의 관심을 더 받고 있다는 것을 과시하려고 어떤 결과가 발생할지 예상되는데도 충동적으로 알렉의 말을 탐으로써 화를 자초한다. 또 체이스 숲에서 길을 잃고 헤맬 때 알렉에 대한 테스의 반응은 교태와 당혹감이 섞여있다(between archness and real dismay, 55). 체이스 숲에서 사건 이후에도 그녀는 알렉과 몇 주 더 함께 지낼 뿐 아니라 잠시나마 그에게 끌렸다는 것을 인정한다. 따라서 정조 상실을 전후해서 알렉에 대한 테스의 감정은 성적으로 이끌리기도 했으며 자신의 책임을 전적으로 면제받을 수는 없다. 그러나 정작 체이스에서 사건에 대한 서술이 부재한 것은 알렉과의 관계에서 늘 그녀의 감정의 설명이 부재한 현상의 하나로 볼 수 있다. 여기서 테스는 무의식 상태로 잠을 자고 있기 때문에 그녀의 감정과 구체적 상황은 기술되어 있지 않고, 그녀의 유린을 암시하는 서술자의 탄식으로 대체되어 있다. 이렇게 알렉에 대한 테스의 반응을 서술자가 기술하지 않은 것은 테스의 성적 능동성의 억압의 차원에서 설명될 수 있다.

『테스』는 7개의 국면(phase)으로 나뉘어 있고 매 국면의 종결은 테스의 삶을 결정적으로 변화시키게 될 사건들로 마감된다. 그런데 대부분의 국면의 종결은 사건의 직접적 서술이 아니라 침묵이나 간접적 서술 또는 그 사건의 암시로 대치되어있다. 여기서 중요한 사실은 알렉에 대한 테스의 감정을 알 수 있는 부분이 빈번히 국면의 종결부에 많이 위치하고 있으면서 서술이 부재하다는 점이다. 『테스』에서 가장 중요한 행동인 첫 번째 국면의 종결부인 체이스 숲에서 일어나는 테스의 유린 또는 유혹은 간접적으로 서술될 뿐 아니라, 사건 후 몇 주 동안 테스와 알렉이 함께 지내는 기간은 공백으로 처리되고, 이것을 에인절에게 테스가 고백하는 편지는 카펫 아래에 깔려서 에인절과 독자는 읽지 못한다. 네 번째 국면의 종결부에서 테스와 에인절이 결혼한 날 밤 그녀의 고백 장면은 장을 건너뜀으로써 침묵으로 처리되어 있다. 여섯 번째 국면의 종결부에서 테스가 조상들의 무덤이 있는 킹스비어(Kingsbere)의 교회에서 알렉에게 두 번째로 유인되는 것과, 그 후에 에인절이 쌘드번(Sandbourne)에서 그녀를 찾기까지 알렉과 함께 지내는 기간도 침묵으로 일관되어 있다. 이렇게 테스의 성적 타락이 국면의 전환부에 위치하여 서술이 부재하거나 간접적으로 서술됨으로써 그녀는 성욕이나 타락과는 무관해 보이기 때문에 성적으로 수동적이며 인습적 의미에서 순결해 보인다.

2. 불안정한 순결의 근원으로서 서술자의 자연관

순결에 대한 빅토리아 시대의 인습적 관념에 도전해서 자연을 근거로 테스가 순결하다고 하는 하디의 주장은 테스의 성욕을 승인하는 자연에 대한 서술자의 관점들이 상호 충돌하면서 비일관성을 낳기 때문에 약화되기도 한다. 당대 관념상 타락한 여성인 테스를 하디가 자연의 관점에서 순결하다고 주장할 수 있는 것은 무엇보다도 그가 자연을 사회와 달리 본능적 욕구를 억압하지 않는 곳으로 인식하기 때문이다. 서술자는 테스가 자연의 다른 생명체처럼 현재에 충만한 쾌락을 즐기려는 본능에 충실하기 때문에 자연의 관점에서 그녀는 순결하다고 암시한다. 테스의 순결의 근거로 서술자가 제시하는 자연은 명백히 다윈의 자연관을 반영한다. 그러나 작품에는 다윈의 자연관 뿐 아니라 여러 다른 다양한 자연관이 공존하면서 서로 상충하고, 또 서술자는 자신이 승인한 자연관을 때로는 비판적으로 제시함으로써 모순을 드러내기도 한다. 작품에서 빈번하게 등장하는 낭만주의적인 자연관이 그 대표적인 경우이다. 인습적 성관념에 사로잡힌 사회로부터 거부당한 테스를 감싸주고 그녀의 감정에 조응하는 곳으로 제시되는 곳은 바로 워즈워스의 자비로운 낭만적 자연이다. 그러나 서술자는 워즈워스의 자연관을 비과학적인 감상적 오류라고 비판하기도 한다. 그는 무능력한 부모에게 의지하는 테스의 많은 형제들이 겪을 고통스런 삶을 예상하면서 워즈워스의 "자연의 신성한 계획"(Nature's holy plan)은 근거 없는 것이라고 말한다(15). 또 테스의 많은 가족들이 고향 말롯(Marlott)을 떠나 유랑 생활을 해야 할 지경에 이르렀을 때는 워즈워스의 "송시: 불멸영생의 암시"(Ode: Intimations of Immortality)를 인용하면서 테스에게 출생은 축복이 아니라 아무 의미도 없이 겪어야 하는 고통일 뿐이라고 말한다(282). 낭만적 자연관은 사회로부터 추방된 테스를 감싸주는 이념으로서 승인되면서도 동시에 이렇게 끊임없이 서술자 자신의 또 다른 회의적인 음성에 의해 비판되기 때문에 일관성을 유지하지 못하고 분열된다.

자연은 또 서술자의 과학적 입장을 통해 인간과는 무관한 중립적인 존재로 암시되기도 하고, 때로는 인간에게 적대적인 존재로까지 여겨지고 자연의 본능에 따라 사는 것은 재앙을 가져오기도 한다. 그러므로 『테스』에는 자연을 인간을 비롯한 생명체들의 성적 욕구를 승인하는 곳으로 여기는 다윈적인 자연관, 인간의 감정에 조응하는 자비로운 장소로 여기는 워즈워스적인 자연관, 인간사와는 무관한 중립적인 곳으로 여기는 과학적 자연관, 그 자체의 불완전함 때문에 인간을 불행하게 하거나 인간에게 적대적인 곳으로 여기는 자연관 등이 상충하면서 서로의 주장의 근거를 위협하기도 한다.

자연에 대한 서술자의 충돌하는 관점들이 잘 드러난 경우는 처녀로서 알렉의 아이를 가져서 말롯 주민들에 의해 타락한 여성으로 낙인찍힌 테스가 바라보는 자연이다.

> 이 외로운 언덕과 골짜기에서 그녀의 조용한 움직임은 그녀가 그 안에서 움직이는 자연과 조화를 이루었다. 남을 피해 몰래 다니는 그녀의 유연한 형체는 자연을 구성하는 필수적인 부분이 되었다. 때때로 주변의 자연의 변화 과정이 그녀의 경험의 일부로 보일 때까지 그녀의 즉흥적인 환상은 그것들에게 의미를 부여해 강화시켰다. 차라리 그 자연 과정들은 그녀의 경험의 일부가 되었다. 왜냐하면 세상은 심리적인 현상에 불과하고, 자연의 과정들이 우리에게 비치는 모습이 그들의 실제 모습이기 때문이다... 겨울의 작은 나뭇가지에 단단히 뭉쳐있는 꽃봉오리와 나무껍질 사이에서 신음소리를 내는 한밤중의 공기와 광풍은 테스를 신랄히 비난하는 상투어와 같았다. 비가 오는 날은 그녀가 어린 시절에 믿던 신이라고 할 수도 없고 다른 어떤 것이라고도 인식할 수 없는 어떤 모호한 윤리적인 존재가 마음속으로 (성적 타락을 허용한) 그녀의 허약함을 돌이킬 수 없이 비탄해 하는 표현으로 보였다.
>
> 그러나 그녀에게 적대적인 환영들과 목소리들이 지배하는 단편적인 인습에 기초해서 자신의 성격을 규정하는 것은 유감스럽고도 잘못된 테스의 환상의 산물이었고 그녀가 합리적인 이유 없이 무서워하는 도덕적인 도깨비들이었다. 현실 세계와 부조화하는 것은 그녀가 아니라 그들이었다. 울타리에서 자는 새들 사이를 걸으면서, 달빛 비치는 토끼장에서 깡충깡충 뛰는 토끼를 지켜보면서, 또는 꿩이 가득 앉아 있는 나뭇가지 아래에 서 있으면서 그녀는 자신을 순수한 존재들의 서식지에 침범한 죄악에 찬 인물로 여겼다. 그러나 줄곧 그녀는 차이도 없는

데도 구별을 하고 있었다. 스스로가 자연에 대립되고 있다고 느꼈지만 그녀는 사실 자연과 조화를 이루고 있었다. 그녀는 기성 사회의 법칙은 어기게 되었지만, 그녀가 그 속에서 스스로를 대단히 이질적인 존재라고 상상했던 자연의 법칙을 어긴 적은 없었다. (67, 필자 강조)

첫 번째 단락에서 테스는 자연 현상들이 사회와 합세하여 자신을 죄인으로 비난하고 있다는 병적인 상태에 빠져있다. 그러나 서술자는 세상은 다만 심리적 현상이기 때문에 자연 현상은 그것을 바라보는 사람의 심리 상태에 따라 해석된다고 말한다. 여기서 서술자는 타락한 여성으로 말롯 주민이 기피하는 테스가 자연 현상들도 자신을 질책하고 있다고 여기는 것은 다른 사람들도 모두 저지르는 감상적 오류임을 지적한다. 따라서 서술자는 자연을 인간의 감정 상태와는 무관한 중립적인 존재라는 과학적 관점을 보인다.

그런데 두 번째 단락에서 테스가 순결한 자연과 달리 자신은 죄악의 덩어리라고 여기는 것에 대해서 서술자는 반박하면서 사회의 법칙이 아니라 자연의 관점으로 보면 테스는 잘못을 저지르지 않은 "순수한" 존재라고 말한다. 본능적 욕구에 따라 행동한 테스는 그것을 억압하는 사회의 법칙은 어겼지만, 그것을 억압하지 않는 자연의 눈으로는 순수하다는 것이다. 그러나 이렇게 테스를 자연의 관점에서 순결하다고 여기는 것은 첫 번째 단락에서의 서술자 자신의 기준으로 본다면 자연 현상에 인간적 의미를 부여해서 해석하는 감상적 오류에 다름 아니다. 그러므로 서술자는 자연을 중립적으로 여기고 싶어 하면서도 그 자신이 그것에 인간적 의미를 부여함으로써 감상적 오류를 벗어나지 못하는 갈등에 빠져 있음을 알 수 있다. 여기서 자연을 과학적으로 바라보려는 서술자의 노력은 상처받은 인간을 감싸주는 자비로운 곳으로 자연을 바라보려는 낭만주의적 자연관과 자연을 인간의 본능적 욕구 추구를 허용하는 곳으로 여기는 다윈의 자연관에 의해 압도당하는 셈이다.

위 인용문에서 볼 수 있듯이 서술자는 낭만적 자연관과 다윈의 자연관에 바탕해서 본능적 욕구에 충실한 테스를 순결하다고 옹호하지만 과학적인 자연관에 바탕한 그의 또 다른 음성은 자신의 주장을 자연 현상에 인간적 의미를 부여해서 해석하는 감상적 오류에 다름 아닌 것으로 만들고 있다. 그러므로 자연에 대한 서술자의 상충하는 음성들의 존재는 본능적 욕구를 억압하지 않는 자연을 근거로 하디가 주장한 테스의 순결의 주장의 설득력을 약화시킬 수밖에 없다.

3. 남성 서술자의 욕망의 대상으로서 테스의 육체

다윈의 자연관에 근거해서 테스의 성욕이 자연스럽다고 주장하는 서술자는 여성의 성을 억압하고 죄악시하는 사회의 관념에 대항하여 테스의 육체를 관능성의 근원으로서 빈번히 서술의 중심에 위치시킨다. 그러나 테스의 육체는 다른 사람에 의해 형태가 만들어지는 것으로 그려지면서 그녀는 남성 서술자와 남성 독자의 욕망의 대상이 되고 결과적으로 수동적이며 인습적으로 순결한 여성으로 보이게 된다.

> 이제는 사방이 어두워져서 그는 발밑에 어슴푸레한 성운 모양처럼 보이는, 낙엽들 위에 그가 남겨 두고 갔던 하얀색 머슬린 옷을 입은 형체밖에는 완전히 아무 것도 볼 수 없었다. ... 왜 아직 아무도 밟지 않은 눈처럼 아무 무늬도 없는...이 아름다운 섬세한 피부 위에 그런 조잡한 무늬가 새겨지게 되었는가. (57)

테스가 무지로부터 경험의 세계로 옮아가고, 순결한 여성에서 타락한 여성으로 바뀌는 순간인 체이스 숲의 사건은 화폭에 그림을 그리거나 조각을 하는 이미지를 띠고 있다. 테스가 입은 흰색 머슬린 옷 때문에 그녀는 하얀 성운 모양을 하고 있고 섬세한 그녀의 피부는 아무도 아직까지 밟지 않은 막 내린 눈에 비유되어 있다. 알렉은 아직 아무 형상도 갖추어지지 않은 바로 이 하얀색 화폭 위에 조잡한 무늬를 새긴다. 알렉에 의해 테스의 몸에 '새겨진' 타락이 일요일 아침에 말롯의 집으로 돌아오는 테스가 만나는 성경 텍스트를 새기는 남자에 의해서 사회적으로, 또 종교적으로 타락한 여성의 상징으로 뚜렷하게 각인되는 것도 비슷하게 하얀 색 화폭 위에 폭력적으로 글씨를 새겨 넣는 이미지를 띠고 있다.

> 너의, 저주는, 잠자지 아니하니라.... 평화로운 풍경과, 빛바래고 시드는 잡목 숲과, 수평선의 푸른 대기와, 이끼 낀 계단의 널빤지를 배경으로 이 두드러지게 눈에 띄는 주홍색 글씨가 번득였다. (62)

테스를 순결한 여성에서 나락한 여성의 상징을 얻게 만든 체이스 숲의 사건과, 그녀가 알렉의 집에서 돌아오는 일요일 아침의 장면 뿐 아니라 많은 경우 그녀는 아무 것도 그려져 있지 않은 텅 비어 있는 하얀 화폭과 같은 상태에서 나른 사람에 의해서 형태가 조각되고 그림이 그려지는 것으로 묘사된다. 그녀의 어머니 조안(Joan Durbeyfield)은 알렉을 유혹할 수 있도록 테스를 아름답게 꾸미고 난 후 마치 예술품을 창조한 화가처럼 그녀를 감상한다. 알렉과 에인절이 테스에게 한 키스는 마치 조각처럼 새겨지고, 테스는 손수건으로 지우면 새겨진 모양이 없어지고 다시 하얀 화폭이 될 것처럼 그것을 지운다. 알렉의 아이를 낳고 난 후 들일에 나선 테스를 바라보는 남성의 성을 지닌 태양은 다른 여자들처럼 자연에서 구분되지 않고 전체 풍경을 구성하는 테스를 그녀의 빼어난 용모 때문에 선택하여 클로우즈 엎(close-up)해서 형상화하기 시작한다.

카자 실버만(Kaja Silverman)은 테스는 자연의 상태로부터 그녀의 아름다운 용모를 그려내어 바라보려는 욕망과, 그것을 저지하고 그녀를 자연에 동화된 상태로 두려는 서술자의 두 가지 욕망에 의해 번갈아 지배되는 수동적인 존재라고 말한다. 이렇게 서술자의 욕망에 의해 지배되는 테스는 성적인 욕망의 대상으로 클로우즈 엎 되든지 윤곽을 상실한 채로 여성의 전형으로 보이든 다만 외양만 지니고 있다는 것이다 (Silverman 5-28).[6] 테스가 처음 등장하는 2장은 그녀가 서술자에 의해 그려지거나 지워지는 수동적인 존재로 보이는 좋은 예이다.

> 춤추는 무리 가운데서 한 젊은 처녀가 그 외치는 소리를 듣고 고개를 돌렸다. 그녀는 우아하고 아름다운 소녀였다. 아마도 그녀는 다른 몇몇 처녀들보다는 덜 아름다울지는 몰라도 표정이 풍부한 작약 같은 빨간 입술과 크고 순진해 보이는 그녀의 눈은 안색과 외모에 풍요로움을 더했다. 그녀는 머리에 빨간색 리본을 매고 있었는데, 하얀 옷을 입은 무리 중에서 그렇게 도드라지는 장식을 하여 뽐낼 수 있는 유일한 사람이었다. (7)

여기서 테스를 그릴 때 서술자가 거듭 사용하는 테스의 육체를 부각시키는 클로우즈 엎의 수법이 잘 드러나 있다. 서술자는 위 인용문이 나오는 2장의 첫 부분에서 테스의 고향인 말롯의 전경을 여행자, 풍경화가와 지나가는 행인과 같은 가상의 관찰자의 시각을 통해 그리다가, 조금 더 시야를 좁혀서 오월제에서 춤추는 시골 처녀들을 전체적으로 그리고, 마침내 테스에게 초점을 맞춘다. 이때 서술자의 시선은 테스의 아름다운 입술과 순진해 보이는 큰 눈과, 하얀색 옷을 입은 여자들 사이에서 그녀를 두드러져 보이게 하는 붉은 리본에 고정된다. 언어 대신에 풍부한 의사표현을 대신하는 테스의 눈과 아름다운 입술은 다음 페이지에서 곧 다시 등장할 뿐 아니라, 작품 내내 테스의 특징으로서 가장 강조된다.[7)]

2장의 첫 단락은 말롯이 아직까지 관광객이나 풍경화가가 발을 디디지 않은 아름다운 처녀지라는 점을 서술한다. 이렇게 하얀색 백지처럼 아무 것도 그려지지 않은 처녀지의 상태에서 시작된 말롯은 2장이 끝날 무렵에는 여러 명의 가상의 인물들의 시각에 의해 낱낱이 그려지고 더 이상 처녀지가 아니라 형태를 명확히 갖춘다. 마찬가지로 테스도 2장에서 마치 하얀색 화폭에 그려지듯이 조금씩 뚜렷이 형태를 갖춘다. 테스가 하얀 백지 상태에서 형태를 갖추는 2장의 형식은 작품의 여러 곳에서 반복된다.

> 이 무렵의 테스 더비필드는 경험으로 채색되지 않고 감정만을 담고 있는 그릇에 불과했다. 그녀는 마을 학교에 다니기는 했지만 사투리가 그녀의 말에 어느 정도 남아 있었다. 이 지방 사투리의 특징적인 음조는 UR라는 음절로 대략 표현될 수 있는 발성이었는데, 그것은 인간의 언어에서 발견되는 다른 어떤 것보다 더 풍요로운 발음이었다. 이 음절을 타고날 때부터 지니고 있던 도드라져 나온 빨간색 입술은 아직까지 명확한 형태를 거의 갖추지 못했다. 그리고 낱말 하나를 말하고 난 후에 양 입술을 다물 때 아랫입술은 윗입술의 가운데를 위로 밀어 올리는 버릇이 있었다. (8)

서술자는 여기서 앞에서 클로우즈 엎해서 보여졌던 테스의 입술에 대해서 다시 자세하게 기술한다. 그는 말롯의 사투리를 내는 테스의 입 모양을 과학적이며 중립적으로 기술하는 것에서 시작하지만 곧 그것을 내는 그녀의 아름다운 입술 모양에 초점을 맞춘다. 실버만은 2장의 서술 시각의 주체로 가정되는 말롯을 지나가는 가상의 여행자나 풍경화가가 말롯의 사투리에 대한 이만한 지식을 가질 수는 없기 때문에 여기서 묘사되는 테스는 서술자의 눈을 통해 보인다고 말한다. 그러므로 작품 전체를 통해 테스의 아름다운 눈과 입술로 집착적으로 향하는 시각은 바로 서술자 자신의 것이고, 그는 알렉과 에인절처럼 또 다른 남성 주인공으로 역할을 한다고 할 수 있다. 그는 바로 다음 장면에서 테스를 너무 늦게 발견해서 그녀와 춤을 추지 못해 안타까워하는 에인절보다도 먼저 테스에게 욕망의 시선을 줄 뿐 아니라 작품 내내 그녀에게 욕망의 시선을 보낸다.

> 그는 이전에 거의 그녀의 눈만큼 깊고 웅변적인 눈을 본 적이 있었다... 이 세상에서 그녀의 입술에 비견될 만한 입술을 그는 본 적이 없었다. **가장 열정이 없는** 청년도 그녀의 빨간 윗입술의 가운데가 약간 위쪽으로 들어 올려지는 모습을 보면 그는 정신이 산란해지고, 홀리게 되고 미친듯 하게 되었다. 그는 눈으로 가득 찬 장미꽃이라는 옛날 엘리자베스조 시절의 직유법을 끈질기게 되풀이해서 마음에 떠올리게 하는 여성의 입술과 치아를 이전에는 본 적이 없었다. ... 그는 너무나도 유혹적인 그 입술에 막 키스하려는 찰나였다. 그러나 예민한 양심 때문에 그는 자신을 제지했다. (118, 필자 강조)

탤보태이즈 목장에서 테스와 에인절의 사랑을 묘사하는 위의 구절에서 테스의 입술로 향해 있는 욕망의 주체는 외견상 에인절이지만 실제로 테스를 욕망하는 주체는 에인절이기보다는 남성 서술자이다. 원시적 생명력이 넘치는 테스와 달리 에인절의 테스에 대한 사랑은 정신적이며 천상의 것으로 그려지는데, 이렇게 육체적인 열정이 결핍된 에인절은 예상할 수 있듯이 그녀의 입술에 키스하지 않는다. 그러므로 위 인용문은 가장 열정이 없는 청년인 에인절에 대한 남성 서술자의 훈계이고, 그는 알렉과 에인절에게 분리되어 있는 육체와 정신이 통합된 완전한 남성이며 테스의 연인으로 역할을 한다. 밀러(J. Hillis Miller)는 테스와 하디의 관계를 남성 작가가 여주인공을 창조해서 그녀와 사랑에 빠지고 그녀를 동정하여 같이 고통 받고 보호하는 것이라고 말한다(Miller 119).[8] 그러므로 테스를 바라보는 서술자의 시각은 남성의 시각이며 테스는 수동적으로 그의 욕망의 대상이 된다는 점은 충분히 예상할 수 있다.

이 남성서술자는 에인절에게 버림받은 테스가 플린트콤 애쉬 농장으로 일을 찾아 가는 길에 남자들의 관심을 끌지 않으려고 자신의 얼굴을 일부러 손상시켜 추하게 만들고 난 후에야 비로소 그녀의 아름다운 용모와 육체에 매혹된 듯한 시선을 점차 거둔다. 하지만 작품 전체를 통해서 테스는 남성의 성을 띠는 서술자와 남성독자의 성적대상이 되고 이들의 욕망의 시선에 갇혀서 성적으로 수동적으로 보인다. 이 때문에 테스가 성적으로 능동적이므로 "순결한 여인"이라고 주장하면서 빅토리아 시대의 순결의 의미를 재정의하려고 한 하디의 의도는 달리 그녀는 능동적 성욕이 결핍된 빅토리아 시대의 '순결한' 여인으로 보인다.

III

하디는『테스』에서 다윈의 자연관에 근거해서 테스의 성적 충동이 건강하고 자연스러운 것이고 이것이 그녀를 순결하게 만든다고 함으로써 여성의 성욕을 인정하지 않던 빅토리아 시대의 인습적 여성관에 저항하려고 한다. 그러나 테스를 성적으로 능동적으로 그리려는 하디의 의도와 달리 그녀는 성적으로 수동적으로 보이는 경우가 많다. 이것은 우선 하디가 그런디즘에 타협하여 인습적인 의미에서 테스가 순결해 보이도록 작품을 개정했기 때문이다. 그러나 테스가 이중적인 모습을 띠게 된 것은 무엇보다도 진보적 여성관을 추구하지만 빅토리아 시대의 인습적 여성관으로부터 전적으로 자유롭지 못했던 하디/서술자가 테스의 성적 능동성을 암시하면서도 그것을 억압하거나 지우기 때문이다. 서술자는 여성의 성욕을 인정하지 않고 남녀에 차별적으로 이중성도덕을 적용하던 빅토리아 시대의 성관념에 저항하면서도 그것과 철저히 단절하지 못하는 한계를 보인 것이다. 서술자는 또 테스가 성적으로 능동적이기 때문에 순결하다는 주장의 근거로 성욕의 충족을 승인하는 자연을 제시하지만, 이 자연관이 비과학적인 감상적 오류일지 모른다는 자기 회의와 함께 자연에 대해 통일되지 않는 관점들을 드러냄으로써 자신의 주장의 설득력을 약화시킨다. 마지막으로, 여성의 성을 억압하고 죄악시하는 사회와 대비되어 자연은 쾌락추구를 허용한다고 보는 서술자는 테스의 관능적인 육체를 서술의 중심에 위치시키지만, 그녀의 육체는 남성 서술자 자신과 남성 독자의 욕망의 대상이 되기 때문에 그녀는 수동적이며 빅토리아 시대의 관념에 부합하는 순결한 여성으로 보이게 된다. 그러므로 능동적 성욕을 지니고 있지만 또 미묘하게 이것이 부재하는 테스의 인물 형상화의 불안정성은 여성과 자연에 대한 빅토리아 시대의 관념과 단절하고 현대의 관념을 창조하려고 했지만 철저한 단절이 미흡했던 마지막 빅토리아 시대의 소설가였던 하디의 갈등하는 관점들의 산물이라고 하겠다.

1) 많은 비평가들은 테스에 대한 하디의 지나친 밀착이 작품 내에 논리적 모순을 일으키고 있다고 주장한다. 케이트 밀렛은 『무명인 쥬드』에서 쥬드에 대한 하디의 편애와 쑤(Sue Bridehead)에 대한 거리를 지적하며 이것이 쑤와 서술자의 비일관성을 낳는다고 본다(Millett 130-4).

2) Thomas Hardy, *Tess of The D'Urbervilles*: A Pure Woman (New York: W. W. Norton, 1991). 이후 『테스』로 칭하고, 인용 시에는 괄호 안에 면수만 표기한다.

3) 에이드리언 풀은 이렇게 양극단을 오가는 테스는 여성을 성적으로 수동적인 순결한 여성과 성적으로 능동적이며 타락한 여성으로 나누는 빅토리아 시대에 널리 퍼져 있던 남성에 의한 자의적인 분류를 거부한고 본다(Poole 342-44).

4) 하디는 여기서 순회도서관에서 책을 빌리는 고객이 주로 여성이라는 점 때문에 가해지는 표현의 자유의 제한이 영국 소설의 질적 저하를 불러왔다고 말한다 (Hardy, "Candour" 125-33).

5) "..why then have you tempted me? ... surely there never was such a maddening mouth since Eve's..... You temptress, Tess"(254). "...You are Eve, and I am the old other one, come to tempt you in the disguise of an inferior animal"(275).

6) 『테스』에서 현대영화의 기법을 발견하는 다이안 사도프도 영화에서 여성이 카메라 렌즈를 통해 관객에게 성적 대상으로 그려지듯이 테스도 서술자의 눈을 통해 독자의 성적 대상이 된다고 말한다(Sadoff 149-69). 쥬디스 미첼은 자유간접화법이 거의 사용되지 않기 때문에 테스뿐 아니라 대부분의 하디의 여주인공들의 내면 의식을 살펴보기 어렵고 또 이들의 의식이 서술자의 의식과 중첩되기 때문에 독자가 그들의 내면을 정확히 알기 어렵다고 말한다(Mitchell 158, 191).

7) 알렉뿐 아니라 에인절의 시선도 줄곧 테스의 눈과 입술에 향해 있다(254, 118). 이들에게 테스는 말이 아니라 얼굴 표정을 통해 의사 표현을 하기 때문에 에인절은 그녀의 얼굴 표정을 마치 상형문자인 것처럼 자세히 살핀다(137).

8) 『테스』의 제사(epigraph)는 "가엾은 상처받은 이름이여! 나의 가슴이 침대가 되어 그대를 머무르도록 할 것이다"("Poor wounded name! my bosom, as a bed, shall lodge thee", From Shakespeare's Two Gentlemen of Verona)이다.

인용문헌

Beer, Gillian. *Darwin's Plots: Evolutionary Narrative in Darwin, George Eliot and Nineteenth-Century Fiction*. London: Routledge & Kegan Paul, 1983.

Claridge, Laura. "Tess: A Less than Pure Woman Ambivalently Presented." *Tess of the D'Urbervilles*. Ed. Peter Widdowson. New York: St. Martin's Press, 1993: 63-79.

Eagleton, Terry. "The Limits of Art." *Thomas Hardy's Jude the Obscure*. Ed. Harold Bloom. New York: Chelsea House Publishers, 1987: 61-71.

Hardy, Thomas. "Candour in English Fiction." *Thomas Hardy's Personal Writings*. Ed. Harold Orel. Lawrence: The University Press of Kansas, 1969: 125-33.

______. *Tess of The D'Urbervilles: A Pure Woman*. Ed. Scott Elledge. New York: W. W. Norton, 1991.

Jacobus, Mary. "Tess's Purity." *Essays in Criticism* 26 (1976): 318-36.

Lodge, David. "Tess, Nature, and the Voices of Hardy." *Language of Fiction*. London: Routledge & Kegan Paul, 1966: 168-70.

Miller, J. Hillis. *Fiction and Repetition: Seven English Novels*. Cambridge: Harvard UP, 1982.

Millett, Kate. *Sexual Politics*. New York: Doubleday & Company, 1970.

Mitchell, Judith. *The Stone and the Scorpion: The Female Subject of Desire in the Novels of Charlotte Brontë*, George Eliot and Thomas Hardy. Westport: Greenwood Press, 1994.

Poole, Adrian. "'Men's Words' and Hardy's Women." *Essays in Criticism* 31:4 (1981): 342-44.

Sadoff, Dianne Fallon. "Looking at Tess: The Female Figure in Two Narrative Media." *The Sense of Sex*. Ed. Margaret R. Higonnet. Chicago: University of Illinois Press, 1993: 149-69.

Silverman, Kaja. "History, Figuration and Female Subjectivity in *Tess of the D'Urbervilles*." *Novel* 18 (Fall 1984): 5-28.

JOSEPH CONRAD · *Heart of Darkness*

언어와 리얼리티의 간극과 극복

원 유 경 세명대학교

I

1. 작가 소개

조셉 콘라드(본명: Józef Teodor Konrad Korzeniowski, 1857-1924)는 폴란드의 가난한 지주 계급인 아폴로 코제니오프스키(Apollo Korzeniowski)와 부유한 보수적인 가문의 에바 보브로프스카(Eva Bobrowska)의 아들로 출생하였다. 언어와 문학에 재능이 많았던 부친 아폴로는 바르샤바에서 러시아 치하였던 폴란드의 독립을 도모한 혐의로 시베리아로 유배된다. 이곳 시베리아에서 콘라드는 일곱 살에 어머니를, 열한 살에 아버지를 잃고, 외삼촌에게 맡겨져 폴란드의 크라코프에서 지내게 된다. 열 여섯 살이 되던 1874년에 콘라드는 프랑스의 마르세이유로 가서 배를 타게 되는데 그는 이후 20여 년 간 배를 타고 동남아시아, 아프리카 등 전세계를 누비게 된다. 콘라드는 20세가 되던 1878년 영국 상선으로 옮겨 타고 28세에 영국선장 자격시험에 합격한다. 콘라드는 1886년 30세의 나이로 영국 시민이 되는데, 러시아에서 병역 의무를 치르는 것을 피하기 위해 폴란드 국적을 버리고 영국 국적을 선택한 것이다.

시드니, 방콕, 보르네오, 싱가포르 등을 항해하던 콘라드는 배 위에서 습작을 시작하고, 동남아로 유입된 백인 제국주의자의 몰락을 그린 처녀작 『올메이어의 어리석음』(*Almayer's Folly*)을 1895년 런던에서 출판한다. 1896년 영국 여인인 제시 조지(Jessie George)와 결혼한 콘라드는 헨리 제임스(Henry James), 커닝엄 그레이엄(Cunninghame Graham) 같은 문인들과 만나기 시작하고, 이어 주요 작품을 계속 발표한다. 콘라드의 주요작품으로 1899년 『암흑의 핵심』, 1900년 『로드 짐』(*Lord Jim*), 1904년 『노스트로모』(*Nostromo*), 1907년 『비밀 요원』(*The Secret Agent*), 1911년 『서구인의 눈으로』(*Under Western Eyes*), 1913년 『우연』(*Chance*) 등이 있다.

폴란드 출신으로 영국에 귀화한 선원이라는 특이한 경력을 가진 콘라드는 십대 후반에 습득하게 된 외국어인 불어와 영어로 습작을 시작하였다. 그는 인간의 본성과 삶에 대한 어두운 고찰, 진리의 모호성과 같은 주제를 다루면서 투명한 언어인 불어보다는 모호한 영어가 더 적합하여 영어로 글을 쓰기 시작하였다고 말한다. 콘라드는 영어를 말할 때 거센 억양이 많이 남아 있어 사람들이 잘 알아듣지 못했다고 한다. 그러나 그는 인간의 심연이라는 영역을 다루면서 언어에 대한 탐색을 계속함으로써 영어의 지평을 넓히고 깊이를 더했다고 평가 받는다.

2. 콘라드의 주제와 서술 방식

콘라드의 주제는 인간 조건 및 인간성에 대한 고찰이다. 그런데 그의 작품에 나타난 인간 조건과 인간 본성은 어둡기 짝이 없다. 인간 조건은 폭풍이 휘몰아치는 광야에 가냘프게 반짝이는 등불, 혹은 큰 파도가 덮치는 바다 위에 외롭게 떠있는 한 척의 배에 비유된다. 그리고 인간의 본성은 어둠 그 자체이다. 문명사회를 잠깐 벗어나 인간 행동을 통제하는 법을 대표하는 경찰이나 도덕을 의미하는 이웃의 시선이 없어지거나, 전쟁으로 무질서와 굶주림 상태에 놓이게 되면, 인간은 쉽게 타락하고 야만 상태로 회귀하며 때로 악의 화신이 되기도 한다. 인간의 문명이나 미덕이 바다 위로 보이는 빙산의 일각이라면, 인간의 야만성과 악한 본능은 바다 아래 잠긴 거대한 얼음덩어리로 언제 분출되지 모르는 것이다.

콘라드는 이러한 비관적이고 어두운 주제를 형상화함에 있어 언어의 한계를 절감하고 다양한 서술기법을 실험하였다. 콘라드는 주요 작품인 『암흑의 핵심』과 『로드 짐』의 주요 서술자인 말로우(Marlow)를 포함하여 제한된 시점의 여러 서술자를 활용한다. 콘라드는 어두운 인간 조건을 다양한 각도에서 모색하면서 동시에 인간의 주관과 언어의 한계를 또 하나의 주제로 수용한다. 콘라드는 삶의 본질을 포착하고 극화함에 있어서 언어나 서술 장치와 같은 매체를 부각시키며, 서술자의 개입을 은닉하기보다 오히려 부각시키는 서술방식을 즐겨 사용한다. 매체인 틀을 부각시키는 것은 공적이고 객관적인 진리를 주장하던 전통적 사실주의에 반기를 드는 주관주의적인 태도라고 할 수 있다.

콘라드의 서술방식은 유동적이고 포착하기 어려운 삶의 실체를 인식하고, 그것을 포착하기 위해 다양한 시점과 서술자를 활용하는 것이다. 그런데 콘라드가 원용하는 서술자는 주관적 인상을 수렴하는 것 이상의 역할을 한다. 콘라드는 작품 속에서 자의식이 강한 서술자를 통해 모든 인간의 의미부여행위에는 이념, 편견으로 채색된 틀이 필연적으로 개입된다는 사실을 주지시킨다. 그는 매체의 부각을 통하여 모든 인간적 구성물에 주관이 개입된다는 사실을 분명히 지적한다. 그런데 콘라드는 이에 그치지 않고, 그 주관을 둘러싼 전체 맥락을 강조함으로써 나아가 주관주의를 벗어나고자 하는 노력을 보인다. 다시 말하면, 콘라드의 주제와 서술구조는 주관주의를 지향하는 듯하면서, 다시 주관주의의 위험을 극복하고자 하는 작가의 사상이 그대로 반영되어 있다. 콘라드는 주관적 인상과 관점(points of view)의 병치와 같은 서술 기법의 실험에서 더 나아가, 주요 서술자의 자기성찰을 통해 서술자 자신의 제한된 의식의 틀을 드러내고, 주요 서술자의 서술을 또 다른 익명의 서술자의 틀 속으로 집어넣어 상자 속의 상자 또는 동심원 구조와 같은 중첩된 서술구조를 활용하기도 한다.

콘라드의 주제와 서술기법은 당대의 사상과 연결된다. 콘라드가 공개념적 진리를 거부하고 한 인물이 일별한 주관적 진리를 추적하며 그것을 작품의 주제로 수용하는 것은, 19세기 후반 및 20세기 초엽의 브래들리(F. H. Bradley), 윌리엄 제임스(William James). 니체(F. Nietzsche), 흄(T. E. Hulme), 월터 페이터(Walter Pater) 등과 같은 일련의 사상가, 예술가들이 사물세계의 실체에 대한 의문을 제기한 것과 같은 맥락으로 볼 수 있다.[1] 사물세계의 실체에 대한 의문은 인간의 의식구조 및 언어의 한계를 인식하는 것으로 이어졌고, 이러한 인식은 다시 알 수 없는 사물의 실체보다는 그 사물에 대한 인간의 반응, 주관적 인간의식과 내면 심리에 대한 관심으로 이어졌다. 콘라드는 객관적 사물세계를 '어둠'(Darkness)이라는 용어로 표현한다. 콘라드의 '어둠'은 인간의 문명 혹은 이성과 배치(背馳)되는 것을 의미하며, 문명 이전의 야만, 언어화되기 이전의 감각적 경험, 인간의 이해 범위를 초월한 그 무엇, 인간이 구축한 질서에 대해 배반적이며 전복적인 물세계, 인간 의지로 극복할 수 없는 결정론적 우주 등을 의미하는 한편 인간의 잠재적 본능을 의미하기도 한다. 이처럼 인간의식의 접근을 불허하는 '어둠'과 같은 대상을 어떻게 인간의 언어로 표현하고 전달하느냐가 모더니즘으로 대표되는 당대 문학의 쟁점이기도 했다. 인간의 합리적인 사고 및 언어 구조와 괴리된 포착하기 어려운 진리에 대한 콘라드의 인식은 언어의 한계에 대한 강한 자의식으로 이어지고, 그 진리를 표현하고 전달하기 위한 다양한 언어적 실험으로 이어졌다. 인간의 경험 세계 및 언어 구조에 한정될 것을 거부하는 삶의 실체 앞에 콘라드를 포함하여 모더니스트로 불리는 제임스 조이스, 버지니아 울프 같은 예술가들은 불가능해 보이는 그 실체의 표현과 전달이라는 과업에 부단히 도전하고자 하였다.

콘라드는 그의 예술이론이 응축되어 있다고 평가되는 『나르시서스호의 검둥이』(*The Nigger of the "Narcissus"*) 「서문」에서 삶의 한 단편을 순간적으로 포착하여 그 순간의 진정한 실체 — 솟아오르는 비밀, 매 순간의 핵심에 자리한 갈등과 열정 — 의 울림, 색채, 형상을 드러내는 것이 예술가의 임무라고 설명한다. 그는 매개체인 언어가 세월 속에서 퇴색하고 닳은 마모된 언어이기 때문에, 이런 매체의 한계를 극복하고 순간의 실체를 효과적으로 전달하기 위해, 예술가는 모든 문장의 형체와 울림에 유의하면서, 색채와 형상, 그리고 음악적 암시성을 한순간 스쳐가는 언어의 범속한 표면을 초월해서 드러내야 한다고 주장했다.[2] 이를 위해 콘라드는 다양한 문체를 실험하는 한편, 한 개별적 인물의 주관적 의식에 수렴된 인상의 단속적인 편린들을 기록함으로써 삶의 실체에 접근하려 하였고, 그 의식 주변에 다양하면서 상이한 관점들을 병치하는 서술기법 등을 부단히 실험하였다.

그런데 콘라드는 창작품 또는 여러 서간문을 통해 언어의 한계, 언어의 기만성, 언어의 구속적 힘 등을 지적하는 점에서 보다 급진적인 니체를 상기시킨다. 니체는 언어가 인위적 체계이며, 객관적으로 존재하리라고 믿었던 리얼리티는 인간의 의식구조나 언어의 산물로 존재할 뿐이라고 주장하였다. 니체는 인간이 허구를 실체로 혼동하고, 스스로가 만들어낸 추상적 개념과 허구의 세계에 갇혀 있으면서도 이를 의식치 못한다고 주장한다.[3] 결국 언어는 리얼리티를 반영할 수 있는 투명한 도구가 아닌, 주관과 이념으로 채색된 불투명한 수단이며, 언어를 통한 지식은 결국 인류의 편의와 유용성을 위한 도구적 산물에 불과하다는 것이다. 그런데 아이러니하게도 인류는 이 도구에 불과한 언어에 지배되고 언어의 감옥에 갇히게 된다. 언어의 기만적 속성을 통감하고, 언어의 기만성 위에 안주한 인간의 의식구조, 즉 습관화되고 자동화된 사고 및 획일화된 기존 가치체계를 회의적 시각으로 조명하고 이를 바로 잡아 보려는 것은 콘라드의 기본 입장이다. 언어가 진리를 왜곡시킬 수 있는 주관과 이념으로 채색된 불투명한 도구일 뿐 아니라, 인간을 구속하고 지배함으로써 인간을 비극적 상황으로 몰아넣는다는 콘라드의 어두운 사상은 『암흑의 핵심』, 『로드 짐』, 『서구인의 눈으로』, 『우연』 등의 작품에 그대로 반영되어 제시된다. 이 작품들에서 콘라드는 인간이 도구적 산물인 언어에 오히려 구속되는 상황을 묘사한다. 예를 들면, 커츠(Kurtz)는 제국주의의 이상에, 짐(Jim)은 영웅적 이상에, 라주모브(Razumov)는 러시아의 전제 정치의 주장에, 드 배럴(De Barral)은 경제라는 언어의 감옥에 각각 갇혀 있는 존재들이다.

그런데 콘라드의 작품에는 이러한 인물들이 이루는 비극의 중심 플롯이 있고, 이 이야기를 회상하며 서술하는 서술자와 서술자의 이야기를 듣고 있는 인물들이 이루는 또 다른 플롯이 있다. 콘라드는 비극적 인간 조건을 다룬 중심 플롯과 일정한 거리를 유지하며 관조하는 인물들을 설정함으로써 — 주요 서술자가 청자에 둘러싸인 채 과거의 이야기를 시작하고, 그 상황을 바라보는 또 다른 서술자를 설정하는 식의 방법을 통해 — 상자 속의 상자 또는 동심원 같은 중첩된 서술구조를 작품에 즐겨 사용한다. 중심 플롯의 주인공과 이를 목격하고 서술하는 바깥의 서술자가 공감, 견제, 비판하는 것처럼, 작가 콘라드는 서술자들과 거리를 유지한다. 콘라드는 작가의 대변인으로 자주 활용하는 서술자 말로우를 포함하여, 여러 작중 인물들과 객관적 거리를 유지하면서, 이들을 냉혹하게 또는 연민을 갖고 관조하고 굽어본다.

II

1. 『암흑의 핵심』의 서술자 사용

철학적이고 난해한 작품으로 알려져 있는 『암흑의 핵심』은 영문학 분야에서 가장 많이 연구되는 작품 가운데 하나이다.[4)]『암흑의 핵심』은 말로우라는 한 노선원이 주요 서술자로 등장하여, 젊은 시절 아프리카에서 겪었던 일을 동료들에게 서술하고, 다시 이 장면을 바깥에서 익명의 일인칭 서술자 "I"가 서술하는 형식으로 되어 있다. 작품의 바깥 상자에는 과거를 회상하는 노년의 말로우, 말로우의 이야기를 듣고 있는 일인칭 서술자 "I"를 포함한 다섯 명의 동료들이 있다. 그리고 그 상자 속의 상자에는 커츠라는 한 인물을 추적하기 위해 아프리카 대륙의 어둠의 한가운데로 강을 거슬러 올라가는 젊은 말로우가 있다. 이러한 상자 속의 상자 구소는 나시 이 칭자들을 포함한 전체적 상항, 즉 바깥에서 작품 자체를 바라보는 독자의 존재를 암시하며, 여러 차례 중첩된 구조를 갖는다.

익명의 일인칭 서술사 "I"는 작품 시두에시 노선장 말로우와 몇몇 동료들이 석양 무렵 넬리(Nellie) 호라는 배 위에서 런던의 템즈강이 만조가 되기를 기다리고 있다고 말한다. 익명의 일인칭 서술자는 템즈강의 일몰 광경에서 인류 문명의 영광을 읽어내며, 이 강을 통해 문명의 횃불이 전세계로 퍼져나갔다고 예찬한다. 일인칭 서술자의 짧은 서술은 그가 19세기 영국에 지배적이었던 제국주의 이데올로기를 그대로 수용하고 있음을 보여준다.

그러나 곧 이어 말로우는 익명의 일인칭 서술자 "I"가 말하는 진보에 대한 신념과 문명 예찬을 전복시키는 서술을 시작한다. 익명의 일인칭 서술자가 템즈 강을 영광스런 영국 역사의 증인이라고 치켜세운 반면, 말로우는 영국이 로마의 식민지였음을 상기시키며 템즈 강이 로마군이 영국을 정복하고 지배하기 위해 들어서는 통로가 되었던 사실을 지적한다. 대영제국을 찬양하는 익명의 일인칭 서술자와 영국이 로마의 피정복국이기도 했다는 사실을 상기시키는 말로우의 서술을 병치시킨 것은 이 작품이 궁극적으로 지향하고 있는 서구 문명의 반성, 그리고 문명과 야만, 빛과 어둠의 이분법의 전복이라는 주제를 암시하는 역할을 한다.

2. 커츠를 찾아서 — 말로우의 아프리카 여행

『암흑의 핵심』의 중심에 위치한 이야기 속의 이야기는 커츠(Kurtz)라는 한 이상주의자가 아프리카에서 겪게 된 정신적 타락과, 야만을 계몽한다는 제국주의가 식민지를 착취하고 있는 타락한 실상을 고발한다. 커츠는 유럽의 문화를 응축한 예술가이며, 숭고한 이상주의자이다. 그런데 커츠는 아프리카의 어둠 속으로 들어오자 불가해한 어두운 수수께끼 같은 인물로 변해버린다. 커츠를 송환하는 임무를 갖고 아프리카로 파견된 말로우는 커츠를 찾기 위해 회계사, 총지배인, 벽돌공, 러시아 청년 등으로부터 커츠에 대한 정보를 수집하면서, 커츠가 쓴 글, 커츠에 대한 기사 등을 통해 그의 비밀을 추적한다. 이 작품에 등장하는 인물들은 모두 커츠라는 비범한 인물을 둘러싸고 나름대로 그 인물에 대한 해석을 내림으로써 말로우가 커츠에 대한 수수께끼를 푸는 과정에 기여한다. 이 과정은 콩고강을 거슬러 올라가 아프리카라는 어둠의 대륙의 한가운데로 들어가는 과정과 일치한다. 일자리가 없던 말로우는 친척의 도움으로 유럽의 한 무역회사에 취직이 되어, 소위 어둠의 대륙에 문명의 횃불을 밝히는 것을 소명으로 하는 제국주의의 일원으로서 유럽을 떠나 아프리카에 오게 된다. 그의 첫 임무는 회사를 배신한 커츠라는 인물을 찾아내 유럽의 본부로 데려오는 것이다. 아프리카에 도착한 말로우는 커츠를 추적하기 시작하는데, 해안에 위치한 무역주재소에서부터 강 상류의 원주민 마을에 이르기까지 커츠에 대한 정보를 수집하지만 그럴수록 커츠라는 인물은 더 요원해진다.

콘라드는 커츠와 말로우를 통해 문명사회의 인간이 어둠의 대륙에 들어서면서 문명사회의 가치관이 바닥이 없는 심연으로 무너져 버리고, 인간 군상은 탐욕과 위선의 어두운 본성을 드러내며 야만상태로 퇴행해 버린다는 비관적인 사상을 드러내 보인다. 콘라드는 말로우와 커츠의 이야기를 통해, 법률, 제도, 관습 등의 체제가 본질과 괴리된 껍질에 불과한 것이며, 언어조차도 진실과는 단절된 문명세계의 도구에 불과하다는 주장을 한다. 콘라드는 인간의 언어와 의식에 수렴될 것을 거부하는 미지의 대상을 아프리카의 어두운 원시림으로 구체화하여 제시한다. 이 어두운 원시림과 대조될 때, 인간이 안주해온 모든 가치관과 체제는 거대한 바다 위의 거품과 같이 일시적이고 무의미한 것으로 보인다.

말로우의 아프리카를 향한 항해 과정은 삶의 실체에 접근하려는 진리 탐색 과정에 다름 아니다. 말로우는 인류의 역사는 어둠에 빛을 가져오고, 백지와 같은 공간을 부호로 채워 넣는 행위라고 말한다. 유럽 제국주의는 텅빈 종이에 총천연색의 지도를 그려 넣는 행위라고 할 수 있다. 그런데 그러한 과정에서 인간은 오류를 범하게 된다. 예컨대 굴절된 빛의 스펙트럼은 아름답고 현란한 색채를 조성한다. 이는 무수한 원소들이 부딪치고 반사, 굴절하는 유동적 흐름의 한 현상이다. 그런데 인간은 일시적으로 조성된 현란한 한 색채를 본질로 오인하고 그 색채를 객관적 진리로 믿는다. 콘라드는 말로우를 통해 지도를 출발점으로 하여 인간 사회의 모든 가치관이 사실은 본질과 괴리된, 인간이 구축한 허구라는 사실을 조심스럽게 폭로하기 시작한다.

콘라드는 서로 상충되고 견제하는 인물들의 여러 시점을 병치시킴으로써 언어를 비롯한 인간의 체제는 삶의 실체로부터 괴리되었으며 인간의 의식을 단절시키는 가림막이 되기도 하다는 주장을 한다. 아프리카 여행의 출발점에서 말로우는 유럽이 진리와는 단절된 회칠한 무덤이라고 비판한다. 그 회칠한 무덤의 주민들은 자기기만적 세계에 갇혀 진리를 보지 못한다. 말로우는 진리와 단절된 듯한 유럽의 대안(代案)으로 아프리카 대륙을 선택한다. 침묵과 암흑의 미지의 대륙, 태초의 원시림은 부패한 유럽에 실망한 말로우에게 와서 찾아보라는 유혹의 손짓을 하는 듯이 보인다.

아프리카 대륙의 중심을 향해 강을 거슬러 올라가는 과정은 암흑의 핵심을 향해 나아가는 단계로 묘사되어 있기 때문에 이 작품의 플롯은 주인공의 지하세계로의 여행, 자신의 내면세계로의 여행으로 설명되곤 한다.[5)] 이 여행은 제국주의의 실상을 인식하게 되는 구체적 계기도 되면서, '태초의 세계,' '과거,' '악몽,' '광기'로의 여행이며, 문명 이전 상태로의 소급이다. 말로우의 여행은 문명 발생 이전의 세계, 모든 것이 어둠의 형태로 존재하던 세계, 논리적이고 합리적인 언어 이전의 세계, 인간의 경험 세계를 넘어서는 미지의 세계로의 여행이라고 표현될 수 있다. 이 어둠으로의 여행은 말을 바꾸면, 근원(Origin), 중심(Center), 실재(Reality)의 추구인 셈이다.

근원, 중심, 실재, 진리를 향한 여행의 첫 기착지인 하류 기착지(Outer Station)에서 말로우는 흑인의 목에 두른 흰 천 조각, 회계원의 빳빳한 흰 컬러의 단정한 옷차림, 시체처럼 뒹굴고 있는 기계 부품들을 목격하고, 원시 대륙에서 문명의 무의미한 잔재들이 대상의 본질과 소외된 채 아무 의미도 없이 단지 습관적으로 여전히 추종되고 있다고 비판하게 된다. 두 번째 기착지인 중앙 기착지(Central Station)에서 말로우는 총지배인과 벽돌공 및 탐험대원들이 문명의 대행자를 자처하면서도 사실은 상아 수집광(狂)들이라는 실상을 보게 된다. 이들은 상아와 같은 화석화된 물질을 향해 순례를 하는 부패한 존재들이다. 말로우는 점차 이들을 문명세계의 대표자로 간주하고는, 문명세계 자체를 혐오하며 이들과 구별되는 커츠에게 호기심과 막연한 동경을 느끼기 시작한다. 그럼으로써 말로우는 다른 백인들에게 커츠와 마찬가지로 어둠의 대륙에 와서 가치관이 불안해진 위험한 인물로 보이게 된다. 백인들 시각에 말로우는 커츠와 마찬가지로 아프리카의 야만성에 전염되어 퇴행의 현상(go native)을 보이는 것으로 회피의 대상이 된다.

콘라드는 말로우의 여행을 빛/어둠, 문명/야만, 유럽/아프리카의 이분법으로 제시하면서, 이 대립항의 우열관계를 쉽게 전복되는 것으로 만든다. 원시 대륙의 안개와 암흑은 말로우로부터 문명의 잔재들—시간, 의복, 습관, 원칙 등—을 벗겨버리고 완전한 표류의 느낌과 함께 그를 백지 상태, 무(無)의 상태에 몰아넣는 듯하다. 인간의 경험세계 및 인간 의식을 넘어서는 어둠이 인간을 둘러싸고 있으며, 인간의 의식이 무한한 어둠 속에서 붕괴될 수 있는 단명한 것임을 인식하게 되자 말로우는 냉소적 사상에 빠진다. 말로우는 어둠의 대륙에서 문명사회의 도구인 언어, 이데올로기 등이 진리를 왜곡하는 기만적인 것일 수 있다는 사실을 인식하게 된다. 침묵과 암흑의 원시림은 말로우에게 그 실체를 드러내지 않은 채, 문명사회의 허상을 비추는 거울의 역할을 한다. 아프리카의 원시림은 인간의 무(無)적 가치, 문명사회의 허상을 인식하게 하는 것이다. 말로우는 원시 그 자체 앞에서, 인간이 자연을 정복한다는 착각과, 잔인성과 탐욕을 문명의 횃불이라는 언어로 위장하는 자기기만 행위에 갇혀 있음을 깨닫게 되었다고 말한다. 그는 여태까지 삶의 구원 방법이었던 단순한 노동마저도 표층적 진리에 불과하고 이 어둠의 위력을 막을 것은 아무것도 없다고 느끼며, 인간의 모든 행위가 사실은 밧줄 위의 곡예에 불과하다는 비관적 태도를 보인다.

그런데 콘라드는 자신의 회의적이고 냉소적 사상을 중첩된 구조 속의 대화를 통하여 완충시킨다. 말로우의 비관적이고 냉소적인 목소리는 곧 청자 중 한 인물의 상식적인 반응에 의해 견제된다. 콘라드는 말로우와 청자가 대화하는 상황을 극화함으로써 말로우의 우세한 목소리를 견제하거나 보완하는 역할을 한다. 콘라드는 서로 대화하는 듯한 중첩된 서술구조를 통해 어둠에 매혹된 말로우의 염세적이고 회의적인 입장을 보여주는 동시에 이를 견제하는 것이다.

> "난 종종 그 불가해한 정적이 나의 원숭이 같은 공중곡예를 지켜보고 있다는 기분이 들곤 했어. 마치 자네들이, 그 얼마지? 한번 구르는데 반 크라운씩인가 받으면서, 각자 팽팽하게 당겨진 줄 위에서 줄타기하고 있는 걸 그 정적이 가만 지켜보듯이 말이야..."
>
> "말로우, 말조심 하게."
>
> 누군가가 투덜댔어. 그래서 나는 나 말고 최소한 한 사람은 더 깨어서 얘기를 듣고 있다는 걸 알았지.(36)[6]

말로우는 아프리카 원주민들이 추상적인 관념에 매개되지 않음으로써 본질에 더욱 가까운 존재일 수 있으며, 진리탐색에 오히려 이러한 야만 상태가 전제되어야 한다고 주장한다. 작가 콘라드는 이와 같은 말로우의 독백을 여러 인물들의 발언을 상호 견제하고 보완하는 대화의 문맥 속에 놓는다. 콘라드는 말로우의 견해가 한 주관적 해석에 불과한 냉소적 사상이라는 사실을 드러내고자, 말로우 자신의 내면의 목소리 혹은 청자의 목소리를 통해 건전한 공동체적 가치관을 제시하는 것이다.

이와 같이 콘라드는 말로우에게 의식의 중심으로서 권위를 부여하는 것 같지만, 동시에 그가 겪는 주관적 반응과 갈등을 부각시킴으로써 말로우와 다른 인물들이 상호 견제 및 보완하는 대화의 형식을 취하게 만든다. 즉 커츠, 말로우, 익명의 일인칭 서술자, 배 위의 동료들, 아프리카에 온 유럽인들(pilgrims), 러시아 청년, 약혼녀(Intended) 등의 목소리가 대화하는 구조를 형성하는 것이다. 이는 어떠한 인간의 주장도 절대적 진리일 수 없으며 문맥과 상황에 따라 상대적인 것이라는 주장의 형상화이기도 하다.

인류 문명을 역으로 소급해가는 여행의 모티프를 통해 콘라드는 인간이 절대적 진리로 우상화한 것들을 해체한다. 말로우는 이 여행에서 인류 역사가 누적해 온 언어적 지식의 무의미함을 체험하며, 무정형인 어둠의 변방에 들어선다. 원시림은 진리라는 보물을 품고 인간의 도전을 기다린다. 그러나 동시에 감옥문처럼 인간의 접근을 거부한다. 인간은 진리가 아닌 화석화된 물질인 상아만을 암흑의 세계에서 캐낼 수 있을 뿐이다. 삶의 진리, 그 포착할 수 없는 삶의 실체는 인간에게 결코 다가올 수 없는 그 무엇인가? 암흑의 원시 세계는 말로우에게 표현될 것을 거부한다. 그것은 인간적 경험의 저 너머에 존재하는 것이다. 따라서 그는 "이해할 수 없는"(incomprehensible), "말로 형언할 수 없는"(unspeakable), "측정할 수 없는"(unfathomable), "불가해한"(inscrutable), "모호한"(vague), "꿰뚫어볼 수 없는"(impenetrable), "신비로운"(mysterious), "묘사할 수 없는"(indescribable), "미지의"(unknown), "비현실적인"(unreal) 같은 부정적 형용사들과 "수수께끼"(riddle), "불가해한 것"(enigma)과 같은 어휘들에 의존할 수밖에 없다. 말로우의 회의적 시각에 비춰진 문명사회의 기만과 원시사회가 암시하는 듯한 무정형의 진리를 형상화하기 위해 콘라드는 『암흑의 핵심』에 부정적 형용사와 모호한 문체를 활용하고 있는 것이다. 불확실하고 모호한 문체는 무정형의 진리와 언어의 한계를 표현하기에 가장 적합한 장치라고 할 수 있다. 이러한 콘라드의 문체는 작가의 객관적 통제력을 넘어선 지나친 감정 과잉의 결과라는 비판을 받기도 했다. 그러나 근래에는 콘라드의 문체를 "불명료함의 활용"(use of obscurity), "실패의 수사학"(rhetoric of failure) 또는 "수수께끼의 수사학"(rhetoric of enigma)과 같은 용어로 설명하며, 언어의 한계와 삶의 실체의 불확실함을 그대로 노정하는 장치, 변화무쌍한 삶의 실체와 합리적 언어의 갈등을 해결하기 위한 가장 적합한 장치라고 해석하는 것이 지배적이다.[7)]

콘라드는 작품 속에서 삶의 본질을 포착할 수 있는 언어를 실험해 보고자 대조적인 두 종류의 언어를 비교해보기도 한다. 말로우는 상류 기착지(Inner station)에 이르기 직전 한 오두막에서 타우슨(Towson)이라는 사람이 쓴 선원을 위한 항해 지침서를 발견한다. 그는 이 책에서 대상과 일대일로 대응되는 정확한 도구로서의 선원 용어를 보고 이와 같은 지시적 언어에서 안정감과 친근감을 느낀다. 한편 말로우는 커츠가 「국제야만풍습폐지기구」("International Society for the Suppression of Savage Customs")에 보내는 인류의 개화라는 주제의 감동적인 보고문을 보고 언어의 힘을 인정한다. 커츠의 이 보고문은 언어의 설득적이고 웅변적인 힘을 보여준다.

그러나 콘라드는 이러한 언어의 긍정적인 힘을 곧 해체한다. 언어의 힘을 인정하던 말로우는 곧 커츠가 이 보고문 끝에 후기처럼 "모든 야만인을 말살해버려라"(Exterminate all the brutes.)라고 휘갈겨 써놓은 것을 보게 된다. 이는 말로우에게 언어가 위선적이고 기만적인 도구가 될 수 있다는 사실을 충격적으로 보여준다. 콘라드는 타우슨의 단순하고 정확한 기술(技術)적 언어와 커츠의 위선적인 달변의 언어와 말로우의 회의적인 언어 등을 비교 검토하며 언어의 다양한 성격을 추적해보고 있다고 하겠다.

이와 같이 말로우의 이야기는 커츠라는 수수께끼를 표현하고 전달하는 것이 목적이지만, 그의 이야기에는 주로 미지의 대상인 삶의 실체에 대해 두려워하며 언어의 한계에 대해 깊이 절망하는 콘라드의 갈등이 노정되어 있다. 무릇 인간의 언어는 인간으로 하여금 사물세계를 이해하고 정복할 수 있게 하는 도구이지만, 인간을 제도화되고 기호화된 세계, 언어의 굴절 작용 속에 구속된 존재로 만들어 버리기도 한다. 작가는 작품 속에서 냉혹한 논리를 지닌 언어와의 투쟁을 계속한다. 작가는 섬광과도 같은 순간적 비전을 포착하고 표현하여 독자에게 전달해야 하는데, 표현매체인 언어는 이에 배반적이다. 말로우는 커츠의 실체를 파악하여 그것을 청자들에게 전달하고자 하지만 그것이 불가능해 보이며, 대상과 단절된 언어의 한계성을 첨예하게 드러낼 뿐이라고 불평한다.

> "그(커츠)는 내게 단지 하나의 단어에 불과했어. 나도 자네들과 마찬가지로 그 이름의 주인공을 보지 못했어. 자네들은 그가 보이나? 뭔가가 보이는가? 나는 자네들에게 꿈 이야기를 하려고 애쓰는 것 같아. 헛된 시도를 하고 있는 것 같단 말이야. 꿈 이야기를 한다고 해도, 허우적거리는 반항의 전율 속에 불합리와 놀람과 당혹감이 혼재하는 것, 꿈의 본질이 되는 그 믿을 수 없는 힘에 사로잡혀버린 느낌, 이런 꿈의 삼각이 전달될 수는 없으니까.... 아니야, 불가능해. 인간 존재의 어떤 한 시대에 느꼈던 삶의 감각—그 시대의 진리, 의미를 이루는—그 미묘하고 꿰뚫는 본질을 전달한다는 것은 불가능해. 불가능하단 말이야. 우리는 꿈을 꾸고 있는 것처럼 살아가지. 홀로 외로이."(29-30)

말로우는 꿈을 꾸면서 느꼈던 신비로운 느낌을 표현하기 힘든 것처럼 인간이 느끼는 그 순간의 진리를 표현하고 전달하는 것이 불가능하다고 말한다. 주관적인 진리의 경험을 전달하는 것이 불가능하다는 것이다. 그러나 콘라드는 말로우의 이러한 푸념에 그치지 않는다. 그의 이야기를 듣는 동료 선원의 한 사람인 익명의 일인칭 서술자 "I"는 말로우의 이야기가 미약하지만 자신의 영혼에 파문을 일으키고 있다고 지적한다. 말로우가 청자들에 커츠가 자신의 영혼에 일으킨 파문, 즉 커츠에 대한 자신의 주관적 반응을 이야기하고 있는데, 그 이야기는 익명의 일인칭 서술자에게 효과적으로 전달되고 있는 것이다. 말로우는 비록 이야기를 듣고 이해하는 사람이 한 사람에 불과할 지라도 커츠로 상징되는 인간 조건의 어두운 분위기를 막연하게나마 전달하는데 성공하고 있는 것이다. 콘라드는 커츠가 주인공인 이야기 속의 이야기를 서술하고 있는 말로우의 이야기, 즉 액자의 틀 역할을 하는 바깥의 이야기에서 이러한 말로우의 스토리텔링을 묘사함으로써 삶의 실체를 파악하고 형상화하는 것의 어려움과 언어의 한계에 대한 인식, 그리고 그것을 넘어서려는 예술가들의 운명을 전달하고자 하는 것이다.

이 작품을 액자소설로 설명하는 세이머 그로스(Seymour Gross)는 커츠와 말로우의 관계와 말로우와 "I"의 관계를 대비시키면서, 액자소설의 구조는 서술자와 청자, 저자와 독자의 관계를 보여주는 의의를 지닌다고 주장한다. 그로스는 이 작품에서 서술자와 청자가 대화하는 구조, 여러 차례 중첩된 서술 구조는 서술자로서 말로우의 고뇌와 달리, 언어의 힘, 언어적 구성체인 소설의 힘, 나아가서 인간의 도덕적 힘을 긍정적으로 보여준다고 주장한다.[8)]

말로우가 커츠의 정체를 파악하려는 과정은 표현할 수 없는 것을 표현하려는 작가의 창조의 노력과 일치한다. 예를 들면, 말로우가 커츠를 직접 보기 전까지 커츠는 단지 "일급 요원"(a first class agent), "무척 비범한 인물"(a very remarkable man), "상류 주재소 소장"(the chief of the Inner Station), "연민, 과학, 그리고 진보의 특사"(an emissary of pity, and science, and progress)와 같은 여러 인물들의 해석으로 존재할 뿐이다. 그런데 이러한 이름, 직책 등의 상투적 언어는 커츠의 진면목을 전혀 전달해주지 못한다. 말로우가 마지막에 만난 러시아 청년의 해석도 그의 낭만적 성향으로 인해 신비화되고 이상화된 주관적인 해석에 불과하다. 커츠에게 막연한 호기심을 갖고 있던 말로우는 커츠가 거주하는 오두막 주변에서 원주민들의 머리가 효수된 장면을 보게 되고 경악을 금치 못한다. 그는 커츠의 잔인한 행위를 보고 그를 인간의 탐욕과 권력 지향적 속성의 끝간 데까지 가본 속이 텅 빈 인간이라고 비판한다. 그러나 말로우는 커츠를 직접 만나, 그가 "공포야! 공포"(The horror! The horror!)라는 말로 삶을 마감하는 것을 들은 후, 커츠를 문명 사회의 위선적 가치관을 벗어 던지고 자신의 존재 의의를 끝까지 추구해 본 인물, 마지막 순간에 인간조건의 어두운 진리를 일별한 인물로 평가하게 된다. 말로우는 커츠의 마지막 고백을 삶의 본질이 응결된 결정체로, 커츠를 도덕적 승리, 예술적 승리를 성취한 인물이라고 해석한다. 피터 J. 글래스먼(Peter J. Glassman)의 주장처럼 커츠의 극단적 존재방식은 말로우에게 아프리카에 온 다른 유럽인들의 위선에 비해 "존재 혹은 무"(being or nothingness)의 실존적 선택을 보여준 진정한 자유인의 삶으로 비쳤던 것이다.[9)]

3. 거짓말의 의미

말로우는 아프리카 대륙의 어둠과 커츠의 타락에서 삶의 진리의 한 단면을 일별하고, 비관적 사상을 가진 "어둠의 사도"가 된다. 유럽으로 돌아온 말로우는 회색 지대와도 같은 "활기 없는 회의주의의 병적인 분위기"(a sickly atmosphere of tepid scepticism) 상태에 좌초되고 만다. 회칠한 무덤 같은 문명사회의 주민들은 완벽한 안전을 확신하거나 미지의 위험 앞에서도 어리석음을 뽐내면서, 커츠에 대해 왜곡된 해석들을 내릴

뿐이다. 말로우는 이러한 인간사회를 혐오하며 인간사회로부터 스스로를 추방하려고 하지만 두 세계의 경계선에 묶인 채 갈등한다.

결국 말로우도 인간 사회로 돌아오자 자신이 일별한 진리를 외면할 수 밖에 없는 상황에 놓이게 된다. 말로우는 커츠의 약혼녀와 만나 마지막으로 대화를 나누면서 그녀의 행복을 위해 자신이 일별한 진리를 배신하고 하나의 허구적 환상을 제공하게 된다. 커츠의 약혼녀는 자신의 주관적 가치관에 갇혀 커츠를 미화하고 신비화하는 대표적 인물이다. 그녀는 여생을 지탱해줄 도구가 될 만한 것을 기대한다며 말로우에게 커츠의 마지막 말이 무엇이었는지 물어 본다. 말로우는 커츠가 마지막으로 남긴 말이 "공포야! 공포!"라는 사실을 숨기고, 그녀의 이름을 마지막으로 불렀다고 거짓말을 한다. 말로우는 약혼녀가 커츠에 대한 믿음과 문명사회의 이상을 계속 지닐 수 있도록 하기 위해 커츠의 진실을 영원히 왜곡시키고 만다. 말로우는 진리탐색의 여행을 통해 획득한 진리 대신에, 자신이 그토록 경멸하던 다른 제국주의자들과 마찬가지로 상투적 언어를 선택하고 거짓말을 하고 말았다. 이제 커츠는 약혼녀에게 "비범한 인물"이라는 상투어로 존재하게 되었다. 문명사회의 가치관의 위선과 기만을 통감한 말로우 역시 어쩔 수 없이 유럽 사회의 가치관, 인간을 구속하는 제도화되고 기호화된 세계에 기꺼이 동참하고 만 것이다.

말로우는 자신이 커츠의 용기, 진정한 자아 추구 정신을 갖지 못했던 것이라고 이야기를 끝맺는다. 그러나 로버트 P. 워렌(Robert. P. Warren)은 말로우의 거짓말을 "진정한 거짓말"(true lie)라고 부르면서 문명사회의 이상을 지켜주는 마지막 보루로 해석하기도 한다.[10] 말로우는 삶의 어두운 진리를 인식한 후에도 상대방의 행복을 위해 환상을 제공하였다. 결국 말로우는 지하 세계에서 어둠에 둘러싸인 인간 상황을 일별함으로써 인간의 이상과 환상의 무용성과 허구성을 인식하였지만, 지상의 인간 사회로 귀환한 후에는 인간사회의 유지를 위해서 어쩔 수 없이 인간의 이상과 환상이 필요하다는 결론을 내린 것이다.

> "그는 단지 정당한 것만을 원한다고 말하지 않았던가? 하지만 난 그럴 수가 없었어. 그녀에게 말할 수가 없었어. 그러면 너무 어두웠을 거야.... 정말 너무 어두웠을 거야.." (76)

말로우의 이야기는 끝났다. 바깥 상자의 서술자인 익명의 일인칭 서술자 "I"는 말로우의 이야기에 달무리 같고 아지랑이 같은 여운이 남는다고 말한다. 그 여운이 말로우에 대한 연민인지, 아니면 혐오인지, 아니면 쓸데없는 이야기로 시간이 낭비되었다는 불평인지는 확실하지 않다.

작품은 다시 출발점으로 되돌아온다. 이젠 어두워진 템즈강 넬리호 위에서 익명의 일인칭 서술자 "I"는 작품을 끝맺는다. 작품의 서두에서 말로우를 유럽식 복장을 한 지혜의 연꽃도 없는 부처라고 묘사했던 익명의 일인칭 서술자는 말로우를 불분명하게 침묵하는 가운데 사색하는 부처라고 긍정적으로 묘사함으로써 미약하나마 자신에게 내적 변화가 있었음을 암시하고 있다. 출항의 기회를 놓쳐서 아쉬워하는 Director와 달리, 익명의 일인칭 서술자는 처음처럼 역사의 진보에 대한 지시사가 아니라, 역사 이면에 놓인 암흑을 볼 수 있는 신중한 인물로 변형된 듯하다. 말로우의 이야기가 주는 여운은 익명의 일인칭 서술자의 이야기의 여운과 서로 공명하며 독자에게 전달된다. 콘라드가 전달하려는 삶의 실체의 한 단면, 그 진리의 순간은 그 공명하는 울림, 어둠의 색조, 겹쳐진 서술의 공간성과 어울려 독자에게 파급되고 있다. 커츠로 압축된 인간조건의 어두운 진리는 커츠의 약혼녀에게 전달되지는 못했지만, 말로우의 스토리텔링을 통해 그리고 "I"의 경청을 통해 독자들에게 모호한 가운데 성공적으로 전달되고 있는 것이다.[11)]

III

『암흑의 핵심』에서 문명의 횃불로 야만을 계몽하려던 이상주의자 커츠는 아프리카의 한가운데서 예기치 못했던 삶의 어두운 진리에 직면하자 그대로 무너지고 만다. 노선장 말로우는 과거 젊은 시절 자신이 아프리카에서 커츠를 추적하면서 깨닫게 되었던 삶의 어두운 진리를 동료 선원들에게 전달하고자 노력한다. 노선장 말로우의 이야기는 동료 선원들에 의해 관찰되고 견제되며 대화하는 형식을 갖는다. 이처럼 이 작품은 상자 속의 상자, 동심원 구조와 같은 중첩된 서술구조로 이루어져 있다. 콘라드는 서술자 말로우의 목소리까지도 주관적일 수밖에 없다는 사실을 강조한다. 그리고 그는 모든 인간의 해석행위, 의미부여행위에 이념과 편견으로 채색된 틀이 필연적으로 개입되며, 그럼으로써 인간적 구성물들은 진리와 괴리된 일시적이고 허구적인 것일 수 있다는 점을 지적한다. 그래서 그는 이상주의자, 비관주의자, 제국주의자, 회의주의자, 현실주의자 등 다양한 인물들의 시점을 활용함으로써 인간적인 모든 것에 개입되는 주관적 특성을 극복하고 보다 궁극적인 실체에 가까이 접근하기 위해, 주관적일 수밖에 없는 다양한 목소리들이 서로 대화하게 하는 서술구조를 원용하고 있는 것이다.

이 작품은 불확실하고 모호한 분위기, 미완의 결말, 의미의 공백, 다양한 시점들의 대화와 중첩된 서술구조 등을 통해 독자의 적극적 참여를 유도하고, 저자, 서술자, 독자가 함께 작품의 새로운 역동적 의미를 창조하는 것을 지향하고 있다. 이 작품의 서술기법은 언어의 한계 및 인간의 이념과 편견으로 인한 인간 사이의 단절, 전달의 불가능성을 극복해보고자 꾸준히 노력하는 작가의 모습을 잘 반영하고 있다. 콘라드는『암흑의 핵심』에서 기존의 문학적 관습을 벗어나, 삶의 실체의 표현 및 전달의 가능성, 인간 사이의 유대관계의 가능성, 즉 문학의 존재 가치 및 인간 사회의 존재 가치 여부에 대한 성찰과 아울러 언어, 서술 기법, 서술구조의 다양한 실험을 하고 있는 것이다.

1) Sanford Schwartz. *The Matrix of Modernism*. Princeton, NJ: Princeton UP, 1985. 18 참고.

2) Joseph Conrad, Preface to The Nigger of the "Narcissus," in *The Nigger of the "Narcissus,"* ed. Robert Kimbrough. NY: W. W. Norton & Company, 1979. 147.

3) Sanford Schartz, 18 ; Paul de Man. *Allegories of Reading*. New Haven: Yale UP, 1979. 105; Edward W. Said, "Conrad and Nietzsche," in *Joseph Conrad: A Commermoration*, ed. Norman Sherry. London: Macmillan Press, 1976, 66-67 참고.

4) 콘라드 연구에 있어서 가장 근본적이고 보편적인 접근 방법은 인간 조건 및 인간성에 대한 고찰이다. 그의 대표작인 『암흑의 핵심』의 경우, 태초로의 여행, 무의식으로의 밤의 여행, 초월적 지식을 향한 정신적 여정을 다룬 작품, 또는 인간의 잠재된 어두운 본능에 대한 분석으로 읽힌다.

그리고 1980년경부터 시작된 해체주의, 페미니즘, 신역사주의, 탈식민주의 등 비평이론의 유행과 더불어 콘라드의 작품은 이러한 이론의 분석대상으로 가장 인기 있는 작품 중의 하나가 되었다. 예를 들어 1975년에 아프리카 출신의 치누아 아체베(Chinua Achebe)가 『암흑의 핵심』같은 철저한 인종차별주의자의 작품은 대학의 강의 목록에서 빼버려야 한다고 주장한 이후, 탈식민주의 이론과 맞물려 제국주의와 반제국주의의 논쟁은 콘라드 연구에 있어 주요한 한 흐름을 형성하게 되었다. 이후 콘라드의 작품을 인간의 내면세계에 대한 깊은 고찰로 읽던 독자들은, 콘라드의 작품에서 아프리카와 아프리카 원주민들은 백인의 내면적 성장을 위한 배경이나 도구에 불과한 것으로 묘사되었다는 사실을 보기 시작하면서 콘라드와 제국주의에 대한 논쟁이 시작되기도 했다. 이와 함께 콘라드 작품에 나타난 서술자의 사용과 다양하고 복합적인 시점의 활용, 중첩된 서술 구조, 자유로운 시간의 이동, 추상적인 또는 부정적인 의미를 지닌 단어들의 중첩된 사용, 모호성 등 서술기법의 측면에서도 많은 연구가 꾸준히 이루어지고 있다.

5) Albert J. Guerard. *Conrad the Novelist*. Cambridge, Mass.: Harvard UP, 1966. 15 참고.

6) 텍스트의 인용은 로버트 킴브러(Robert Kimbrough)가 편집하여 1988년 Norton 사에서 출판한 *Heart of Darkness* 3판을 사용하였음.

7) Allon White, *The Uses of Obscurity*. London: Routledge & Kegan Paul, 1981, 124; David Thorburn, *Conrad's Romanticism.* New Haven: Yale University Press, 1974. 124; Suresh Raval, *The Art of Failure: Conrad's Fiction.* Boston: Allen & Unwin, 1986 참고.

8) Seymour Gross, "The Frame," in *Heart of Darkness*, ed. Kimbrough. 227-29.

9) Peter J. Glassman, *Language and Being: Joseph Conrad and the Literature of Personality*. New York: Columbia University Press, 1979. 228.

10) Robert Penn Warren, *Introduction, Nostromo*. New York: The Modern Library, 1951. xxiii.

11) 이야기 속의 이야기(a story-within-a story)의 중심 인물인 커츠의 이야기를 엮어 나가는 주요 서술자 말로우는 다양한 관점(points of view)들이 수렴되는 헨리 제임스(Henry James)의 의식의 중심(center of consciousness)과 유사하다. 그러나 콘라드는 다양한 시점들로 하여금 다시 의식의 중심인 말로우를 지켜보고 간섭하게 함으로써 여러 상충되는 시점들이 서로 견제하는 역할을 하게 만든다. 콘라드는 익명의 일인칭 서술자를 통해 말로우의 서술 기법을 설명한다. 말로우 이야기의 의미는 껍질 속의 알맹이처럼 명확하게 딱 떨어지지 않고 달무리 같고 아지랑이처럼 이야기 주위를 감싸고 맴돈다. 이 유명한 구절의 의미는 절대적 진리는 없다는 것이다. 우리가 절대적 진리라고 믿는 것은 한 인물의 제한된 시점에 비친 것일 뿐이다. 다양한 인물들이 같은 대상을 바라보는 여러 방식은 서로 상충되기도 하고 보완이 되기도 한다. 이러한 다양한 시점들이 모여 아지랑이처럼 모호하고 뿌옇게 진리의 아우라를 형성한다. 독자는 이를 보며 나름대로 진리를 추적해야 한다. 이것이 콘라드의 주제이자 서술방식의 요점이다.

인용문헌

Baines, Jocelyn. *Joseph Conrad: A Critical Biography*. London: Weidenfeld & Nicloson, 1959.

Bonny, William W. *Thorns & Arabesque: Contexts for Conrad's Fiction*. Baltimore: Johns Hopkins University Press, 1980.

Bradbury, Malcolm and James McFarlane, eds. *Modernism*. Harmondsworth: Penguin Books, 1976.

Boyd, Michael. *The Reflexive Novel: Fiction as Critique*. London: Associated University Press, 1983.

Caws, Mary Ann. *Reading Frames in Modern Fiction*. Princeton: Princeton University Press, 1985.

Conrad, Joseph. *Heart of Darkness*. 2nd. ed. Robert Kimbrough. New York: W. W. Norton & Company, 1971.

______. *Heart of Darkness*. 3rd. ed. Robert Kimbrough. New York: W. W. Norton & Company, 1988.

______. *The Nigger of the "Narcissus"*. ed. Robert Kimbrough. New York: W. W. Norton & Company, 1979.

Conroy, Mark. *Modernism and Authority: Strategies of Legitimation in Flaubert and Conrad*. Baltimore: Johns Hopkins University Press, 1985.

Cox, C. B., ed. Conrad: *Heart of Darkness, Nostromo and Under Western Eyes*. London: Macmillan Publishers, 1981.

Davidson, Arnold E. *Conrad's Endings: A Study of the Five Major Novels*. Ann Arbor, Michigan: UMI Research Press, 1984.

Glassman, Peter J. *Language and Being: Joseph Conrad and the Literature of Personality*. New York: Columbia University Press, 1979.

Gross, Seymour. *"The Frame," in Heart of Darkness*. 3rd. ed. Robert Kimbrough. New York: W. W. Norton & Company, 1988.

Guerard, Albert J. *Conrad the Novelist*. Cambridge, Mass.: Harvard University Press, 1958.

Guetti, James. *The Limits of Metaphor. A Study of Melville, Conrad, and Faulkner*. Ithaca, N. Y.: Cornell University Press, 1967.

______. *The Rhetoric of Joseph Conrad*. Amherst College Honors Thesis. No. 2. Amherst, Mass.: 1960.

Hawthorn, Jeremy. *Joseph Conrad: Language and Fictional Self-Consciousness*. London: Edward Arnold, 1979.

Karl, Frederick. *Joseph Conrad: The Three Lives*. London: Faber and Faber, 1979.

Leavis, F. R. *The Great Tradition*. Harmondsworth: Penguin Books, 1948.

Levenson, Michael H. *The Genealogy of Modernism*. Cambridge: Cambridge University Press, 1984.

McClure John A. "The Rhetoric of Restraint in Heart of Darkness." *Nineteenth century Fiction*, 32:3 (December 1977): 310-26.

Miller, J. Hillis. *Fiction and Repetition*. Basil Blackwell: Oxford, 1982.

Moser, Thomas. Joseph conrad: *Achievement and Decline*. Hamden, Connecticut: Archon Books, 1966.

Raval, Suresh. *The Art of Failure: Conrad's Fiction*. Boston: Allen & Unwin, 1986.

Roussel, Royal. *The Metaphysics of Darkness*. Baltimore: Johns Hopkins University Press, 1971.

Said, Edward W. *Joseph Conrad and the Fiction of Autobiography*. Cambridge, Mass.: Harvard University Press, 1966.

Schwartz, Sanford. *The Matrix of Modernism*. Princeton: Princeton University Press, 1985.

Schwarz, Daniel R. Conrad: *Almayer's Folly to Under Western Eyes*. London: Macmillan Press, 1980.

__________. *Conrad*: The Later Fiction. London: Macmillan Press, 1982.

Sherry, Norman, ed. *Conrad: The Critical Heritage*. London: Routledge & Kegan Paul, 1973.

Tallack, Douglas, ed. *Literary Theory at Work: Three Texts*. London: B. T. Batsford, 1987.

Thorburn, David. *Conrad's Romanticism*. New Haven: Yale University Press, 1974.

Warren, Robert Penn. *"Introduction" to Nostromo*. New York: The Modern Library, 1951.

Watt, Ian. *Conrad in the Nineteenth Century*. Berkeley and Los Angeles: University of California Press, 1979.

__________. "Marlow, Henry James, and 'Heart of Darkness'." *Nineteenth Century Fiction*, 33:2 (September 1978): 159-74.

Watts, C. T. *A Preface to Conrad*. London: Longman, 1982.

White, Allon. *The Uses of Obscurity*. London: Routledge & Kegan Paul, 1981.

D.H. LAWRENCE · *Women in Love*

인물의 '임'(being)의 형상화와 서술기법

고 영 란 수원대학교

I

1. 작가 소개

로렌스(D. H. Lawrence)는 1885년 산업도시 노팅엄(Nottingham)에서 멀리 떨어져 있지 않은 탄광촌 이스트우드(Eastwood)에서 태어났다. 전직 교사 출신의 인텔리 어머니는 교육을 받지 못한 광부였던 아버지의 호탕한 성격에 잠시 매혹되어 결혼을 했지만 원래 청교도적인 생활태도를 갖고 있었던 터라 본능에 따라 무절제하게 행동하는 아버지에게 곧 실망하고 만다. 너무나도 이질적인 두 사람의 결혼 생활은 불행했다. 육체와 정신, 본능과 지성이라는 상반되는 두 속성 사이의 갈등과 대립 그리고 그 사이에서의 균형 유지에 대한 로렌스의 지속적인 관심은 특수했던 그의 성장 배경에서 비롯된 것이다. 불만족스러운 결혼 생활로부터의 돌파구로 어머니는 막내아들 로렌스에게 과도한 애정을 쏟았고 이는 감수성이 강했던 그에게 큰 심리적 부담감을 남긴다. 그 여파로 로렌스는 원만한 이성 관계를 맺지 못해 한동안 가깝게 사귀었던 문학 소녀 제시 체임버즈(Jessie Chambers)와 헤어지고 만다. 제시는 로렌스가 1910년 어머니의 사망 후 집필하기 시작하여

1913년에 출판한 자전적 소설 『아들과 연인』(*Sons and Lovers*)의 등장인물인 미리엄(Miriam)의 모델이 된다.

1898년 중산층 자녀들이 많이 다니던 노팅엄 고등학교에 진학한 로렌스는 그곳에서 광부의 아들인 자신이 하층계급에 속함을 절감하게 되었고 이를 계기로 계층적 자의식을 갖게 된다. 1906년 2년제인 노팅엄 대학에 진학한 후 1908년 교사자격증을 취득한 로렌스는 잠시 교사 생활을 하기도 했지만 1910년 어머니가 세상을 떠나자 그 충격으로 인해 정신적, 육체적으로 허약해진 상태에서 교사직을 그만두게 된다. 로렌스는 대학 시절 단편소설과 희곡을 썼고 1906년 첫 장편소설인 『흰 공작』(*The White Peacock*)을 집필하기 시작하여 1910년 출판했다.

로렌스는 1912년 대학시절 스승이던 위클리(Weekley) 교수의 아내로 세 자녀의 어머니였던 여섯 살 연상의 프리다(Frieda)와 사랑에 빠져 독일로 도피한 후 이태리에 정착한다. 1914년 위클리 교수의 이혼 동의로 두 사람은 런던에서 법적 결혼 절차를 밟았지만 유럽으로 건너가기 전에 1차 대전이 발발하여 전쟁이 끝날 때까지 영국 내에서 이리저리 옮겨 다니며 지내야 했다. 프리다가 독일인이라는 이유로 간첩 혐의까지 받은 로렌스는 전쟁에 광분한 대중들을 혐오했고 영국을 타락한 문명의 본거지로 폄하하기에 이른다. 그는 1919년에서야 영국 정부로부터 여권을 받고 영국을 떠나 이태리로 가게 되는데 이후 몇 차례 짧은 기간 체류한 것을 제외하고는 내내 영국을 등지고 살았다.

야심의 대작 『무지개』(*The Rainbow*)를 1915년 출판했지만 외설물로 기소되어 곧 발행 금지 처분을 받는다. 로렌스는 1916년 『무지개』의 속편이라고 할 수 있는 『연애하는 여인들』의 집필을 완료했으나 이 소설 또한 외설이라는 이유로 출판을 거부당하다가 1920년에서야 미국에서 출판된다. 1919년 이후 로렌스의 건강은 점차 악화되었으나 창작 활동은 계속되었다. 1920년에는 이태리에 머물면서 『잃어버린 소녀』

(*The Lost Girl*)를 완성했고 1922년에는 1917년에 집필을 시작했던 『아론의 지팡이』(*Aaron's Rod*)를 출판하여 남성 세계의 리더십 문제를 다루는 이른바 '정치소설' 시기의 막을 열었다. 그해 오스트레일리아에서의 체류 기간 동안에 받은 인상을 토대로 두 번째 정치소설인 『캥거루』(*Kangaroo*)를 집필했고, 이후 1923년 멕시코(Mexico)로 내려가 체류하면서 『날개 돋친 뱀』(*The Plumed Serpent*)를 쓰기 시작했다. 1924년 원시적 삶의 모습을 찾아 뉴멕시코(New Mexico)의 타오스(Taos) 목장에 간 로렌스는 이곳에서 『쓴트 모어』(*St. Mawr*), 『공주』(*The Princess*), 『말을 타고 가버린 여인』(*The Woman Who Rode Away*) 등의 중편을 집필한다.

건강이 점점 악화되자 1926년 따뜻한 이태리로 건너간 로렌스는 그곳에서 『채털리 부인의 연인』(*Lady Chatterley's Lover*)의 첫 번째 판본을 쓰기 시작하는데 이 책은 1928년 이태리에서 출판되어 큰 물의를 일으켰다. 1926년은 로렌스가 『처녀와 집시』(*The Virgin and the Gipsy*)를 쓴 시기이기도 하다. 화가이기도 했던 로렌스는 1929년 런던에서 그림 전시회를 열었으나 외설이라는 이유로 그림을 압수당하기도 한다. 그는 결국 폐결핵으로 1930년 44세를 일기로 세상을 떠났다. 1932년 죽음 후 부활에의 염원을 담은 『마지막 시집』(*Last Poems*)과, 에트루리아인의 지하무덤 속 고분 벽화를 보고 느낀 감격을 담은 여행기 『에트루리아의 이곳저곳』(*Etruscan Places*)이 출간되었다.

2. 로렌스와 서술기법

영문학사에서 로렌스가 차지하는 독특한 위치는 인물 내면의 '비인성적인 의지'를 그려내겠다는 그의 인물관에 기인한 바 크다. 로렌스는 이전 소설가들과는 달리 인간이 다른 사람들에게 내보이는 인격이나 성격이 아닌 인간 내부의 비인성적인 면에 주목한다. 로렌스가 공언하듯이 그에게 중요한 것은 여자가 무엇을 '느끼는지'가 아니라 그녀가 '무엇인지'이다. 그는 생리적으로 그리고 물질적으로 여자가 무엇'인가'에 대해서만 관심을 갖는다. 인물의 '무엇'이 로렌스에게는 인물의 '임'(being)이다.

로렌스는 1914년 에드워드 가넷(Edward Garnett)에게 보낸 편지에서 그의 소설에서 재래식 작중인물의 '안정된 자아'를 기대하지 말라고 하면서 '안정된 자아'의 표면 아래 놓인 비인성적인 면의 '또 다른 자아' 즉 내면 깊숙한 곳에 있는 불변의 요소를 그려내겠다고 말한다 (*Letters* 2, 282). 다이어먼드나 석탄은 탄소의 동소체의 상태인데, 자신은 여러 형태로 변하는 가운데서도 불변하는 원소인 탄소의 상태에 관심이 있다는 것이다. 일반적으로 소설은 탄소라는 동일한 한 원소의 다양한 상태의 하나인 다이어먼드의 역사를 추적하려고 하지만 자신의 주제는 탄소라는 것이 로렌스의 입장이다.

로렌스는 인물의 비인성적인 면 즉 '임'을 그려내기 위해서 재래식의 플롯을 따르는 대신 인물들 내면 심리에서 펼쳐지는 상호 작용을 극화한다. 이러한 특징이 잘 나타난 소설이 『연애하는 여인들』이다. 이 소설에서 로렌스는 고양된 상태나 위기의 순간에 봉착했을 때 인물들 내면에서 일어나는 폭풍 같이 강렬한 감정을 포착해내거나, 의식하지는 못하지만 무의식 상태에서는 알고 있는 '앎'을 형상화하는 등 인물의 심리 상태 및 그 작용 양상을 재현한다.

인물의 '임'을 그려내기 위해 『연애하는 여인들』에서는 여러 서술기법이 혼용된다. 전지적 작가 시점을 통한 요약 및 평과 3인칭 관찰자적 시점을 통한 외면 묘사 등의 전통적인 서술방법뿐 아니라, 서술자가 모습을 감춘 채 자유간접화법을 통해 인물의 심리를 그대로 그려내거나 자유간접화법에 서술자의 목소리를 뒤섞어 평하는, 즉 인물의 목소리와 서술자의 목소리를 중첩시키는 방법이 구사되기도 한다. 자유간접화법은 인물의 내면적 독백을 3인칭 화법으로 전달하는 방법으로서 인칭대명사가 바뀐다는 점에서 직접화법과 다르며 의문문 등의 문장 형태가 그대로 존재한다는 점에서 간접화법과도 다르다. 자유간접화법은 인물들 심리의 내적 역학관계 즉 발화되지 않은 채 무의식적으로 전개되는 내면 심리의 작동 양상을 극화해서 그것을 현장감 있게 생생히 드러내는데 유용하게 사용된다.

제럴드(Gerald)와 구드런(Gudrun)의 관계에서는 대화보다는 심리적 갈등 및 충돌이 주가 되는 내면의 심리극이 펼쳐지는데 이러한 심리상태의 극화는 상당 부분 자유간접화법을 통해서 이루어진다. 이 과정에서 서술자는 먼저 구드런의 '임'을 밝히고 이어 그녀의 의식을 매개로 하여 제럴드의 '임'을 드러낸다. 구드런은 자신의 심리 상태를 명확하게 의식할 수 있는 인물이므로 자유간접화법을 통해 그녀의 목소리를 그대로 들려주는 경우가 많다. 반면 제럴드는 의식하지 못하는 인물이므로 그의 심리를 자유간접화법으로 드러내는 방법 이외에도 서술자가 적극적으로 개입하여 평을 하거나 분석한다. 구드런이 그의 실상을 파악하고 제럴드 또한 서서히 자신의 문제점을 알아차리게 됨에 따라 서술자는 전지적 작가 시점으로 분석하거나 구드런이나 제럴드의 목소리에 자신의 목소리를 뒤섞는다. 구드런의 '임'과 제럴드의 '임'을 형상화하는데 사용된 서술방법이 다른 것이다.

II

1) 구드런의 '임'과 자유간접화법

이 소설을 구드런 편에서 읽으면, 제럴드에게서 예사롭지 않은 면을 감지하고 흥미를 느끼던 구드런이 결국 그의 '임'이 무엇인지를 알아차리고 그의 약점을 후비고 들어가 치명적인 일격을 가하게 된다는 이야기이다. 구드런이 제럴드의 '임'의 실체를 파헤치기 전에 먼저 그녀의 '임'이 밝혀진다.

제 1장에서부터 구드런이 '무엇을 느끼는가'가 아닌 '무엇인지' 즉 구드런의 '임'이 드러난다. 제 1장 시작 부분에서 서술자는 결혼이나 남자와의 관계를 주제로 어슐라(Ursula)와 대화를 나누는 구드런의 태도를 통해 그녀가 어떤 여성인가를 짐작하게 한다. 어슐라와 구드런은 말을 삼가는 억제된 분위기에서 대화를 나누는데(Ingram 110), 실제로 오가는 대화의 내용은 거의 없다. 진정한 소통은 대화를 통해서가 아니라 그들 사이에서 감도는 분위기로 이루어진다. 불명확하고 모호한 질문과 그에 대한 대답이 오가는 과정에서 두 자매는 점차 짜증을 느끼고, 서로의 분위기를 예민하게 감지하다보니 그들 사이에는 초조한 분위기가 조성된다. 이는 "그녀의 표정이 어두워졌다"나 "얼굴에 감도는 그림자" 등의 표현이나 "아이러니컬하게" "차갑게" 등의 부사를 활용한 평을 통해 전달된다. 대화중의 침묵이나 "그녀의 얼굴은 침착하고 사려 깊었다," "그녀는 다소 깜짝 놀랐다," "그녀는 명확해지고 싶었다," "다소 화가 나서...생각에 잠겨서" 등의 서술자의 평을 통해 전달되는바 인물들 내면에서 일어나는 감정은 두려움 및 초조감이다. 그런데 이 시점에서는 두려움 및 초조감의 근원이 무엇이고 그것이 무엇을 의미하는지가 불확실하다.

서술자는 평 이외에도 관찰자적 시점을 통해 구드런이 어떤 여성인지를 보여준다. 예민하게 무언가를 기대하는 어슐라의 표정과는 달리 구드런은 자신감이 넘치지만 내성적이고 냉정하며 도도한 태도를 보인다는 것이다. 또한 서술자는 어슐라의 생각을 빌어 구드런이 장난기와 날카롭게 비꼬는 기운을 풍기며 주변의 영향에 끄떡하지 않는 내면세계를 지녔다고 밝힌다.

이러한 과정을 거쳐 구드런의 '임'은 그녀가 결혼식장에서 하객들을 평가하여 최종적으로 결론지어 버리는 모습이 서술되는 부분에서 서서히 드러나기 시작한다. 그녀에게는 어떤 인물이든 즉시 판단하고 단정해버린 후 옆으로 치워버리는 즉 끝장내버리는 성향이 있다고 서술자는 평한다.

구드런의 '임'이 확연히 드러나는 장면은 제럴드를 처음 본 순간 그에게 보이는 그녀의 반응 부분이다. 구드런이 제럴드를 처음 바라본 순간의 외양 묘사에서는 "중키의 그을린 잘생긴 남자"라는 관찰에 입각한 사실적인 묘사와 "체격이 좋고 지나치게 잘 차려입은"이라는 구드런의 평가가 뒤섞여 있다. 이어 제럴드에게서 풍겨 나오는 "이상한 경계의 빛," "무의식적인 반짝임"이 구드런의 눈길을 끌게 되는데, 이때 서술자는 "구드런이 갑자기 그에게 시선을 집중시켰"음과 그에게는 그녀를 매혹시킨 "북유럽적인 면"이 있었다고 서술한다.

> ① 그 남자에게서 풍기는 북유럽적인 면이 그녀의 호기심을 일으키고 있었다. ② 북유럽적인 깨끗한 피부와 금발의 머리카락에서는 얼음의 결정체에서 굴절된 차가운 영롱한 빛이 반짝이고 있었다. 그리고 그는 북극의 존재인양 아주 신선하고 한 번도 물 위로 나와 보지 않은 듯했고 순수해 보였다. 어림잡아 나이는 서른 안팎으로 보였다. ③ 젊고 쾌활하며 항상 미소 짓는 늑대처럼 뛰어난 용모와 남성미를 지니고 있었지만 그런 것들이 구드런으로 하여금 그가 지니고 있는 의미심장하며 음험한 평온과 억제되지 않은 기질이 지닌 잠재된 위험성을 알아차리지 못하게 하지는 않았다. ④ '저 남자의 토템은 늑대다.' 그녀는 재차 중얼거렸다. '그의 어머니는 길들지 않은 늙은 늑대다.' ⑤ 스스로에게 이렇게 중얼거린 구드런은 자신이 마치 이제껏 지구상의 그 누구에게도 알려지지 않은 위대한 발견을 한 것처럼 발작할 듯이 격렬한 감정의 폭발과 무아경을 경험했다. (15-6)

서술자의 서술(①)은 서술자의 목소리가 뒤섞인 구드런의 자유간접화법으로 옮겨 가는데 이때 연결고리는 "북유럽적인"이라는 표현이다. 제럴드에게서 풍겨나오는 "북유럽적인" 면을 중심으로 구드런의 내면 생각이 자유간접화법으로 펼쳐지는 것이다(②). 이어 구드런이 제럴드의 빛나는 아름다움이나 남성성에 눈이 멀지 않고 그의 태도에서 "음험한 평온"이나 "억제되지 않은 기질이 지닌 잠재된 위험성"을 간파해냈음이 전지적 작가시점에서 서술된다(③). 이어 제럴드의 핵심을 직감하는 구드런의 평가가 직접화법으로 전달된다(④). 구드런은 제럴드에게서 늑대의 겉모습 즉 남성적 아름다움 뿐 아니라 그 안에 잠재된 특징 즉 경계의 빛을 띠며 조용하지만 불길하게 먹잇감의 약점을 노리고 있는 '늑대'의 속성까지도 간파한 것이다. 이는 제럴드가 의식하지 못한 채로 그에게서 흘러나오는 그의 '임'의 특징이다. 제럴드가 여느 인물들과는 달리 쉽게 정의해버릴 수 없는 인물임을 직감한 구드런은 강렬한 느낌을 받으며 흥분한다. 이제까지 거리를 두며 관찰을 하던 구드런은 '발작'하듯 숨 가쁘게 반응하는데 이 부분에서는 전지적 작가 시점에서 구드런의 내면이 전달된다(⑤). 그녀가 이렇게 흥분하여 경련이 일어날 듯한 환희를 느끼는 이유는 무엇이든지 알아내고자 하는 그녀의 호기심을 자극하고 채워줄 먹잇감을 제럴드에게서 발견하기 때문이다. 그녀가 느끼는 강력한 흥분과 환희는 '약간씩 변형해서 반복하는 방법'을 통해 효과적으로 전달된다.[1])

그런데 구드런이 제럴드에게서 감지한 그의 남다른 특성은 19장 "달빛"(Moony)에서 버킨(Birkin)이 생각하는 제럴드의 이미지와 유사한 것이기도 하다. 버킨이 보기에 제럴드는 "파괴적인 결빙의 신비 속에서 태어난" "북극에서 온 신비하고 이상한 하얀 악마"로서, 결빙의 과정 중에 죽게 될 운명을 안고 있다(286). 구드런이 제럴드에게서 무생명체인 얼음이나 순수한 북극의 사물과도 같다는 인상을 받는 것은 눈

속에서 죽게 되는 제럴드의 운명을 예견한다. 첫 만남에서 구드런은 제럴드의 '임'의 핵심에 근접한 것이다.

구드런이라는 한 인물의 고도로 격앙된 감정이 자유간접화법이나 그녀의 관점에서의 서술, 그리고 전지적 작가 시점의 서술을 통해 집중적으로 전달되는 이 부분에서는 그녀의 일상적인 자아가 아니라 표면적으로는 알아차릴 수 없는 내면의 '임'이 다루어진다. 제럴드라는 인물의 속성을 감지해낸 구드런이 "맙소사. 이게 무엇이지"라고 소리지를 때 이 물음은 바로 '그녀는 무엇인가'에 관심을 갖게 해주며 그녀의 '임'을 이해하게 해준다(Ingram 114). 구드런은 비인성적인 차원에서 제럴드에게 반응하는데 이를 통해 그녀의 '임'이 밝혀지게 되고 제럴드가 어떤 인물인지도 함께 드러난다. 구드런은 제럴드를 처음 보는 순간부터 그의 특성을 예리하게 감지하며 그의 남다름에 흥미를 느끼고 그를 끝까지 알아내고야 말겠다고 생각한다. 구드런이 제럴드와 맺는 관계의 진전 과정이 그의 '임'을 알아가는 과정이기도 한 것은 이 때문이다.

9장 "석탄가루"(Coal-Dust)에서 제럴드가 철도 건널목에서 암말을 길들이는 모습을 본 구드런의 반응은 제럴드뿐만 아니라 그녀 자신이 '무엇인지'를 함축적으로 드러내준다. 암말을 잔인하게 굴복시키는 제럴드의 모습을 지켜 본 구드런의 반응은 점진적으로 변화를 겪는데 이는 다음과 같이 포착된다. 처음에는 하얗게 질리고 잠시 의식을 잃지만 정신을 차린 후에는 아무런 느낌이 없이 침착하고 냉정해지며 무심해진다는 것이다. 그때 서서히 지나가는 기차 속에서 차장이 그 광경을 보는데, 구드런은 "그 차장을 통해" 전체의 장면을 하나의 "광경"으로서 본다. 그 광경을 "순간적으로" 다른 모든 것과 "동떨어져서" 존재하는 하나의 "비전" 내지는 액자로서 고정하고 관념화한 것이다(124). 이와 함께 제럴드 또한 구드런이 알아내야 할 하나의 '관념'이 된다.

구드런은 제럴드에게 내재된 잔인한 지배의지에 강하게 끌리지만 다른 한편으로는 그 지배의지에 도전하는 반항심을 보인다. 기차가 지나간 후 문지기가 제럴드에게 문을 열어주려 하는 순간 구드런은 갑자기 뛰어나가 건널목의 문을 열어준다. 말을 탄 제럴드가 앞으로 튀어나오지만 구드런은 전혀 두려워하지 않은 채 갈매기나 마녀과 같이 째는 듯이 날카로운 소리를 내며 "자랑스러우시겠군요"라고 소리친다. 제럴드의 잔인한 지배의지를 간파한 구드런이 전혀 두려워하지 않는 태도로 이에 맞서는 것이다.

구드런의 '임'은 암말을 잔인할 만큼 가차 없이 제어하는 제럴드의 모습을 본 후 걸어오면서 탄광촌을 지나치는 장면에서도 드러난다. 구드런은 탄광촌에 대해 혐오감과 이끌림이라는 이중적이고 양가적인 감정을 느낀다. 이는 두 자매가 크리치(Crich) 가의 결혼식장에 가던 중 탄광촌을 지나가던 제 1장의 장면과 대조된다. 그때 구드런은 "지저분하고" "하잘 것 없으며" "더러운" 시골구석에 불과한 탄광촌의 "추하고 의미 없는" 사람들 틈에서 "어둠 속을 힘겹게 기어 다니는 풍뎅이"처럼 느낀다(11-2). 그녀에게 탄광촌은 인간 세상을 모방한 악귀의 세상이다. 그런데 이제 그녀는 탄광촌 광부들에게 이끌리기도 한다. 이러한 양가적인 감정이 제럴드의 등장 후 표면화되고 또한 그에 대한 감정과 유사하다는 점이 흥미롭다. 그녀는 관능적이면서도 차가운 철과 같은 기계 소리를 내는 탄광촌 광부들에게서 "정신"이 없는 비인간적인 지하세계의 강렬한 위험성을 느끼며 혐오한다. 그러나 다른 한편 그녀는 스스로를 나무로가 아니라 기계로 변한 현대판 다프네 요정으로 느끼며 그곳에 대해 이상한 향수에 젖는다. 기계적인 광부들이 발산하는 파괴적인 힘이 그녀 속에 내재된 치명적인 욕망과 무감각을 일깨운 것이다. 스스로 기계가 되어 버리는 환상을 품으며 광산의 지하세계에 향수어린 매혹을 느낀다는 사실은 그녀가 기계적인 것에 관능적으로 이끌림을 의미한다. 그녀에게는 온전한 인간이 되기보다는 기계와 같은 "더 단순한 존재의 양식으로 퇴행하고 싶은 심리 및 완전한 인간이 되는 어려움으로부터 벗어나고 싶은 심리"(Price 266)가 내재해 있는 것이다. 구드런이 이러한 면을 공유하고 있는 것으로 보이는 제럴드에게 흥미를 느끼는 것은 이 때문이다.

제럴드를 지식의 대상으로 삼아 완전히 알고야 말겠다는 구드런의 강한 의지 또한 그녀의 '임'의 한 면모이다. 다리 밑에서 제럴드의 키스를 받아들일 때 그녀는 그의 실체에 본능적으로 공포를 느끼지만 다른 한편으로는 반짝이는 금빛 열매인 지식의 사과를 따려 하는 이브처럼 느낀다. 그녀는 완전한 앎에 도달하고 싶은 마음에 영혼의 전율을 느끼면서 손 안으로 그를 팽팽하게 당겨 완전히 파악해 내려 한다.

구드런의 '임'은 14장 "물가 파티"(Water Party)에서도 드러난다. 그녀는 제럴드 소유의 수소들 앞에서 두려움 없이 도전적으로 춤을 추며 뒷걸음질 치는 소들을 뒤쫓는다. 뒤늦게 달려와 위험을 경고하는 제럴드의 얼굴에 오만한 미소가 얇게 번지자 그녀는 그의 얼굴을 손등으로 때린다. 힘에 반항하고 그것을 조롱하며 그에게 심한 폭행을 가하고 싶은 억제할 수 없는 욕구를 느꼈기 때문이다. 그러면서도 구드런은 제럴드를 본능적으로 두려워하고 이 두려움을 의지로써 억누른다.

극한까지 파고들어 알아내고자 한 구드런은 결국 14장에서 제럴드의 '임'의 실체를 완전히 파악하게 된다. 관찰자로서의 구드런의 '눈'이 제럴드의 핵심을 점차 꿰뚫고 들어가는 과정과 그 양상은 다음 인용문에서 잘 포착되고 있다.

> 그녀는 제럴드가 물쥐처럼 헤엄치고 있는 것을 보았다. 그녀는 무의식적으로 그에게로 노를 저었다. 그러나 그는 커다란 배 가까이에 있었다. 그래도 그녀는 그에게로 노를 저었다. 바로 곁에까지 가지 않으면

안 되었던 것이다. 구드런은 그를 보았다. 그는 물개처럼 보였다. 배의 한 쪽을 잡고 있는 그는 물개 그대로였다. 그의 아름다운 머리칼은 둥근 머리 위에 착 달라붙어 있었다. 얼굴은 부드럽게 번득이는 것 같았다. 그녀는 그의 헐떡거리는 숨소리를 들을 수 있었다. 그 다음 그는 배로 기어 올라왔다. 오, 저 아름다운 육체여! 희미하게 어둠 속에서 빛나는 구부린 허리춤의 아름다움은 그녀로 하여금 죽고 싶은 마음을 불러일으킬 정도였다. 그녀는 정말 죽고 싶을 지경이었다. ... 아아, 그것은 그녀에게는 너무나 강렬하고 궁극적인 광경이었다. 그녀는 그것을 알고 있었다. 그것도 숙명적이었다. 저 가공스러운 절망의 숙명, 저 절망의 아름다움! 저 아름다움! 그는 그녀에게 하나의 인간이 아니었다. 그는 하나의 화신, 생명의 위대한 화신이었다. ... 그는 그녀에게 있어서 생명 그 자체와 다를 바 없었다. (202-03)

. . .

제럴드가 **다시** 다가왔다. 버킨은 몸을 내밀어 그를 배 위로 끌어올렸다. 구드런은 제럴드가 물 밖으로 기어오르는 것을 **다시** 지켜보았다. **그러나 이번에는** 천천히 무거운 듯이 수륙양생동물처럼 서투른 몸짓으로 기어오르고 있었다. 희미한 달빛이 그의 젖은 하얀 몸을, 구부린 등과 둥근 허리를 희미하게 비추었다. **그러나 이제** 그 몸은 패배자처럼 보였다. 간신히 배에 기어오른 그의 몸은 천천히 보기 흉하게 널브러졌다. 그는 고통 받는 짐승처럼 거친 숨을 내쉬고 있었다. 배 안에서 축 늘어져 꼼짝도 하지 않고 앉아 있었다. 그의 머리는 물개처럼 무디어지고 마비되어 있었다. 그는 **이제** 사람 같지가 않았다. 감각을 잃고 있는 것 같았다. (204, 필자 강조)

인용문의 첫 부분에서는 여동생 다이어너(Diana)를 구하러 물속으로 뛰어든 제럴드가 잠시 보트에 올라왔을 때, 뒷부분에서는 제럴드가 다시 물에 들어가 다이어너를 구하려 애쓰지만 결국 실패하고 보트에 올라오기까지, 구드런의 내면 심리가 작동하는 양상이 그녀의 자유간접화법과 서술자의 서술이 뒤섞인 채 그려진다. 두 인용문 사이 생략된 부분은 제럴드가 다시 물속에 들어간 후 달빛에 의존해야 그를 더 잘 볼 수 있을 것 같아 호롱불을 끄고 있을 때 구드런이 긴장 속에서 참을 수 없는 고립감을 느끼면서 제럴드와 연결되기를 원하는 내용을 담고 있다. 처음 구드런은 물속에 용감하게 뛰어든 제럴드를 살아있는 하나의 남성이 아니라 삶의 한 단계이자 화신 그리고 최종적인 비전으로 우러러 본다. 그렇지만 실패하고 돌아온 제럴드는 구드런이 보기에 물 쥐, 물개, 마구잡이로 기어오르려는 수륙양생동물, 그리고 고통 받는 동물에 불과해진다. 구드런은 이제 그의 영웅적인 외면에 가려져 왔던 부정적인 면모를 간파하게 된다(Bell 115). 하나의 도구처럼 혼자 동떨어져 있는 제럴드의 맹목적인 무모함 및 도구성 그리고 고통에 시달리는 숙명성이 하나의 비전처럼 구드런에게 드러난 것이다. 제럴드의 실체를 파악하게 된 구드런은 "몸을 떤다"(204). 이는 구드런이 처음 제럴드를 만나 그의 '임'의 특징을 어렴풋이 짐작하고 "격렬하게 흥분하여 경련을 일으켰다"(16)는 대목과 조응된다. 제럴드의 실체를 완전히 간파한 이 순간부터 구드런에게 있어서 제럴드가 차지하는 중요도는 하강곡선을 그리게 된다.

요컨대 구드런의 '임'의 특징은 잔인한 지배의지, 상대방의 지배의지에 강하게 맞서는 반항의지, 그리고 무엇이든지 알아내어 끝장내 버리려 하는 앎에의 의지 등이다. 구드런의 의식과 무의식 속에서 벌어지는 감정적 반응 및 심리 작용이 그녀의 목소리와 서술자의 목소리가 뒤섞인 자유간접화법을 통해 전달됨으로써 구드런의 '임'이 밝혀지게 된다.

2. 제럴드의 '임'과 서술자의 개입 및 분석

제럴드를 중심으로 읽으면 이 소설은 제럴드가 무의식 속에 잠재된 텅 빈 듯한 공허감의 근원을 알지 못한 채 두려움을 느끼며 이를 억누르다가 결국 그것을 맞닥뜨리게 되고 이로 인한 중압감을 이기지 못해 '살해당한다'고 느끼면서 스스로 죽음을 맞이한다는 이야기이다. 이는 제럴드와 구드런이 상호 파괴적인 작용을 주고받는 과정이면서 그 결과이기도 하다.

제럴드는 의식하지도 알아차리지도 못하므로 서술자는 제럴드가 '의식하지 못했다'는 사실을 환기시키는가 하면 서술자 스스로 개입하여 나름대로 그 상황을 해석한다. 제럴드가 구드런과의 동질성을 알게 되고 자신의 '임'의 실체를 점차 의식해 감에 따라 서술자는 더 적극적으로 개입하여 분석하거나 평한다.

제럴드는 14장 "물가 파티"에서 자신의 지배의지에 굴하지 않는 구드런의 반항의지를 감지하고 충격을 받는다. 제럴드의 얼굴을 손등으로 후려친 구드런은 멍해진 그에게 최후에도 자신이 일격을 가할 것이라고 엉겁결에 말한 후, 자신의 본 모습을 본의 아니게 드러낸 것을 언짢아하며 조롱하면서도 애무하는 듯이 제럴드를 대한다. 그녀의 이러한 태도는 그의 정신을 아찔하게 하고 통제력을 잃게 한다. 사랑한다고 말한 후 그녀 곁에서 걷는 제럴드는 정신이 빠져나가고 몸만이 걸어가는 듯한 상태에 처하지만 그 이유를 의식하지 못하고 있다. 서술자는 제럴드가 왜 이러한 상태에 놓이게 되었는지의 이유를 밝히지 않는다. 아직 적극적으로 개입하지 않는 것이다.

18장 "토끼"(Rabbit)에서 서술자는 의식하지 못하는 제럴드의 내면세계 묘사에 개입하여 그가 무의식적으로는 구드런과 자신 사이의 본질적인 동질성을 감지하게 되었음을 드러낸다. 여기에서는 제럴드와 구드런의 내면에 억압되어 있는 감정의 분출이 잘 포착되어 있다. 잡으려는 그녀의 팔을 토끼가 할퀴자 구드런에게서 잔인성이 솟아나오는데 제럴드는 이를 섬세하게 감지한다. 토끼를 잡을 수 없자 분노가 솟구친 그는 마치 매처럼 토끼의 목덜미를 손으로 내리친다. 이러한 잔인한 행위는 제럴드의 지배의지의 폭발적인 행사이다. 그때를 둘러싼 정황은 제럴드의 눈을 통해 그 다음에는 구드런의 관점에서 전달된다. 제럴드가 보기에 구드런은 토끼의 비명소리에 "의식의 막이 찢어진 듯" 파랗게 질려 있다(271).[2] 자신을 드러내버렸음을 알고 일그러진 미소를 짓는 구드런은 제럴드와 악의 세계에 대한 앎을 공유하면서 긴장된 눈으로 그를 바라보고, 제럴드 또한 쌍방 모두가 지옥을 보았다고 느낀다(272). 이때 제럴드와 구드런이 공유하게 된 "상호 지옥 같은 인식"은 "악의 지하세계에 대한 앎" 즉 그들 내부에 내재한 잔인한 지배의지를 감지했음을 의미한다. 그들 사이에는 "서로에게도 무서운 연대감"이 생기고 그들은 "음란한"[3] 알아차림의 미소를 교환한다(272). 두 인물은 자신들 내부에 내재해 있는 본 모습을 드러내는 가운데 서로의 동질성을 알아챈 것인데 이를 서술자가 개입하여 알려준 것이다.

제럴드의 내면세계는 억압되어 있다. 어릴 적 동생을 죽였기에 카인처럼 따돌리었던 제럴드는 누군가에게 살해당하리라는 예감 때문에 늘 불안해한다. 이에 대한 반작용으로 그는 강한 지배의지를 행사하지만, 다른 한편으로는 자신의 무의식 속에 내재한 두려움과 공포의 정체를 알지 못한 채 주위를 경계하면서 살아간다. 제럴드는 14장 "물가 파티"에서 구드런과 함께 물놀이를 할 때 이러한 긴장 상태에서 잠시 벗어난다. 외부 세계를 "항상 경계"하던 그는 생애 처음으로 "놓여나고", 즉 자신으로부터 벗어날 수 있게 되고 "감지할 수 없을 만큼 녹아들어가 전체와 하나가 된다"(199). 이제까지 제럴드는 스스로 "면제되고" "완결되었다"고 느끼지만 이는 텅 빈 껍질의 완결이었다. 이렇게 볼 수 있는 이유는 '진정한 존재의 홀로임'을 얻기 위해서는 타자를 향해 열려 있어야 하는데 그렇지 못하기 때문이다(Kondo 74). 평생을 스스로 가두며 다른 사람과의 관계를 정상적으로 맺지 못한 채 폐쇄적으로 살아왔던 제럴드는 구드런과의 만남에서 스스로 완결된 그의 껍질이 순간적으로 깨어지는 경험을 한다. 세계와 단절되어 따로 존재하던 자아와 세계 사이의 벽이 순간적으로 무너진 것이다. 그렇지만 제럴드가 껍데기로부터 벗어나 도달한 것은 단지 내적으로 텅 비어 있다는 공허감이다(Kondo 74). 17장 "산업계의 거물"(Industrial Magnet)에서 그는 "어두움을 둘러싼 순전히 무의미한 거품"(261)처럼 내부에서부터 터져 무너져 내릴지 모른다는 두려움에 시달린다. 그는 의미가 무너져 내리고 그의 신성한 이성도 사라질지 모른다는 우려 속에서 날카로운 공포를 느꼈으나 "무엇을 두려워하는지는 잘 모른다"(261). 제럴드는 그 자신의 무의식 속에 내재한 공허감과 두려움에 시달리지만 의지로써 억누르며 다른 일을 부지런히 함으로써 이 사실을 감춘다. 그 결과 그는 외형적으로는 자신만만해 보인다. 그렇지만 자기 내부의 텅 빈 진공상태의 중심부로 가해지는 외부의 압력을 느끼는 그는 팽팽한 긴장감 속에 불안하게 살아간다. 서술자는 제럴드가 두려워하면서도 그 두려움의 근원이 어디에 있는지를 잘 모른다는 사실을 강조한다.

17장에서는 자기인식에 근접하기는 하지만 완전히 도달하지는 못한 제럴드의 상태가 전지적 작가 시점에서 다음과 같이 서술된다. "아니, 그 점에서 여자는 그에게 더 이상 필요 없었다. 그는 신체적으로 흥분을 할 수 있기 전에 정신에 짜릿한 자극이 필요하다고 느꼈다"(262). 그는 팽팽한 긴장과 두려움을 해소하는데 이용했던 여자와의 관계를 예전처럼 유지할 수 없게 되는데 이는 어렴풋이나마 자기인식을 하게 되었기 때문이다. 그가 "정신"을 언급한 것은 이 때문이다. 제럴드의 내면 심리가 자유간접화법으로 그려진 이 부분에서는 그 안에 내재된 이기성과 자기파괴성 또한 잘 포착되고 있다. "그에게 필요 없는"이나 "신체적으로 흥분할 수 있기 전의 자극"과 같은 언어 속에는, 그에게 있어서 "정신"이란 이기적인 목표를 달성하기 위한 도구에 불과하다는 사실이 함축되어 있다(Fleichman 114).

내면 심리가 억압되어 있는 제럴드가 자신의 '임'의 실체를 잘 알지 못한다는 사실은 24장 "죽음과 사랑"(Death and Love)에서도 드러난다. 죽음을 앞둔 아버지 토마스 크리치(Thomas Crich) 곁에서 제럴드는 마치 자신이 곧 죽을 위험에 처해있는 양 나날이 두려움과 공포를 느끼면서도 아버지가 생의 경계선을 넘어서는 것을 끝까지 지켜보고자 한다. 이는 "그 자신의 영혼 속에서 죽음을 지배하기 위한 무시무시한 투쟁"(363)이었다. 이러한 그의 의지는 인간이라는 유기체로서 필연적으로 맞닥뜨리게 되는 죽음 앞에서 불필요할 만큼 죽음을 지배하려는 의지를 행사한다는 점에서 뒤틀렸다고 할 수 있다. "죽음에서 그를 지배할 자는 없다"(363)고 죽음에 맞서면서도 그는 "보강재를 찾지 않으면 그의 영혼 중심부를 빙 둘러싸고 있는 거품과도 같은 텅 빈 진공상태의 내면이 터져 무너져 내릴 것"(363)이라고 생각한다. 강한 의지로써 외적 자아는 흐트러지지 않게 잘 유시하고 있있으나 이제는 압력이 너무 커졌으므로 평형을 유지하기 위해서는 무언가를 찾아야 함을 절박하게 느끼는 것이다. 그렇지만 아직까지 제럴드는 자신이 죽음을 편하게 대하지 못하고 죽음에 지배낭하시 않으려는 왜곡되고 뒤틀린 의지를 행사하는 이유를 의식하지 못한다. 제럴드가 억눌려 있는 자신의 내면 심리를 완전히 의식하지 못하는 이 부분에서는 서술자가 개입하여 많은 분석을 가하면서 그의 문제점을 전달한다.

구드런이나 제럴드 자신에 의해서 제럴드의 '임'이 서서히 밝혀지게 되는 후반부로 갈수록 서술자는 더욱 적극적으로 모습을 드러낸다. 서술자는 제럴드가 의식하지 못하는 인물이라는 사실을 구드런과 대조하는 가운데 강조한다. 21장 "문지방"(Threshold)에서는 자신의 '임'을 의식하지 못하는 제럴드의 면모가 구드런과 대조되어 잘 포착되어 있다. 여기에서 '문지방'은 생사의 문턱뿐만 아니라 의식과 무의식의 경계를 의미한다고 할 수 있다. 아버지의 죽음을 앞두고 억눌림과 긴장 속에서 살아가는 제럴드와 구드런은 완전히 무절제의 상태로 놓여나고 싶은 잠재적 열망을 느낀다. 혼란스러워 하는 제럴드와는 달리 구드런은 이 사실을 완전히 의식한다. 그녀는 내면에서 일어나는 시커먼 방종을 느끼며 이것을 명확하게 인식하는 데에 온 관심을 쏟고 "그 다음에는 그 인식을 완전히 막아버린다"(324). 그녀의 무의식적인 충동이 분출하는 듯 하면 그녀는 기계적으로 의지를 다시 작동시키는 것이다. 제럴드와는 달리 '알' 수 있는 능력을 지닌 구드런은 무의식적인 충동의 분출을 억누르는데도 제럴드보다 더 고의적이고 더 자의식적이다(Sumner 133).

제럴드는 구드런을 필요로 하고 그녀를 통해 편안한 잠을 잘 수 있으면서도, 자신이 공허감과 두려움을 느끼는 근원적인 이유를 모르고 있기 때문에 그녀와의 관계에서 그가 얻은 것이 무엇인지 또한 알지 못한다. 반면 구드런의 경우에는 이를 완전히 의식한다. 24장 "죽음과 사랑"에서 아버지의 죽음 후 구드런을 찾은 제럴드는 그녀와 성관계를 하면서 그 내부에 갇혔던 어둠과 부패한 죽음을 그녀에게 쏟아 넣어버린 후 완전함을 느끼고 자궁 속의 태아처럼 편안한 잠을 잘 수 있게 된다. 반면 구드런은 파괴된 상태에서 이 상황을 완전히 의식하므로 잠을 잘 수 없다. 이 상황은 구드런의 자유간접화법을 통해 전달된다. 그녀는 그를 받아들인 자신을 쓰라린 죽음의 독으로 가득 찬 그릇으로 여기면서 날카롭고 격렬한 아픔을 느낀다. 그녀는 "아무 생각 없이" 저 멀리 딴 세계에 가 있는 그와는 달리 자신은 긴장 속에서 "기진맥진하게 만드는 과잉의식"에 시달리며 홀로 남겨진 것을 아프게 의식하면서 그의 지배력을 막아내지 못한 사실을 언짢아한다(391).

제럴드의 '임'과 그가 그녀에게서 원하는 것이 무엇인지를 알아차린 구드런은 그의 지배의지에 필사적으로 맞서려 하고 따라서 그들 사이에는 팽팽한 갈등 및 긴장이 생겨나게 된다. 이를 구드런은 의식하지만 제럴드는 의식하지 못한다. 29장 "대륙"(Continental)에서 거울을 통해 쳐다보는 제럴드가 의식적으로 응시하고 있지는 않지만 그녀를 유심히 바라본다고 구드런은 느낀다. 그녀가 이 상황에 대해 민감하게 반응하는 것은 그의 무의식 속에 잠재된 "살인을 저지를 듯한 기운을 두려워"(Price 268)하기 때문이다. 그녀가 그로 하여금 작은 가방을 찾게 하여 심리적으로 취약한 상황에서 벗어나자, 그는 막연히 당황해하고 좌절감을 느끼지만 그 사실을 의식하지 못하고 그녀가 일순간 빠졌던 공황 상태 또한 알아차리지는 못하는데, 이 사실을 구드런은 간파한다.

> ① 제럴드는 당황하고 좌절감을 느꼈다. 그러나 그것을 의식하지는 못했다. ② 이제 구드런은 그를 지배할 수 있었다. 그녀는 제럴드가 자기의 무서운 공포를 깨닫지 못했다는 것을 알았다. 아직도 그녀의 심장은 무겁게 방망이질 치고 있었다. ③ 바보였다. 이런 상태에 처하다니 정말 바보였다! 그녀는 눈치 채지 못한 제럴드의 우둔함을 신에게 얼마나 감사했던가! 감사하게도 그는 아무 것도 알 수 없었던 것이다. (467-68)

서술자는 전지적 시점에서 제럴드의 상태를 알려준 다음(①), 구드런의 관점에서 이 상황을 서술한다(②). 이어 그녀의 복잡하고 섬세한 심리가 자유간접화법으로 전달된다(③). 이 대목에서는 구드런이 팽팽한 긴장감의 원인과 거기에 함축된 의미를 완전히 의식하는 반면 제럴드는 의식하지 못한다는 사실이 잘 부각되어 있다.

서술자는 의식하는 구드런과 그렇지 못한 제럴드를 반복해서 대조한다. 끝을 보고야 말겠다는 강한 의지로써 제럴드를 극한의 투쟁의 장으로 내모는 구드런은 이 투쟁의 성격을 알고 있다. 자신이 결코 제럴드의 지배의지에 굴복당하지 않을 것임을 증명하고 나서 그로부터 자유로워지리라고 생각하는데서 이 사실이 분명해진다. 그렇지만 제럴드는 그 투쟁의 성격을 알고 있지 못하다. 자신을 정말 사랑하느냐고 짓궂게 물으며 그를 괴롭히는가 하면 아이 다루듯 달래기도 하는 주제넘은 행동으로 그를 완전히 무시하는 구드런을 제럴드는 미워하면서도 그 미움의 근원을 알아차리지는 못한다.

잠이 든 제럴드와는 달리 말짱하게 정신이 깨어 있는 구드런은 완전히 알아차리게 된 그의 '임'의 상태를 최종적으로 단정 지을 수 있게 된다. 이 부분은 제럴드의 '임'에 대한 서술자와 구드런의 진단이 거의 일치하기 때문에 구드런의 생각에 서술자의 목소리가 뒤섞여 자유간접화법을 통해 전달된다. 그녀가 보기에 산업을 조직한 제럴드는 사용될 준비가 된 "도구"(469)이다. "제럴드는 이 사실을 의식하지 못했지만 구드런은 알았다"(469). 그녀는 그의 도구성에 강렬하게 끌리며 그를 도구로 사용하는 신이 되었으면 하는 바람을 갖기도 한다. 그러나 바로 그때 "무엇을 위해서?"라는 질문과 함께 "그녀에게는 모든 것이 본질적으로 아이러니가 되어 버린다"(470). 제럴드의 '임'을 완전히 간파하고 그것을 조롱하는 아이러니에 휩싸이면서 구드런은 생각이 없는 순수한 수정이 되어 그를 대하게 된다. 설경에만 취해 있는 그녀의 감각은 맷돌에 갈아진 듯 불꽃처럼 예리해진다. 그녀의 존재는 그에게 "예리한 칼날"과도 같은 것이었지만 제럴드는 이를 "전혀 알아차리지 못하고 개의치 않았다"고 서술자는 평한다(473).

구드런이 제럴드의 '임'을 단정 짓게 된 것은 뢰르케(Loerke)의 등장과 맞물리면서 제럴드에게 파괴적인 영향을 끼치게 된다. 이제까지 구드런은 자의식적으로 자신의 본 모습을 드러내지 않으려 했고 그래서 주위를 예민하게 경계했다.[4] 그렇지만 이제 그녀는 이러한 자의식 속에서 고통 받을 필요가 없게 된다. 뢰르케가 그녀의 냉소를 수치스럽게 느끼지 않도록 해주고 만사를 게임처럼 즐기게 해주기 때문이다(Price 270). 제럴드에 대한 구드런의 파괴성은 30장 "눈에 갇혀"(Snowed Up)에서 절정에 달한다. 일단 알아내어 최종적인 판단을 내리면 가차없이 제켜서 끝장내 버리는 성향을 지닌 구드런은 알프스의 눈 덮인 자연 즉 완전히 고립된 상황에서 자신이 추구하던 절대적인 자유가 완벽하게 실현됨을 느끼고 절정에 도달한다. 이제 그녀는 제럴드의 존재를 따로 의식하지 않고 무시해버린다. 제럴드에게는 이러한 구드런이 상자 속의 물건처럼 사면이 막히고 완결된 채 자신만으로 충족감을 느끼는 인물로 보인다. 이에 제럴드의 소외감은 심화된다.

제럴드와 구드런의 관계가 파국을 향해 나아갈수록 서술자는 적극적으로 개입하여 의식하지 못하는 제럴드의 내면세계를 단도직입적으로 다음과 같이 파헤친다. 구드런과의 갈등 속에서 제럴드는 자유로워지기로 결심하지만 처음으로 의지에 결함이 생겨 그는 이제 갈 곳이 없다. 그가 의지를 발동하는 마지막 노력을 한다면 스스로 완결된 상태에서 고립된 사눌이 되어 외부의 영향을 받지 않을 수 있다. 그렇지만 이제는 그의 영혼에 상처가 나서 틈이 생긴 결과 그러한 의지를 행사할 수가 없고 어떻게 그 틈을 막아 꿰뚫리지 않고 상처받지 않은 채로 있을지 알 수 없다. 서술자는 이어 뢰르케라는 인물의 됨됨이를 보여준 후 그와 대조되는 제럴드의 인물됨을 다음과 같이 단언한다. "제럴드의 영혼에서는 나머지 전체와의 연결 및 애착이 있었다. 이것이 그의 한계였다. 그는 한정되었으며 최종적인 문제에서 정당했고 선과 궁극적 목표에의 필연성에 따랐다"(509).

제럴드의 ‘임’의 본 모습은 그와 구드런의 상호 혐오감이 극에 달한 상태에서 밖으로 드러나게 된다. 제럴드에게 내재된 지배의지와 공격성이 구드런의 목을 조르는 행위를 통해 격렬하게 표출된 것이다. 구드런과 자신 사이에 뢰르케가 끼어들게 됨에 따라 제럴드는 그녀를 죽여 버리고 싶은 욕망을 느끼며 그것이 완벽한 육욕의 최종적 성취가 될 것이라고 생각한다. 이렇듯 제럴드의 구드런에 대한 증오와 살해 욕구는 그녀에 대한 관능적 욕망과 복합적으로 얽혀 있다. 마지막에 그녀의 목을 조르는 장면은 마치 성교에서의 절정의 순간처럼 묘사된다. 제럴드는 목을 조르자 몸을 비틀며 저항하는 구드런의 반응을 마치 성교 때의 격정의 표출로 느끼는데 그녀의 반항이 커질수록 그의 희열감은 더 커진다. 이것은 “관능적으로 만족을 주는 살인”(Dibattista 161) 행위이자, 제럴드 “내면에서 억제되어 있던 것들이 의식 위로 폭발하듯이 터져 나온”(Sumner 9) 사건으로 볼 수 있다. 구드런이 제럴드에게서 감지했던 늑대의 속성 즉 위협적인 공격성이 표출된 것이다.

이와 함께 제럴드의 무의식 속에 잠재되어 있던 바, 그가 살해당할지 모르며 살해당하기로 되어 있다는 잠재의식이 마지막 죽는 순간에 그의 의식에 떠오른다. 목 졸린 구드런의 반항이 약해지자 불현듯 그가 처한 상황을 경멸하고 혐오하게 된 제럴드는 아무 생각도 하지 않은 채 더 이상의 인간 접촉을 피해 계속해서 걸어간다. 걷다가 반쯤 묻혀 있는 십자가를 본 제럴드는 자신이 살해당할지도 모른다는 두려움에 휩싸인다. 이제까지는 공허감이나 틈이 난 듯한 느낌 그리고 거품처럼 속이 텅 비어 언제 무너질지 모른다는 두려움을 느끼면서도 그 정체를 잘 모르고 있었던 제럴드가 그의 내면에 억제되어 있던 잠재의식과 마침내 맞닥뜨리게 된 것이다. 제럴드가 마침내 의식하게 되었으므로 그의 인식은 서술자가 평하고 해석할 필요가 없이 서술자의 목소리가 뒤섞인 그의 자유간접화법으로 다음과 같이 전달된다.

> 누군가가 그를 죽이려 하고 있었다. 그는 살해당하는 것에 커다란 두려움을 품고 있었다. 그러나 그것은 그의 외부에 자신의 망령처럼 서 있는 두려움이었다. 그런데 왜 두려워하는가? 그것은 반드시 일어나도록 되어 있었다. 살해되는 것이다! ... 그는 죽임을 당하지 않으면 안 되었다. 그는 그것을 볼 수가 있었다. 그것은 죽음이 고개를 드는 순간이었고 도망칠 길이 없었다. (533)

숙명적으로 죽기로 되어 있었고 이를 피할 수 없음을 의식하게 된 그는 죽음의 일격이 그의 머리를 내리치는 것을 느끼며 "살해당한다."

요컨대 서술자는 의식하지 못하던 제럴드가 차차 의식하게 됨에 따라 점차 적극적으로 개입하여 평하거나 그의 내면세계를 분석한다. 구드런의 목소리에 자신의 목소리를 섞어서 제럴드의 '임'의 실체를 밝히기도 한다. 이와 함께 구드런의 심리적 기제 즉 제럴드를 죽음으로 몰아넣은 그녀의 말과 행위의 심리적 배경은 자유간접화법을 통해 효과적으로 전달된다. 그때그때 상황에 따라 그 상황을 제대로 전달하는데 가장 적절한 방법이 자유자재로 사용되는 것이다.

III

『연애하는 여인들』에서 서술자 내지는 작가의 최대의 관심사는 인물의 '임'을 구체적으로 생생하게 그려내는 것이다. 이를 위해 무의식의 세계를 형상화할 뿐 아니라 무의식을 의식과 연결시키면서 그 상호작용을 그려낸다. 무의식적으로는 감지하지만 이를 의식할 수는 없는 제럴드와 같은 인물의 내면세계까지도 형상화해낸 것이다.

로렌스는 인물의 의식과 무의식 차원에서 전개되는 심리 작용을 극화해내기 위해 자유간접화법을 사용한다. 등장인물의 내적인 생각과 감정을 그대로 반영할 수 있는 자유간접화법은 인물의 '임'의 실체를 보다 명확하고 구체적으로 드러내 주는데 효과적이다. 자유간접화법의 사용을 통해 인물이 보다 깊은 차원에서 형상화됨으로써 외형적으로 보면 큰 차이가 없어 보이는 인물들이 실제로는 서로 다르다는 사실이 드러나게 된다. 로렌스는 자유간접화법을 사용하여 독자로 하여금 인물의 의식을 있는 그대로의 상태에서 접할 수 있게 하는 한편 직접 개입하여 독자를 상대로 이야기를 하기도 한다. 가령 24장 "죽음과 사랑"에서 "그녀는 보이지 않은 해안가에 길게 천천히 우울하게 부서지는 파도 소리를 듣는 듯 했다"(390)면서 구드런의 내면을 자유간접화법으로 보여주다가, 곧이어 "파도는 운명의 리듬과 함께 부서진다"(390)는 단언적인 평가를 하면서 서술자가 끼어든다. 이로써 구드런의 의식을 연속적으로 보여주려는 움직임이 끊어지고 미묘한 균열이 생긴다. 이 균열은 서술자가 인물의 심리에 접근하는 것이 막혔음을 의미한다(Squires 483). 이 문장 다음에 이어지는바 "그런데 그녀는 무엇을 의식했는가"라는 질문은 독자로 하여금 구드런이 아닌 서술자에게로 관심을 쏟게 한다. 인물과 독자 사이에 거리를 조성하여 독자가 인물의 주관적인 세계에 몰입하는 것을 막고 그 인물의 '임'이 무엇인가에만 관심을 쏟게 하기 위해서다.

『연애하는 여인들』에서는 인물의 '임의 실체를 밝히기 위해서 인물에 따라 그 인물에 적합한 문체와 서술방법이 사용된다. 구드런처럼 본능적으로 감지하고 그것을 의식화하여 발언할 능력이 있는 경우에는 자유간접화법을 통해 그 인물의 목소리를 그대로 재현한다. 반면 제럴드처럼 본능적으로 감지하지만 그것을 의식화하고 발언할 능력이 없는 경우에는 그 인물이 사용할 법한 언어를 써서 재생하거나, 서술자가 적극적으로 개입하여 스스로의 입장에서 분석하고 진단하는 가운데 제럴드의 '임'의 실체를 밝힌다. 또한 구드런이 제럴드의 '임'의 실체를 알아차리게 됨에 따라 그녀의 목소리에 서술자의 목소리가 뒤섞이기도 한다.

서술자는 후반부로 갈수록 보다 적극적으로 개입한다. 서술의 초점과 시점이 빈번히 신속하게 변화하는 가운데 서술자는 거리를 둔 채 모습을 숨기고 있다가 구드런이 제럴드에게 치명적인 영향을 끼치게 되는 시점에 와서 직접적으로 자신의 견해 및 입장을 밝힌다.

서술자는 제럴드와 구드런의 '임'이나 그들의 상호관계에 대한 자신의 판단이나 입장이 객관성과 설득력을 확보할 수 있게 하기 위해서, 자신의 입장을 드러내기 전에 충분한 준비작업을 거친다. 먼저 구드런을 등장시켜 그녀의 '임'을 밝힌 후 그녀의 의식을 매개로 하여 제럴드의 '임'이 드러나게 한다. 물론 잔인할 정도로 자의식이 강해 모든 것을 아이러니의 눈으로 읽어내는 냉소적인 구경꾼인 구드런이 과연 제럴드를 제대로 이해했다고 볼 수 있는지 의문스럽다고 생각할 수도 있다. 하지만 그녀의 이러한 면은 무엇이든 관념화하여 알아내고 끝장내버리려 하는 냉소적인 그녀의 '임'의 한 표현이고, 이와 같은 그녀의 '임'이 먼저 밝혀지기 때문에 독자는 이 사실을 감안한 상태에서 구드런의 반응을 객관적으로 받아들일 수 있게 된다. 또한 구드런은 제럴드와 동질적인 면이 많기 때문에 그의 실체를 더 잘 간파할 수 있는 측면도 있다. 이런 점에서 작가내지는 서술자가 직접 분석하고 비판하는 것보다 구드런이 제럴드의 부정적인 면을 더 효과적으로 부각할 수 있다.

제럴드의 '임'은 작가의 분석에 의해서가 아니라 관찰자로서의 구드런의 인식이나 반응을 통해 강력하게 재현된다. 서술자는 구드런이 제럴드의 '임'을 밝히는 매개체로서의 역할을 잘 해낼 수 있도록 하기 위해서 구드런의 의식을 자유간접화법으로 보여주면서도 그녀에게 객관적 거리를 유지한다. 다른 한편으로는 감정적으로 개입하여 그녀에게 공감하기도 하고 아이러니를 보이기도 한다. 이렇게 구드런과의 거리를 조정해가는 가운데 그녀의 의식에 투영된 대로 제럴드의 '임' 즉 그의 독특한 존재 양식을 그려낸 것이 이 소설의 인물 형상화의 특징이면서 로렌스의 섬세하고 예리한 감수성이 유감없이 발휘된 남다른 예술적 성취라고 할 수 있다.

---

1) "the strange, guarded look" 다음에는 "the unconscious glisten"이, "his clear northern flesh" 다음에는 "his fair hair"가, "new" 다음에는 "unbroached", "the significant, sinister stillness in his bearing" 다음에는 "the lurking danger of his unsubdued temper", "a keen paroxysm" 다음에는 "a transport"가 뒤따른다. "glisten, ighted, sunshine, gleaming" 혹은 "sinister stillness, lurking danger"와 같이 동의어가 쓰이기도 한다. Ingram 113 참조.

2) 구드런의 이러한 반응은 제럴드가 암말을 잔인하게 복종시키는 장면을 볼 때의 반응과 유사하다. 두 장면에서 구드런은 순간적으로 파랗게 질리지만 이내 냉정하게 무심해진다. 또한 그녀는 갈매기 소리처럼 날카롭게 소리 지른다. 무의식적으로 내재된 본성이 드러날 때 그녀가 째는 듯이 날카로운 새의 소리를 낸다는 사실이 반복되어 전달된 것이다.

3) 자신 안에 잠재된 무의식적인 면을 두려워하며 이를 억누르고 있는 제럴드에게 있어서는 의식적인 통제를 벗어난 것은 무엇이든 음란하다. 그는 극도의 관능적인 감각을 드러내는 서부 아프리카 조각상을 보면서도 음란하다고 생각한다.

4) 18장 "토끼"에서 나타났듯이 구드런은 본 모습을 무심코 드러내버린 때 수치심을 감추기 위해 복수하듯이 조롱의 분위기를 풍기기도 한다.

인용문헌

Bell, Michael. D. H. Lawrence: *Language and Being*. Cambridge: Cambridge UP, 1992.

Dibattista, Maria. *First Love: The Affections of Modern Fiction*. Chicago: U of Chicago P, 1991.

Fleishman, Avron. "Lawrence and Bakhtin: Where pluralism ends and dialogism begins." *Rethinking Lawrence*. Ed. Keith Brown. Philadelphia: Open UP, 1990: 109-19.

Ingram, Allan. *The Language of D. H. Lawrence*. New York: St. Martin's Press, 1990.

Kondo, Kyoko Kay. "Lawrence's Allegory of Love: Modes of Metaphor and Meaning in *Women in Love*." *Writing the Body in D. H. Lawrence: Essays on Language, Representation, and Sexuality*. Ed. Paul Poplawski. Westport and London: Greenwood Press, 2001: 67-77.

Lawrence, D. H. *Women in Love*. New York: Penguin, 1980.

Moore, H. T. Ed. *The Collected Letters of D. H. Lawrence*. New York: Viking Press, 1962.

Price, Martin. "Levels of Consciousness." *Modern Critical Views*. D. H. Lawrence. Ed. Harold Bloom. New York and Philadelphia, Chelsea House Publishers, 1986: 255-74.

Squires, Michael. "D. H. Lawrence's Narrators, Sources of Knowledge, and the Problem of Coherence." *Criticism* 37: 3 (1995): 469-91.

Sumner, Rosemary. *A Route to Modernism: Hardy, Lawrence, Woolf*. New York: Macmillan Press, 2000.

JAMES JOYCE · *Ulysses*

『율리시스』 서술기법의 실험성

홍 덕 선 성균관대학교

I. 아방가르드 작가의 실험적 독창성

제임스 조이스(James Joyce) 문학의 생명력은 독창적인 상상력에 있다. 그의 작품세계는 20세기 현대문명사를 파노나마처럼 그려가며 새로운 신화를 창조해가는 거대한 서사시적 측면이 있는가 하면, 그와는 정반대로 평범한 현대 소시민의 복잡한 내면의식을 너무나도 세밀하고 생생하게 포착해가는 미묘함이 얽혀 있다. 그의 예술가적 장인정신은 작품의 형식에 느슨함을 허용하지 않고 철저하게 잘 짜인 구조를 만들어가면서도, 그냥 스쳐지나가는 현대인의 내밀한 생각 하나하나를 인간 사유의 근원적인 원형으로 끌어 모으는 경이로운 창의력과 깊은 상상력을 펼쳐 보인다. 그의 텍스트는 쉽게 해독되지 않는 어려움으로 독자를 곤혹스럽게 만들지만, 그 난해함의 뒷면에 스며있는 삶의 깊이를 헤쳐가다 보면 독자는 오히려 퍼즐을 맞춰가는 해독의 즐거움을 즐길 수 있다. 작가의 일이란 언어를 통해서만 삶의 모든 것을 형상화해가는 것이라면, 독자는 조이스의 텍스트에서 삶의 총체성을 언어로 조탁해가는 새로운 상상력의 광활한 힘에 맞부딪치게 된다.

조이스 문학에 넘쳐흐르는 창의적 상상력은 무엇보다 작가 자신의 실험정신이 표출된 산물이다. 서구문명의 근대성에 대한 인식이 새롭게 요동치던 20세기 전환기의 역사적 시점에서 출발한 조이스의 문학은 과거 문명과 역사와 단절을 선언하고 새로운 리얼리티를 탐색하기 위해 문학의 매개체인 언어, 그리고 언어를 구성해가는 서술방식에 실험성을 부여했다. 삶의 새로운 리얼리티는 기존의 문학형식으로는 포착될 수 없기 때문에 필연적으로 새로운 언어 형식이 요구되었기 때문이다. 조이스와 동일한 시기에 활동하였던 아방가르드의 모더니즘 작가와 예술가들이 모두들 새로운 예술적 실험을 시도했던 것처럼 조이스는 문학에서 아방가르드적 실험의 가장 선두에 섰던 작가이다.

조이스의 집요한 실험정신은 그의 실제 인생과정이 잘 말해준다. 22살의 젊은 나이에 자신의 고국을 등지고 평생 유럽을 전전하며 한곳에 안주하지 못했던 방랑의 삶은 바로 그의 작품의 소재이며 주제가 되었다. 예를 들어, 『젊은 예술가의 초상』(*A Portrait of the Artist as a Young Man*)의 주인공은 자신의 참된 예술가적 자아를 찾기 위해 부단히 탐색하며, 『율리시스』(*Ulysses*)의 주인공이 오랜 방랑 끝에 마침내 집으로 돌아가는 것은 영원한 안착이기보다는 또 다른 출발과 변화를 위한 일시적 귀환이라고 하겠다. 심지어 『더블린 사람들』(*Dubliners*)의 매 단편마다 고착되어 있는 마비된 현대인의 모습을 작가는 신랄하게 비판했다. 안주하지 않는 영원한 모색이 삶에 대한 조이스의 전반적인 관점이며 그가 문학형식에서 시도했던 무한한 실험성을 뒷받침해 주는 기본 정신이 되고 있다.

조이스 문학의 실험성은 여러 가지 측면에서 논의할 수 있지만, 형식상의 실험성만을 국한시키면 다음과 같이 요약할 수 있다. 첫째로, 신화적 수법이다. 조이스는 그의 대표작 『율리시스』에서 호메로스의 『오딧세이아』를 바탕으로 신화적 병행구조를 시도하였다. 엘리엇(T. S. Eliot)이 지적한 것처럼 혼돈된 현대문명에 고대의 엄격한 질서를 부여하기 위해 『율리시스』는 그 구조적 골격을 고대 서사시의 구조를 빌려온 것이다. 그러나 조이스의 실험정신은 신화의 형식주의 체계에 만족하지 않고 무질서의 자유로움을 포용하여 엄격한 병행관계에서 벗어나 변이와 이탈의 구조를 세워나갔다. 둘째로, 언어 실험이다. 그의 치열한 언어적 실험은 어느 현대작가와 비교되지 않을 만큼 극단으로 전개되어 100년이 지난 오늘 날까지도 그 실험의 정체를 파악하려는 연구자들의 끊임없는 노력을 요구하고 있다. 문학 연구자들 사이에서 "조이스 산업"이란 명칭이 나돌 만큼 조이스의 다양한 언어 실험은 여전히 새로움을 발견해낼 수 있는 문학연구의 풍요로운 사냥터로 남아 있다. 셋째로, 서술상의 실험이다. 소위 "의식의 흐름" 기법이라고 하면 바로 조이스를 떠올릴 만큼 그는 서술방식의 새 영역을 개척한 작가이다. 물론 이 서술방식을 그가 처음으로 개척한 것은 아니고 이것을 현대 소설의 대표적인 서술방식으로 완벽하게 다듬고 확대시킨 것이다. 그러나 의식의 흐름 기법은 조이스의 다양한 서술기법 실험 중에 극히 일부분에 해당한다. 『율리시스』는 모두 18개의 장으로 이루어졌는데, 대부분의 장마다 각기 다른 서술기법이 실험되었다는 점에서 그의 서술기법은 너무나 다채롭다. 따라서 서술기법을 다루는 이 저서의 특성상 이 글은 조이스의 다양한 서술기법의 실험 중에 대표적인 기법만을 추려 그 특징을 밝혀나가기로 하겠다.

II. 영원히 방랑하는 아웃사이더

조이스는 1882년 2월 2일 영국제국의 속박 하에 있던 아일랜드의 수도 더블린에서 약간 떨어진 라스가(Rathgar)에서 10남매 중 장남으로 태어났다. 아일랜드 국민의 대다수가 그렇듯이 조이스는 철저한 가톨릭 신자였던 부모 밑에서 성장하였다. 또한 당시 아일랜드의 지식층을 형성하였던 가톨릭 예수교파 신부들은 조이스가 더블린에서 어린 시절부터 대학교육을 마칠 때까지 그의 학교 스승들이었으며, 이들의 엄격한 지적 훈련과 고전문학의 가르침은 조이스의 문학을 이룬 기본 바탕이 되었다.

세금 징수원이었던 아버지의 기질과 행동은 어린 조이스의 성격과 경험에 많은 영향을 끼쳤다. 호탕하며 열정적 기질인데다 재담가이며 멋진 테너 목소리를 지닌 다재다능한 아버지였지만, 술을 좋아하고 무분별하여 가족들을 부양하는데 무책임하였다. 결국 아버지는 물려받은 많은 재산을 모두 탕진하였고 조이스는 열 살이 넘으면서부터 더블린의 싸구려 전셋집을 옮겨 다니는 생활을 보내야 했다. 경제적 어려움과 불안정 속에서도 조이스의 학업 성적은 뛰어났으며, 그는 라틴어, 불어, 이태리어 등 외국어를 능숙하게 구사할 수 있었을 뿐만 아니라 다방면에 걸쳐 지적 훈련을 쌓아 나갔다.

조이스는 학구적인 면에서나 행동에 있어 모범생이었지만 사춘기에 접어들면서 점차 학교와 가족에 대한 반발심이 커졌다. 특히 종교적 믿음에 대해서도 회의를 하기 시작하여 어머니가 바라던 사제의 길을 택할 수 없었다. 오히려 대학시절 열정적으로 책을 탐독하며 유럽문학에 열중하면서 예술가로서의 소명의식을 보다 뚜렷이 하였다. 이미 대학시절부터 그는 짤막한 서평과 에세이, 습작시를 쓰기 시작하면서 친구들로부터 주목을 받기 시작했다.

대학을 졸업한 조이스는 당대의 유명한 문인들과 사귀게 되었지만 그들의 편협한 민족주의적 색채에 반발하고 보다 광대한 문학의 세계를 찾기 위해 유럽으로 떠날 생각을 품었다. 마침 시골에서 숙부의 학대에 못 이겨 더블린으로 몰래 상경하여 호텔의 하녀로 일하던 노라

(Nora Barnacle)라는 처녀와 사랑에 빠졌다. 그들이 처음 데이트를 한 날짜가 1904년 6월 16일이었고, 이 날은 바로 조이스의 최대 걸작인 『율리시스』의 배경 날짜가 되어 문학사상 영원히 기억되는 "블룸스데이"(Bloomsday)가 된다. 매년 이 날이 되면 조이스를 추모하는 애독자들과 학자, 더블린 시민들이 더블린에 모여 『율리시스』의 주인공 블룸(Leopold Bloom)이 하루 종일 방황했던 곳을 따라 그대로 더듬어가는 행사를 치른다. 이후 일생의 반려가 된 노라는 조이스의 작품에서 여러 여인상으로 변형되어 나온다.

1904년 10월 22살의 젊은 조이스는 노라와 함께 조국을 떠나 유고슬라비아, 스위스, 이태리, 오스트리아, 프랑스를 전전하며 시와 드라마, 소설을 쓰기 시작하였다. 유럽에서의 방랑 세월은 처음에 재정적으로나 문학적으로 고통과 투쟁의 시기였다. 예술에 있어서 남과 타협을 거부했던 조이스이어서 작품을 출판할 때마다 어려움을 겪을 수밖에 없어, 그의 첫 단편집 『더블린 사람들』은 탈고 후 10년이 지난 1914년에 겨우 출판되었다. 자연주의적 사실성과 상징주의 기법이 교묘히 얽혀 들어간 이 단편집의 작품들은 벌써 조이스의 문학적 천재성을 드러내고 있다. 언어의 마술사라 불리는 조이스가 첫 작품부터 섬세한 언어 선택과 압축된 서술구성에 있어 얼마나 민감한 예술적 감수성을 지니고 있는지 독자들은 놀라지 않을 수 없다.

1916년 『젊은 예술가의 초상』이 출간되면서 조이스는 문단에서 점차 인정받게 되었다. 조이스 자신의 자서전적 내용을 담고 있는 이 작품은 한 개인의 강렬한 주체의식이 형성되어가는 과정을 치밀하게 그려내고 있다. 특히 조이스는 주인공의 내면적 자아가 구성되어 가는 과정을 의식의 흐름 기법으로 생생하게 접근해 들어갔다. 이에 따라 내용이나 형식의 모든 면에서 이 작품은 모더니즘의 대표적 작품으로 뽑힌다. 1920년 파리로 이주한 이후 조이스의 생활은 안정되어 작품에만 몰두할 수 있었다. 그렇지만 악화되어 가는 시력으로 몇 번이나 수술을 받아야 했고 자신을 닮은 딸 루시아의 심해가는 정신분열증은 그에게 커다란 고통을 안겨 주었다.

1922년 그의 최대 작품이며 현대문학의 기념비라고 일컬어지는 『율리시스』가 프랑스의 조그만 출판사에서 출판되었다. 『율리시스』는 당시 독자들에게 충격이었으며 모더니즘 문학의 새로운 지평을 여는 소설이었다. 약 8년 간에 걸친 오랜 고심 끝에 완성된 이 작품은 제목이 암시하듯 호메로스의 『오딧세이아』와 구조적 유사성을 갖고 있다. 『오딧세이아』의 주인공 오디세우스 (로마어로는 율리시스) 영웅은 조이스의 『율리시스』에서 레오폴드 블룸이란 더블린의 소시민이 되고, 오디세우스의 정숙한 아내 페넬로페는 블룸의 부정한 아내 몰리(Molly)로 뒤바뀐다. 트로이 전쟁이 끝난 후 아내가 기다리는 고향으로 되돌아가기 위해 또다시 10년간 방랑해야 하는 오디세우스의 긴 고통은 하루 동안 더블린 시를 맴돌며 블룸이 겪는 사적이며 내면적인 고통과 갈등으로 환원된다.

『율리시스』는 당대 아방가르드 작가들에게서 커다란 찬사를 받았지만, 한편 작품의 난해성으로 많은 비판도 받았다. 더군다나 1922년부터 조이스가 17년에 걸쳐 온 정성을 기울였던 다음 작품 『피네간의 경야』(*Finnegans Wake*)는 너무나 극단적인 문체상의 실험성에 의해 이 작품을 이해하는 지지자는 많지 않았다. 이 작품은 일종의 꿈의 세계와 같아서, 인물의 고정된 자아나 일정한 시·공간의 경계선이 무너지고 일정한 플롯도 사라지는 대신 환상의 세계가 논리성을 초월하여 자유롭게 펼쳐진다. 이 작품을 구성하는 언어도 정상적인 언어형태가 파괴되고, 여러 언어가 서로 조합된 낯선 신조어가 사용된다. 이제까지 접해보지 못했던 새로운 형태의 이 작품은 오랫동안 해독 불가능한 텍스트로 남아 있었지만, 최근에 들어서는 조이스의 창의적 상상력이 집약된 결정체로 인정받으면서 연구자들의 엄청난 관심을 끌어 모으고 있다.

딸 루시아의 악화만 되가는 정신질환으로 인해 조이스의 말년은 그다지 행복하지만은 안했다. 제2차 세계대전이 발발하자 가족과 함께 파리를 떠나 오스트리아의 쮜리히로 되돌아 간 조이스는 위궤양 수술을 받은 후 1941년 1월 13일 58세의 나이로 숨을 거두었다. 조이스의 묘지는 현재 그의 아내와 함께 쮜리히의 프렁텀 공동묘지에 안치되어 있다. 그의 생애는 고국을 떠나 유럽 대륙을 방랑하는 삶으로 이루어졌지만, 그가 남긴 작품은 모두 더블린을 배경으로 하고 있어, 조이스가 영원히 더블린에 머물고 있음을 보여 준다.

III. "의식의 흐름" 기법 또는 내적 독백

"의식의 흐름"(stream of consciousness)은 20세기 전환기에 심리학에서 관심을 갖게 된 새로운 심리의 영역이다. 인간의 마음속에는 어느 한 가지 생각이 일정하게 연속되는 것이 아니고 무수한 생각들이 자유롭게 서로 얽혀가며 흘러가기 마련이다. 생각을 언어로 표현하기 시작하면 이미 언어의 논리성으로 인해 생각이 일정하게 굳어지기 때문에, 사실상 우리의 의식에서 아무런 제약 없이 멋대로 흘러가는 생각의 자유로운 흐름은 언어 이전의 영역으로 여겨진다. 의식의 흐름 기법은 바로 이렇게 언어로 표출되지 못했던 의식의 자유로운 흐름을 언어로 포현하려는 문학적 방식이다.

19세기의 리얼리즘 작가들은 대체로 인간의 내면 의식에 흘러가는 자유분방한 생각의 흐름을 그려가기 보다는 외적 모습과 행동 또는 사회적 현상을 사실적으로 기술하는데 목적이 있었다. 그렇기 때문에 리얼리즘 작가들의 묘사는 객관성을 띨 수밖에 없었고, 이런 객관적 묘사를 뒷받침하기 위해 3인칭 화자 또는 전지적 시점의 화자가 주로 사용되었다. 설령 밖으로 드러나지 않는 개인의 심리를 독자에게 알려줄 필요가 있을 때에는 전지적 시점의 화자를 통해 그 개인의 심리를 서술하는 방식을 취하였다.

그러나 점차 개인주의가 심화될수록 한 개인의 진실한 자아는 외면으로 드러나는 사회적 행동에 있지 않고 오히려 내면의 숨어있는 개인적 생각과 의식에 있다는 관점이 주목을 끌기 시작했다. 더구나 프로이트의 심리학이 말해주듯이, 개인의 진실한 자아는 일상적인 생각이 머무는 의식의 차원이 아니라 그 보다 더 깊은 무의식의 세계에 숨겨져 있다는 점이 부각되었다. 마치 수면 밑에 잠겨 있는 빙하의 부분이 물의 표면 위로 드러난 부분보다 더 엄청나게 거대하며 동시에 빙하의 참된 면모를 말해주는 것과 같이, 우리의 무의식 세계에 자아의 진실이 담겨있는 것이다.

20세기의 모더니스트 작가들은 이제까지 다루어지지 않았던 의식의 세계, 또는 더 깊이 들어가 무의식의 세계를 언어로 표출하는 방식을 탐구하게 되었다. 그러나 언어란 논리성을 갖는 사회적 약속 체계이어서 개인의 자유로운 의식 또는 무의식의 흐름을 기록할 새로운 방법이 있어야만 한다. 따라서 의식의 흐름을 언어로 기록하는 방법의 원칙은 "자유연상 작용"을 이용하는 것이다. 즉, 외부의 사물을 감각하는 순간 개인의 의식에 떠오르는 (연상되는) 생각이나 느낌을 그대로 적어가는 방식이다. 어느 사물을 인식하는 순간 마음속에 생각이나 느낌이 지속되다가, 다른 사물을 보게 되면 의식에 떠오르는 생각이나 느낌도 순간 변해버리는 방식이다. 또는 어느 생각이나 느낌을 지속하다가 그 생각이나 느낌에 연상되어 과거에 겪었던 생각이나 느낌으로 자유롭게 변해가는 것이다. 이런 자유 연상 방식에 의해 과거의 기억이나 경험으로 일순간 넘어가기 때문에 의식의 흐름에는 시간적 제약을 받을 필요가 없게 된다.

의식의 흐름을 기록하기 위해서는 의식의 표면으로 생각이 떠올라야만 하기 때문에 사실상 무의식의 세계를 그려가는 일은 불가능한 것처럼 보인다. 그러나 자유연상 작용에 의해 과거의 기억이나 경험을 서술해가다 보면 개인이 무의식 속에 억압해 있었던 생각들이 표출되기 때문에 독자들은 등장인물이 숨기고 있었던 내면의 무의식 세계까지 접근해 들어갈 통로를 얻게 된다. 앞서 말한 빙하의 비유에서처럼 이제까지 접해보지 못했던 수면 밑의 거대한 내면세계가 의식의 흐름 기법으로 인해 드러나게 된다. 모더니스트 작가들이 의식의 흐름 기법에 매료되었던 것도 바로 이러한 장점에 기인한다. 개인의 내면세계를 드러내지 않고서는 개인의 진정한 자아모습을 그려낼 수 없기 때문이다. 많은 모더니스트 작가들이 그들의 작품에서 3인칭 서술 화법에서 1인칭 화법으로 바꿔나간 이유도 의식의 흐름 수법을 통해 개인의 개별적인 내면 심리를 탐색할 수 있는 새로운 방식이 열렸기 때문이다.

그렇다면 의식의 흐름 서술기법은 구체적으로 어떤 형태를 띠고 있을까? 각 작가마다 독특한 방식들을 구사하고 있지만, 한 가지 통일된 방식은 1인칭 화자의 "내적 독백"(interior monologue)의 방식이다. 어느 등장인물의 내면 의식을 표현하기 위해서는 그 등장인물 자신의 내면 의식 속에 흘러가는 생각이나 느낌을 겉으로 토로해야 하기 때문에 자연적으로 자신의 독백 형태가 된다. 따라서 의식의 흐름 기법이란 명칭은 대중적으로 널리 알려져 있지만 "의식"이란 개념의 포괄적인 모호성 때문에 전문적 문학용어로서는 이를 "내적 독백"이란 이름으로 사용된다.

한편, 내적 독백은 1인칭 서술화법에서만 사용되는 것은 아니다. 오히려 내적 독백이 발전되어온 서술방식의 역사를 살펴보면 3인칭 서술화법에서 먼저 시작되었다. 리얼리즘 작가들은 흔히 전지적 시점의

3인칭 서술화법을 사용하여 등장인물의 내면 심리를 기록하였다. 이때 그 내면 심리의 기록이 등장인물 개인의 내적 독백인지 아니면 전지적 화자의 3인칭 관찰인지가 모호한 경우가 등장한다. 아직까지 의식적으로 1인칭 화법의 내적 독백을 의도한 것은 아니지만, 1인칭 화법의 내적 독백과 3인칭 화법 객관적 관찰의 경계선에 위치한 모호한 서술 형태가 이미 리얼리즘 소설에서도 출현하였다. 그렇지만 내적 독백을 의식적으로 실험하며 새로운 서술기법으로 확립시킨 작가들은 모더니스트 소설가들이다. 특히 그들 중에서도 조이스는 내적독백의 서술기법의 영역을 가장 넓게 확대시켰으며 또한 예술적으로도 가장 완성미가 돋보이는 작업을 이루었다고 하겠다. 버지니어 울프나 윌리엄 포크너는 조이스가 이룩한 내적 독백 기법을 이어받아 각기 나름대로 독특한 방식을 발전시킨 대표적 모더니스트 작가들이다.

내적 독백은 어느 인칭에서 사용되었는지에 따라 두 가지로 구분된다. 내적 독백이 1인칭 서술화법에서 사용되면 "자유직접화법"(free direct narration) 형태가 되고, 3인칭 서술화법에서 사용되면 "자유간접화법"(free indirect narration) 형태가 된다. 이 두 가지 형태의 차이와 효과를 직접 『율리시스』에서 살펴보자.

『율리시스』는 모두 18개의 장(이를 보통 에피소드라고 부름)으로 이루어진 약 600쪽이 넘는 긴 장편 소설이다. 조이스가 대략 8년에 걸쳐 쓴 작품이었고, 개별 에피소드를 완성할 때마다 당시 아방가르드 작품을 소개하는 잡지에 기고하는 경우가 많았다. 조이스는 편집광적이라고 할 정도로 어휘 하나하나에 몹시 세심한 주의를 기울이는 성격이어서, 잡지에 기고한 이후에도 계속 수정을 하였다. 또한 작품을 계속 써나가면서도 이미 썼던 부분으로 되돌아가서 수정 작업을 하기도 했다. 더군다나 작품의 후반부로 갈수록 형식상의 실험은 더욱 활발하게 시도되어, 제10장부터는 본격적으로 각 장마다 제각기 다른 서술방식이 도입되었다. 작품의 후반부에 비해 전반부는 상대적으로 전통적인 서술방식이 사용되고 있는 편이지만, 이 전반부에서도 앞서 설명한 두 가지 형태의 내적 독백이 필요할 때마다 자유자재로 활용되었다.

『율리시스』의 전반부는 일관된 서술 형태를 이루고 있는데, 그것을 다음과 같이 3가지 서술 형태로 구분해 볼 수 있다.

(1) 3인칭 화자에 의한 서술로 외부세계에 대한 객관적 묘사와 사건을 객관적으로 기술해 가는 서술 형태이다. 이것은 소설의 가장 일반화된 서술형태가 되겠다.
(2) 1인칭 화자에 의한 1인칭 주인공의 의식 변화를 직접적으로 독자에게 말하는 서술 형태이다. 이것이 "자유직접화법"의 내적 독백이다.
(3) 1인칭 주인공의 내적 독백을 3인칭 화법으로 서술하는 방식이다. 이는 "자유간접화법"이 된다. 이것은 3인칭과 1인칭의 관점이 동시에 혼합된 언술 형태가 된다.

첫 번째는 『율리시스』의 첫 시작부터 가장 자주 등장하는 서술양식으로, 우리가 리얼리즘 소설에서 주로 보는 전형적인 서술 형태이다. 자연주의 문학의 성향을 지닌 조이스의 첫 작품 『더블린 사람들』에서 그가 의도하였던 "꼼꼼한 비속성"의 문체를 상기시키는 이 서술방식은 3인칭의 시점에서 외부 사물을 있는 그대로 사실적으로 서술한다.[1] 『율리시스』의 첫 시작은 바로 이러한 전통적 서술 형태로 시작된다.

> 당당하고, 통통한 벅 멀리건이 거울과 면도칼이 엇갈려 놓여 있는 면도물 종지를 들고, 층계 꼭대기에서 나왔다. 노란색 화장복이, 띠가 풀린 채, 온화한 아침 공기를 타고 그의 등 뒤에 사뿐히 매달려 있었다. 그는 종지를 높이 치켜들고 읊조렸다. (U 1.1-4)[2]

이 인용구절에서 독자는 외부의 물리적 세계를 객관적으로 묘사하는 3인칭 관찰자의 존재를 쉽게 인식하게 된다. 이 서술 형태는 등장인물의 행동을 구석구석 관찰하며 관찰된 사항을 묘사함으로 이 서술이 재현하는 세계가 실제로 존재한다는 경험적 현실감을 우선 독자에게 확립시켜 준다.

첫 번째 서술형태가 작품 첫머리부터 주된 서술양식으로 자리를 차지하자마자 이는 곧 변하여 위의 세 번째 서술 형태가 등장한다. 즉, 첫 번째 서술형태의 중간 중간에 등장인물 자신의 관점이 투영된 어휘들이 삽입되어, 어느 특정한 등장인물의 주관적 의식이 3인칭 화자의 화법을 빌려 표현되는 것이다.

> 그[멀리건]는 고르게, 그리고 조심스럽게 면도를 했다. 묵묵히, 심각하게.
>
> 스티븐은, 한쪽 팔꿈치를 깔쭉깔쭉한 화강암 위에 괸 채, 이마를 손바닥에 기대고 때가 껴 번들거리는 까만 코트 소매의 낡고 해진 가장사리를 멍하니 쳐다보았다. 고통, 아직 사랑의 고통이 아닌 고통이 그의 마음을 쑤셨다. 묵묵히, 꿈속에서 그녀는 돌아가신 후로 그에게 다가왔었다. (U 1.99-102)

여기서 “고통, 아직 사랑의 고통이 아닌 고통이 그의 마음을 쑤셨다.”(Pain, that was not yet the pain of love, fretted his heart.)라는 부분은 주인공 스티븐(Stephen)의 의식흐름 또는 생각을 드러내 주지만, 이 구절은 3인칭 화법의 “자유간접화법”으로 서술되었다. 만약 이 구절이 스티븐 자신의 의식흐름을 직접적으로 기록하는 “자유직접화법”으로 서술되려면 다음과 같이 바뀌어야 한다. “Pain, that is not yet the pain of love, frets my heart.” 즉, 과거시제는 현재시제로, 3인칭은 1인칭으로 쓰여야 "자유직접화법"이 된다. 이처럼 심리 의식의 동일한 내용을 서술하더라도 서술자가 누구냐에 따라 내적 독백의 방식은 자유직접화법과 자유간접화법으로 뚜렷이 구분된다. 이러한 구분의 바탕에는 근본적으로 서술해가는 화자의 목소리가 누군가의 문제이다. 위의 인용문은 주인공 스티븐의 목소리가 등장해도 궁극적으로는 3인칭 화자에 의해 서술되는 자유간접화법이 쓰이고 있다. 스티븐의 목소리가 3인칭 화자에 의해 통제되는 것이다.

한편 자유간접화법이 3인칭 서술화법이기는 하지만 위에 분류한 첫 번째 경우의 전통적인 3인칭 화법하고는 구별되어야 한다. 왜냐하면 자유간접화법을 통해 보인 스티븐의 내면 의식은 첫 번째 경우의 서술 형태처럼 3인칭 화자의 객관적 관찰을 대변해 주지 않기 때문이다. 예를 들어, 위의 인용문에서 "사랑의 고통"이란 표현은 스티븐이 이 작품에서 죽은 어머니를 생각할 때마다 모티브처럼 반복하여 등장하는 그 자신만의 내면 의식이어서 3인칭 객관적 관찰자의 시선으로 표현되는 것과는 차이가 있다. 또한 3인칭 시점의 서술 중에서도 전지적 시점을 활용하여 스티븐의 내면 의식까지 기술하는 전통적 방식과 자유간접화법과의 차이가 무엇일까 하는 의문을 제기할 수도 있다. 그렇지만 이것에도 차이가 있다. 3인칭 전지적 화법에서는 전지적 화자의 고정된 목소리가 유지되지만, 자유간접화법에서는 스티븐 자신의 고유한 어휘적 특성이 그대로 번영되어 서술된다. 즉, 지적이고 문학적인 스티븐은 높은 교양을 지닌 시적 어휘와 고차원적인 언어적 재치를 즐겨 사용하며, 우수에 잠긴 그의 기분을 나타내는 그만의 고유한 어휘들이 서술 속에 직접 출현한다. 따라서 자유간접화법에서는 3인칭 전지적 화자의 객관화된 관점으로 일괄되게 기술되는 것이 아니라 스티븐 개인의 고유한 목소리가 3인칭 화자의 목소리와 서로 섞여서 기술된다. 이처럼 자유간접화법의 묘미는 한 언술 안에서 하나의 관점이

다른 관점으로 순식간에 변화하는 걸 가능하게 해준다. 이런 특성을 가리켜 한 비평가는 "진동하는 관점"(oscillating perspective)이라고 지적하였다.3) 결과적으로 두 관점의 병치는 텍스트의 다원성을 제시하는 중심 요소가 된다. 조이스가 자유간접화법을 실험했던 이유도 이런 텍스트의 다원성을 만들어가려는 근본 의도가 숨어있다.

다음 인용문은 자유간접화법의 또 다른 예로 스티븐만이 갖는 문체상의 고유한 특성을 잘 드러내준다.

> 숲 그림자가 아침의 평화를 뚫고 그가 층계 꼭대기에서 지켜보고 있는 바다를 향해 묵묵히 떠 나아갔다. 해안 안쪽과 한층 멀리 바깥에 거울 같은 바다가, 가볍게 밟고 급히 지나가는 (빛의) 발걸음에 쫓겨, 하얀빛을 띠었다. 침침한 바다의 하얀 가슴. 쌍을 이룬 억양, 두 개씩 두 개씩. 하프 줄을 퉁기는 바람의 손, 그들의 쌍을 이룬 화음을 합치면서, 침침한 조수 위에 반짝이고 있는 하얀 파도와 쌍을 이룬 말들의 파문. (*U* 1.242-247)

이 구절들은 이른 아침 스티븐이 해안가의 마텔로 탑 꼭대기에서 홀로 서서 바다를 바라보며 명상에 잠기는 대목이다. 둥근 만으로 둘러싸인 바다에 아침 햇살이 거울처럼 반짝이고, 아침 조수는 하프의 음악처럼 규칙적으로 밀려오며 하얀 포말을 일으킨다. 이 광경을 지켜보는 스티븐의 마음속에 의식의 흐름이 흘러간다. 스타카토 식으로 쉼표를 사용하여 서술되는 스티븐의 내적 독백들은 의식의 흐름을 사실적으로, 그리고 직설적으로 표기한 듯한 효과를 준다. 이것은 분명 스티븐 개인의 독특한 감성이 그대로 묻어나는 문체이어서, 3인칭 전지적 시점의 서술적 목소리와 구별된 스티븐의 목소리라는 게 드러난다.

더구나 위의 인용문에 이어지는 구절들은 스티븐의 또 다른 명상의 내용으로, 어머니의 병상 옆에 놓인 까만 담액의 사발을 상기하는 과거 경험으로 흘러간다. 아름다운 아침 바다를 바라보던 스티븐의 의식이 이렇게 갑자기 우울하게 바뀐 이유는 그때 마침 한 조각구름이 바다에 짙은 녹색의 그림자를 드리웠기 때문이다. 햇살에 반짝이던 하얀 바다가 구름에 의해 짙은 녹색의 바다로 어둡게 변하자, 스티븐의 생각도 위암에 걸리신 어머니가 침상에서 뱉아내곤 하였던 쓰디쓴 검은 담액과 그 사발그릇으로 변해간 것이다. "의식의 흐름" 또는 "내적 독백"이 연상 작용의 방법으로 전개된다고 앞에서 언급했던 것처럼, 스티븐도 바깥 사물, 즉 바다의 모습에 따라 연상 작용에 의해 의식의 내용이 따라가는 것이다. 의식이 연상 작용에 의존하여 뻗어간다는 것은 어느 면에서는 상당히 자의적인 면이 있지만, 이런 연상 작용의 설정이 없다면 자유롭게 뻗어가는 의식을 통제하여 기술할 방법이 없어지게 된다. 뿐만 아니라 위의 인용구절에서 스티븐이 바다를 바라보며 어머니의 담액 사발을 연상한다는 사실로부터 스티븐의 무의식 속에 죽은 어머니에 대한 죄의식이 사로잡고 있음을 짐작하게 만든다. 그 이유는 종교를 거부하기 시작한 아들 스티븐이 염려스러워 어머니는 마지막 숨을 거두기 전에 아들한테 침상 옆에 무릎을 꿇고 기도를 드려달라고 간절히 부탁을 하였다. 그러나 어떠한 권위에도 굴복하지 않으려는 스티븐은 어머니의 부탁도 거절하였지만, 이에 대한 양심의 상처가 그의 무의식 속에 깊게 자리 잡고 있는 것이다. 이런 무의식 속의 내용물이 의식의 흐름 속에서 어느 순간 제어되지 않고 돌출되며, 독자들은 돌출되어 표현되는 이들을 통해 등장인물의 무의식 세계까지 엿볼 수 있게 된다.

마지막으로 내적 독백의 "자유직접화법"은 모더니즘 소설의 새로움을 보여주는 서술기법이다. 그야말로 의식의 흐름은 자유자재로 시·공간을 넘어가기 때문에, 언어로 의식 흐름을 서술해가는 방식도 시간성의 제약을 뛰어 넘을 수 있게 된다. 즉, 의식이 흘러가는 대로 과거의 경험으로 자유롭게 넘나들 수 있게 되는 것이다. 이제 시간적 흐름에 따라 사건을 서술해갔던 리얼리즘 소설들의 서술방식이 내적 독백의 기법으로 철저히 무너질 수 있었고, 시간 개념도 새롭게 정립되어야 할 상황에 부딪쳤다.

조이스는 자유간접화법을 이용한 내적 독백의 기법을 그의 첫 단편집에서부터 꾸준히 실험해왔다. 특히 『젊은 예술가의 초상』은 이 기법을 사용한 예술적 완숙도로 모더니즘 소설의 대표작으로 손꼽히지만 아직도 자유직접화법이 사용되지는 않았다. 자유직접화법의 서술은 『율리시스』의 세 번째 에피소드와 마지막 에피소드에서 마침내 대단한 효과를 일으키며 실험되었다. 특히 『율리시스』의 마지막 에피소드는 1인칭 화자의 철저한 자유직접화법으로만 서술되면서 서술의 역사에 새로운 전기를 마련했다는 평가를 받는다. 여자 주인공 몰리의 의식의 흐름을 적어나간 이 마지막 에피소드는 30쪽이 넘는 분량에 오직 8개의 마침표만 나올 뿐이다. 장대한 분량의 문장들이 마침표가 없이도 서로 이어지는 것은 마치 물이 흐르듯이 흘러가는 우리의 의식에 마침표가 있을 수 없다는 것을 단적으로 말해준다. 마침표 없이 문장과 문장이 연속해서 이어져 나가도 독자들이 의미를 이해하는 데에는 별다른 어려움을 주지 않는다. 때로 마침표가 필요할 듯싶을 때에는 그 자리에 독특하게도 "Yes"라는 표현이 등장한다. 흥미롭게도 이 에피소드는 맨 처음 Yes로 시작하고, 맨 마지막도 Yes로 끝을 맺는다. 종결을 뜻하는 마침표 대신 Yes는 긍정을 뜻하기 때문에 여성의 목소리로 서술되는 이 에피소드는 많은 함축적 의미를 포함하게 된다. 이 에피소드의 첫머리를 통해 자유 직접 화법의 특성을 살펴보자.

그래 그이가 잠자리에서 계란 두 개하고 아침을 먹겠다고 하다니

시티 암즈 호텔 이래로 그런 일은 그 전에 결코 한 번도 없었지 그 당시 그이는 앓는 소리를 내면서 병이라도 난 듯 드러누워 있거나 고상하고 점잖은 체 빼기면서 저 말라깽이 할망구 리오던 부인에게 아첨을 떨며 그녀가 꽤 자기 마음에 드는 척했지 그런데 그녀는 자기 자신을 위해 미사에다 돈을 몽땅 기부해 버리고 우리한테는 한 푼도 남겨주지 않았다니까 저런 구두쇠 할망구는 세상에 처음 봤어 정말이지 싸구려 술값 4페니 내놓는 것도 아까워하고 내게는 노상 자기 병 이야기만 털어놓다니 . . .

Yes because he never did a thing like that before as ask to get his breakfast in bed with a couple of eggs since the *City Arms* hotel when he used to be pretending to be laid up with a sick voice doing his highness to make himself interesting to that old faggot Mrs Riordan that he thought he had a great leg of and she never left us a farthing all for masses for herself and her soul greatest miser ever was actually afraid to lay out 4d for her methylated spirit telling me all her ailments . . . (*U* 18.01~07)

번역문으로는 마침표가 없을 뿐이지 한 문장이 끝나는 곳이 비록 명확한 편이지만, 원문을 보면 정확히 어느 곳에 마침표가 찍혀야 할지가 모호하다. 그러면서도 몰리의 생각이 어느 하나에 머물지 않고 끊임없이 다른 내용으로 옮겨간다. 예를 들어, 위의 인용문의 제일 처음은 남편 블룸에 대한 생각에서 시작되지만, 곧 이어서 리오던 부인으로 생각의 내용이 바뀌어간다. 블룸에 대한 생각도 자세히 살펴보면 여러 가지 내용이 중첩되고 있다. 제일 처음에는 그날 잠자리에 들면서 내일 아침식사를 준비해달라고 부탁하는 남편의 평소와 다른 행동을 생각하다가, 곧 이어 예전에 남편이 앓아 누웠을 때 이런 식사를 부탁했던 과거의 기억으로 넘어가며, 응석조로 이런 식사를 부탁하던 남편의 행동은 리오던 부인과의 관계로 넘어가는 연상 작용의 매개체가 된다. 이제 몰리는 본격적으로 리오던 부인을 생각하게 되면서 유산을 남겨주지 않았던 그녀에 대해 괘씸했던 과거사를 하나씩 되새긴다.

이 내적 독백을 통해 드러나는 몰리의 생각 내용들은 극히 평범해 보인다. 그렇지만 하루 일과가 다 끝나고 자정이 넘어 잠자리에 누워 이것저것 마음 편히 생각하면서 천천히 잠에 빠지는 시점이라는 점을 고려해보면, 몰리의 이런 평범한 생각들은 극히 자연스러운 일이다. 더군다나 극히 평범한 과거사에 대한 생각들이 이런 식으로 모이다 보면 몰리에게 일어났던 과거의 인생사가 고스란히 드러난다. 뿐만 아니라 그녀가 꿈꾸는 미래의 희망, 과거의 일로 인해 생긴 그녀의 심리적 상처, 삶에 대한 그녀의 인생관, 남성에 대한 그녀의 생각, 그녀 개인만의 욕망과 환상 등 한 인간의 모든 면이 그 방대한 의식의 흐름 속에서 낱낱이 드러난다. 이 마지막 에피소드에 앞서 일어났던 『율리시스』의 모든 내용들이 이 한 개의 에피소드에 총집결되는 인상을 갖게 되는 이유도 몰리의 장황하고 잡다한 독백이 끌어드리는 강렬한 흡입력을 갖기 때문이다. 이 마지막 에피소드에서 이룩한 서술기법상의 성취는 모더니즘 문학의 새로운 지평선을 열어준 중요한 원동력이었다.

IV. 메타 서술자의 실험: 대중의 목소리

『율리시스』 연구는 이 작품이 발표되던 동시대부터 서술기법과 문체에 대한 관심을 집중시켰다. 어느 작가보다도 과격하고 철저한 실험 작가였던 조이스였기에 『율리시스』는 "문체의 백과사전"이란 명칭이 합당할 정도로 18개로 나누어진 각 장마다 각각 특색 있는 별개의 서술기법을 구사하고 있다.[4] 『율리시스』의 초기 연구자들은 호메로스의 작품 『오딧세이아』와 구조적 병행관계 및 문체적 병행관계를 대조해 가며 조이스가 이 작품에서 이룩한 다양한 문체의 기원을 추적해 보기도 했고, 작가가 오랜 기간에 걸쳐 개작해 나간 과정을 더듬으며 변화한 양상과 유형을 살펴보기도 하였다. 이들에게 특히 관심 있던 문체는 3장과 마지막 18장에서 두드러진 소위 내적 독백의 서술기법이었으며, 이것을 모더니즘 소설의 전형적인 특성으로 간주하였다.

70년대 후반에 들어서면서 조이스 연구자들은 『율리시스』에 개입된 서술상의 목소리 분석에 집중하면서 오히려 이 소설 후반부의 문체와 서술 형태에 깊은 관심을 쏟기 시작했다. 이들 연구자들은 신비평의 접근방식을 벗어나 탈구조주의 문학이론에 바탕을 두고 의미의 다원성, 서술상의 간극, 담론의 자기 반영적 특성 등을 작품에서 부각시키는 데에 집중하였다. 그리고 이들 연구의 결실은 『율리시스』가 리얼리즘 소설의 전제뿐만 아니라 모더니즘적 상상력을 뛰어넘는 새로운 형태의 텍스트라는 점을 발굴해내었다. 이들이 서술기법에서 주목한 점은 이 작품의 전반부를 지배하던 3인칭 서술자의 목소리가 붕괴된다는 점이었다.

『율리시스』의 전반부는 앞의 IV장에서 언급한 것처럼 3인칭 객관적 화자의 서술, 자유 간접 화법, 자유 직접 화법 등 세 가지 서술 형태로 이루어진다. 조이스가 이 전반부의 문체를 실험적인 후반부의 문체와 구별하여 "도입부의 문체"[5)]라고 부른 것을 보면, 그 자신도 후반부의 실험성에 더 주안점을 두었던 모양이다. 도입부의 문체는 내적 독백이 삽입되어도 근본적으로 3인칭 화자가 이끌어가는 서술 형태이다. 뚜렷한 서술자의 목소리가 존재하는 전반부와는 달리 후반부의 문체는 3인칭 화자의 목소리 외에 또 하나의 새로운 목소리가 등장한다. 예를 들어 패로디의 경우처럼, 이 새로운 목소리는 3인칭 화자의 목소리를 풍자하며 논평하고 있기 때문에 이 새로운 목소리를 메타 서술자

(meta narrator)라고 부를 수 있다. 3인칭 화자 외에 또 다른 화자를 도입하는 방식이 패로디(parody)에만 국한되지 않고 후반부의 각 장마다 제각기 색다른 형태를 취하기 때문에 "문체의 백과사전"이란 명칭이 가능해진다.

다양한 형태의 메타 서술자의 개입으로 고정된 3인칭 화자의 목소리가 사라지는 현상은 후반부에서만 나타나는 것은 아니다. 이미 전반부의 제7장에서도 이런 서술방식이 실험되고 있다. 조이스의 다양한 서술방식의 실험을 짧은 지면에 일일이 지적하기는 불가능함으로, 여기서는 신문의 기사 형식과 흡사한 제7장의 서술방식과 패로디를 차용한 제12장의 경우만 살펴보기로 한다.

하이버니언 수도의 심장부에서

넬슨 기념탑 앞에서 전차들이 속도를 늦추고, 옆쪽으로 비킨 채, 트롤리를 바꾸어, 블랙로크, 킹즈타운 및 달키, 클론스키, 라드가 및 테레뉴어, 파머스턴 및 상부 라드민즈, 샌디마운트 그린, 라드민즈, 링센드 및 샌디마운트 타워, 해롤느 크로스를 향해 출발했다. 더블린 연합전차회사의 발차계(發車係)가 거친 목소리로 고함을 질러 그들을 출발시켰다.

——라드가와 테레뉴어!

——어서 와요, 샌디마운트 그린!

좌우 복선 선로를 따라 땡그랑 링링 소리를 내면서 이층전자 한 대와 단층전차 한 대가 그들의 선로 머리로부터 움직여, 하행 선로쪽으로 구부러지며 나란히 굴러갔다.

——발차, 파머스턴 공원!

왕관을 쓴 자

중앙우체국 현관 아래 구두닦이들이 사람을 부르며 구두를 닦았다. 노드 프린스가에 주차한 채, 양쪽 옆구리에 왕실의 첫 글자 E.R.이 찍힌 황제 폐하의 주홍빛 우편차들이 시내, 지방, 영국 및 해외로 우송하기 위한, 보험이 되고 요금이 지불된 편지들, 엽서들, 봉합엽서들, 그리고 소포들을 담은 팽개쳐진 자루들을 큰 소리로 수령했다. (*U* 7.01~19)

『율리시스』 제7장의 텍스트는 위의 인용문처럼 신문의 전형적인 형태를 취한다. 신문을 펼치면 각 기사마다 굵고 큰 활자의 짧은 제목이 붙어 있듯이, 제7장은 고딕체로 쓰인 굵은 제목 아래 이를 설명하는 내용이 붙어있다. 여기서 고딕체의 제목을 삭제하고 제목 밑의 내용만을 모으면 『율리시스』의 제일 처음부터 제6장까지 진행되었던 사건들이 그대로 연속되는 듯싶다. 예를 들어, 위의 인용문을 보면 아일랜드(하이버니언은 옛 이름)의 수도 중심지에 각 주변지역으로 떠나는 전차들이 모여 있는 중앙역이 등장한다. 바로 그곳에 넬슨 제독의 기념탑이 서 있다. 스페인의 무적함대를 물리치고 대영제국의 기반을 세운 영국의 넬슨 제독의 동상이 식민지 아일랜드의 중심부에 서 있다는 설정 자체가 식민지 아일랜드의 상황을 상징적으로 말해주는 듯하다. 그 중앙역 옆에 또 하나의 중요한 아일랜드 식민지 역사를 담고 있는 중앙우체국이 서 있다. 이 중앙우체국에서 1916년 아일랜드의 독립선언서가 낭독되었고, 약 한 달간 무장 혁명단들이 영국군과 대치했던 장소이다. 지금은 이곳에서도 영국 왕관에 에드워드 7세(Edward Rex)의 첫 글자가 새겨진 표식을 달고 우편차들이 각 지역으로 배달할 우편물들을 싣고 있다. 이 우체국 바로 옆에 <프리먼즈 저널> 신문사가 있고, 제7장의 중심 사건들이 이 신문사를 배경으로 벌어진다. 그렇다면 중앙역과 중앙우체국을 묘사하는 제7장의 시작은 일반 소설에서 장소의 배경을 설명하는 부분에 해당된다.

그러나 이러한 논리적 설명에도 불구하고 제7장의 텍스트 모양새는 분명 전통적인 소설 형태를 벗어났으며 유기성을 해치고 있다. 도대체 일반 소설에서 신문기사와 같은 형태가 왜 갑자기 출현했는가? 왜 구태여 고딕체의 제목들이 제7장의 텍스트에 무수히 들어와 있는가? 앞서 이야기를 서술해가던 3인칭 서술자는 왜 서술의 방식을 이렇게 갑자기 바꿨는가? 제7장의 텍스트에서 이 제목의 역할은 무엇인가? 독자들은 제7장의 텍스트 앞에서 이런 질문들을 던지게 된다.

제7장의 특이한 텍스트 모양새가 야기 시킨 여러 질문 중에서 우선 제목의 역할부터 살펴보자. 신문에서는 기사의 상세한 사건을 간추려 압축해 놓은 게 제목이라고 한다면 조이스의 제7장은 이런 예상을 빗나가게 만든다. 텍스트를 읽어나갈수록 제목들은 각 장면의 내용을 간략히 요약한 핵심적 구절도 아니며, 오히려 때로는 장면의 내용을 비꼬는 듯한 제목이 붙는가 하면, 때로는 별다른 의미도 전하지 않는 그저 밋밋한 제목도 있다. 심지어 어느 곳에서는 "???"(*U* 7.512)와 같이 무엇을 뜻하는 제목인지를 전혀 알려주지 못하는 우스꽝스런 것도 등장한다. 각 제목의 의미를 진지하게 해독해보려는 독자들이 있다면, 이 텍스트는 그런 노력을 우스꽝스럽게 만들고 만다. 결국 제목이 사건 진행을 이해하는데 도움을 주기는커녕 오히려 방해를 할 정도다. 신문기사의 제목설정은 아주 중요한 역할을 하지만, 조이스의 텍스트에서는 그 선별작업이 임의적이고 제멋대로 이루어졌다는 결론에 도달하게 된다.

그렇다면 이 제목을 누가 지었는가? 이에 대한 가장 손쉬운 대답으로는, 이제까지 『율리시스』를 서술해왔던 3인칭 화자라고 하겠다. 즉, 이 3인칭 화자가 신문 모양을 흉내 내어 제7장에서는 제목도 만들고 그 밑에 상세한 이야기를 풀어가는 변화를 주었다는 것이다. 그러나 실제 신문의 경우와는 달리 제7장에 등장하는 고딕체의 제목들은 전체의 서술진행과 필연성을 갖지 못하고 자의적인 산물이며 독립된 것처럼 존재한다면, 이런 제목들을 설정한 3인칭 화자의 본래 역할은 이미 제 기능을 발휘하지 못하고 있는 셈이다. 서술자는 이야기의 논리성을 전달해줘야 하는 역할을 갖고 있지만, 조이스의 텍스트에서처럼 서술의 진행을 오히려 방해하는 서술자를 생각해볼 수 있겠는가? 이런 물음에 명확한 해답을 줄 수 없기 때문에 우리는 조이스의 텍스트를 전통적인 텍스트 개념에서 벗어나 새롭게 생각해보게 된다.

제7장에서 제목을 만들어간 서술자는 누구인가? 이 질문의 형태를 조금 바꾸어보면 다음과 같이 질문을 던질 수도 있다. 즉, 조이스의 텍스트가 신문의 모양새와 같다면, 신문에서의 서술자는 누구인가? 우리가 잘 알다시피, 신문은 여러 기사들이 모여 있는 담론의 몽타주이다. 비록 각 기사마다 개별 기자들에 의해 쓰인 것이겠지만, 그 기사는 기자 개인의 목소리를 반영하는 것이 아니라 대중의 여론을 대변하는 것이다. 그렇다면 신문의 서술자는 대중이다. 대중은 어느 특정한 개인을 지칭하지 않고 이름을 알 수 없는 여러 사람들이 모인 집합체이다. 이와 마찬가지로 제7장의 텍스트도 어느 특정한 한 개인의 관점에서 나온 담론이기보다는 여러 사람의 담론이 함께 모여 있는 "이름 없는 대중의" 담론이라고 하겠다.[6] 즉, 『율리시스』의 처음부터 서술을 이끌고 왔던 3인칭 화자의 개별적인 단일한 목소리는 제7장에서 사라지고, 대신 다중(多衆)의 목소리가 모인 몽타주이다.

『율리시스』 제7장은 서술자에 대한 기존의 관념을 붕괴시킨 텍스트이다. 따라서 조이스의 비평가 중에는 이제까지 설정한 3인칭 객관적 화자와는 다른 또 하나의 화자를 도입하여 "메타 서술자" 또는 "배열자"(the Arranger)라 부른다.[7] 이 메타 서술자는 서술의 겉면에 드러나 있지 않은 채 숨어 있으면서도 모든 관점을 관장하는 존재이다. 이 존재는 조이스가 『젊은 예술가의 초상』에서 주인공 스티븐을 통해 자신의 몰개성론(impersonal theory)과 일치한다.

> 예술가의 개성이란 처음엔 어떤 외침이나 운율 또는 기분과 같은 것이었다가, 이후에는 무언가 유연하고 부드러운 이야기가 되며, 마지막엔 그 자신의 존재에서 벗어나 스스로를 정제하는, 말하자면, 스스로의 개성을 삭제하여 몰개성화의 길을 걷게 되는 거야. . . . 예술가는 창조의 신처럼 자신의 수공품 안에, 뒤에, 위에, 또는 그 너머, 보이지 않은 채, 그 자신의 존재에서 정화되어, 무관심한 듯, 자기의 손톱만 매만지며 남아 있지.[8)]

모더니즘의 미학론으로 널리 알려진 T.S. 엘리엇의 몰개성론과 유사한 스티븐의 미학론에 의하면 예술가의 존재는 신과 동일한 역할을 한다. 신은 자신의 피조물에 입김을 불어 넣으며 자기의 형상대로 빚어 만들듯이, 예술가도 자신의 작품 속에 그 존재가 내재해 있으면서도 무관심한 채 뒤로 돌아 앉아 손가락만 매만지고 있다는 것이다. 스티븐의 말을 다시금 되새겨 보면, 작품의 저자는 무관심한 척 뒤로 돌아 앉아 있지만 저자의 숨결이 작품 곳곳에 스며있어 독자는 그 숨결을 느끼지 않을 수 없다는 뜻이 된다. 그렇다면 제7장에서도 저자 조이스는 자기 작품의 서술 화자로부터 거리를 두면서도 만물을 섭리하는 신처럼 높은 곳에 위치하여 사건을 주재하고 자신의 목소리를 개입시킨다고 할 수 있다. 바로 이러한 조이스의 존재는 3인칭 객관적 화자의 목소리 외에 또 다른 화자의 목소리로 작품을 이끌어 가는 조정자이며 메타 서술자이다.

높은 곳에서 모든 것을 내려다보며 사건을 주재하는 조정자의 존재를 가장 명확히 인식할 수 있는 예는 『율리시스』의 제10장이라고 할 수 있다. 10장은 7장과는 서술방식이 전혀 다르지만 그 목소리를 규정할 수 있는 안정된 화자가 사라지고 유기적 구성을 요구하는 전통적 서술방식을 거부하는 점에서는 7장과 동일하다. 방랑하는 더블린 시민들의 모습을 제시하기 위해 여러 곳의 장면을 동시 다발적으로 병치시키며 시간의 흐름을 따라 파노라마처럼 무수한 장면이 이어진다. 각 장면마다 자연주의 수법을 이용한 듯 등장인물과 배경들을 철저하도록 세밀하게 관찰되어 기록된다. 또한 상이한 장면의 병치에도 불구하고 장면의 연속성이 치밀한 계산으로 이어진다. 따라서 연결고리가 없는 파편 조각과 같은 구성에도 불구하고 이들 파편들을 유기적으로 연결시키는 조작자가 숨어 있다는 느낌을 독자에게 준다. 이처럼 마치 인형극에서 줄을 당기며 조작하는 숨은 연출자의 존재가 소설 작품상에서 조정자이다.

그러나 『율리시스』의 제10장이 조정자에 의해 철저하게 꾸며진 도안처럼 보여도 한편으로 깊이 살펴보면 텍스트에는 수많은 생략과 거짓 정보, 잘못된 유추로 가득 채워져 있다. 자연주의적 수법을 사용하였다고 하지만 제10장의 텍스트는 슬며시 그 전제를 흔들어 놓는다. 이러한 상호모순적인 텍스트의 성격을 고려해 보면, 메타 서술자를 "조정자"의 이름으로 부르는 것도 적절치 않다. 조정자의 개념이 분열된 사건들을 궁극적으로 통합시키는 의지적 힘이라고 한다면, 『율리시스』의 텍스트에는 통합적 세력 외에 오히려 이 세력을 거부하고 해체시키려는 또 하나의 세력이 목격된다. 맥기(M.P. McGee)의 용어를 빌리면, 이 또 하나의 세력은 조정자와는 정반대되는 "분열자"(Deranger)의 모습이다.[9] "분열자"의 존재는 전통적으로 내려오던 서술자의 개념을 재확립시키기보다는 이것을 분열시키며 분산시킨다. 그것은 서술자를 다른 이름으로 확장시키는 것이 아니라 서술자의 전통적 기능을 사라지게 하는 것이다. 그것은 작품을 통괄하여 작품의 유기적 구성을 이루고 의미를 확정짓는 작가의 총체적 모습을 추구하는 것이 아니라, 그러한 지배력을 행사하려는 존재를 흩뜨리는 역할을 한다.

소설에서 서술자의 개념은 궁극적으로 사라질 수는 없지만, 전통적인 서술자의 개념은 『율리시스』에서 그 변형을 요구하고 있다. 『율리시스』의 후반부에서 벌어지는 각 장의 서술방식은 그러한 변형이 어떻게 이루어질지를 제각기 실험하고 있다. 그 대표적 예의 하나가 패로디이다.

『율리시스』 제12장은 텍스트의 중간 중간마다 패로디가 삽입되어 서술의 자연스런 진행에 장애를 일으킨다. 제12장은 전체적으로 이름을 알 수 없는 "I"라는 화자에 의해 이야기가 진행되지만 중간에 삽입되는 패로디는 그 담론의 화자가 누구인지 독자에게 의문을 남긴다. 패로디의 한 예를 들면 다음과 같다.

> 그런데 볼지라, 그들이 환희의 잔을 들이켰을 때, 신 같은 전령사, 천국의 눈처럼 찬연한, 한 단정한 젊은이가 급히 들어왔는지라. 그리고 그의 뒤를 따라 고상한 보행과 용모를 띤 보다 나이 많은 자가, 신성한 법진을 손에 들고, 통과했도다. 그와 함께 그의 숙녀 아내, 무쌍가문(無雙家門)의 귀부인, 여성들 가운데 최고 미인이.
>
> 꼬마 앨프 버건이 문 부근에 갑자기 뛰어들며, 큰 웃음으로 몸이 짓눌린 채, 바니 주점의 골방 뒤로 숨었다. 그리고 거기 구석에 앉아 세상모르고 술에 취해 코를 골고 있는 자가 누군지 나는 알 수 없었으나, 그건 단지 다름 아닌 밥 도런임이 드러났다. 나는 무슨 영문인지 몰랐지만, 앨프가 계속 문 밖으로 손짓을 하고 있었다. 그런데 젠장 그게 뭔가 했더니, 단지 목욕탕 슬리퍼를 신고, 경치게도 큰 두 권의 책을 겨드랑에 낀 저 놈의 경칠 늙은 어릿광대 데니스 브린 영감과, 그의 뒤에 화급하게, 마치 복슬개처럼 종종걸음으로 걷고 있는, 불행하고 비참한 여인인 그의 아내였다. 나는 앨프가 배가 쪼개지지 않을까 생각했다. (*U* 12.244-256)

위의 두 단락은 모두 알프 버건(Alf Bergan)이 술집에 들어서는 장면을 그리고 있는데, 첫째 단락은 중세 기사도 문학의 문체를 흉내 낸 패로디이며, 둘째 단락은 1인칭 화자의 서술로 되어있다. 먹케이브(Colin MacCabe)의 지적처럼, 위의 인용문에서 중요한 점은 두 개의 담론 중에 어느 것이 진실이고 어느 것이 거짓된 진술이냐의 문제가 아니라, 동일한 사건이 두 개의 상이한 담론을 통해 어떻게 두 개의 상이한 진술을 생산해 내는가 하는 점이다. 두 개의 담론이 지시하는 대상은 서로 동일하여도 기술하는 문체의 차이에 의해 상이한 독자반응을 일으키게 된다는 것이다.[10)]

독자로 하여금 상이한 반응을 일으키게 하는 문체의 차이란 서술하는 관점의 차이를 의미한다. 위의 패로디는 둘째 단락의 화자와 분명히 구별되며 상이한 독자반응을 일으킨다. 결과적으로, 동일한 사건을 두 개의 상이한 담론으로 병렬시켜, 어느 한 담론의 진술만이 참된 것으로 독자에게 받아들여지지 않도록 만든다. 제12장에는 이러한 패로디의 담론들이 본래의 평범한 문체의 담론과 무수히 병렬되어 두 개의 상이한 관점을 제시하며 두 담론 상호간의 끊임없는 관계 작용을 형성한다.

제12장에서 곳곳에서 출몰하는 패로디의 예를 들어 보면, 법정의 사건 심리를 다루는 듯한 전문 문서식의 담론(*U* 12.33-51), 영웅의 전설이나 신화를 다루는 듯한 담론(*U* 12.68-99), 심령술을 다루는 책자에서나 볼 수 있는 담론(*U* 12.338-373), 의학적 담론(*U* 12.468-478), 신문 기사류의 담론(*U* 12.525-678), 학구적 담론(*U* 12.712-747), 의회의 진행과정을 다루는 담론(*U* 12.860-879), 종교적 담론(*U* 12.1676-1750), 성경 특유의 담론(*U* 12.1910-1918) 등이다. 각자 나름대로 특성을 지닌 이들 담론의 문체는 한껏 왜곡되게 부풀린 패로디로, 이 담론의 화자가 누구인지는 규명되지 않는다. 단지 이 패로디의 담론은 이 세상에 널려 있는 여러

형태의 담론 중에서 임의로 뽑아온, 이미 앞에서 반복하여 설명했던 "저자의 이름을 알 수 없는 대중의" 담론에서 발생했다고 하겠다.

일반적으로 패로디는 어느 지배적인 목소리의 독단적 해석을 방해하며 희화화시키는 기능을 한다. 『율리시스』의 전반부를 이끌어왔던 어느 일정한 서술자의 지배적인 목소리는 제12장에서 패로디에 의해 그 지배력이 희화된다. 패로디는 텍스트에서 담론의 차이를 드러내며 텍스트의 지배적 해석에 모순되는 입장을 병렬시킨다. 조이스의 패로디 서술방식은 궁극적으로 의미를 독점하려는 지배적 해석의 시도들을 무력화시켜 희화적 웃음으로 변모시킨다.

V. 조이스 서술실험의 의미

내적 독백 서술은 내면 의식을 집중적으로 파헤침으로써 개인 주체의 내면적 특성을 가장 사실적이고 진실하게 표현하는 방식이다. 모더니즘 소설의 특성으로 자리 잡은 이 내적 독백 기법은 인간 외부의 세계보다는 인간 내부의 의식세계에 더 많은 관심을 기울이게 만든다. 20세기로 접어드는 시점에서 니체는 신의 죽음을 선언하였다. 신이 사라진 현대문명의 불확실성을 극복할 수 있는 길은 오직 개별 인간수제의 확고한 존재성이었다. 그런 면에서 인간 내부의 숨겨진 진실을 찾아가는 모더니즘 소설의 내적 독백 기법은 인간 주체의 확고함을 확보하는 통로였다. 유동하는 의식의 흐름 속에서 시공간이 자유롭게 변화될 수 있어도 궁극에는 그 인간의 의식이 이들의 유동성 속에 새로운 질서와 구조를 세워가기 때문이다.

『율리시스』에서도 조이스는 다른 모더니스트 작가들처럼 내적 독백의 서술기법을 사용하여 주체의 고유성을 밝혀가는 노력을 시도하였다. 『율리시스』의 두 주인공 스티븐과 블룸의 내적 독백은 그 특유함으로 인해 그 내적 독백의 주체가 누구인지를 즉각 알아낼 수 있을 만큼 독특한 내적 독백 문체를 창조하였고, 이를 자유 간접 화법으로 3인칭 화자의 목소리와 섞어가면서 조이스 특유의 서술기법을 완성시켰다. 더군다나 그는 자유 직접 화법의 내적 독백 서술기법으로까지 발전시켜 『율리시스』의 마지막 장에서 이 기법의 커다란 문학적 유산을 남겼다.

그러나 조이스의 실험정신은 개별 주체의 독특하고 내밀한 의식을 세워가는 서술기법에서 한 걸음 더욱 나아갔다. 그는 『율리시스』의 후반부를 써나가면서 전반부에 가졌던 고정된 주체에 대한 모더니스트들의 생각을 벗어던지기 시작했다. 이런 실험적 사유의 시초는 고정된 3인칭 화자의 존재를 붕괴시키는 일이었다. 텍스트의 의미를 구속하는 지배적 목소리로서의 고정된 화자를 해체하는 일이 『율리시스』의 후반부에서 매 에피소드마다 여러 방식으로 시도되었다. 때로는 신문의 기사 형식으로, 때로는 19세기 여성잡지의 달콤한 문체로, 때로는 과도한 희화적 패로디의 형태로 담론의 지배적 목소리를 붕괴시켰다. 텍스트의 의미를 구속하는 고정된 단일한 화자가 사라지는 대신 무수히 다양한 목소리들이 그 공간을 채운다. 자연히 텍스트의 의미 생성과정은 전통적 방식과는 달라지고, 작가 중심에서 독자 참여의 새로운 독해 방식이 요구된다.

조이스의 과도한 실험에 비판적인 보수적 평자들은 그의 문학세계가 오직 "문체"일뿐이라고 냉소를 보낸다. 그러나 조이스의 문체적 실험은 단순히 현실세계로부터의 미학적 도피가 아니었다. 문체는 세상을 바라보며 경험하는 통로이기 때문에, 조이스는 문체를 실험함으로써 세상을 바라보는 독자의 시선을, 그리고 의미를 구성해가는 독자의 관점에 새롭게 질문을 던지고 있다. 전통적으로 내려오던 고정된 서술자의 목소리를 거부하고, 독자로 하여금 서술의 유희를 즐기며, 현실세계를 새롭게 경험하도록 하는 일이 조이스의 실험적 서술기법의 의도한 작업이었다. 그리고 이러한 "글쓰기 작업"에 대한 조이스의 깊은 천착은 전후 포스트모더니즘 상상력에 도약의 발판을 마련해 주었으며, 그의 작품들이 포스트모더니즘의 문학세계로 꾸준히 읽혀지는 새로움을 던져준다.

---

1) James Joyce, *Letters of James Joyce*, vol. 2, ed. Richard Ellmann (New York: Viking, 1966), p. 134.

2) James Joyce, *Ulysses, The Corrected Text,* ed. Hans Gabler (New York: Vintage, 1986) 판본을 사용했으며, 번역은 김종건, 『율리시스』(고려대학교출판부, 2009)를 바탕으로 필자가 일부분 수정하였음.

3) John Paul Riquelme, *Teller and Tale in Joyce's Fiction: Oscillaing Perspectives* (Baltimore: The Johns Hopkins UP, 1983), p. 48.

4) Arnold Goldman, *The Joyce Paradox: Form and Freedom in His Fiction* (Evanston: Northwestern UP, 1966), p. 96.

5) James Joyce, *Letters of James Joyce,* vol. 1, ed. Stuart Gilbert (New York: Viking, 1957), p. 219.

6) Karen Lawrence, *The Odyssey of Style in "Ulysses"* (Princeton: Princeton UP, 1981), p. 62.

7) Cf. David Hyman, *"Ulysses". The Mechanics of Meaning*, Rev. ed. (Madison: U of Wisconsin P, 1982), pp. 88-93; Hugh Kenner, *Joyce's Voices* (Berkeley: U of California P, 1978), p. 21; Hazard Adams, "Critical Constitution of the Literary Text: The Example of *Ulysses." New Literary History* 17 (1986): 595-616.

8) James Joyce, *A Portrait of the Artist as a Young Man* ed. Chester G. Anderson (New York: Viking, 1964), p. 215.

9) Patrick McGee, *Paperspace; Style as Ideology in Joyce's "Ulysses"* (Lincoln: U of Nebraska P, 1988), p. 74.

10) Colin MacCabe, *James Joyce and the Revolution of the Word* (London: Macmillan P, 1979), p.92.

인용문헌

Adams, Hazard. "Critical Constitution of the Literary Text: The Example of Ulysses." *New Literary History* 17 (1986): 595-616.

Goldman, Arnold. The Joyce Paradox: *Form and Freedom in His Fiction*, Evanston: Northwestern UP, 1966.

Hyman, David, "Ulysses": *The Mechanics of Meaning*, Rev. ed. Madison: U of Wisconsin P, 1982.

Joyce, James. *Letters of James Joyce*. Vol. 1, ed. Stuart Gilbert. New York: Viking, 1957.

______. *Letters of James Joyce*. Vol. 2, ed. Richard Ellmann. New York: Viking, 1966.

______. *A Portrait of the Artist as a Young Man*. Ed. Chester G. Anderson. New York: Viking, 1964.

______. *Ulysses*, The Corrected Text. Ed. Hans Gabler. New York: Vintage, 1986. 김종건 옮김. 『율리시스』 고려대학교출판부, 2009.

Kenner, *Hugh. Joyce's Voices*. Berkeley: U of California P, 1978.

Lawrence, Karen. *The Odyssey of Style in* "Ulysses." Princeton: Princeton UP, 1981.

Colin MacCabe, *James Joyce and the Revolution of the Word* (London: Macmillan P, 1979.

McGee, Patrick. Paperspace; *Style as Ideology in Joyce's* "Ulysses." Lincoln: U of Nebraska P, 1988.

Riquelme, John Paul. *Teller and Tale in Joyce's Fiction: Oscillating Perspectives*. Baltimore: The Johns Hopkins UP, 1983.

VIRGINIA WOOLF · *Between the Acts*

집적된 의식의 내러티브

정 명 희 국민대학교

I

1. 작가 소개

버지니아 울프(Virginia Woolf)는 스스로를 이렇게 묘사한다. 그녀는 "아델린 버지니아 스티븐(Adeline Virginia Stephen)이며, 레슬리(Leslie)와 줄리아 프린셉(Julia Prinsep) 스티븐의 둘째 딸로 1882년 1월 25일에 태어났다"(*MB* 77). 특히 "그녀는 말이 잘 통하고, 교양 있고, 편지를 쓰며, 사람들을 방문하고, 의사 표현을 잘하는 19세기 후반의 세계에 태어났다"(*MB* 77). 울프가 19세기 말에 빅토리아 시대를 대표하는 "지적인 귀족"[1]인 아버지와 수많은 숭배자를 가진 아름답지만 슬픈 어머니에게서 태어났다는 사실은 중요하다. 그녀는 빅토리아 시대를 거부하는 모더니즘의 작가로 정의되지만, 그녀의 많은 부분들은 이미 그녀가 태어난 사회적 상황과 물려받은 지적인 유산에 의해서 형성되었다. 그녀의 삶과 문학은 언제나 빅토리아 시대에 대한 깊은 혐오감과 떨칠 수 없는 아련한 노스탤지어로 양분된다. 그녀가 1980년대 이후 페미니즘의 대모로 추앙받지만, 그녀는 어머니가 표상하는 "집안의 천사"와 자신만의 삶을 고집하는 현대적인 여성 사이에서 모호하게 갈등한다. 그리고 그녀의 글들은 인간의 내면과 외부 세계, 삶과 글쓰기 모두에서 그녀가 인지하는 이런 갈등과 분열들을 봉합하고 연결하려는 시도였다.

울프는 열 세 살이 되던 1895년에 어머니를 잃고 처음으로 정신이상 증세를 보인다. 이후 그녀는 이복언니 스텔라(Stella), 아버지, 마침내 1906년 사랑하던 오빠 토비(Thoby)마저 잃으며, 삶과 죽음의 공존을 뼈저리게 온 몸으로 겪는다. 그녀의 작품들은 사랑하는 죽은 이들에 대한 애도와 그들의 죽음과 자신의 정신병 발작을 넘어서서 삶을 긍정하는 치열함이 깊이 배어있다. 그녀는 1941년, 다가오는 2차 세계대전과 또 다른 정신병 발작을 염려하며 주머니에 돌을 가득 채워 넣고 우즈강으로 걸어 들어가기까지 9편의 장편소설들, 많은 단편 소설들, 수많은 에세이들, 편지와 일기를 남긴 근면한 작가다. 그녀에게 글쓰기는 삶 그 자체이며, 죽음과 정신병을 포함하는 삶의 숨겨진 적들을 대적하는 유일한 무기였다. 1907년 그녀와 언니 바네사(Vanessa)를 비롯한 형제들이 블룸스베리(Bloomsbury)에 살던 시절 오빠와 그의 케임브리지(Cambridge) 대학 친구들과 함께 시작한 목요토론 모임은 그녀가 문화와 사회의 폭넓은 주제에 접하는 적극적인 계기가 되었다. 울프는 그녀가 언제나 존경했던, 동료 문인 E. M. 포스터(Forster)와 화가 덩컨 그랜트(Duncan Grant), 남편 레너드 울프(Leonard Woolf)를 모두 이 모임에서 만나 교류하며 위대한 작가로 성장한다. 특히 그녀는 생업으로 글들을 마구 쓰는 당대의 여성작가들과 자신을 구분하며, 소설이라는 장르를 소위 대중적인 '이야기하기'가 아니라 순수한 예술로 승화시키려 노력한다. 초기 비평사에서 그녀는 제임스 조이스(James Joyce)의 아류에 지나지 않는 이류 여성 작가로 자주 평가되었지만, 이제 그녀는 영문학 최고의 작가인 윌리암 셰익스피어(William Shakespeare)에 비견되는, 세계 현대문학에 지대한 영향을 끼친 작가이다.

1912년 서른이라는 당시로는 늦은 나이에 울프는 레너드와 결혼한다. 영국 문학에서 부부사이에 작가인 배우자의 편집자 역할을 한 커플들이 다소 있는데, 이들의 관계는 언제나 아주 미묘한 긴장감이 감돈다. 울프 부부의 경우 또한 예외는 아니다. 울프는 노동당과 페이비언(Fabian) 협회의 일원이었던 남편에게 많은 영향을 받았다. 그들은 당대 사회에 비판적인 지적인 커플로 호가쓰(Hogarth) 출판사를 설립하여 캐서린 맨스필드(Katherine Mansfield), 당시 무명이던 T. S. 엘리엇(Eliot)의 작품을 출판하는 등 활동했다. 특히 레너드는 울프가 머리만을 쓰는 글쓰기에서 벗어나 출판사에서 직접 수작업으로 조판하게 권했는데, 그녀가 아마도 제임스 스트래치(James Strachy)가 번역한 지그문트 프로이트(Sigmund Freud) 등을 일찍 접하는 계기가 되었다. 레너드는 울프의 유서가 분명히 하듯이 아주 헌신적인 남편으로 그녀를 돌본 것 같다. 엘리엇이 정신병에 걸린 아내를 요양소에 보낸 반면, 레너드는 간호사를 두고 그녀의 심한 정신병 발작들을 간호했고 평생 그녀의 정신적이고 육체적인 건강을 살폈다. 하지만 『댈러웨이 부인』(*Mrs. Dalloway*)을 다시 쓴 마이클 커닝햄(Michael Cunningham)의 『시간들』(*The Hours*)을 영화한 것이 분명하게 제시하듯이, 레너드가 다소 억압적으로 울프의 일거수일투족을 감시하고 지시한 것 또한 사실인 것 같다. 물론 이것은 심한 조울증을 앓았다고 추정되는 울프를 위한 레너드의 어쩔 수 없는 선택일 수 있지만, 이런 그의 면모는 여전히 많은 의문을 자아낸다. 그는 결혼 직후인 1913년 1월부터 울프의 건강에 대해서 매일 기록할 정도로 자상하고 사려 깊은 배우자였다. 하지만 그는 아기를 원했던 울프에게 자신의 의견을 지지하는 전문 의사들은 물론이고 언니까지 동원해서 아이를 포기하고 글쓰기에 전념할 것을 설득한다. 울프는 자주 자신의 글쓰기를 아이 낳는 일에 비유하며 세 아이를 가진 언니를 부러워했고, 일평생 아이가 없는 회한을 떨치지 못한다.

울프는 1915년, 서른셋의 다소 늦은 나이에 『출항』(*The Voyage Out*)을 처녀작으로 출간한다. 1921년 출간된 단편집, 『월요일이나 화요일』(*Monday or Tuesday*)과 1922년에 출판된 『제이콥의 방』(*Jacob's Room*)은 울프가 현재 우리가 아는 모더니즘 작가의 위치를 점하게 한다. 물론 그녀를 가장 유명하게 한 대표작들은 『댈러웨이 부인』(1924), 『등대로』(*To the Lighthouse*, 1929), 『파도』(*The Waves*, 1931) 이다. 하지만 그녀는 『올란도』(*Orlando* 1928)는 물론이고, 『세월』(*The Years*, 1937)과 마지막 유작인 『막간』(1941)에 이르기까지 내용과 형식면에서 끊임없이 실험한 작가였다.

2. 울프적인 내러티브

20세기 영문학에서 울프의 중요성은 그녀가 모던 소설을 썼을 뿐만 아니라, 모더니즘의 이론을 정립하는데 기여했다는 점이다. 그녀는 19세기의 전통적인 소설을 특징짓는 가장 중요한 요소인 플롯과 인물을 거부하며, 의식의 흐름 수법을 사용하여 행동의 세계가 아니라 내면의 감정과 생각의 세계에 천착해 들어간 작가로 이해된다. 하지만 이런 도식적인 이해는 그녀의 작품들이 내포하는 보다 근본적인 실험성을 간과하는 것이다. 그녀는 단순히 소설의 주제를 실제 삶이라는 경험들의 외면세계에서 인간의 내면세계로 전이한 것이 아니다. 그녀의 작품에서 내용의 문제는 언제나 형식의 문제와 긴밀하게 연결되어 있다. 그녀의 새로운 서술 기법은 단순히 재현의 대상을 내면으로 옮기는, 내용면에서의 변화를 수용하는 효과적인 형식이 아니다. 그녀는 소설의 매체인 말들을 음악이나 그림의 매체들인 음이나 선 혹은 색들처럼 순수한 예술적인 도구로 사용하기를 원했다. 하지만 그녀는 새로운 언어를 창안할 수 있다 해도 독자와 소통할 수 없는 것 또한 분명히 인식한다. 그녀의 내러티브는 기존의 의미들과 그 의미들을 구성하는 관습적인 내러티브 방식들을 해체하여, 소설의 언어를 새롭게 구성한다. 그녀의 작품들은 19세기의 소설들처럼 실제 삶을 재현하며 주제와 메시지를 전달하는 이야기가 아니라, 예술적인 완성체로 미학적인 감상의 대상이기를 주장 한다.

그녀의 소설들은 자유간접화법을 사용하며, 전통적인 3인칭의 전지전능한 서술자와 아주 유사한 서술자를 사용한다. 하지만 울프의 서술자는 최종적인 진리를 아는 전통적인 서술자와는 달리 인물들의 의식의 집적된 총체에 불과한 것 같다. 작품은 독자들이 작가의 가치나 이야기 속의 사건들이나 인물들을 이해할 관점을 전혀 제시하지 않는다. 울프의 서술자는 그녀와 모던 작가들의 숙원인 비개인성을 확보하고, 작품은 문학의 초점이 내면으로 옮겨가면서 유아론적으로 자아에 집착하는 위험에서 벗어난다. 작품은 주인공 인물에 초점을 맞추는 것이 아니라, 익명의 다수의 의식들을 차례로 나열하며 집적한다. 하지만 이런 비개인적인 서술자는 직접 서술에 개입하지 않지만, 가장 강력한 존재로 전통적인 소설의 서술자와 인물들을 대치하는 새로운 주인공이다. 울프의 서술자는 작품의 내러티브 의식을 다양한 차원에서 분리하고, 다시 분리된 내러티브 의식들을 자신의 강력한 내러티브로 교배시키며 엮는 절대적인 존재이다. 서술자는 관습적인 내러티브를 해체하고 다시 새로운 질서로 연결하여 구성하면서, 오래된 언어를 새롭게 창안한다. 울프의 서술 기법은 소설을 미학적으로 승화하려는 모더니즘의 예술관과 맞물려 있다.

전통적인 비평들은 울프의 작품들을 현실을 도외시하는, 보호받은 상류층 여성작가의 애매모호한 미학적인 유희로 폄하하는 경향이 있다. 하지만 현대의 포스트구조주의, 해체주의, 포스트모더니즘, 페미니즘 등의 이론들은 그녀의 텍스트가 내용과 형식의 양면 모두에서 포함하는 다양한 이슈들과 실험적인 면모들을 이해하게 도와준다. 비록 그녀의 작품들이 역사와 현실적인 공간의 감각이 결여된 서정적인 현재만을 제시하는 것 같지만, 윤리와 정치의 문제는 여전히 중요한 위치를 점한다. 그녀의 작품들은 일상적이고 습관적인 태도들과 인식의 각도들을 변화시킬 뿐만 아니라, 작품을 읽을 수 있는 다양한 방법들 자체를 포함하여 독자들이 선택가능하게 한다. 하지만 어떤 내러티브도 완전히 비개인적일 수는 없으며, 어느 작가도 글을 쓰는 이의 필연적인 권위를 없앨 수는 없다. 『막간』의 라 트롭 양이 최종적으로 보여주듯이, 작품에서 상대적으로 대립하는 분리된 내러티브들을 엮는 서술자의 파워(폭력?)는 울프와 모던 작품들이 부인하는 전통적인 소설의 작가와 서술자의 권위를 능가한다. 울프의 서술자는 인습적인 작가와 서술자의 권위를 대체하며, 작가와 작품을 외적인 통제가 전혀 불가능한 절대적인 미학의 세계에 갇히게 할 수도 있다.

II

울프는 「모던 소설들」("Modern Novels") (1919), 「베넷 씨와 브라운 부인」("Mr. Bennett and Mrs. Brown") (1923) 등과 같은 에세이들에서 선배 세대인, 에드워드 시대 작가들을 비판하며 그녀의 모더니즘 이론을 정립한다. 그녀는 에드워드 시대의 사실주의 작가들을 물질주의자들이라고 명명하며, 모던 작가인 조이스는 "정신적"인 작가여서 "어떤 대가를 치루더라도 깊숙한 내면의 깜박깜박 흔들리는 불꽃을 드러내려" 한다고 설명 한다("Modern Novels" 34). 「베넷 씨와 브라운 부인」에서 그녀는 러시아 작가들을 칭찬하며, 그들은 영국의 물질주의적인 작가들과는 달리 "영혼 — 영혼만을 보여 준다"(325)고 칭찬한다. 이런 주장들은 자칫 그녀를 본질론적인 정신주의자로 이해하게 한다. 하지만 울프가 여기서 '정신'으로 지칭한 것은 서구 문명에서 육체에 반대되는 개념으로서의 정신이 아니라, 월터 페이터(Walter Pater)의 내면의 비전을 의미한다. 페이터는 『르네상스』(*The Renaissance*)의 "결론"에서 주관적인 인상들을 찬탄하면서, 인간의 경험에서 가장 진실한 것은 마음으로 들어온 "흔들리는 인상들"(59)이라고 주장 한다. 그의 인상주의 미학은 단단한 형체를 가진 외부의 대상과 그에 비례해서 유동적인 인상이라는 상식적인 구분을 뒤엎는다. 페이터는 외부 대상들의 견고성은 인간의 언어가 "투자"(59)한 것에 불과하며, 인상들이 사물의 본질이며, 영혼이라고 말한다(60). 이런 페이터의 미학은 조이스를 비롯한 많은 모더니즘의 작가들, 특히 울프의 모더니즘에 깊이 영향을 미쳤다.[2)]

「스타일」("Style")에서 페이터는 예술가는 "그 내면의 비전"을 "제시하는 진실성에 비례해서" 좋은 예술을 만든다고 말한다(106). 울프 또한 "각각의 단어를 [그녀의] 비전에 견주며"("Mr. Bennett and Mrs. Brown" 332) 정확하게 맞는 문장을 찾으려 시도 한다. 하지만 페이터의 비전은 재현의 대상을 외적인 대상의 세계에서 인상들이라는 내적인 대상으로 이동한 것이 아니다. 페이터에게 외부의 모든 물리적인 세계는 "과학이 그들에게 이름을 부여한 자연 요소들의 결합"이며, "얼굴이나 팔다리의 분명하고 영원한 윤곽은 우리들의 이미지에 불과하다"(59). 마찬가지로 작가의 비전, 인상들 또한 어떤 본질적인 차원도 없으며, 그것들은 빛과 어두움, 낮과 밤, 여자와 남자로 나누는 문화의 변별 체계에 의해서 생산된다. 페이터와 울프에게 작가의 비전, 인상들은 중요하지만, 그들 또한 작가 개인의 고유한 어떤 것이 아니다. 언어가 외부의 대상들에게 이름을 부여하면 한 순간의 견고성이 형성되듯이, 내면의 인상들 또한 언어를 통해서 한순간 구성된 것에 불과하다. 인간은 인류문명 속으로 태어나 문화적인 변별 체계들을 습득하고, 그 변별 체계로 자기 자신과 상대, 그리고 대상의 세계를 구분해서 인지하며 구성한다. 이제 작가는 외부와 내부 어디에서도 재현할 대상 자체를 잃었다. 모던 작가들은 소설의 형식주의적인 면모에 지대한 관심을 기울이며, 내레이션 자체가 작품의 주요한 주제가 된다.

울프는 모던작가답게 분열된 분자들이 인간존재와 세상을 구성하는 것으로 인지했고, 그녀의 소설들은 형식의 차원에서 이런 파편적인 존재들을 온전하게 구성하려 한다. 그래서 작품에서 가장 중요한 내레이션은 구성의 문제이며, 인물들과 서술자는 동일하게 형식적인 조화의 가능성을 탐색한다. 작품은 어떻게 쓸 것인가 하는 형식의 문제를 자기반사적(self-reflexive)으로 다룬다. 하지만 작품의 내레이션의 목적이 언제나 내레이션 그 자체라면 도대체 어떻게 이야기할 수 있을까? 울프는 작품의 내러티브 의식을 의도적으로 다양한 차원에서 분리시키고, 그 분리된 다양한 내러티브들을 엮어내는 강력한 서술자를 통해서 작품들을 완성한다. 그녀의 작품은 언제나 해체된 양상을 보이며, 모호한 열린 결말만을 보여주는 것 같다. 하지만 작품의 내러티브는 스스로를 나누는 차이들 간의 간극을 통해서 구성되고, 양분된 내러티브들이 결국은 동일한 구성의 이야기로 판명되면서 간극은 메꾸어진다. 서술자는 다양한 차원으로 분리된 내러티브 의식들을 연결해서 "상상력의 완벽한 구조"(*TL* 258)를 보여준다. 그녀의 후기 작품들은 작가의 절대 권위를 부인하고, 익명성을 강조하며, 침묵을 재현하려 시도한 글들로 이해된다. 『막간』에 대해서 그녀는 "나(I)"는 거부하고 "우리(We)"를 쓰겠다고 말한다(*WD* 289-9). 이런 그녀의 면모는 페미니즘과 함께 "공동의 삶(common life)"의 비전, 휴머니즘의 비전으로 이해된다. 하지만 이런 울프의 면모는 그녀의 소설들이 탐색했던 형식의 문제와 함께 고려되어야 한다. 울프는 형식에 관심이 많은 모더니스트이고, 그녀에게 내용과 주제의 문제는 언제나 형식의 문제이다.

그녀의 초기작인 『댈러웨이 부인』과 『등대로』는 다양한 내러티브들을 댈러웨이 부인과 등대라는 중심이 되는 상징으로 말끔하게 모은다. 일반적으로 비평가들은 이런 작품들을 울프의 비전의 소설로 지칭하며 칭찬한다. 반면에 그녀의 후기작들은 그런 구성을 보여주지 않는다. 특히 『막간』은 그녀의 작품들 중 가장 해체적이며 시작도 끝도 없는 열린 구조를 보여준다. 작품은 울프의 작품 중 가장 난해한 것으로 평가되며, 초기작들의 완성된 구조와는 거리가 있다. 하지만 작품을 해체하는 일관되게 양극화된 패턴은 실패가 아니라, 울프적인 구성 미학의 완성된 패러다임이며, 그녀의 미학이 추구하는 가장 울프적인 내러티브다. 작품의 내러티브는 그녀가 추구한 인간 내면의 고립된 세계를 서술자의 공동의 내러티브를 통해서 승화시킨다. 하지만 이것은 어떤 신비주의적인 비전이 아니다. 그녀는 인간 문화의 유산인 언어로 실질적으로 공동의 삶의 내러티브를 완성한다.

이 논문은 『막간』의 내러티브를 울프의 새로운 내러티브로 고찰한다. 우선 울프를 언제나 수식하는 의식의 흐름 기법과 함께 울프적인 서술자의 출현을 살펴본다. 둘째, 작품이 특징적으로 사용하는 분리된 내러티브 의식들이 어떻게 연결되는지 살펴본다. 셋째, 울프의 서술자가 분리된 내러티브들을 교배해서 새로운 내러티브를 구성하는 것을 살펴본다. 그녀의 내러티브는 인물이나 작가 같은 개인을 초월하는 익명의 집적된 의식을 재현하고, 소설을 마침내 그녀가 꿈꾸던 '순수한 예술'의 경지로 격상시킨다.

1. 의식의 흐름 기법과 울프의 서술자

미국의 심리학자인 윌리암 제임스(William James)는 1890년에 인식들, 기억들, 연상들과 감각들, 특히 생각들이 인간의 의식에서 흐르듯이 경험되는 것을 의식의 흐름(stream of consciousness)이라는 용어로 묘사했다. 그의 신조어는 인간의 마음이 반쯤 혹은 분명하게 의식하는 생각들과 감정들이 질서 있게 연결되지 않고, 마구 유동적으로 끊임없이 이어지는 것을 강조 한다(Wikipedia). 모더니즘 작가들은 이런 "삶에 대한 주관적인 경험"(Parsons 45)을 자신들의 새로운 영역으로 주장 하며, 작품의 주제와 기법 모두에서 제임스가 명명한 의식의 흐름, "개인의 마음의 주관적인 의식"(Parsons 56)에 초점을 맞추었다. 일반적으로 의식의 흐름은 표면상으로 내면 독백의 형태이건 혹은 행동들과 연결되어서이건, 한 개인의 관점을 편집하지 않고 그대로 글로 기록하는 내러티브 방식이다. 그리고 이 기법은 내면독백과 동일한 것으로 자주 이해된다. 하지만 문학 비평가들은 의식의 흐름을 다양하게 정의하며, 이 기법을 사용한 모던 작가들에 대한 평가 또한 일치하지 않는다.[3)]

조이스는 1903년에 프랑스의 작가, 에드워드 뒤자르댕(Eduard Dujardin)을 내면 독백(interior monologue)의 창시자로 지적했다. 이 새로운 내러티브 기법은 19세기 빅토리아 시대의 소설들의 작가처럼 설명하거나 논평하면서 개입하지 않고, 독자가 인물의 내적인 삶을 직접 보고 느낄 수 있게 "인물의 스피치"만을 제시한다. 뒤자르댕은 이 새로운 수법은 전통적인 독백과는 달리 마음이 거의 의식하지 못하는 가장 내밀한 생각들을 표현한다고 강조한다.[4)] 파슨스는 본디 내면독백은 주관적인 실재의 삶인 "의식의 흐름"을 문학에서 재현하려는 내러티브 기법이라고 구분 한다(56). 하지만 의식의 흐름과 내면독백을 구분하는 일은 의식의 흐름을 정의하는 일만큼이나 간단하지 않다. 이 논문은 울프가 의식의 흐름의 작가인가 하는 논쟁에 관여하지 않는다. 의식의 흐름, 혹은 내면 독백은 거의 언제나 울프를 수식하는 용어들이고, 그들은 그녀 작품의 독특한 특징들을 설명하는 만큼만 유용하다.

울프는 의식의 흐름의 작가로 알려져 있고(Naremore 60), 내면 독백의 작가로도 정의된다(Naremore 61) 울프는 이런 기법들을 통해서 인물들의 내면의 삶을 묘사했다고 이해된다. 그녀는 「모던 소설들」에서 그녀의 모더니즘 미학을 선언한다. 이제부터 작가들은 "마음이 평범한 삶의 과정에 노출되어서" 받아들이는 "수많은 인상들," "셀 수 없는 분자들의 끊임없는 샤워"를 "분자들이 마음에 떨어지는 순서대로 기록하자"(33). 그렇게 하면 작가는 소위 삶을 제대로 재현할 수 있다. 울프는 조이스를 바로 그런 작가로 칭찬한다. 여기서 울프는 도로씨 리차드슨(Dorothy Richardson)의 『순례』(*Pilgrimage*)나 조이스의 『젊은 예술가의 초상』(*A Portrait of the Artist as a Young Man*) 같은 작품들을 염두에 둔 것 같다. 리차드슨은 『순례』에서 중심인물인 미리암 핸더슨(Miriam Henderson)의 제한된 의식에만 초점을 맞추어, 그 인물의 마음이 실재를 인식하는 대로 실재에 대한 인상을 말로 기록하려 시도한다. 울프는 미리암 혹은 스티븐(Stephen)이라는 한 인물의 내면에 집중해서 그대로 필사하는 의식의 흐름을 모더니즘의 새로운 기법으로 긍정하는 것 같다. 하지만 울프는 이들과는 달리 절대로 특정한 한 인물의 내면에 집중하지 않는다. 『댈러웨이 부인』에서 댈러웨이 부인은 분명 작품의 중심이지만, 작품은 댈러웨이 부인의 관점은 물론이고 다양한 등장인물들, 심지어는 단 한번 등장하는 인물들의 관점들 모두를 포함한다. 『막간』은 인물들의 다양한 관점은 물론이고, 인물들 간의 대화, 다양한 익명의 청중들의 목소리들을 오케스트라처럼 엮으며 나열한다. 화자는 심지어 관찰자가 없는, 비어 있는 방을 알 수 없는 목소리로 묘사한다. 울프의 내러티브는 인물과 서술자의 목소리 경계가 분명치 않은 경우가 많다. 특히 『막간』은 인물들의 목소리는 아니지만, 누가 말하는지 전혀 알 수 없는 비개인적인 목소리를 자주 구사한다. 『등대로』의 2부 "시간이 흐른다"(Time passes)가 이미 보여주었듯이, 『막간』은 대상의 세계, 비어 있는 방에 익명의 목소리를 부여한다. "비었네, 비었어, 비었어. 말없이, 말없이, 말없이. 방은 시간 이전에 존재하던 것을 노래하는 조가비였다. 설화석고 같고 매끄럽고 차디찬 꽃병이 집의 한가운데 서 있었다. 텅 빈 침묵의 고요한, 증류된 본질을 간직하고 말이다"(33-34). 내러모어는 울프의 초기작은 직접 인물들의 생각을 보여주었지만, 후기작은 "인물들의 에고 밖에 있는 것들을 상당한 한도 내에서 표현하도록 허용했다"(71)고 지적한다.

「모던 소설들」에서 울프는 조이스를 칭찬하지만, 그의 작품은 "자아에 집중"(34)된[5] 갇힌 느낌을 준다고 비판 한다. 『율리시즈』(*Ulysses*)는 삶의 너무나도 많은 부분을 배제하며, 가난한 작가의 마음을 드러낸다("Modern Novels" 34).[6] 그녀는 조이스의 "감수성의 떨림"을 극찬하지만, 그가 개인의 자아의 "외부에 그리고 그 너머에 있는 것에 결코 손을 뻗쳐 이르려하거나 포옹하거나 이해하지 않았다"고 지적 한다("Modern Novels" 34). 물론 리차드슨이나 초기의 조이스가 개인의 의식에 자기중심적으로 집중한 것은 분명 "유아론적"일 수 있다(Parsons 77).[7] 울프를 포함하는 모더니즘 작가들은 낭만주의의 유아론적인 면모를 강하게 거부했다. 내러모어는 울프의 비전은 "삶"을, "자아를 초월하는 실재"를 재현하는 것이고, 그러기 위해서는 인물들의 의식에 초점을 맞추는 것은 그녀에게 "기질적으로"(63) 안 맞는 일이라고 지적한다. 이런 그녀의 성향이 기질의 문제인지는 분명치 않지만, 그녀의 모더니즘은 분명 비개인적이며, 외부 세계를 포함하는 글을 요구한다. 울프는 『자기만의 방』(*A Room of One's Own*)에서 제인 오스틴(Jane Austin)이 억압받고 힘든 여성의 삶에도 불구하고 개인적인 불순물을 모두 연소시키고 완벽한 예술작품을 탄생시킨 작가라고 칭찬한다. 이것은 자주 페미니즘의 이슈로 이해된다. 하지만 오스틴은 영국작가로서 처음으로, 그리고 지속적으로 자유간접담론을 사용한 작가이다(Parsons 29). 울프는 개인적인 불평불만과 거리를 유지한 오스틴의 비개인적인 면모에 주목하고 있다, 울프의 작가는 자신의 개인적인 존재를 초월하고 인간의 내면뿐만 아니라 외부 세계도 포함해야 한다.

제임스 헤프리(James Hafley)는 의식의 흐름을 "말로 표현한 생각을 직접 필기"(73) 한 것으로 정의하며, 울프는 의식의 흐름을 결코 사용하지 않았다고 주장 한다. 헤프리는 울프의 글은 『순례』의 미리암의 의식이나 『율리시즈』마지막의 몰리(Molly)의 독백과는 아주 다르다고 지적한다(73). 조이스나 리차드슨은 인물들의 의식을 전혀 개입하지 않고 기록하지만, 울프의 소설에서 독자는 언제나 그녀의 존재를 감지할 수 있다(Hafley 73-4). 울프의 서술자는 인물들의 내적인 관점과 그들을 바라보는 외부의 관점들, 인물들의 세계와 대상의 세계 사이를 자유로 오가며 자유로운 간접 담론을 구사한다. 작품은 의식의 흐름처럼 인물의 생각들을 내면에서 보듯이 즉각적으로 보여주지만, 동시에 거리를 두고 묘사하는 화자의 독립된 관점을 제시한다(Parsons 29). J. H. 밀러(Miller)는 울프는 모더니스트이지만, 여전히 "기억속의 과거"(176)를 반복해서 이야기하는 영국 소설의 근본적인 전통을 고수 한다고 지적 한다. 울프는 작가의 인상들을 소설의 새로운 대상으로 강조하지만, 그녀의 작품들은 아이로니컬하게도 언제나 과거 시제를 채택한다. 서술자의 간접 담론은 순간적이고 즉각적인 인상들이나 감각들을 전달하는 듯하지만, 긴 단락들은 언제나 꼬리표처럼 "그녀는 혹은 그는 생각했다"는 구절로 이어진다. L. E. 보울링(Bowling)은 리차드슨의 의식의 흐름 기법이 인물의 내면 독백을 그대로 보여주는 것이 아니라, 인물과 독자 사이를 중재하며 인물의 생각들을 해석하는 "내적 분석(internal analysis)"(343-44)이라고 지적 한다. 비록 보울링이 울프를 언급하지는 않지만, 이것은 바로 울프의 "전형적인 방식"이다(Naremore 67). 그녀의 서술자는 인물들의 감정들과 생각들을 필사하는 것이 아니라, 분석하고 요약한다. 서술자는 사람을 총칭하는 그녀의 유명한 대명사 "one"

이 보여주듯이 비개인적이며, 전지전능하게 모든 것을 다 알고, 모든 상황들과 인물들에 대해서 설명하고 논평한다. 그녀의 서술자는 "중심이 되는 지적인 존재"이다(Hafley 74).

하지만 울프의 서술자는 전통적인 서술자와는 분명하게 구분된다. 그녀의 서술자는 『파도』를 제외한 대부분의 작품들에서 강력한 존재지만, 그의 관점이 작가의 확고한 가치체계를 대변하며 작품의 주제와 의미를 결정하지 않는다. 그녀의 서술자가 19세기 전통적 소설처럼 인물들이 아닌, 자신의 관점으로 직접 개입해서 설명하는 일은 거의 없다. 서술자는 독자들보다 인물들을 더 잘 알지 못하며, 그들의 생각이 맞는지 의심한다. 전통적인 서술자는 언제나 최종의 진실을 아는 권위적인 인물이지만, 울프의 서술자는 단순히 인물들의 생각들을 기록하며, 서술자에게 사물은 그것들이 인물들에게 존재할 때만이 존재하는 것 같다(Miller 180). 하지만 그녀의 서술자는 다른 의미에서 아주 강력한 존재이다. 작품들에서 인물들은 서술자의 존재를 모르지만, 서술자는 그들을 모두 알며, 그들의 마음에 자유로 들어오고 나가며, 그들을 설명하고 요약한다. 그녀의 서술자는 "이야기 속의 각 인물들의 정신적인 경험이 집적되어 존재하는 존재"지만(Miller 180), 인물들의 마음은 언제나 서술자의 마음의 일부이며, 서술자는 인물들의 마음의 전체를 나타내는 막강한 존재이다.

울프강 위히트(Wolfgang Wicht)는 울프가 조이스처럼 전형적인 모던 작가로서 작가로서의 침묵을 택했다고 말한다. 그는 그녀의 작품들이 작가를 작가 자신이거나 혹은 그것을 대치하는 서술자의 페르소나를 통해서 드러내지 않는다고 주장한다(133). 하지만 웨인 부쓰(Wayne Booth)가 지적했듯이, 아무리 작가가 자신의 존재를 드러내지 않아도, 텍스트가 가치 체계나 판단에 있어서 중립적일 수는 없다(273). 쥐네트는 작가가 개입하지 않고 단지 보여주는 것은 단지 "이야기하는 한 방법"일 뿐이며,[8] "보여주는 척하는" 것이며, 단지 "침묵하는 척 하는" 것이라고 말한다(166). 울프의 내러티브에서 서술자는 전통적인 소설의 인물들뿐만 아니라 작가라는 개인을 대치하며, 소설의 새로운, 그리고 유일한 주인공이 된다.

2. 분리된 내러티브의 연결성

소설의 내러티브는 일반적으로 과거에서 현재, 미래로 흐르는 시간 안에서 잇달아 일어나는 연속적인 사건들을 묘사하는 "구성된 형태로 만들어진 이야기"이다(Wikipedia). 소설의 사건들은 언제나 시간 속에 전개되며, 원인과 결과로 연결된다. 글쓰기는 시간적으로 직선적인 예술이며, 이야기에 언제나 직선적인 연속성을 부여한다. 하지만 울프의 작품들은 이런 연속성을 거부하며, 작품의 내러티브 의식은 여러 차원에서 분리되어 있다. 그녀는 『제이콥의 방』을 시작으로 내러티브 의식을 인물들의 이야기와 동시에 어떻게 구성할 것인가 하는 내레이션의 이야기로 나눈다. 서술자는 제이콥의 삶을 전기적으로 서술할 뿐 아니라, 전기를 쓰는 어려움을 토로하며 적절한 방법을 모색한다. 그리고 이렇게 분리된 내러티브 의식은 인물과 주제 면에서 다시 이중 삼중으로 나누어진다. 『막간』 또한 분리된 내러티브 의식을 보여준다. 특히 이 작품은 작품 속에 라 트롭(La Trobe) 양의 연극을 삽입해서 구성의 문제를 직접 다룬다. 또한 작품의 주제는 사랑과 증오, 젊음과 늙음, 삶과 죽음, 전쟁과 평화 등으로 나누어진다. 인물들은 이런 다양한 문제들로 분열되고, 라 트롭 양을 포함한 모든 인물들은 분리된 것을 연결해서 어떻게 온전하게 구성할지 고민한다.

작품은 가능한 모든 차원에서 대조되고 나누어져 있다. 작품의 내러티브는 인물들의 이야기와 라 트롭 양의 연극을 동시에 서술하여,

인물들의 실제 세계와 연극의 허구 세계를 대조시키고, 소설과 희곡의 두 개의 장르를 혼용한다. 인물들은 분명하게 대조되며, 극단적으로 양극화되어 묘사된다. 주요한 두 쌍의 등장인물인 바트(Bart)와 스위딘 부인(Mrs. Swithin), 자일즈(Giles)와 이자(Isa)는 추상적이고 보편화된, 대립적인 특질들로 양극화된다. 인물들은 표층적인 차원에서 일관된 관점들을 형상화한 기록부처럼 언제나 외부적인 요소들, 옷, 가계 혈통, 주변 인물들과의 대조를 통해서 묘사된다. 그들은 남자와 여자, 이성과 감정, 실제와 환상, 현실적 혹은 종교적 등과 같은 다양한 문화적 대립 개념들을 표상한다. 바트는 인도에서 퇴역한 장교로, 이성, 과학적 사고, 가부장을 상징하고, 반면에 스위딘 부인은 감정, 대기에 떠도는 듯한 유동적인 사고, 신앙 내지는 종교의 상징이다. 포인츠 홀의 젊은 세대인 이자와 자일즈는 늙은 세대의 대립을 반복한다. 자일즈가 육체성, 현실성, 근육질의 남성성 자체를 상징한다면, 이자는 감정적이고 변덕스러운 여성성을 상징한다. 그녀는 스위딘 부인과 유사하게 정신적인 성향을 드러내며, 언제나 환상 속에 산다. 인물들은 거의 우화적일 정도로 이런 특질들의 상징이다. 하지만 이런 특질들은 아이로니컬하게도 그들을 아는데 전혀 도움을 주지 않는다. 울프의 작품에서 인물들을 친근하게 아는 것은 불가능하지만, 이 작품은 알아갈 깊이를 지닌 인물 자체가 없다. 『막간』의 인물들은 울프의 다른 작품들의 인물들처럼 양면성을 내포한 애매모호한 인격의 소유자들이 아니다. 인물들은 이분법의 사고에서 양극화된 특질들 중 하나로 묘사될 뿐이다. 작품은 다시 주제의 차원에서 역사적 배경인 전쟁과 평화의 문제, 인간간의 사랑과 증오의 대립된 세트들로 나누어진다. 이렇게 다양한 차원에서 분리된 내러티브들 사이에서 라 트롭 양을 포함하는 인물들은 그것이 남녀 간의 연정이건 자손을 통한 영속이건, 문명의 계승 혹은 연극의 온전한 구성이든 연결하려 노력하고 고통스러워한다. 하지만 그들은 결국 연결하는데 실패하는 듯하다. 인물들 중 누구도 견고한 정체성을 형성하지 못하며, 라 트롭 양의 연극은 실패이며, 작품의 내러티브 또한 명확한 주제나 결론을 제시하지 않는다.

작품은 인간세계에서 견고한 본질을 가진 것으로 이해되었던 역사와 인간의 정체성을 모두 부인한다. 작품의 시간은 분명 현재의 하루를 커버하며, 밤에서 시작해서 다시 밤으로 직선적으로 흐른다. 하지만 작품의 더 중요한 시간은 선사 시대와 문명 시대, 그리고 다시 도래할 수 있는 역사 이전의 선사 시대로 나누어진다. 작품은 1939년의 급박한 전쟁의 위협을 단 한 번도 직접 언급하지 않는다. 하지만 문명의 몰락과 선사시대의 삶으로의 순환 가능성은 작가와 소설 속 인물들 모두의 현실이다. 스위딘 부인은 역사를 부인하며, "빅토리아 시대의 사람들은 없다. 단지 너와 나 윌리암이 다르게 옷을 입은 것이다"(174-5)라고 말한다. 라 트롭 양은 배우들에게 다른 옷을 입혀서 역사를 재현한다. 이런 작품의 역사관은 "나," 인간의 정체성이라는 개념 자체를 불가능하게 한다. 만약 시간이 직선적으로 진보하며 흐르지 않는다면, 그런 시간 개념 속에 상정된 연속하는 존재성은 불가능하다. 연극의 막간에 마을 사람들은 그들이 확고하다고 믿는 정체성이 얼마나 변덕스러우며, 인간의 옷이 부여하는 이미지에 불과한지 분명히 한다.

> 하지만 어쩐지 그들은—어떻게 말할 수 있을까—여기에도 저기에도 딱히 있는 것처럼 느껴지지 않았다. 마치 연극이 볼을 컵 밖으로 홱 움직인 것처럼, 마치 내가 자신이라고 부르는 것이 속한데 없이 여전히 떠돌면서, 자리를 잡지 못하고 있는 것 같았다. 온전히 그들 자신처럼 느껴지지 않았다. 아니면 그들은 단순히 옷이 의식이 있다고 느끼는 것일까? (149)

그들은 연극을 보면서 자신이라는 정체성을 마치 옷처럼 갈아입으며, 어디에도 속한바 없이 떠도는 존재가 된다.

인물들은 모두 파편화된 특질들의 상징이며 어떤 통일된 정체성도 구성할 수 없다. 그들의 정체성은 다양한 이미지에 불과하고, 그들이 남자와 여자, 혹은 이성과 감정으로 나누는 문화의 변별 체계에서 그들의 자리를 잡을 때 한 순간 획득하는 것에 불과하다. 이자가 아내, 며느리, 안주인, 어머니 등의 역할을 맡듯이, 자일즈는 남편, 가장, 아버지, 크리켓 선수의 역할을 맡는다. 인물들은 언제나 서로에 대한 대조로 존재할 뿐이다. 이자가 "[그녀]의 남편"하고 자일즈의 이름을 기억할 때, 그녀는 아내가 되어, "자부심, 애정 그리곤 다시 그가 선택한 자신에 대한 자부심"을 느낀다(47-8). 또한 그는 "[그녀의]의 아이들의 아버지"이다(14). 이자에게 자일즈는 독창적 존재가 아니라, 그녀와의 관계를 나타내는 진부한 표현들의 재현된 이미지이다. 이자는 아들에게는 어머니로, 다시 신사농부를 숭배하는 연인으로 순간, 순간 자신의 위치를 변경하며 "드레스를 갈아 입"듯이 다른 이미지를 입는다(105-6). 이것은 자일즈도 마찬가지이다. 그는 이자에게 "그녀가 쓸 돈을 버느라고 세상 비애의 짐을 짊어진 이의 포즈를 취한다"(111). 집으로 돌아온 자일즈는 낯선 차를 방문객으로 해석하며, 자신의 역할에 맞게 "크리켓 경기자"(46)처럼 옷을 갈아입는다.

인물들은 자신의 삶을 언제나 재현된 연극처럼 보며, 상대뿐만 아니라 자신 또한 이미지로 스스로에게 재현한다. 이자는 자신을 언제나 연극의 대사들의 조각들로 표현하며, 연극의 인물들처럼 불행한 역할을 한다. 인물들은 모두 삶이라는 연극에서 맡은 역할을 수행하는 배우며, 물려받은 오래된 역할들에 "갇혀" 있다(66). "모두 잡혀서 감금되어 있었고, 포로들이었다"(176). 이자는 자신을 당나귀, 백조 혹은 가정사라는 줄에 얽매인 이미지로 인식하며 절망한다. 그녀는 "가정생활

속으로 엮여드는, 머리카락처럼 가는 무수한 인연의 줄"로 사로잡혀 있다(19). 자일즈 또한 자신에게 정체성을 부여해주는 이름들, 남자, 올리버, 가장, 아버지, 남편, 이런 말들이 만들어내는 이미지들에 좌절하고, 강력한 말의 힘에 절망한다. "말들이 일어나서 그들을 비난하는 손가락질을 했다"(149). "말들은 오늘 오후에 문장에 길게 누어있지 않았다"(59). 자일즈는 포인츠 홀의 주인으로 연극을 보는 것이 아니라, "바위에 묶여서" "수동적으로 보도록 강요당한다"(60).

이자는 현대인의 고난을 대변하듯이 이런 파편적인 존재에 고통스러워한다. 그녀는 남편과 신사 농부에 대한 사랑, 시와 가정사 사이에서 갈등하며, 통일된 자아를 창조하려는 노력은 언제나 실패한다. 그녀는 한번도 자신이 숭배하는 옷을 입지 못한다(15-16). 그녀의 몸은 옷이 잘 맞지 않아서, "낡은 실내복 속에 덧베개"같다(5). 하지만 그녀는 아이로니컬하게도 그녀가 걸친 낡은 실내복 같은 과거의 잔재들로 자신을 유일하게 구성할 수 있다. "그녀는 자신의 과거의 모습을 보았다. 리처드 경의 딸이고, 자신들이 오닐이며 아일랜드 왕들의 자손인 것을 너무도 자랑스러워하는 윔블든의 나이 든 두 숙녀의 조카딸이었다"(16). 물론 이렇게 전통적으로 계승되는 타이틀들은 또한 그녀를 얽매는 것들이다. "그들이 땅에서 빨아들이는 것 때문에 [그녀]는 얼마나 무겁게 짐 지고 있는지, 기억들, 소유물들, 이것이 과거가 [그녀]에게, 사막을 가로지르는 긴 대상의 마지막 작은 당나귀에게 부과하는 짐이었다"(155). 인물들은 모두 세상에 너무도 늦게 태어난 현대인으로서 자신들이 물려받은 이름들, 남자와 여자라는 이름, 신사 계급, 남편과 아내 등의 사회적 역할, 동성애와 이성애 등에서 자신만의 고유한 어떤 존재성도 구성할 수 없다. 이자는 새 생명을 줄 수 있는 물을 애타게 찾고(66), 하나의 태양이 떠서 모든 의심이 걷히기를 갈망 한다(61). 하지만 인물들은 모두 바트가 산 그림의 숙녀처럼 본질적인 존재가 결여된 “그림”(36)에 불과하다(Meisel 215).

그런데 작품의 특이한 면모는 이런 작품의 이야기에서 철저하게 분리된 서술자의 모습이다. 물론 울프를 비롯한 모던 작가들이 비개인적인 서술자를 주장하지만, 작품의 서술자는 지나칠 정도로 무심하게 뜻대로 살지 못하는 인물들의 감정적인 고통들을 묘사한다. 작품에서 이자와 자일즈는 가장 중요한 갈등 관계를 보여주는데, 서술자는 그들 관계를 “‘긴장되어 있다’”(106)고 압축한다, 마리아 디바티스타(Maria DiBattista)는 작품이 이자의 불행의 심리적인 원인을 분석하고 설명하기 보다는, 그녀의 고통을 “소설적인 클리세로 축소해서 기록한다”(204)고 지적한다. 서술자는 동성애자 다지의 고통도 전형적인 이미지로 묘사할 뿐, 개인적인 차원의 고유한 고뇌를 보여주지 않는다, 작품의 화자는 『제이콥의 방』의 서술자와는 달리 피상적이라도 인물의 정체성을 탐색하며, 분리된 인물들과 주제를 연결하려 시도하지 않는다. 작품은 인물들의 대립이 엮어내는 반복적인 일상을 희극적으로 보여줄 뿐이다. 울프의 작품들은 거의 언제나 작가와 서술자의 이야기를 대변하는 예술가 인물이 등장하고, 이들에 대한 관점은 분명 거리를 두지만 우호적이고 긍정적이다. 『등대로』에서 화자는 릴리(Lily)의 그림이 다락방에 걸리겠지만, 그녀에게 “나는 나의 비전을 이루었다”는 자부심 어린 선언을 허락한다(*TL* 310). 하지만 『막간』에서 라 트롭 양의 이미지는 아주 부정적이며, 서술자의 관점 또한 상당히 신랄하다. 그녀의 창작은 파시스트들이 예술을 정치적으로 사용하는 것을 연상시키며, 그녀는 놀랍게 독재자 히틀러와 무솔리니의 “열등한 변형”(Joplin 210)을 닮았다.

라 트롭 양의 연극이 영국문학 전체에서 문학의 파편들을 선택해서 구성하듯이, 작품은 다양한 장르, 다양한 대화와 문학의 조각들로 구성되어 있다. 작품은 일관된 내러티브를 형성하지 않는다. 작품은 마을 사람들의 삶의 단편들을 고대 영국부터 현재까지 영국의 역사의 장면들과 번갈아가면서 이야기한다. 『막간』은 울프의 어느 작품보다도 내러티브 의식이 해체되어 있으며, 어떤 점진적인 "행동(action)"도 보여주지 않는다. 마이클 로젠쏠(Michael Rosenthal)은 이것은 "가장 정적이고" "가장 이해하기 어려운" 작품 이라고 말한다(190). 이자와 자일즈의 관계는 발전이 없고, 그들은 원형의 드라마인 사랑과 증오의 갈등만을 재상연하는 듯하다. 리는 작품에서 라 트롭 양과 이자의 실패감이 대표하듯이 인간간의 소통은 물론이고 "작품의 행동" 자체가 실패했다고 주장한다(218). 내러모어는 작품이 다른 작품들과는 달리 "임의적이고" "해체적"인 것은 "제멋대로인 삶의 흐름을 깔끔한 패턴으로 구성해서 삶을 향상시키지" 않았기 때문이라고 지적한다(235). 울프는 다른 작품들처럼 "물의 메타포, 완벽한 통일성의 이미지"를 강조하지 않는다(Naremore 238). 데이비드 다울링(David Dowling)은 작품이 "부스러기들, 조각들, 파편들의 비전을 전달하기 위해서 부스러기들, 조각들, 파편들을 창조"했는지 의문을 제기 하며(214), 소설은 "사랑과 증오의 행동(act)들" 사이의 "포즈"라고 지적 한다(215). 하지만 작품에서 가장 흥미로운 것은 서술자의 내러티브는 이런 드러난 해체성과는 무관하게 연결된 구조를 보여준다는 것이다.

작품의 마지막 장면에서 이자와 자일즈의 이야기는 라 트롭 양의 새로운 연극으로 판명된다. 지금까지 분명하게 구분하였던 연극의 허구 세계와 인물들의 실제 세계는 동일한 것으로 연결된다. 작품은 실제 조상을 그리는 모방의 미학과 단지 그림에 불과한 숙녀의 그림의 구성의 미학을 분리해서 제시하지만(36), 모방된 인물들의 세계와 구성된 라 트롭 양의 연극은 이미 연결되어 있다. 인물들의 대립 관계도 마찬가지이다. 인물들은 각자에게 주어진 이름들로 대조되고 분리되지만, 바로 그 대립들로 깊이 연결된다. 이자는 단지 두 번 만난 세파에 찌든 신사 농부의 얼굴에서 신비한 매력을 발견한다. 하지만 "세파에 찌든"이라는 어구가 유머러스하게 암시하듯이, 그녀의 사랑은 헤인즈와는 전혀 상관없이 이미 주어진 이미지를 그에게서 발견하는 것이다. 이자는 시의 구절들을 들으면서 "말들이" 만드는 "두 개의 원, 완전한 원"이 자신과 신사농부를 연결하는 것을 느낀다(5). 이것은 그녀가 처음 남편을 만났을 때도 마찬가지이다. "그녀의 낚싯줄이 엉켰고," 그녀는 "낚싯줄을 던지고, 또 던져" 마침내 연어를 잡는 그를 사랑한다(48), 인물들은 언제나 상대를 자신이 이미 아는 이미지로 발견한다. 맨레사 부인에게 자일즈는 그녀가 숭배하는 "모든 것의 바로 전형이었다"(47). 그녀는 자일즈를 단 한번 크리켓 시합에서 보았지만, 자신과 자일즈를 공모자로 느끼며, "보일 듯, 안 보일 듯한" "줄"이 그들을 "결합"시키는 것을 느낀다(55). 다지는 자일즈가 "근육질에, 잘 생기고 남성적"이어서, "마음은 전혀 작동하지 않는 감정"에 빠져든다(106). 맨레사 부인과 자일즈, 다지와 자일즈, 이자와 신사 농부, 이자와 자일즈, 이들의 연정은 개인적인 차원이 없으며, 희극적일 정도로 본능적이다. 그들의 연정은 그들의 개인적인 마음과는 상관없이 자동적으로 생성되며, 전혀 독창성이 없다. 그래서 콥스 코빗(Cobbet)은 "인간본성"을 알며, 맨레사의 작은 게임을 꿰뚫어 본다. "테이블로 남자를 쫓아다니는 여자의 작은 게임"은 동양과 서양 모두에서 보편적이었다(110). 인물들은 남자와 여자로 인간 존재를 나누는 문명의 변별 체계 내에서 남자와 여자로 대비되고, 그들의 대조적인 정체성이 바로 그들을 다양한 연정의 줄로 연결한다. 이자와 자일즈는 자신과 상대를 상대적으로 남자와 여자, 남편과 아내, 아버지와 어머니로 인지하는 반복되는 역할들 속에 갇혀있지만, 그 역할들은 동시에 그들을 연결한다.

바트와 스위딘 부인의 대립은 이런 연결성을 가장 잘 보여준다. 작품에서 이들은 표면상 절대로 화해할 수 없는 다른 비전과 차이를 가진 한 쌍의 인물들이다. "그녀가 보는 것을 그는 보지 못했고, 그가 보는 것을 그녀는 보지 못했다. 영원히 말이다"(25). "그녀는 통일주의자에 속하고, 그는 분리주의자"에 속했다(118). 그래서 매년 그들은 날씨에 관해서 반복해서 논쟁하고, 루시는 우산을 언급하는 오빠가 "자신의 신앙에 일격을 가했다"고 "움츠려들고," "위축된다"(23-24) 작품에서 이들의 갈등은 작은 스케일이지만, 분명 전쟁의 갈등을 지시한다. "그러나 오빠와 누이동생, 인간의 살과 피는 장애가 아니라 안개였다. 어느 것도 그들의 애정을 변화시키지 않았다. 논쟁이든, 사실이든, 진실이든 말이다"(25). 여기서 "안개"는 울프의 전형적인 이미지로 절대적인 대립들처럼 보이는, "오빠와 누이동생," "살과 피"라는 구분들이 그들을 나누지 않고 연결하는 것을 분명히 한다. 로젠쏠은 두 개의 비전이 다 "진리의 부분들"이고, 울프는 기도와 우산의 두 개의 비전을 다 포함한다고 설명 한다(200). 하지만 이들 오누이는 이보다 훨씬 더 실질적인 차원에서 연결되어 있다. 그들은 그들을 오빠와 누이동생으로 나누는 문화의 "안개"속에 연결된다. 스위딘 부인의 종교는 그녀 영혼의 어떤 본질적인 진실을 표상하지 않는다. 화자는 십자가라는 "매끈한 상징"이 그녀의 "변덕스럽고" "떠도는" 영혼를 "눌러 가라앉히고," "억누른 것"을 분명히 한다 (73). 그들의 차이, 오빠와 누이동생, 이성과 삼성, 현실과 신앙은 문화의 변별체계에서 상대적으로 획득한 이미지에 불과하다. 이 차이는 그들을 대립으로 나누지만, 대립들은 차이를 만들어내는 변별체계 내에서 이미 연결되어 있다. 그래서 "우리는 다른 사람들 안에 살며," "우리는 사물들 안에서 산다"(70). 이자는 시인과 가정사의 역할들 사이에서 갈등하지만, 그녀는 시를 지으면서 동시에 생선을 주문할 수 있다(15). 가정사는 이자를 속박하는 과거의 유산이지만, 그녀는 그 체계 안에서 "얼굴이 변하고," 어머니로 아들과 완벽한 조화를 드러낸다(105). 마을 극의 배우들은 극중 역할과 실제 삶의 역할 사이에서 아무런 간극도 느끼지 않으며, 청중 또한 그들의 다른 두 역할을 모순 없이 인지한다. 인물들은 언제나 그들의 삶의 배우이며, 그들의 삶은 연극의 또 하나의 역할일 뿐이다. 스위딘 부인은 연극을 보며 실제 삶에서 자신이 연기해온 "작은 역할"들을 깨닫고, "클레오파트라의 역할"도 할 수 있다고 자각한다"(153).

이것은 자연과 인간간의 관계에서도 마찬가지이다. 작품은 자연과 인간간의 괴리를 분명히 한다. 스위딘 부인은 "우리가 사라졌을 때도" 자연이 살아남을 것이라며 슬퍼한다(53). "단조로운 들판은 초록빛 도는 노란색, 파르스름한 노란색, 불그레한 노란색, 그러곤 다시 푸른색으로 눈부시게 빛날" 뿐이다. 자연은 인간사와 무관하게 한결같고, 그 "반복은 무감각하고, 소름이 끼쳤고, 마비시켰다"(67) 연극이 끝난 후. 라 트롭 양은 자연의 질서와 조화를 깨닫는 통찰의 순간을 경험한다. "마치 각기 새가 줄을 듣는 것처럼, 나무 전체가 그들이 내는 윙윙 소리로 노래했다." "나무는 광상곡, 떨리는 불협화음, 윙윙 소리 그리고 울려퍼지는 환희가 되었고, 가지들, 이파리들, 새들은 삶, 삶, 삶하고 각기 다르게, 운율도 없이, 나무 삼키기를 멈추지 않고 말한다"(209). 하지만 그녀의 비전은 인간과 자연을 동시에 관통하는 어떤 생명력을 의미하지 않으며, 인간의 언어가 나무와 새와 인간을 연결하는 것을 보여준다. 그녀는 자연에 내재된 어떤 본질적인 조화나 질서를 간파한 것이 아니라, 글로 계승되는 인간의 문화적 상상력이 부여하는 상징적인 의미를 목격한다. 그녀는 새들이 나무라는 악기를 타는 이미지를 인지한다. 자연은 이미 인간의 관점과 해석으로 흠뻑 젖어서 실제로 말로 구성되어 있다. 맨레사 부인은 눈앞의 전망을 바라보며 "그녀가 느낀 것과 관련된 무엇인가를 표현"하려 하지만 (67), 언제나 전망은 똑같다 (53). 인간의 의식에 상치되는 절대적인 자연이라는 대상 세계, 객관적 실체는 존재하지 않는다. 적어도 울프의 텍스트에서는 존재하지 않는다. 쥐네트가 지적했듯이, "말로 하는 모방(mimesis in words)은 언제나 말로 된 모방(mimesis of words)일 수밖에 없다"(164). 자연은 수많은 익명의 관찰자들이 말로 구성한 세계이며, 맨레사가 느낄 것을 이미 포함하고 있다.

서술자의 관점에서 양극화된 여자와 남자, 이성과 감정, 자연과 인간이라는 구분들은 고통스럽게 나누고 격리시키는 모순이 아니라, 이미 연결된 대립들이다. 작품에서 인물들은 변별체계에서 맡은 역할들로 서로에게 매력을 느끼거나 거부하지만, 그들은 그렇게 그들을 형성하는 체계를 알지 못한다. 연극의 현재가 그들을 거울에 비출 때, 유일하게 맨레사 만이 "부끄러워하지 않고 자신의 정체성을 보존하며" "차분히 입술을 붉게 칠했다"(186). 반면에 서술자는 인물들과는 달리 이성이나 감정 중 하나의 원칙, 남편이나 아내 중 하나의 역할에 얽매이지 않는다. 그는 원칙들의 체계를 알고, 그것을 다루는 맨레사 같은 인물이다. 울프의 강한 서술자는 인물들과는 달리 다양한 이미지들과 내러티브들을 구성하고 균형을 유지할 수 있다. 서술자는 서로 얽히고설킨 인간의 문화적이고 문학적인 구분들을 사용하며, 그들의 이질성을 매끄러운 조직으로 엮어 낸다. 물론 이것은 단지 인간의 텍스트가 계승하는 문화적인 이미지들을 통한 연결에 불과하다. 하지만 인물들이 희극적으로 보여주듯이, 이 연결은 그들의 삶을 구성하고, 그들의 감정과 생각을 실제로 유발시킨다. 울프는 이 작품이 "[그녀의] 뇌가 가지고 있는 정확한 형태들을 구현"하려는 "새로운 방식의 흥미로운 시도"라고 적었다(*WD* 359). 작품은 의미를 생산하는 그녀의 뇌, 개인의 뇌를 넘어서 언어가 계승하는 공동의 뇌, 문화 체계를 재현해낸다. 작품은 인간이 의미를 창출하는 문화적인 분류법의 체계를 총체적으로 재현하는 시도이다. 자일즈가 감지하듯이, 언어는 '사람들이 부리는 매체'가 아니라, '사람들을 부리는 주인'이 될 수 있다. 언어가 인물을 구성하고, 인물은 언어로 구성된 자아에 따라 행동한다. 하지만 울프의 서술자는 이런 구성 체계를 알고 다루는 소설의 진정한 주인공이다. 『막간』은 울프의 삶의 비전을 보여주는 것이 아니라 "우리가 보다 명확하게 삶을 나타낼 수 있는 그런 틀을 세웠다"(Dowling 205).

3. 새로운 연결의 패러다임

라 트롭 양은 대표적인 네 개의 역사 시기를 사용해서 영국의 역사를 재현한다. 이런 그녀의 시도는 나누어진 시기들이 점진적으로 발전하며 연결되어 온전하게 영국의 역사를 구성한다고 가정한다. 하지만 실제로 연극은 끊임없이 중단된다. 연극의 1막인 엘리자베스 여왕시대에서 그녀는 간신히 "감정을 불러일으키며" 청중들을 붙잡는다. 하지만 그녀는 곧 연극을 "자르며" 차 마시는 "막간"을 허용해야 한다(94). 18세기의 부분에서 "그녀는 힘을 잃었다." "환영은 실패했다"(140). 하지만 "소들이 짐을 짊어졌다. 한 마리가 새끼를 잃었다. 때마침 어미는 커다란 달 같은 눈매를 가진 머리를 치켜들고 울부짖었다"(140). "암소들은 간극을 없애고, 간격에 다리를 놓았으며, 빈 공간을 메웠고 감정을 지속시켰다"(140-41). 마지막 부분인 현재에서 그녀가 현재를 청중에게 대면시킬 때, 다시 흐름이 중단된다. 그 때 소나기가 "세상의 모든 이들이 눈물을 흘리는 것처럼 쏟아져 내렸다"(180). "자연이 다시 한 번 자신의 역할을 해냈다"(181). 하지만 이런 자연 현상들은 이미 지적했듯이 자연과 인간간의 조화를 보여주지 않는다. 라 트롭 양은 소의 울음과 갑작스러운 비가 청중들의 감정을 이어주었다고 생각하지만, 서술자는 인물들이 현상들을 인간적으로 해석하는 감상적 오류(pathetic fallacy)를 분명히 한다. 관중들은 소에게 인간적인 감정을 투영하고, 내리는 비를 알프레드 테니슨(Alfread Tennyson)의 시의 "하염

없이 흐르는 눈물"로 해석한다.

실제 연극에서 청중들을 연결하고, 그들의 감정을 지속시키는 것은 흥미롭게도 말이 아니라, 음악이다. 작품은 말에 대한 불신으로 가득하다. 라 트롭 양의 연극에서 말들과 플롯은 알 수가 없고, 이자는 플롯이란 단지 "감정을 자아내는" 것이라고 말한다(90). 말들은 사람들을 연결하기 보다는 차라리 나눈다. 영국의 탄생을 알리는 필리스 존슨(Phyllis Jones)의 말은 "단단하고 작은 돌들이 쏟아져 내리듯이" 청중들에게 "흩뿌려"지지만, 그녀와 청중 사이에는 "거대한 공백"만이 존재한다(78). 배우들은 대사를 잊어버리고, 그들의 대사는 바람에 날려서 들리지 않는다. "말이 무엇이건" "누가 무엇을 부르건," 중요한 것은 음악이다(94). 음악은 배우와 청중을 동시에 "도취시키고," 그들을 연결 한다(117). 음악은 "숨겨진 것을 보게 만들고 깨진 것을 연결하게 만든다"(120) "나무들이 흔들리고 새들이 빙빙도는 것은 마치 사람들로 하여금 그들의 사적인 삶 밖으로, 그들의 분리된 직업에서 나와, 참여하라고 부르는 것 같았다"(117).

> 광경은 곡조가 말하는 것을 자신의 방식대로 반복했다. 해가 기운다, 색조들은 합체된다, 그리고 광경은 수고한 뒤에 사람들이 어떻게 일에서 쉬는지를 말한다, 어떻게 서늘함이 내려앉고, 이성이 우세하며, 작업조를 쟁기에서 끄르고 난 뒤, 이웃사람들이 오두막 정원에서 땅을 파고 오두막 문에 기대서는지를 말이다. 소들은 앞으로 한 걸음 나서고, 그러다가는 가만히 서서, 똑같은 것을 완벽하게 말하고 있었다. (134)

음악은 인간을 자연과 화합하게 하고, 청중들은 음악을 통해 나무들, 새들, 소들과 강력한 유대감을 감지하며 하나가 된다(120). 아이젠버그는 음악은 "변화 없고 영원한 공동의 삶"(257)을 제시한다고 말한다.

라 트롭 양의 연극은 배우들은 물론이며, 노래와 춤, 심지어는 청중들을 필요로 한다(58). 특히 음악은 "보다 긴요하게 하나로 만드는 매체"이다(Eisenberg 257). 아이젠버그는 라 트롭 양은 야외극 내내 축음기로 청중들에게 "하나라는 감각"을 창조하고, 음악은 "모든 사물들의 통합성을 인식하게" 한다고 주장 한다(257). 반면에 현재 부분에서 확성기의 익명의 "소리(voice)"는 불화와 분열만을 이야기한다. 확성기의 소리는 좌담식 어조와 압운시, 은유와 직유 등, 다양한 어법을 사용하며, 아주 분석적으로 인간성의 비열함과 현 사태에 대한 공동의 책임감을 청중들에게 교육한다(185-6). 말은 "확성기로, 익명으로, 커다랗게 **단언**"하고(186), 이어서 축음기가 **단언**하는 것을 듣기를 요청한다(필자의 강조)(188). "지옥같이 시끄러운 확성기의 익명의 소리" 뒤에, 청중들은 유명하지 않은, 누구의 음악인지도 모르는, 아마도 단순한 전통 곡조를 들으면서, "누군가가 **말한다**"고 안도하며 긴장을 푼다(필자의 강조). 화자는 확성기의 말소리와 축음기의 소리에 똑같은 단어를 사용하며, 확성기 소리와 곡조를 듣는 청중의 대조된 반응을 나란히 병치한다. 확성기가 전하는 말은 사람들을 불편하게 하는 반면, 음악은 사람들의 긴장을 풀어주고 조화시킨다. 음악의 "소리"는 인간과 자연, 그리고 인간간의 모든 경계를 넘어서는 통일성을 전달한다(188). 그래서 마을 사람들은 연극이 끝나고 자신의 이름으로 돌아가야 하는 것을 증오한다. "말, 더럽히는 자들, 불순한 자들"이 그들에게 강요했다. "나는 토마스, 당신은 제인이어야만" 한다(190). 말을 사용하는 작가인 울프는 소설의 매체인 말 대신에 음악을 긍정하는 것 같다.

현재부분에서 서술자는 음악이 청중에게 작용하는 것을 자세히 묘사한다.

곡조가 시작되었다. 첫 번째 음은 두 번째를 의미했고, 두 번째는 셋째 음을 의미했다. 그러곤 저 아래에서 하나의 힘이 대립에서 태어났고, 그러다가 다른 것이 태어났다. 다른 차원에서 그들은 갈라졌다. 다른 차원에서 우리 자신들이 앞으로 나아간다. 어떤 이이들은 표면에서 꽃을 모으고, 다른 이들은 내려가서 의미와 씨름했다. (189)

여기서 서술자는 음악이 화음을 창조하는 것을 단순하게 설명하는 것 같지만, 실제로는 작품이 의미를 생산하는 새로운 패러다임을 보여준다. 곡조에서 중요한 것은 각각의 음이 갖는 의미가 아니다. 표면에 올라온 첫 번째 음은, 그것을 첫 번째 음으로 만들어 주는 그런 화음의 일부이다. 마이젤은 첫 번째 음이 첫 번째 음이기 위해서는 "표면의 음이 조화롭든 아니면 불협화음이든 그렇게 자신의 위치를 잡을 수 있게 해주는 잠복해 있는, 분명하게 들리지 않는 작은 음"이 있어야 한다고 설명 한다(221). 표면의 음은 절대로 혼자서 존재하지 않는다. 각각의 음들은 순차적으로 이어지며, 그런 질서 속에서 각각의 음들은 서로 대립되거나 조화하며 의미를 탄생시킨다. 마찬가지로 새로운 구성의 패러다임은 연차적으로 음들, 인물들, 주제들을 대조시키며 병렬하고, 그들은 시간의 질서 속에서 하나의 화음을 형성한다. 이것이 음악이 의미를 생산하는 방법이고, 말을 새롭게 쓸 수 있는 방법이다. 말들은 독자적으로 의미를 전달하는 것이 아니라, 그들이 이루는 대립의 세트에서 의미가 탄생 한다. 「월터 지커트」(Walter Sickert)에서 울프는 셰익스피어가 이미지들을 성공적으로 병렬한 것은 "두 음을 쳐서 하나의 화음을 만드는 것이다"(*CE* II 241)고 지적한다. 음들 간의 대립과 대조는 더 이상 불화나 연속성의 중단이 아니라, 바로 그 두 음을 화합하게 만든다.

바트와 스위딘 부인의 대화는 이런 구성의 패러다임을 잘 보여준다. “첫 번째 종소리가 울리면 두 번째 종소리를 듣게 되고, 두 번째가 울린 뒤에는 세 번째 종소리를 듣는다”(21). 그들의 대화에서 그들이 각자 생각하는 날씨가 좋을까, 비가 올까, 우산과 기도는 단독으로는 아무런 의미도 없다. 그들의 다른 종소리들은 이미 내재된 텍스트에서 대조되며 각각의 의미를 획득한다. 그들의 의견들이 이루어내는 대립과 그것이 반복되는 패턴이 의미를 창조한다. 각각의 종소리 간의 관계가 대립이건 조화이건, 화음을 이루든 불협화음을 이루든, 그들은 “모두 이해하고 모두 참여”한다(189). 그래서 그들의 극단적인 대립은 아주 희극적이며, 작품은 이들의 대립을 아무런 간극 없이 포용할 수 있다. 작품은 일관되게 이 새로운 패러다임으로 내러티브를 구성한다. “늙은 숙녀들은 은색 버클 구두 신은 까만 다리를 내밀고, 늙은 남자들은 줄무늬있는 바지를 내밀었다(72)”. 단순한 대칭 구조로 쓰여진 이 문장은 울프가 양극화를 연결의 방식으로 사용하는 것을 잘 보여준다. 숙녀와 늙은 남자, 치마 입은 까만 다리와 줄무늬 있는 바지는 연차적으로 나열되면서 하나의 화음을 구성하고, 그들은 문화적인 변별체계의 차이를 통해서 의미를 창조하며 모여든 청중들 전체를 표상한다.

『막간』은 울프의 어느 작품보다도 해체적으로 보인다. 작품은 다양한 양극화된 대립들을 “우리가 필요한” “중심”없이 병렬하는 것 같다(198). 마지막 장면의 이자와 자일즈, 이브와 아담 간의 성적 투쟁은 인간의 역사를 상징적으로 집약하며, 다가오는 세계대전을 예시한다. 서술자는 이들은 아마도 싸우고, 아마도 포옹할 것이며, 그들이 잉태할 수 있는 새 생명 또한 다시 싸움과 포옹을 반복하리라고 제시한다. 작품의 결말은 양극단적인 가능성이 진전 없이, 아무런 의미도 없이 영원히 반복될 미래를 예측하고, 이것은 너무도 암울하게 인간의 벗어날 수 없는 굴레를 선고하는 것 같다. 하지만 이런 해석은 전통적 의미의 중심을 당연시하기 때문이다. 자끄 데리다(Jacques Derrida)는 일반적으로 "구조의 중심이 안의 전체 형태의 요소들의 유희를 허용"하는 것으로 생각하며, 중심이 부족한 구조라는 개념 자체를 부인한다고 지적한다(279). 하지만 "전통적인 생각"에서 중심은 "전체totality의 중심"이지만, "그 중심은 전체에 속하지 않기 때문에 (전체의 부분이 아니기 때문에), 전체의 중심은 다른 곳에 있는" 모순을 드러낸다(Derrida 279). "중심은 중심이 아니다" (Derrida 279). 데리다는 "중심이 있는 구성"은 단지 "근본적으로 움직임이 없는 것과 위안을 주는 확신"을 가정한 "유희"에 불과하다고 말한다 (279). 울프의『막간』은 이런 인위적이고 모순된 중심 없이, 새롭게 구성하는 방법을 보여준다. 작품의 내러티브는 양극화된 대립들을 연결하는 중심을 대립들의 외부에 제시하지 않는다. 화자는 대립들을 반복적으로 오가며, 그들을 나누고 다시 교배시키는 완전한 구성의 내러티브를 보여준다.

작품은 울프의 어느 작품보다도 양극화된 대립들을 일관되게 사용하며, 구성의 뼈대로 노출시킨다. 이런 구성에서 막간은 가장 중요한 요소이다. 작품의 제목인 '막간'이 이미 '막'과 그 사이를 동시에 내포하듯이, 막을 나누는 막간이 바로 막과 막을 연결한다. 만약 막간이 없다면, 막은 존재할 수 없으며, 연결되어질 막도 없다. 막간이 있어야 연차적으로 이어지는 음들은 변별체계 내에서 각각의 의미를 획득하고 개체성을 획립하게 된다. 그래서 울프는 작품이 침묵을 재현하기를 언제나 원한다.[9] 왜냐하면 침묵은 "부재가 아니라," 말을 말로 만들어주는 내재된 음이며, "비어있거나 없는 것이라 아니라 존재가 있는" 내러티브 방식의 한 부분이기 때문이다(Lawrence 33-34). 울프가 언제나 중단을 불평하지만, 그녀에게 "중단"은 언제나 전체의 부분이며, "울프 소설의 안무는 필연적으로 깨어진 연속의 리듬에서 발전했다"(Ruotolo 2). 작품의 내러티브를 나누는 중단들과 페이지상의 간극, 침묵과 포즈는 리듬의 일부이다(Lawrence 94). 로렌스는 울프의 글들은 "형식적인 변별(difference)들의 유희"라고 설명 한다(187). 『막간』에서 말들은 더 이상 인간과 세상을 모방적으로 묘사하지 않는다. 말도 이제 모방하지 않고 의미할 수 있다. 글에서 의미를 만드는 것은 막과 막사이의 막간 이지, 중심이 되는 상징이나 인물, 작가는 더욱 아니다. 후셀은 울프가 작품의 타이틀을 "포인츠 홀"에서 "막간"으로 바꾸면서 "자신의 존재를 없앴다"고 말한다(283). 작품은 인위적인 중심이 없고, "주체가 부재하고 작가가 없는" 텍스트를 보여준다(Derrida 286).

III

울프는 1937년 「장인의 솜씨」("Craftsmanship")에서, 이 에세이는 "말들은 쓸모가 없다"(*CE* II 245)의 시리즈의 일환이라고 말한다. '말이 쓸모없다'는 에세이 자체가 모순이지만, 그녀는 현대인의 변화된 경험을 수용하지 못하는 언어의 부족함을 지적하는 것 같다. 그녀는 말이 "불순한 매체"(*CE* II 237)라고 탄식한다. 언어는 너무 오랜 세월 사용되었고, 문학만의 고유한 매체가 아니다. 하지만 말들은 결코 사용가치가 있는 전달 수단은 아니지만, "진리" 무슨 의미이건 "진리만"을 전달할 수 있다(*CE* II 245). 언제나처럼 그녀의 언어에 대한 태도는 애매모호하다. 물론 이것은 언어를 사용할 수밖에 없는 작가에게는 당연할 수 있다. 언어가 아무리 부족해도, 작가는 그 언어로 "진리"를 전달해야 한다. 그래서 울프는 "오래된 말들을 새로운 질서로 결합해서"(*CE* II 249) 쓸 것을 제안 한다. 하지만 이런 작가의 창의성은 과연 독자와 소통할 수 있을까? 1939년 일기에서 울프는 로저 프라이의 비판에 동의한다. "[그녀]는 생기 없는 장면들을 시로 표현하고, [자신]의 개성을 강조한다. 의미가 소재에서 떠오르게 두지를 않는다"(*WD* 300). 그래서 그녀는 언제나 "인생에서 뒤로 물러나기를 원했다. 왜냐하면 그래야 더 넓은 시야가 열려서 삶의 중요한 양상들을 손에 넣을 수 있기 때문이다"(*GR* 22). 하지만 말들은 "타이프라이터"가 아니고, 작가의 "뇌"에서 나오기 때문에 작가가 "완전히 비개인적"일 수 없다(*CE* II 248).『막간』은 울프와 그녀의 모더니즘의 두 가지 숙원이 담긴 작품이다. 그녀는 새로운 질서로 언어를 결합해서 자신만의 고유한 작품을 쓰기 원하지만, 작품의 의미는 작가나 서술자가 직접 개입하지 않고 저절로 떠올라야 했다.

마이젤은 울프가 문학비평가로서 "문학적인 언어, 무시된 매체"에 관심이 많았다고 지적한다(211). 일상의 말들은 이미 의미들을 지녔고, 언어를 사용하는 누구나 의식적이든 무의식적이든 "언어의 유산"을 공유 한다(Lee 210). 언어는 이미 "메아리들, 기억들, 연상들로 가득하고," "의미들, 기억들로 축적되어" 있다(*CE* II 248). 스위딘 부인이 "육아실"이라고 말할 때, 이 단어는 필연적으로 "우리 인류의 요람"을 상징 한다(71). "누구도 단독의 목소리로 말하지 않는다. 아무도 예전의 진동에서 자유로운 목소리를 가지지 않았다. 언제나 [우리]는 오염된 중얼거림만을 듣는다"(156). 울프는 이런 오래되고 낡은 "불순한" 언어를 "새로운 질서," 음악의 질서로 사용해서 새로운 내러티브, 자신만의 문학을 창조한다. 말들은 기존에 사용되었던 맥락에서 분리되어 하나의 음처럼 의미가 없어지고, 새롭게 삽입된 맥락 속에서 새로운 의미를 창조한다. 이런 울프의 작품에서 독창적인 작가나 작품이란 개념 자체가 불가능하다. 이제 가장 중요한 존재는 서술자다. 서술자는 인물들의 의식을 단순히 기록하는 듯하지만, 서술자가 기록해서 보존하지 않는다면 인물들은 존재할 수 없다. 소설에서 서술자는 과거를 기억하는 강력한 존재이다.『댈러웨이 부인』에서 피터는 "우리 밖에는 하나의 마음 외에는 아무 것도 존재하지 않는다"(*MD* 85)고 갑자기 생각한다. 현대인은 인간의 의식에 집착하고, 그런 현대인에게 외부세계란 절대적인 대상은 존재하지 않는다. 모든 것은 개인이 의식할 때만 존재한다. 하지만 울프는 "나"라는 개인의 의식 밖에 존재하는 "하나의 마음"을 상정한다. 그것은 인간이 언어를 쓰면서 자동적으로 물려받는 공동의 마음이며, 서술자가 보존해서 전수하는 "나" 이전의 수많은 익명의 존재들의 집적된 마음이다. 언어는 과거의 이름 없는 의식들의 잔재들의 보고이며, 서술자는 이런 개인의 의식 밖, 인간의 언어가 계승하고 보존하는 "하나의 마음"의 계승자다. 인물 각자의 마음은 언제나 이 마음의 일부이고, 그래서 인물들의 의식은 그들만의 고유한 특질 없이 동일한 이미지와 어구들을 반복한다.

작품은 또한 울프의 새로운 이상적인 작가를 제시한다. 『막간』에서 라 트롭 양은 물려받은 문화의 "고운 망사 속으로 뛰어들고," 이전에 구성되었던 "격자무늬"는 깨진다. 하지만 그녀가 필요한 것은 "수면 아래 뿌리들"(64), 구성하는 원칙들의 뼈대이다. 그녀는 이 잔재들로 자신만의 연극을 재창조한다(156). "구세대 것에다 이 광휘, 이 가짜 매력을 부여해서"(97) 새로운 것을 창조 한다. 그녀는 물려받은 유산들의 "떠도는 육체들과 떠도는 목소리들을 큰 솥에 펄펄 끓여서, 그들 무정형의 덩어리로부터 재창조된 세계를 떠오르게 만드는 이였다"(153). 그녀는 개인적인 상상력으로 "개개의 줄들을 잡아채는 자가 아니었다"(153). 그녀는 더 이상 작가 내면의 의식 세계에 갇힌 존재가 아니다. 그녀는 말에 내재된 수많은 익명의 의식들을 기억하며, "예전의 진동"을 새로운 진동으로 "재창조"할 수 있다. 그녀의 작품은 언어에 집적된 잊혀간 의식들의 다양한 줄들을 건드리며 공동의 삶을 창조한다. 연극이 끝난 후 라 트롭 양은 한 순간 스스로의 영광에 사로잡혀, "너는 나의 선물을 가져갔어"(209) 하고 외친다. 하지만 그것은 그녀의 착각이다. 그녀가 준 것은 "지평선에서 다른 구름으로 녹아드는 한 조각의 구름"에 불과하다(209). "그녀가 지금 막 쓴 연극 뒤에는 언제나 다른 연극이 있었다"(63). 마이젤은 라 트롭 양이 작품에서 자신의 연극을 요약하거나 감사를 받지 않고, 자신을 숨기고 부재하는 것은 당연하다고 지적한다(216). 울프의 미학은 "작가"와 그의 독창적 "목소리"라는 카테고리 자체를 "금한다" (Meisel 216). 과거의 문학의 잔재들로 재창조된 작품에 창조한 작가나 작가의 고유한 목소리는 존재하지 않는다. 『막간』의 서술자가 익명의 청중들의 목소리를 기록하듯이, 새로운 작가는 언어에 내재된 인류문화의 집적된 의식을 새로운 내러티브로 엮을 뿐이다.

울프의 내러티브는 불순한 매체인 언어의 잔재물들, 다양한 문학의 파편들을 적극적으로 사용해서 새로운 내러티브를 창조한다. 그녀의 새로운 서술자는 모더니즘 작가들에게 부담스러운 과거의 문학, 위대한 문화적 창작의 파편들을 새로운 창작의 원재료로 사용한다. 그는 스위딘 부인처럼 **자신만의** 비전의 물고기를 놓쳐서 아쉬워하지 않는다(206 필자의 강조).[10] 그는 라 트롭 양처럼 연못 아래 깊이 "진흙 밭"으로 내려가고, "그 진흙 밭은 비옥해진다"(212). 그리고 말들이 "견딜 수 없게 짐을 실은 말 못하는 수소 위로 솟아오른다"(212). 말들은 과거의 잔재들이 정제되어서, "의미가 없는 말들"이며, "경이로운 말들"이다. 작가는 이제 오래된 언어로 새로운 창작을 할 수 있다. 1938년 『로저 프라이』(*Roger Fry*)를 집필하면서, 그녀는 "불순물이 전무한" 그림처럼 "순수한 소설"을 쓰기를 소망한다(*L* VI 294). 물론 이 말의 맥락은 "끈적끈적한 해초 같은 정치가 무성하지" 않은 순수한 예술 작품을 의미 한다(*L* VI 294). 하지만 그녀의 "순수한 소설"은 단지 정치적인 견해와 무관한 것만을 의미하지 않는다. 그녀가 꿈꾸는 "순수한 소설"은 음악이나 그림 같은 예술처럼 글이 하나의 의미에 고정되지 않고 추상적이고 다양한 의미들로 열린 것을 또한 의미한다. 물론 그녀가 사용하는 말들은 작가가 원하지 않아도 이미 정치적인 견해를 포함하는 세상의 모든 이슈들을 의미할 수밖에 없다. 하지만 그녀의 "순수한 소설"

은 이런 모든 다양한 의미들을 극대화해서 포함하지만, 절대로 어떤 하나의 결론이나 중심으로 고정시키지 않는다. "말들은" "변하는 것이 그들의 속성이기 때문"에 "그들을 하나의 의미로 짓누르거나 혹은 하나의 태도에 제한하는 것을 증오"한다(*CE* II 250-51). 『막간』에서 울프는 그런 "순수한 소설"을 완성하고 있다.

1) 레슬리 스티븐의 전기 작가 노엘 애넌(Noel Annan)은 레슬리를 "지적인 귀족"으로 명하는데, 이 "신분 그룹"은 상업과 무역으로 돈을 벌고 자식들을 법, 교육, 글쓰기 또는 공무원 같은 전문직으로 진출시킨 가문들이다. *Leslie Stephen: The Godless Victorian*, (Weidenfeld & Nocolson, 1984). p. 3.

2) 페이터가 울프에게 미친 영향은 Perry Meisel의 *The Myth of the Modern* (New Haven: Yale University, 1987)참조

3) 이 논의에 관해서는 내러모어의 *The World Without a Self*의 60-76쪽 참조

4) Edouard Dujardin, *Le Monologue Interieur* (Paris: a Messein, 1931), pp. 58-59, Trans. and quoted by Humphrey in *Stream of Consciousness in the Modern Novel.*

5) 문학에서 자아에 갇힌 주관적인 성향은 그녀의 페미니즘에서 정치적인 이데올로기로 변형된다. 1927년 『자기만의 방』에서 자아에 갇히고, "자아-나"에게만 집중하는 것은 모든 남성작가들, 모든 남성들의 특질이다.

6) 조이스에 대한 울프의 평가는 단순히 라이벌 의식의 편협함은 아니다. 그녀의 모더니즘은 내면의 세계를 다루지만, 토마스 하디(,Thomas Hardy) 같은 빅토리아 시대의 작가들처럼 폭넓게 전 우주를 포함하기를 또한 원한다.

7) 울프가 조이스를 리차드슨과 동일하게 한 인물의 편협한 내면에만 집중한 작가로 만든 것은 분명 논쟁의 여지가 있다. 리차드슨이 미리암의 확립된 내면을 당연히 가정하며 그 내면의 어떤 개인적인 인상들을 기록했다면, 조이스는 이미 문화적으로 물려받은 언어들로 구성된 인상들을 묘사 한다 (Parsons 39).

8) 쥐네트는 여기서 헨리 제임스(Henry James)가 "showing"을 "telling"과 구분하며, "showing"을 개입하지 않고 이야기하는 모던 작가들의 우월한 방법으로 주장하는 문제점을 지적한다.

9) 처녀작인 『출항』(*The Voyage Out*)의 작가 테렌스(Terence)부터 침묵을 재현하기 원한다.

10) 『자기만의 방』에서 서술자는 남자의 방해로 자신만의 고유한 비전, 물고기를 놓쳤다고 안타까워한다. 이 작품에서 유사하게 스위딘 부인은 물고기가 표면에 떠오르기를 기다린다. 하지만 물고기는 감사인사를 하는 다지의 그림자에 도망가고, 그녀는 아주 애석해한다.

인용문헌

Booth, Wayne. *The Rhetoric of Fiction*. Chicago: The University of Chicago, 1961.

Bowling, L. E. "What is the Stream of Consciousness Technique." *PMLA* 65 (1950). 333-45.

Derrida, Jacques. "Structure, Sign, and Play." *Writing and Difference*. Trans. Alan Bass. Chicago: The Chicago University, 1978. 278-93.

DiBattista, Maria. *Virginia Woolf's Major Novels*. New Haven: The University Press, 1980.

Dowling, Daivd. *Bloomsbury Aesthetics and the Novels of Forster and Woolf*. New York: St. Martin's, 1985.

Eisenberg, Nora. "Virginia Woolf's Last Words on Words: *Between the Acts* and 'Anon'." *New Feminist Essays on Virginia Woolf*. Ed. Jane Marcus. Lincoln: University of Nebraska, 1981. 253-266.

Fussell, B. H. "Woolf's Peculiar Comic World: *Between the Acts*." *Virginia Woolf: Revaluation and Continuity*. Ed. Ralph Freedman. Los Angeles: University of California, 1980.

Genette, Gerard. *Narrative Discourse: An Essay in Method*. Trans. J. Lewin, New York: Cornell University, 1980.

Hafley, James. *The Glass Roof*. Berkeley: University of California, 1953.

Humphrey, Robert. *Stream of Consciousness in the Modern Novel*. Berkeley: University of California Press, 1954.

Rosenthal, Michael. *Virginia Woolf*. New York: Columbia University, 1979.

Laurence, Patricia *Ondek*. *The Reading of Silence*. Stanford: Stanford University, 1991.

Lee, Hermione. *The Novels of Virginia Woolf*. London: Methuen, 1977.

Lipking, Joanna. "Looking at the Monuments: Woolf's Satiric Eye." *Bulletin of the New York Public Library*. Winter, 1977. pp. 141-150.

Miller, J. Hillis. *Fiction and Repetition: Seven English Novels*. Cambridge: Harvard University, 1985.

Meise, Perry. *The Absent Father*. New Haven: Yale University Press, 1980.

Naremore, James. *The World Without a Self*. New Haven: Yale University, 1973.

Parsons, Deborah. *Theorists of the Modern Novel*. London: Routledge, 2007.

Pater, Walter. *The Renaissance*. Ed. Donald L. Hill. Berkeley: University of California, 1980.

Ruotolo, Lucio. *The interrrupted Moment*. Stanford: Stanford University, 1986.

Wicht, Wolfgang. "Joyce and Woolf: The Deprivation of the Narrator." *Narrative from Marlory to Motion Pictures*. Ed. Jeremy Hawthorn. London: Edward Arnold, 1985.

Woolf, Virginia. *Between the Acts*. New York: Harcourt Brace Jovanovich, 1969.

______. *Mrs. Dalloway*. New York: Harcourt Brace Jovanovich, 1953.

______. *To the Lighthouse*. New York: Harcourt Brace Jovanovich, 1955.

______. *A Room of One's Own*. New York: Harcourt Brace Jovanovich, 1957.

______. "Modern Novels." *The Essays of Virginia Woolf*. vol. III. Ed. Andrew McNeillie. New York: Harcourt Brace Jovanovich, 1988. 30-37.

______. "Mr. Bennett and Mrs. Brown." *The Essays of Virginia Woolf*. vol. III. Ed. Andrew McNeillie. New York: Harcourt Brace Jovanovich, 1988. 384-89.

______. *The Collected Essays*, vol II. London: Hogarth Press, 1966.

______. *A Writer's Diary*. Ed. Leonard Woolf. New York: Harcourt Brace Jovanovich, 1953.

______. *Moments of Being*. Ed. Jeanne Schulkind. New York: Harcourt Brace Jovanovich, 1976.

______. *The Letters of Virginia Woolf*. vol. IV, 1882-1912. Ed, Nigel Nicholson and Joanne Trautmann. New York: Harcourt, Brace, Jovanovich, 1975.

_____. *The Diary of Virginia Woolf*, vol IV, 1936-1941. San Diego: Harcourt Brace & Company, 1984.

| 지은이 | 고영란

서울대학교 영어과를 졸업하고 서울대학교 대학원 영문학과에서 영문학 석사학위, 충남대학교 대학원 영문학과에서 영문학 박사학위를 취득하였으며 현재 수원대학교 영문학과 교수로 재직 중이다. 저서로 『영미소설의 서술방법과 구조』, 『<폭풍의 언덕> 해설서』, 『페미니즘 시각에서 영미소설 읽기』(공저), 『영국소설 명장면 모음집』(공저), 『영미모더니즘 문학의 전개』(공저) 등이 있고, 역서로 『영국소설사』(공역), 『미국소설사』(공역)가 있다. 토마스 하디와 D. H. 로렌스에 관한 다수의 논문을 발표했다.

| 지은이 | 김일영

성균관대학교 영문과를 졸업하고 University of Georgia 대학원 영문학과에서 영문학 석사학위, University of South Carolina대학교 영문학과에서 영문학 박사학위를 취득하였으며 현재 성균관대학교 영문학과 교수로 재직 중이다. 저서로 『트리스트람 섄디 해설서』, 『18세기 영소설 강의』, 역서로 『영국소설사』가 있다. 논문으로는 「로렌스 스턴의 불확실성의 미학과 종교적 회의주의」, 「불확실성과 중간자에 대한 공포」, 「로렌스 스턴과 포스트모더니즘」등이 있다.

| 지은이 | 김진옥

이화여자대학교 영어영문학과를 졸업하고, 미국 뉴욕대학교의 영문과에서 석사 및 박사학위를 받았다. 현재 한밭대학교 교수로 있다. 저서로는 *Charlotte Brontë and Female Desire* (Peterlang 출판사)와 『제인에어: 여성의 열정, 목소리를 갖다』(살림출판사)가 있고, 공동역서로 『영국소설사』, 『미국소설사』, 『탈식민주의 길잡이』, 『경계선 넘기』, 『문화코드, 어떻게 읽을 것인가?』가 있으며, 주요논문으로는 「워더링 하이츠의 분신—언캐니와 오브제 아」, 「브론테의 빌레뜨: 루시의 히스테리와 글쓰기」외 다수가 있다.

| 지은이 | 박종성

충남대학교 영문과를 졸업하고 서강대학교 대학원 영문과와 런던대에서 영문학 석사학위, 런던대(퀸메리 칼리지)에서 영문학 박사학위를 취득하였으며 현재 충남대 영문과 교수로 재직 중이다. 저서로는 『탈식민주의에 대한 성찰』, 역서로는 『탈식민주의 길잡이』가 있다. 논문으로는 「지배질서 비판과 포섭 사이 – 제인 에어의 양가성 연구」등이 있다.

| 지은이 | 성은애

서울대학교 영어영문학과를 졸업하고 동 대학원 영어영문학과에서 영문학 석사와 박사 학위를 취득하였다. 현재 단국대학교 문과대학 영어영문학과 교수로 재직 중이다. 역서로 『더블린 사람들』(공역), 『기나긴 혁명』, 『세상의 이치』 등이 있으며, 논문으로 「『비밀요원』의 멜로드라마 실험」 등이 있다.

| 지은이 | 손영희

연세대학교 영어영문학과를 졸업하고 서울대학교 대학원 영어영문학과에서 영문학 석사학위와 박사학위를 취득하였으며 현재 덕성여자대학교 영어영문학과에 출강하고 있다. 저서로 『영미소설 명장면 모음집』, 역서로 『여성의 몸, 어떻게 읽을 것인가?』가 있다. 논문으로는 「천사와 악녀의 경계 허물기로서 『허영의 시장』」, 「『제인 에어』: 괴물성이 제거된 아내의 자서전」, "Gender, Class, and Romantic Idealization of Women in Thomas Hardy's Lesser-Known Novels" 등이 있다.

| 지은이 | 원유경

한국외대 영어과를 졸업하고 연세대와 한국외대에서 영문학 석사, 박사 학위를 취득하였으며 현재 세명대학교 영어학과 교수로 재직 중이다. 역서로 『오만과 편견』, 『도리언 그레이의 초상』등이 있고, 논문으로 「콘라드의 초기 단편소설에 나타난 제국주의의 문제, 「영화 속의 콘라드 읽기」 등이 있다.

| 지은이 | 이시연

서울대학교 영어영문학과를 졸업하고 동 대학원에서 영문학 석사학위, 영국 에딘버러 대학교 영문학과에서 영문학 박사학위를 취득하였으며, 현재 광주과학기술원 기초교육학부 교수로 재직 중이다. 역서로 『근대 개인주의 신화』, 논문으로는 「『안티파멜라』로 되돌아보는 『파멜라』 논쟁의 쟁점들」, 「스위프트의 "배설적 상상"에 나타난 여성, 몸, 소비」 등이 있다.

| 지은이 | 전승혜

이화여자대학교 영문학과를 졸업하고 이화여대 대학원 영문학과에서 영문학 석사학위와 영문학 박사학위를 취득하였으며 현재 공군사관학교 영어과 교수로 재직 중이다. 저서로 『찰스 디킨즈: 시대와 삶과 문학』이 있고, 논문으로 「월터 스코트의 역사주의: 『미드로시안의 심장부』를 중심으로」, 「트롤롭과 자본주의 정신: 『지금 우리가 사는 법』에 대하여」, 「일그러진 근대성의 이미지: 『허영의 시장』의 베키 샤프에 대하여」 등이 있다.

| 지은이 | 정명희

연세대학교 영어영문학과를 졸업하고 동대학원 영어영문학과에서 영문학 석사학위, 뉴욕대학교 영문과에서 영문학 박사학위를 취득하였으며 현재 국민대학교 영어영문학과 교수로 재직 중이다. 논문으로 「문화의 파편들과 공동의 삶, "Mediating Virginia Woolf for Korean Readers", 「『세월』: 불연속적인 내러티브의 연속성」 등이 있고, 역서로 『댈러웨이 부인』, 『막간』, 『버지니어 울프: 존재의 순간들, 광기를 넘어서』 등이 있다.

| 지은이 | 조애리

서울대학교 영문과를 졸업하고 동대학원에서 영문학 석사학위, 영문학 박사학위를 취득하였으며 현재 카이스트 인문사회학부 교수로 재직 중이다. 저서로 『페미니즘과 소설읽기』(공저), 『성 역사 소설』, 『제인 에어』, 역서로 『빌레뜨』, 『설득』이 있다. 논문으로는 「빅토리아 중반 매춘담론과 여성」, 「유목적 공간과 여성」 등이 있다.

| 지은이 | 홍덕선

성균관대학교 영어영문학과를 졸업하고 미국 University of Tulsa에서 영문학 석사, University of South Carolina에서 조이스 연구로 영문학 박사학위를 받았으며, 현재 성균관대학교 영문학과 교수로 재직 중이다. 저서로는 『몸과 문화』, 『조이스 문학의 길잡이: 더블린 사람들』(공저), 『조이스 문학의 강의: 젊은 예술가의 초상』(공저), 역서로 『혹스무어』, 『필름클럽』이 있다. 또한 『20세기 영미소설 I』, 『20세기 영미소설 II』를 편집하였으며, 조이스 작품의 주석본으로 *Dubliners*, *A Portrait of the Artist as a Young Man*과 울프의 *Mrs Dalloway*를 집필했으며, 논문으로는 조이스를 비롯하여 킹슬리 에이미스, 존 파울즈, 치누아 아체베, 살만 루시디, 하니프 쿠레이쉬에 관한 글 등이 있다.

영국소설과 소설기법

1편 1쇄 찍음 • 2010년 4월 25일
1판 1쇄 펴냄 • 2010년 4월 30일

지은이 • 고 영 란 외
발행인 • 정 현 걸
발　행 • 신 아 사
인　쇄 • 인덕인쇄

출판등록 • 1956년 1월 5일 (제9-52호)
서울특별시 은평구 녹번동 28-36 2F
전화 02.382.6411 • 팩스 02.382.6401
홈페이지 • www.shinasa.co.kr
이메일 • shinasa@chol.com

ISBN 978-89-8396-669-8 (93840)

정가 **13,000**원